# HEIMLICH
# EINFÜHRUNG IN DIE
# SPIELPÄDAGOGIK

# EINFÜHRUNG IN DIE SPIELPÄDAGOGIK

Eine Orientierungshilfe für sozial-, schul- und heilpädagogische Arbeitsfelder

von

Ulrich Heimlich

2., überarbeitete und erweiterte Auflage

2001

VERLAG JULIUS KLINKHARDT • BAD HEILBRUNN / OBB.

FÜR BIGGI UND DANIELA

Zeichnung Umschlagseite 1: Wolf Marvin Weidner

Die Deutsche Bibliothek – CIP-Einheitsaufnahme
Ein Titelsatz für diese Publikation ist bei
Der Deutschen Bibliothek
erhältlich

2001.9.Ll. © by Julius Klinkhardt.
Das Werk ist einschließlich aller seiner Teile urheberrechtlich geschützt.
Jede Verwertung außerhalb der engen Grenzen des Urheberrechtsgesetzes ist ohne Zustimmung
des Verlages unzulässig und strafbar. Das gilt insbesondere für Vervielfältigungen,
Übersetzungen, Mikroverfilmungen und die Einspeicherung und Verarbeitung in
elektronischen Systemen.
Druck und Bindung:
WB-Druck, Rieden
Printed in Germany 2001
Gedruckt auf chlorfrei gebleichtem alterungsbeständigem Papier
ISBN 3-7815-0989-3

# Inhaltsverzeichnis

Inhaltsverzeichnis .................................................................... 5
Vorwort ..................................................................................... 9
Einleitung ................................................................................ 11

**1.0 Spiel und Entwicklung – eine multidimensionale Perspektive** ............... 17
*1.1 Spiel als Tätigkeit* .......................................................... 18
1.1.1 Spiel als Erfahrung der Wirklichkeit (*John Dewey*) ............... 19
1.1.2 Spiel als fiktive Situation (*Lev S. Vygotskij*) ........................ 24
1.1.3 Merkmale der Spieltätigkeit ................................................ 27
*1.2 Entwicklung der Spielformen* ......................................... 30
1.2.1 Explorationsspiel ................................................................ 32
1.2.2 Phantasiespiel ..................................................................... 34
1.2.3 Rollenspiel .......................................................................... 36
1.2.4 Konstruktionsspiel ............................................................. 37
1.2.5 Regelspiel ............................................................................ 38
1.2.6 Spielentwicklung zwischen Person und Umwelt ................ 39
*1.3 Theorien des Spiels* ......................................................... 41
1.3.1 Klassische und moderne Spieltheorien ............................... 42
1.3.2 Monodimensionale Spieltheorien ....................................... 43
1.3.3 Multidimensionale Spieltheorien ........................................ 53
*1.4 Multidimensionalität des Spiels (Zusammenfassung)* ........ 57

**2.0 Spiel und Lebenswelt – eine ökologische Orientierung** ..... 59
*2.1 Spielsituationen in personaler Perspektive* ....................... 61
2.1.1 Spieltätigkeit und Kreativität .............................................. 61
2.1.2 Personale Aspekte der Spielsituation .................................. 64
*2.2 Spielsituationen in interaktionaler Perspektive* ................ 67
2.2.1 Spieltätigkeit und Interaktion ............................................. 67
2.2.2 Interaktionale Aspekte der Spielsituation ........................... 69
*2.3 Spielsituationen in ökologischer Perspektive* ................... 73
2.3.1 Spieltätigkeit und Ökologie ................................................ 74
2.3.2 Ökologische Aspekte der Spielsituation .............................. 76
*2.4 Spiel, Spieltätigkeit und Spielsituation (Zusammenfassung)* ..... 81

3.0 Spiel und Erziehung – ein historischer Rückblick ............................... 85
*3.1 Anfänge der Spielpädagogik* ........................................................... 86
3.1.1 Spiel und Erziehung im antiken Griechenland ........................... 88
3.1.2 Spiel und Erziehung im antiken Rom ........................................ 92
3.1.3 Spiel und Erziehung im Mittelalter und in der Renaissance ....... 94
*3.2 Spielpädagogik am Beginn der Moderne* ........................................ 98
3.2.1 Kindheit am Beginn der Moderne ............................................. 99
3.2.2 Spielpädagogik bei *Friedrich Fröbel* ......................................... 102
*3.3. Spielpädagogik und Reformpädagogik* ......................................... 109
3.3.1 Spielpädagogik bei *Maria Montessori* ...................................... 111
3.3.2 Spielpädagogik bei *Rudolf Steiner* ............................................ 118
*3.4 Spiel und Erziehung in der Zeit des Nationalsozialismus* .............. 123
*3.5 Spiel und Erziehung nach 1945* ................................................... 126
*3.6 Spiel und Bildung (Zusammenfassung)* ......................................... 131

**4.0 Pädagogik der Spielsituation –**
**eine arbeitsfeldübergreifende Konzeption** ................................. 133
*4.1 Pädagogik der Spielmittel* ............................................................ 135
4.1.1 Spielzeugkonsum und kreatives Spiel ...................................... 137
4.1.2 Spielzeugstruktur und Phantasiespiel ....................................... 140
4.1.3 Spielaktion "Gespensterstunde" ................................................ 141
4.1.4 Spiel und neue Medien ............................................................ 143
*4.2 Pädagogik des Interaktionsspiels* .................................................. 150
4.2.1 Soziale Spieltätigkeit im Wandel .............................................. 151
4.2.2 Kooperation im Spiel ............................................................... 152
4.2.3 "Affenparty" – oder:
Wie Kindergartenkinder mit kooperativen Spielregeln umgehen ....... 154
4.2.4 Spielen mit Aggression und Gewalt ......................................... 155
*4.3 Pädagogik des Spielraums* ........................................................... 158
4.3.1 Alltägliche Spielräume ............................................................. 159
4.3.2 Innenspielräume ...................................................................... 161
4.3.3 Außenspielräume ..................................................................... 164
*4.4 Pädagogik der Spielzeit* ............................................................... 167
4.4.1 Kinderzeit – Spielzeit? ............................................................. 167
4.4.2 Tagesabläufe in Tageseinrichtungen für Kinder und Familien ...... 170
*4.5 Spielen in der Schule* ................................................................... 173
4.5.1 Spielorientiertes Lernen in der Schule ..................................... 173
4.5.2 Spielorientiertes Schulprogramm ............................................. 176
4.5.3 Spielen und Üben .................................................................... 179

4.6 *Spielen in der Moderne (Zusammenfassung)* ............... 183

5.0 **Spiel und Methodik – Handlungsmöglichkeiten** ............... 185
5.1 *Wirkungen spielpädagogischen Handelns* ............... 187
5.2 *Prinzipien spielpädagogischen Handelns* ............... 192
5.2.1 Multidimensionalität ............... 193
5.2.2 Akzeptanz ............... 194
5.2.3 Situationsgestaltung ............... 195
5.3 *Formen spielpädagogischen Handelns* ............... 196
5.3.1 Unterstützung des Spiels ............... 196
5.3.2 Spielförderung ............... 202
5.3.3 Spielerische Einkleidungen ............... 205
5.4 *Spiel und Intervention (Zusammenfassung)* ............... 209

6.0 **Spiel und Didaktik – Hilfen zur Planung und Reflexion** ............... 211
6.1 *Langfristige Planungs- und Reflexionsebene* ............... 214
6.2 *Mittelfristige Planungs- und Reflexionsebene* ............... 216
6.3 *Kurzfristige Planungs- und Reflexionsebene* ............... 218
6.4 *Spielen und Planen (Zusammenfassung)* ............... 220

7.0 **Spiel und Beobachtung – Wege zur Spielforschung** ............... 223
7.1 *Grundlagen der Spielbeobachtung* ............... 225
7.1.1 Spielbeobachtung im erziehungswissenschaftlichen Sinne ............... 226
7.1.2 Methodische Probleme der Spielbeobachtung ............... 228
7.2 *Instrumente der Spielbeobachtung* ............... 231
7.3 *Spielen und Verstehen (Zusammenfassung)* ............... 236

8.0 **Spielförderung und Spieltherapie –
heil- und sonderpädagogische Aspekte** ............... 237
8.1 *Spiel und Förderung* ............... 238
8.2 *Spiel und Therapie* ............... 242
8.3 *Spielen und Teilhaben (Zusammenfassung)* ............... 245

9.0 **Spielpädagogik und Qualifikation –
vom Spielen-Lernen zum Spielen-Lehren** ............... 247
9.1 *Spiel im erziehungswissenschaftlichen Studium* ............... 249
9.2 *Projekt "Spiel" in der Erzieherinnenausbildung* ............... 251
9.3 *Kompetenzen für Spielpädagogik (Zusammenfassung)* ............... 253

Literaturverzeichnis .................................................................. 255
Kontaktadressen ...................................................................... 271

# Vorwort zur ersten Auflage

*"Erwachsene können das Spiel von Kindern gar nicht verstehen!"*, so behauptete eine Journalistin kürzlich sinngemäß[1]. Nach einer Schrecksekunde, die eine solche Äußerung unweigerlich bei uns als Mitgliedern der älteren Generation (Eltern und Pädagogen) hervorruft, stellt sich diese provokante These unversehens als Grundfrage des pädagogischen Nachdenkens über Spiel heraus. Sollte es tatsächlich so sein, dass wir nicht in der Lage sind, kindliches Spiel wirklich zu erfassen und auf die Spielebene der Kinder zu gelangen, so hätte dies fatale Folgen für eine Pädagogik des Spiels. Wir wüssten nämlich bei unseren Bemühungen um eine Begleitung und Unterstützung kindlicher Spieltätigkeiten nicht einmal, auf was wir unsere pädagogischen Handlungen ausrichten.

Die folgenden Überlegungen und Anregungen zu einem pädagogischen Umgang mit dem kindlichen Spiel sind ein Versuch, zum Verständnis des kindlichen Spiels bei uns Erwachsenen beizutragen. Es sollen Möglichkeiten vorgestellt werden, wie wir als Erwachsene einen Zugang zum kindlichen Spiel finden können und diese Tätigkeit auf eine Weise unterstützen können, die den spontanen, phantasievollen und selbst gesteuerten Charakter des Spiels nicht zerstört. Ich habe zu dieser Problemstellung in den letzten Jahren eine Reihe von spielpädagogischen Praxisprojekten, Seminaren mit Studierenden und Fortbildungsveranstaltungen durchgeführt, die im vorliegenden Zusammenhang zugleich die Basis darstellen für die Ableitung von Elementen einer Spielpädagogik als erziehungswissenschaftlicher Disziplin. Einen besonderen Arbeitsschwerpunkt bildet dabei die Förderung von Kindern mit Lern- und Entwicklungsschwierigkeiten im Rahmen integrativer Regelkindergärten und Grundschulen. Die hier vorliegende Schrift richtet sich an alle pädagogisch Tätigen in sozial-, schul- sowie heil- und sonderpädagogischen Arbeitsfeldern, die sich für das kindliche Spiel interessieren und etwas über die Möglichkeiten des spielpädagogischen Handelns erfahren wollen. Die hier vorzustellenden Orientierungshilfen beziehen sich allerdings auf Kinder und Jugendliche, sodass andere Altersgruppen in der Erwachsenenbildung und Altenpädagogik eher am Rande erwähnt werden können ...

Bei alldem hat sich für mich eine Erfahrung besonders verdichtet. Gerade in einer gesellschaftlichen Situation, in der wir immer stärker Prozessen der Vereinzelung, Beschleunigung und Entsinnlichung unterliegen, bietet uns das kindliche

---

[1] *Etzold, Sabine*: Geborene Lebenskünstler. In: Zeitmagazin Nr. 1. 27. Dezember 1991, S. 19 (Beilage zur Wochenzeitschrift DIE ZEIT)

Spiel und der Versuch, es zu verstehen, Gegenerfahrungen an. Es gilt auch für uns Erwachsene, die Erfahrung des Spiels an uns selbst wieder zu entdecken. Nur auf diese Weise wird es uns gelingen, unsere Kinder im Spiel zu verstehen.

im Juli 1993                                                                                                        Ulrich Heimlich

## Vorwort zur zweiten Auflage

Dieser Einführungsband hat in seiner ersten Auflage ein lebhaftes Echo gefunden. Für alle Rückmeldungen und Anregungen, die in der Zwischenzeit bei mir eingegangen sind, sei nochmals herzlich gedankt. Die nunmehr vorliegende zweite Auflage enthält eine grundlegende Überarbeitung und zahlreiche Erweiterungen. Abgesehen von der aktualisierten Literatur sollte der Charakter der Einführungsschrift noch stärker herausgearbeitet werden, sodass nun auch die spieltheoretischen Grundlagen und historische Überlegungen einzubeziehen waren. Außerdem sind verschiedene Einzelaspekte wie Spielen in der Schule und Neue Medien aufgenommen worden. Die immer größere Bedeutung des Spiels in der Heil- und Sonderpädagogik machte schließlich ein eigenes Kapitel erforderlich. So bleibt mir zu hoffen, dass diese Neuauflage zu einer zeitgemäßen Spielpädagogik beizutragen vermag.

Leipzig, im Dezember 2000                                                          Ulrich Heimlich

# Einleitung

Nach einer längeren Phase der spielpädagogischen Abstinenz, in der die pädagogische Inszenierung des kindlichen Spiels als unvereinbar mit dem spontanen Charakter kindlicher Spieltätigkeiten kritisiert wurde, erscheint es an der Zeit, das Verhältnis von Spiel und Pädagogik neu zu bestimmen. Angesichts einer zunehmenden Beeinflussung des kindlichen Spiels durch gesamtgesellschaftliche Tendenzen hat sich die pädagogische Aufgabe in Bezug auf diese kindliche Tätigkeit in einer prinzipiellen Weise verändert. Der großzügigen Vermarktung von Spielzeugverbundsystemen, der Zerstörung gewachsener Spielräume, der Zunahme des Alleinspiels und der wachsenden terminlichen Strukturierung ihrer Spielzeit stehen Kinder selbst – trotz erster schöpferischer Antworten – weitgehend hilflos gegenüber. Wir dürfen sie offensichtlich in dieser gewandelten Lebenssituation nicht allein lassen, wollen wir uns nicht dem Vorwurf der Vernachlässigung und Verantwortungslosigkeit aussetzen. Andererseits sieht sich auch die zunehmende Vereinnahmung des kindlichen Spiels durch pädagogische Maßnahmen einer wachsenden Kritik ausgesetzt. Von Missbrauch einer Machtposition durch Erwachsene ist da die Rede und von der Pädagogisierung kindlicher Spielwelten. Eine zeitgemäße Spielpädagogik bewegt sich gegenwärtig offenbar in einem Spannungsverhältnis zwischen den Extrempolen der vollkommenen Vernachlässigung und der totalen Pädagogisierung des kindlichen Spiels. Bei näherer Betrachtung werden wir feststellen, dass wir diesen Extremwerten kaum tatsächlich begegnen. Es gilt also eine Pädagogik des Spiels zu bestimmen, die weder Interessenlosigkeit für kindliche Spielperspektiven noch eine Überformung durch Erwachsenenperspektiven beinhaltet und eine Ausbalancierung zwischen dem Spielen-Lassen und dem Spielen-Anregen ermöglicht.

Wir müssen demzufolge nach Überschneidungsbereichen zwischen den Perspektiven von Erwachsenen und Kindern suchen. Dazu ist es notwendig, das "Niemandsland" zwischen empirischer Spielforschung einerseits und spielpädagogischer Praxis andererseits zu betreten. Übersetzungen sind gefordert zwischen den Ergebnissen von Spielbeobachtungsstudien und dem spielerischen Umgang mit Kindern. Damit ist im wesentlichen eine forschungsdidaktische Aufgabenstellung angesprochen, die sich auf die Vermittlung der Ergebnisse der empirischen Spielforschung in die spielpädagogische Praxis richtet. Auf der Basis zahlreicher Praxisprojekte aus verschiedenen pädagogischen Handlungsfeldern (Kinderkrippe, Hort, Sonderkindergarten, Regelkindergarten, Grundschule, Sonderschule) werden im weiteren Anregungen und Orientierungshilfen vorgestellt, die einen angemessenen, pädagogischen Umgang mit dem kindlichen Spiel beinhalten. Gleichzeitig erfolgt eine Untersuchung ausgewählter Forschungsergebnisse hinsichtlich ihrer Praxiswirkung und deren Übertragung in konkrete spielpädagogische Handreichungen.

Als thematischer Bezugspunkt dieser Überlegungen ist der Zusammenhang von Spielsituationen und Lebenssituationen von Kindern besonders herauszustellen. Die Nachkriegszeit hat in Westeuropa einen grundlegenden Wandel in den Lebensbedingungen von Kindern und Familien mit sich gebracht. Diese vielfach neu strukturierte Lebenssituation von Kindern stellt vollkommen andersartige Anforderungen in Bezug auf die Gestaltung von Spielsituationen in räumlich-materieller, personal-sozialer sowie temporaler Hinsicht – und zwar sowohl aus der Sicht der Erwachsenen als auch und vor allem aus der Sicht der Kinder. Kinder wollen heute an der Gestaltung von Spielsituationen beteiligt werden und Gelegenheit haben, ihre Zukunftsvorstellungen zu entwickeln. Partizipation und Antizipation sind in dieser Betrachtungsweise zentrale Bestimmungsstücke einer zeitgemäßen und angemessenen Spielpädagogik. *Ökologisch ist diese Spielpädagogik insofern zu nennen, als sie über die personalen und sozialen Aspekte des kindlichen Spiels hinaus auch die leiblich-sinnliche Verknüpfung von Kindern mit ihrer Umwelt in die Gestaltung von Spielsituationen miteinbezieht.* Kinder müssen im Spiel die Möglichkeit haben, sie selbst zu sein, mit anderen (Gleichaltrigen und Erwachsenen) in Beziehung zu treten und mit allen Sinnen an unserer gemeinsamen Welt teilzunehmen.

Mittlerweile hat sich in der erziehungswissenschaftlichen Diskussion ein Konsens über die Notwendigkeit zur Förderung des kindlichen Spiels herausgebildet (vgl. *Einsiedler* [3]1999). Damit wird anerkannt, dass wir unserer pädagogischen Verantwortung dem kindlichen Spiel gegenüber nicht entrinnen können – und zwar gerade angesichts einer sich verändernden Lebenssituation von Kindern. Im Anschluss an *Martinus J. Langeveld* (1968a) und die Tradition der phänomenologischen Pädagogik wird deshalb hier davon ausgegangen, dass bei aller Widersprüchlichkeit zwischen dem spontanen Charakter des kindlichen Spiels und den Interventionen von Erwachsenen Kinder doch auf unsere Unterstützung in ihrer Spieltätigkeit angewiesen bleiben. Die Erziehungsbedürftigkeit und Erziehungsangewiesenheit des Kindes als Hilfe zur Menschwerdung gehört – wie *Langeveld* sagt – selbst zu einem wesentlichen Bestimmungsmerkmal menschlicher Existenz. Jedem sozialen Umgang zwischen Erwachsenen und Kindern wohnt dieses pädagogische Element inne. Der spielerische Umgang von Erwachsenen und Kindern, das gemeinsame Spiel also zwischen Eltern, Erzieherinnen oder Lehrerinnen bzw. Lehrern einerseits und Kindern andererseits ist eben nicht nur als Spiel zu begreifen. Dieser spielerische Umgang kann umschlagen in einen spielpädagogischen Umgang – und zwar immer dann, wenn Erwachsene versuchen, die Selbstwerdung des Kindes ein Stück weiterzubringen, dem Kind eine selbstständigere Entscheidung zuzumuten oder es zu mehr eigener Entscheidungsfähigkeit und selbstbestimmten Spielaktivitäten zu ermutigen. Sozialer Umgang zwischen Erwachsenen und Kindern im gemeinsamen Spiel enthält demnach stets diese spielpädagogische Dimension und bildet gleichzeitig das Fundament für die Möglichkeit einer Intervention von Erwachsenen in das kindliche Spiel. *Spielpädagogik* wird hier deshalb im Sinne einer vorläufigen Begriffsbestimmung zunächst verstanden als zusammenfassende *Bezeichnung für Interventionen von Erwachsenen in das kindliche Spiel mit dem Ziel, die Fähigkeit des Kindes zur selbstbestimmteren Spieltätigkeit zu fördern.* Zugleich macht die Komplexität des kindlichen Spiels einen Zugang erforderlich, der sich nicht nur auf die sichtbare oder sinnlich wahrnehmbare Ebene der Spieltätigkeit und der räumlich-materiellen Bedingungen des Spiels beschränkt. Wir müssen ebenso lernen, hinter die sichtbare Spieltätigkeit zu schauen und die intersubjektiven Vereinbarungen zwischen Spielenden zu verstehen suchen, wenn wir die konkret ablaufende Spieltätigkeit in den Gesamtzusammenhang des Spiels einordnen wollen. Es gilt die verborgenen Gesten, Zeichen und sprachlichen Vereinbarungen zwischen Kindern zu erfassen, die die Spielwirklichkeit hervorbringen. Wir müssen uns bemühen die "Botschaften" zu entschlüsseln, die für eine bestimmte kindliche Tätigkeit aussagen: "Dies ist jetzt Spiel!" Wir kennen alle diese sprachlichen Vereinbarungen von Kindern, meist verbunden mit dem Konjunktiv (auch bekannt als Möglichkeitsform), mit denen sie das Spiel herstellen: "Du wärst jetzt wohl der He-Man und ich der Skeletor!" und schon ist die Phantasiewelt des Spiels hervorgebracht. Wenn wir Erwachsenen in diese Spielwirklichkeit hineingelangen wollen, so sind dazu neben der Beobachtung von Spielprozessen vor allem interpretierende Methoden notwendig, die Aufschluss über die Spielsituation *zwischen und hinter* den Spieltätigkeiten, Spielpartnern und Spielgegenständen geben. Spielpädagogik bezieht sich von daher keineswegs nur auf die sichtbare Dimension der Spieltätigkeit, sondern sie muss ebenfalls Aussagen über die eigentliche Spielwirklichkeit anbieten. Zwischen Spielsituation und Lebenssituation, spielerischem Umgang und spielpädagogischer Intervention sowie sichtbarer Spieltätigkeit und zu interpretierender Spielwirklichkeit bewegen sich die folgenden Überlegungen zur Abgrenzung und inhaltlichen Füllung einer Spielpädagogik, die kindliche Spielbedürfnisse je aktuell aufnimmt und in ihrer sozialen sowie leiblich-sinnlichen Verflechtung mit der Umwelt reflektiert.

Dabei soll zunächst der Zusammenhang von *Spiel und Entwicklung* im Vordergrund stehen, um das Phänomen Spiel als spezielle Tätigkeit insbesondere im Anschluss an *John Dewey* vorab zu klären (Kap. 1.0). Neben den Spielformen in der kindlichen Entwicklung soll der Blick hier um die verschiedenen Betrachtungsweisen der Spieltheorien erweitert werden.

Sodann wird das Konzept einer Spielpädagogik im Anschluss an die phänomenologische Pädagogik im Spannungsfeld von *Spiel und Lebenswelt* entwickelt. Zur Diskussion stehen in diesem Abschnitt inbesondere neuere Ausprägungen einer phänomenologischen Spielpädagogik unter interaktionalem und ökologischem Aspekt verbunden mit der Einbeziehung sozialkonstruktivistischer Aspekte (Kap. 2.0).

Bevor die Aufgaben einer Spielpädagogik in der Moderne vorgestellt werden, soll allerdings ein Rückblick in die Geschichte der Pädagogik den Zusammenhang von *Spiel und Erziehung* grundlegen. Die Konzeptionen von *Friedrich Fröbel, Maria Montessori* und *Rudolf Steiner* stehen dabei besonders im Mittelpunkt (Kap. 3.0).

Auf diesem Hintergrund ist es dann möglich, einen Einblick in die vielfältigen inhaltlichen Aspekte von Spielsituationen zu gewinnen. Die in Kap. 4.0 vorzustellenden spielpädagogischen Praxisprojekte werden inhaltlich um wesentliche Elemente von Spielsituationen wie Spielmittel, Spielpartner, Spielräume und Spielzeiten gruppiert. Aus der Kombination von Ergebnissen der empirischen Spielforschung und Praxiserfahrungen mit der Anregung des kindlichen Spiels in diesen Grundelementen ergeben sich erste Orientierungshilfen für einen angemessenen Umgang mit dem kindlichen Spiel. Dieses Konzept einer *Pädagogik der Spielsituation* soll unterschiedliche pädagogische Arbeitsfelder thematisieren und wird deshalb hier um Überlegungen zur Bedeutung der neuen Medien und bezogen auf die Bedeutung des Spielens in der Schule erweitert. Geschlechtsspezifische Aspekte sind hier durchgehend eingearbeitet.

Damit ist gewissermaßen die Grundlage erstellt, von der ausgehend methodische (Kap. 5.0) und didaktische Elemente (Kap. 6.0) einer Spielpädagogik entwickelt werden können. Besonders im Hinblick auf die Planung und Anleitung von Spielprozessen (*Spiel und Didaktik*) muss bereits vorab kritisch gefragt werden, inwieweit Erwachsenen hier überhaupt Handlungsformen zur Verfügung stehen, die kindliches Spiel wirkungsvoll anzuregen vermögen. Deshalb wird auch die Reflexion zu den methodischen Problemen einer Spielpädagogik (*Spiel und Methodik*) hier der Didaktik vorangestellt.

Die Spielbeobachtung stellt im Rahmen spielpädagogischer Erörterungen bislang noch ein Randproblem dar. Es wird in Kap. 7.0 (*Spiel und Beobachtung*) jedoch der These nachgegangen, dass die Beobachtung des kindlichen Spiels bereits eine spielpädagogische Handlungsform repräsentiert, die zugleich Zugänge zur Spielforschung eröffnet.

Die Auseinandersetzung mit der Förderung des Spiels hat besonders im Arbeitsfeld der Heil- und Sonderpädagogik zwischenzeitlich eine Bedeutung gewonnen, die einen eigenständigen Schwerpunkt in dieser Einführung erforderlich machte (Kap. 8.0). Zwischen *Spielförderung und Spieltherapie* sind zahlreiche heil- und sonderpädagogische Spielangebote angesiedelt, die dazu beitragen sollen, dass die Teilhabe von Kindern und Jugendlichen mit sonderpädagogischem Förderbedarf an Bildungs- und Erziehungsprozessen möglich wird.

Schließlich bleibt die ebenfalls häufig vernachlässigte Frage nach der Ausbildung von Spielpädagoginnen und Spielpädagogen noch offen (Kap. 9.0: *Spielpädagogik und Qualifikation*). Sowohl in universitären und fachhochschulbezogenen Studiengängen wie auch in der Erzieherinnenausbildung und in der heilpädagogischen Zusatzausbildung lassen sich spielpädagogische Elemente ausmachen, müssen spielpädagogische Kompetenzen erworben werden. Neben praktischen Erfahrungen mit spielpädagogischen Handlungsmustern ist hier auch an ein spielbiographisches Lernen zu denken, in dessen Verlauf Erwachsene auf den Spuren ihrer eigenen Spielkindheit ihr spielendes Ich entdecken und seinen Einfluss auf ihr gegenwärtiges spielpädagogisches Handeln abschätzen lernen. Wir selbst als Spielpädagogen bleiben demnach auch Spielende und sollten uns die Fähigkeit, spielen zu können als Basis unserer spielpädagogischen Handlungskompetenz erhalten.

In den Text sind immer wieder Spielsituationen aus eigenen Beobachtungen oder spielpädagogischen Praxisprojekten eingebunden. Sie sollen gleichsam als "Fenster" Einblicke in den Spielalltag von Kindern und Jugendlichen ermöglichen. Jedes Kapitel wird durch ausgewählte Literaturempfehlungen abgeschlossen, die eine vertiefende Bearbeitung des jeweiligen thematischen Aspektes anbieten. Zu den Teilelementen der Spielsituation werden darüber hinaus aktuelle Praxismaterialien ausgewiesen, die derzeit allgemein verfügbar sind. Die Kontaktadressen am Ende des Buches liefern zusätzliche Anschlussmöglichkeiten für spielpädagogische Praxisprojekte und Weiterbildungsangebote.

Die Leitidee der folgenden Überlegungen zum Verhältnis von Spiel und Wirklichkeit bzw. Spiel und Lebenswelt ist bei *Hellmut Becker* (1992, S. 242) in exemplarischer Weise zusammengefasst:

"Im Spiel vollzieht sich ein Probehandeln, das die Realität vorwegnimmt, aber doch nicht Realität ist. Man erfährt die Realität, aber man erleidet sie nicht und wird nicht für sie zur Rechenschaft gezogen. Das Spiel vermittelt die Fähigkeit zur Utopie. Wenn Menschen das Leben nicht zugleich als Spiel zu leben wissen, dann geht ihnen die Fähigkeit zur Veränderung ab." (ebd.).

Die Chancen für eine derart umfassende Bedeutung des Spiels stehen in modernen Gesellschaften nicht schlecht. Das Spiel von Kindern, Jugendlichen und Erwachsenen wird immer mehr zu einem zentralen Moment ihrer Wirklichkeitserfahrung. So bezieht sich beispielsweise *Gerhard Schulze* (1996, S. 98) in seiner Studie zur "Erlebnisgesellschaft" bei der Definition von "alltagsästhetischen Episoden" als Kern der Erlebnisorientierung moderner Gesellschaften auf den kulturanthropologischen Spielbegriff von *Johan Huizinga* (1991). "Wahlmöglichkeiten" und "innenorientierte Sinngebung" als Kennzeichen von alltagsästhetischen Episoden weisen demnach deutliche Parallelen zu Spielerfahrungen auf. Die neue Erfahrungsmöglichkeit der Erlebnisgesellschaft besteht nach *Schulze* besonders darin, dass sich Spiel und Alltag mehr und mehr vermischen, Spiele gleichsam "gewöhnlich" werden. Dies ist auch der Grund, warum Spieltätigkeiten und Spielsituationen in modernen Gesellschaften etwas von der Lebenssituation der Spielenden erzählen.

## 1.0 Spiel und Entwicklung – eine multidimensionale Perspektive

> *„Spiel ist dem Kind so ernst wie Arbeit dem Erwachsenen ...,
> ernst insofern als es seine ganze Aufmerksamkeit beansprucht und
> in diesem Moment die einzige existierende Wirklichkeit ist."*
> John Dewey 1900, S. 200,
> Übersetzung von mir – U.H.

Das Spiel von Kindern und Jugendlichen zu verstehen, erweist sich insbesondere angesichts seiner Vielschichtigkeit als Problem. Spiele überraschen uns immer wieder, nehmen einen unvorhergesehen Verlauf, lassen sich mit Themen verbinden, die zunächst völlig unvereinbar mit einem Spielgeschehen erscheinen. Und doch sind wir der festen Überzeugung, dass hier gespielt wird. Was macht uns so sicher in dieser Auffassung? Offenbar gibt es eine gemeinsame Vorstellung von dem, was mit Spiel im Alltag bezeichnet wird. In der Regel dürfen spielende Kinder und Jugendliche auf freundliche Nachsicht für diesen Zeitvertreib zählen. Erwachsene haben da schon eher Legitimationsprobleme, wenn sie spielen, es sei denn bei Festen und Feiern. Und offenbar hat das Spiel häufig mit Bewegung, sozialen Kontakten und der Möglichkeit, sich etwas selbst auszudenken zu tun. Es scheint jedenfalls ein Übereinkunft zu geben, was denn Spiel sei und wem das Recht dazu ohne weiteres zuzugestehen sei.

In der Spielpädagogik und Spielforschung ist das keineswegs selbstverständlich. Der einheitliche und von allen wissenschaftlichen Disziplinen anerkannte Spielbegriff liegt nicht vor. Auch die zahlreichen Spielbetrachtungen aus psychologischer, soziologischer oder gar philosophischer Sicht können nicht mehr zur Deckung gebracht werden. Wer sich mit dem Spiel aus erziehungswissenschaftlicher Sicht beschäftigt, befindet sich in großen Nöten, wenn angegeben werden soll, um was es sich denn beim Spielen handelt. Ist das Spiel eine Handlung bzw. Tätigkeit oder vielmehr eine Bewegung bzw. Beschäftigung oder gar eine Haltung bzw. ein Phantasiegebilde? Gleichwohl stehen wir vor der Anstrengung des Begriffs. Wenn im weiteren ein eher handlungstheoretisch fundierter Spielbegriff vorgestellt wird, so geschieht das aus der praktischen Erfahrung heraus, dass spielpädagogisches Handeln erst dann einsetzen kann, wenn wir wissen, was das Spiel im engeren Sinne ausmacht.

Spieltätigkeiten lassen sich durch bestimmte Merkmale von anderen Tätigkeiten unterschieden, so wird hier behauptet. Bislang ist die Spielforschung jedenfalls nicht über diesen Weg der Merkmalskataloge zur näheren Kennzeichnung von Spieltätigkeiten hinausgelangt. Dazu werden nun einige begriffliche Überlegungen angestellt (1.1), um danach die Entwicklung der Spieltätigkeiten von Kindern und Jugendlichen sowie die jeweils dominierenden Spielformen begleitend zu den ersten Lebensjahren näher zu kennzeichnen (1.2). Die verschiedenen Betrachtungsweisen (Theorien)[1] des Spiels aus den pädagogischen Nachbardisziplinen Psychologie, Soziologie und Philosophie sollen schließlich zu einem Gesamtbild der Spieltätigkeit zusammengesetzt werden (1.3). Das integrierende Prinzip dieser Zusammenschau wird in der Multidimensionalität des Phänomens Spiel (1.4) gesehen. Im Vordergrund dieses Kapitels steht also die phänomenologische Frage: Was ist Spiel?

## 1.1 Spiel als Tätigkeit

In der Regel wird das Spiel als Gegensatz zum Ernst oder zur Arbeit näher umschrieben. Die ursprüngliche Wortbedeutung von "Spiel" [*ahd.* und *mhd.* spil, *nhd.* spil und spiel] beinhaltet "eine thätigkeit, die man nicht um des resultats oder eines praktischen zweckes willen, sondern zum zeitvertreib, zur unterhaltung und zum vergnügen übt".[2] Das Wort bezieht sich ethymologisch zunächst nur auf das Spiel von Menschen und Tieren. Erst ab dem 18. Jahrhundert wird Spiel auch in Verbindung mit unpersönlichen oder abstrakten Begriffen (wie "Spiel des Windes", "Spiel der Gedanken") gebraucht. In diesem Zusammenhang gewinnt der Begriff die Bedeutung einer zweck- bzw. regellosen Bewegung. Während im Deutschen ähnlich wie im Französischen ("jeu" und "jouer") die Bedeutung von "Spiel" und "spielen" im Prinzip nicht klar unterschieden wird, so ist im Englischen zwischen "play" (Tätigkeit zum Vergnügen) und "games" (Regelspiele) deutlich zu trennen. *Johan Huizinga* (1991, S. 37) kommt nach ausführlicher Untersuchung des Sprachgebrauchs zum Wort "Spiel" in verschiedenen Kulturen ebenfalls zu dem Ergebnis, den Handlungsaspekt im Spielbegriff zu betonen. Im Gegensatz dazu legt *Hans Scheuerl* ([11]1990, S. 120) den Schwerpunkt auf den Bewegungsaspekt, der das Spiel als "Urphänomen" alles Lebendigen kennzeichnen soll und insofern eher zur philosophischen Klärung beiträgt. Fragen wir jedoch nach den Voraussetzungen und Funktionen des Spiels im pädagogischen Sinne, so kommen wir nicht umhin, unseren Blick auf Spieltätigkeiten von Kindern, Jugendlichen und Erwachsenen auszu-

---

[1] Der Begriff "Theorie" [*griech.* theoria] bedeutet bekanntlich wörtlich übersetzt "Betrachtung". Theorien des Spiels werden hier deshalb als unterschiedliche Betrachtungsweisen vorgestellt.
[2] *Grimm, Jakob und Wilhelm*: Deutsches Wörterbuch. Leipzig: Hirzel, 1983 ff., S. 2275ff.

richten. Auch in den Spieltheorien von der Aufklärungszeit über die Klassik und Romantik bis hin zu den psychologischen, sozialwissenschaftlichen und anthropologischen Beiträgen jüngeren Datums überwiegt diese Betonung des Tätigkeitsaspektes (vgl. die Textsammlung bei *Hans Scheuerl* [11]1991).

Im erziehungswissenschaftlichen Zusammenhang liegt es deshalb nahe, das Spielen als spezielle menschliche Tätigkeit anzusehen (vgl. *Heimlich* 1999a). Diese Einschränkung des Blickwinkels ist vor allem durch die Entwicklung der Kinderpsychologie unterstützt worden (vgl. *Rittelmeyer* 1983). So hat bereits *Karl Groos* (1861-1946) in seinem Überblick zum Spiel bei Mensch und Tier Ende des 19. Jahrhunderts den Begriff der "Spieltätigkeit" bevorzugt (vgl. zusammenfassend *Groos* 1922). Damit ist zunächst einmal der Vorteil verbunden, dass von einem beobachtbaren Phänomen ausgegangen werden kann. Es ist dadurch sowohl für pädagogische Handlungsweisen als auch für die Erforschung zugänglich. Spieltätigkeiten sind allerdings nicht – wie bereits gezeigt wurde – von ihrem konkreten gesellschaftlichen Kontext zu lösen. Insofern gilt die Tätigkeit "Spiel" stets als "Interaktionsform mit Objekten und Personen seiner Umwelt", wie es *Elke Calliess* (1975, S. 19) einmal charakterisiert hat. Das Besondere dieser Interaktionsform Spieltätigkeit wird nun mit Hilfe der spieltheoretischen Entwürfe von *John Dewey* und *Lev S. Vygotskij* genauer bestimmt, da sich beide auf diesen Tätigkeitsaspekt des Spiels beziehen.

### 1.1.1 Spiel als Erfahrung der Wirklichkeit (John Dewey)

Der amerikanische Reformpädagoge und Philosoph *John Dewey (1859-1952)* ist nicht so sehr durch seinen spieltheoretischen Beitrag bekannt geworden als vielmehr durch seine schulpädagogischen Schriften und seine Laborschule an der Universität von Chicago (1894-1904) (vgl. *Bohnsack* 1979). Die Bedeutung des Spiels in der Erziehung durchzieht jedoch das gesamte, sehr umfangreiche Werk von *Dewey* und ebenso seine praktischen Erziehungsversuche. So fordert er in seinem Hauptwerk "Demokratie und Erziehung" (1993) im Jahre 1916 auch die Einbeziehung von *Spiel und Arbeit* als "Betätigungsformen" in die Schule. Das Spiel soll keineswegs als Zeitvertreib oder zur Erholung eingesetzt werden. Vielmehr hat es nach *Dewey* eine eminent wichtige soziale und kognitive Funktion:

"Spiel und Arbeit entsprechen in allen Punkten der ersten Stufe des Erkennens (...), die darin besteht, dass man lernt irgend etwas zu tun, und aus diesem Tun heraus mit gewissen Dingen vertraut wird." (*Dewey* 1993, S. 259).

Nach der Vorstellung von *Dewey* entspringt das Denken aus dem Tun. Deshalb kann auch in der Schule ein Spiel am Anfang des Lern- bzw. Denkprozesses stehen. Der vollständige Denkakt zeichnet sich bei *Dewey* durch mehrere Stufen aus. Am

Beginn stehen in der Regel bestimmte Aktivitäten bzw. Erfahrungen im Umgang mit der Umwelt (1), d.h. *Dewey* geht in seiner Sicht des Kindes von der Annahme aus, dass dieses sich mit Interesse auf seine Umwelt zubewegt. Aus diesen Tätigkeiten und Erfahrungen erwächst eine Frage, eine ungelöste Aufgabe oder eine problemhaltige Sachlage (2), die die Aufmerksamkeit des Kindes fesselt (z.b. ein neues Spielzeug). Nun setzt sich das Kind mit dem Problem auseinander (3), in dem es Versuche und Beobachtungen anstellt oder sich das nötige Wissen auf andere Weise (durch Nachfragen) aneignet. Ist das Kind mit der Antwort, die es gefunden hat (Bau eines Würfelturms) zufrieden und damit das Problem gelöst (4), kann das neu erworbene Wissen wieder in den Tätigkeitsprozess eingebettet werden (ein Turm aus Würfeln als Raketenstartrampe im Weltraumspiel). Die Problemlösung wird an der Wirklichkeit etwa an anderen Gegenständen überprüft (5). Es ist also unschwer vorstellbar, dass sich dieser Denkakt auch im Spiel vollzieht.

Spiel und Arbeit werden nun bei *Dewey* deshalb in einem Atemzug genannt, weil beide Betätigungsformen einen handelnden Umgang mit der Umwelt ermöglichen. Der Unterschied zwischen beiden Tätigkeiten wird häufig darin gesehen, dass die Arbeit auf einen bestimmten Zweck – wie z.B. die Herstellung eines Gegenstandes gerichtet ist, während das Spiel den Zweck in sich selbst trägt. *Dewey* widerspricht dieser Ansicht und sieht keinen so klaren Unterschied zwischen Spiel und Arbeit:

"Spielende Menschen tun nicht eben irgendetwas (...), sondern versuchen etwas Bestimmtes zu tun oder zu bewirken; ihre geistige Haltung schließt Vorwegnahmen ein, die ihre augenblicklichen Reaktionen auslösen." (a.a.O., S. 269).

Der Unterschied zur Arbeit liegt nach *Dewey* lediglich darin, dass dieses Bestimmte kein Gegenstand oder konkretes Produkt (z.B. das Schnitzen eines Holzschiffchens) ist. Vielmehr bezieht sich die Vorwegnahme im Spiel auf eine spätere Handlung (das Schiffchen-Spiel). Spiel wird also von *Dewey* ohne weiteres als zweckgerichtete Tätigkeit angesehen, in der allerdings der Schwerpunkt auf der Tätigkeit selbst liegt. Auch in den Anfängen der kindlichen Entwicklung ist ja Arbeit und Spiel keineswegs klar getrennt.

Diese Auffassung ist aus heutiger Sicht nicht ganz einfach nachzuvollziehen. Zu sehr haben wir uns bereits an fremdbestimmte Arbeitstätigkeiten gewöhnt, die nichts Spielerisches mehr an sich haben. Allenfalls Künstlerinnen und Künstler erleben noch eine Verschmelzung von Arbeit und Spiel in ihrem Tun. Im Gegensatz dazu sieht *Dewey* in der "Plackerei" (S. 271f.) eine Arbeitstätigkeit, die nur unter Zwang und nicht um ihrer selbst willen ausgeübt wird. Hier dürfte die Abwesenheit jedes spielerischen Elementes besonders deutlich sein. Gleichzeitig zeigt *Dewey* hier, dass eine demokratische Gesellschaft auch Arbeitstätigkeiten bereithalten sollte, in denen sich der Arbeitende wieder findet, die er selbst bestimmen kann, die also letztlich auch spielerische Elemente enthalten können. An dieser Stelle zeigt sich erneut der normative Gesellschaftsbegriff in der Erziehungstheorie von *Dewey*. Für *Dewey* erschöpft sich eine demokratische Gemeinschaft nicht in der Durchführung von Wahlen. Vielmehr ist Demokratie für ihn eine Lebensform, die sich im Alltag von Menschen – also auch bei Arbeit und Spiel oder etwa im Bildungs- und Erziehungssystem – auswirkt. Demokratische Gemeinschaften sind in der Lage, ihre jeweiligen Probleme auf kreative Weise zu lösen. Von daher gewinnt auch die Spielfähigkeit wiederum eine hohe Bedeutung bei der Entwicklung von schöpferischen Antworten auf drängende Gegenwartsfragen moderner Gesellschaften. Für seine Charakterisierung der Spieltätigkeit besonders bedeutsam bleibt allerdings sein Hinweis auf die "Zwecke" des Spiels, die ebenfalls zielgerichtete Handlungen erfordern, damit das Spiel in Gang kommt und der Spielfluss aufrecht erhalten bleibt.

Nach *Dewey* ist nun diese Aktivität Spiel durch eine besondere "Erfahrung der Wirklichkeit" gekennzeichnet. In seiner Darstellung der "geistigen Entwicklung des Kindes" (*Dewey* 1900, S. 194ff.)[3] beginnt er mit der sog. "Spielphase". Die Spieltätigkeit setzt bei Kindern in dem Moment ein, in dem sie nicht mehr nur auf Personen und Objekte ihrer unmittelbaren Umgebung reagieren (z.B. das Betrachten des bunten Mobiles über dem Bett). Sie bemerken irgendwann einmal, dass sie mit ihren Aktivitäten selbst etwas bewirken können (das Mobile antippen und in Bewegung setzen) und wiederholen diese neue Erfahrung mit großer Ausdauer. Damit gewinnen Kinder eine Freiheit des Handelns, die erst das Spielen mit sich und ihrer Umwelt ermöglicht. Die selbst gewählte Tätigkeit ist der erste Schritt zum Spiel. Diese Tätigkeit wird um ihrer selbst willen aufgenommen. Auch Spieltätigkeiten sind dadurch gekennzeichnet, dass sie von den Kindern selbst gewählt werden.

Beginnen kann die Spieltätigkeit jedoch erst, wenn Kinder ihre Umwelt nach ihren Wünschen in ihre Aktivitäten einbeziehen. Mit Gegenständen (z.B. aus dem Haushalt) wird nicht nur entsprechend ihrer eigentlichen Funktion (z.B. auf einem Stuhl sitzen) agiert. Im Spiel interessieren Gegenstände nicht mehr in ihrer ursprünglichen Funktion, sondern nur noch in Bezug auf ein bestimmtes Merkmal (dass man sich unter dem Stuhl verstecken kann). Der Gegenstand wird in einen selbst erdachten Zusammenhang hineingestellt und erhält so eine völlig neue Bedeutung – der Stuhl wird möglicherweise zum Haus. Kinder entwickeln ihre eigenen Vorstellungen im Spiel. Das Spiel ist bei *Dewey* zugleich die Basis für die Entwicklung der Phantasie (So-tun-als-ob). Im Laufe der weiteren Lebensjahre vor Beginn der Schulzeit werden Kinder immer unabhängiger von ihrer konkreten Umwelt und

---

[3] im Original: "Mental Development" (1900)

entwickeln ihre Phantasien im Spiel nun zunehmend selbstständig.

Ein weiterer Entwicklungsschritt stellt sich ein, wenn Kinder stärker an den Ergebnissen ihres Tuns interessiert sind. Spieltätigkeiten werden nun zunehmend komplexer und enthalten auch Zwischenschritte, die zu einer weiterreichenden Spielidee notwendig sind (z.b. die Vorbereitung eines Familienspiels durch die Abteilung einer Zimmerecke mit Tüchern und Decken). Komplexere Spielideen, die in der Kindergruppe durchgeführt werden sollen, müssen vereinbart werden und bedürfen der gemeinsamen Planung (Verteilung der Rollen in der Familie). Dazu ist es erforderlich, dass Kinder gelernt haben, ihre Tätigkeiten zu kontrollieren und auf bestimmte, gemeinsame Ziele auszurichten. Gerade diese Möglichkeit der Selbstkontrolle macht für Kinder einen großen Teil des Reizes an Spieltätigkeiten aus. Besonders deutlich wird dieser Selbstkontrollaspekt dann in den Rollen- und Regelspielen der späteren Lebensjahre.

Aber *Dewey* hat nicht nur eine sehr interessante Theorie der kindlichen Spieltätigkeit entwickelt. Er liefert auch zahlreiche Praxisbeispiele, um die Bedeutung des Spiels in der Erziehung zu veranschaulichen. In seinem 1915 erschienen Werk "Schulen von morgen"[4] entwirft er beispielsweise nicht nur sein Schulkonzept sondern ebenso einen eigenen Modellkindergarten, der viele Anregungen der Spielpädagogik von *Friedrich Fröbel (1782–1852)* mit aufnimmt. Das Spiel hat nach *Dewey* seinen festen Platz in Kindergarten und Schule, weil es eine entwicklungsnotwendige Funktion für Kinder übernimmt. Wie er sich den pädagogischen Umgang mit Spiel vorstellt, wird besonders an der folgenden Spielsituation deutlich, die er auf dem Spielplatz der Universität beobachtet hat:

> • *Spielsituation 1:*
>
> *"Es gibt einen Spielplatz, den die jüngeren Schüler nach den Schulstunden benutzen können. Anstatt dass sie ihre Zeit mit gymnastischen Übungen oder Gruppenspielen verbringen, machen die Kinder eine Stadt. Sie benutzen große Pappkartons als Häuser und Geschäfte, die von zwei oder drei Kindern betreut werden; und sie haben eine ziemlich ausgeprägte städtische Organisation entwickelt, mit einem Telefon, Post und Polizei, einer Bank, um Geld zu zählen und klugen Plänen, um den Geldkreislauf in Bewegung zu halten. Sehr viel Zeit wird in Zimmermannsarbeiten gesteckt, beim Hausbau und der Reparatur und bei der Herstellung von Fahrzeugen, Möbeln für die Häuser oder Lager für die zwei Geschäfte. Die Arbeit ermöglichte ebenso viele körperliche Übungen, wie der übliche Spielplatz. Sie beschäftigte die Kinder und befriedigte sie in einer viel effektiveren Weise, weil sie abgesehen von dem gesunden Spiel unter freiem Himmel, in nützlicher und verantwortlicher Weise an einer Gemeinschaft teilnehmen." (aus: John Dewey: Schools of Tomorrow, 1915, S. 282f., Übersetzung von mir, U.H.).*

---

[4] im Original: "Schools of Tomorrow" (1915)

Offenbar beschreibt *Dewey* hier einen frühen Bau- oder Abenteuerspielplatz. Es zeigt sich hier noch einmal die enge Verbindung von Arbeit und Spiel in seiner Charakterisierung der Spieltätigkeit.

Spieltätigkeiten werden also nach *Dewey* von den Kindern aus eigenem Antrieb aufgenommen. Sie enthalten in der Regel einen phantasievollen Umgang mit der sozialen Wirklichkeit. Und sie werden von den Kindern in zunehmendem Maße selbst kontrolliert. Im Grunde zeichnet *Dewey* hier bereits die wesentlichen Merkmale kindlicher Spieltätigkeit nach, wie wir sie auch gegenwärtig in der spielpädagogischen Literatur in unterschiedlicher Ausprägung wieder finden (s. Kap. 1.1.3).

Die Betrachtungen des kindlichen Spiels von *Dewey* sind bislang in der spieltheoretischen Literatur nur am Rande erwähnt. So bezieht beispielsweise *Sergius Hessen* (1887-1937), ein vergleichender Erziehungswissenschaftler, der sich besonders mit dem Gegensatz zwischen der Fröbel- und der Montessoripädagogik beschäftigt hat, auch zum Spielkonzept von *Dewey* Stellung (vgl. *Scheuerl* [11]1991, S. 89f.). *Hessen* erwähnt insbesondere den Hinweis von *Dewey* auf die "Zwecke des Spiels" und plädiert von daher für die Einbeziehung des Spiels in pädagogische Zusammenhänge. In der Psychologie hat *Eduard Claparéde* (1973-1940), ein Entwicklungspsychologe aus Genf, auf die psychologischen und spieltheoretischen Schriften von *Dewey* hingewiesen und so zumindest auch die Arbeiten von *Piaget* (s. Kap. 1.3) mit angeregt (1911). Unmittelbare Wirkungen hat die Spieltheorie von *Dewey* durch den gemeinsamen philosophischen Hintergrund sicher auch auf den Soziologen *Georg H. Mead* ([7]1988) gehabt. *Mead* bezieht seine interaktionistische Rollentheorie an mehreren Stellen in seinem Werk auf die kindliche Spieltätigkeit und trägt so dazu bei, dass die sozialen Prozesse im Spiel für uns verständlicher geworden sind (s. Kap. 1.3). In der Erziehungswissenschaft ist die Erziehungstheorie von *Dewey* bei *Heinz-Hermann Krüger* und *Rainer Lersch* ([2]1993) in das handlungsorientierte Konzept "Lernen durch Erfahrung" aufgenommen worden. In der Heil- und Sonderpädagogik wird *Dewey* erst in jüngster Zeit im Zusammenhang mit sozialkonstruktivistischen Lerntheorien (vgl. *Benkmann* 1998) und bezogen auf integrative Lernsituationen (vgl. *Heimlich* 1999b) diskutiert. Kritische Einwände richten sich dabei stets gegen die sog. "pragmatische" Ausrichtung der Pädagogik von *Dewey*. Vernachlässigt wird dabei meist das philosophische und psychologische Werk und seine eigenständige Gesellschaftstheorie (vgl. *Oelkers* 1993).

Eine weitere spieltheoretische Entwicklungslinie, in der das Spiel als Tätigkeit betrachtet wird, ergibt sich ausgehend von dem russischen Psychologen *Vygotskij*.

### 1.1.2 Spiel als fiktive Situation (Lev S. Vygotskij)

*Lev S. Vygotskij (1896-1934)* hat ab 1924 am Psychologischen Institut der Universität Moskau an der Erneuerung der Psychologie in der Sowjetunion mitgewirkt. In einer erstaunlich kurzen Zeitspanne bis zu seinem Tode im Jahre 1934 entsteht dabei ein sowohl psychologisch als auch pädagogisch sehr einflussreiches Werk (s. die biographische Skizze von *Alexandre Métraux*, vgl. Vygotskij 1992). Im Jahre 1933 – also in seiner späten Schaffensperiode, als beispielsweise sein Hauptwerk "Denken und Sprechen" (1931, ⁵1977) schon zwei Jahre vorliegt – hält *Vygotskij* am Staatlichen Pädagogischen Institut in Leningrad seine weithin bekannt gewordene Vorlesung "Das Spiel und seine Rolle für die psychische Entwicklung des Kindes" (1973).

Auch *Vygotskij* versucht – ähnlich wie *Dewey* – das Spiel als spezifische Tätigkeit zu begreifen. Im Unterschied zu anderen Tätigkeiten ist das Spiel jedoch kein Handeln in der realen Situation, sondern vielmehr ein Handeln in einer vorgestellten bzw. "fiktiven Situation" (a.a.O., S. 20). Im Spiel vollzieht sich bei Kindern der Prozess der Ablösung des Gedankens und ebenso des Wortes vom konkreten Gegenstand bzw. von der konkreten Handlung. Kinder benutzen Gegenstände zu verschiedenen Zwecken und zeigen so, dass ein Gegenstand neben seiner objektiven "Bedeutung" auch einen subjektiven Sinn erhalten kann. Das Verhältnis von Sinn und Gegenstand bzw. Sinn und Handlung ist nach *Vygotskij* im allgemeinen ein funktionales, d.h. der Sinn ist eine Funktion des Gegenstandes. Sein Sinn liegt im Alltag eindeutig fest (z.B. ein Dreirad zum Fahren). Kinder zeigen im Spiel jedoch, dass dieses Verhältnis auf den Kopf gestellt werden kann. Das Verhältnis von Sinn und Gegenstand wird in sein Gegenteil verkehrt. Der Gegenstand wird in Abhängigkeit vom subjektiven Sinn verwendet (das Dreirad als Motorrad). Ebenso sind kindliche Handlungen im Spiel nach *Vygotskij* nicht nur als reale zu begreifen. Besonders in der fiktiven Situation kommt es zu vorgestellten Handlungen. Die äußerlich sichtbare Tätigkeit (das Herumfahren mit dem Dreirad) wird in diesem Fall nur durch ihren subjektiven Sinn verstehbar (etwa in der Äußerung eines Zweijährigen: "Ich 'Rorrad fahr'n!"). Auch hier verändert sich der funktionale Zusammenhang von Handlung und Sinn, in dem zunächst der subjektive Sinn als Folge von Handlungen deutlich wird. Im Spiel hingegen sind die Handlungen eher Folge der kindlichen Vorstellungen in der *fiktiven Situation*. Hier geht also der subjektive Sinn voraus. Dieses besondere Verhältnis zur sozialen Wirklichkeit steht bei *Vygotskij* zugleich für die spezifische Entwicklungsbedeutung des Spiels:

"Das Schaffen einer fiktiven Situation kann man vom Standpunkt der Entwicklung betrachten als den Weg zur Entwicklung des abstrakten Denkens" (a.a.O., S. 36).

Das Spiel erhält bei *Vygotskij* vor allem die Bedeutung einer Übergangsphase, in der sich die Ablösung des kindlichen Denkens vom konkreten Gegenstand und von der konkreten Handlung vollzieht. Insbesondere für Kinder im Vorschulalter stellt das Spiel "die ‚Zone' für die unmittelbar folgende Entwicklung des Kindes" (a.a.O., S. 34) bereit. Das Spiel wird somit von *Vygotskij* als Beispiel für den zentralen Aspekt seiner Entwicklungstheorie, die "Zone der nächsten Entwicklung (ZNE)" (vgl. *Vygotskij* $^5$1977) dargestellt. Im Spiel sind für Kinder Vorwegnahmen künftiger Handlungen möglich. Dabei entsteht nicht nur der ganze Bereich der abstrakten Vorstellungen. Auch die Entwicklung der Sprache nimmt von dieser Fähigkeit ihren Ausgang.

In der vorgestellten Situation können Kinder so tun, als ob sie eine ähnliche Kontrolle über die soziale Wirklichkeit ausübten, wie die Erwachsenen. Zunächst wird im Spiel die reale Situation reproduziert (z.B. beim Arztbesuchspiel oder beim Spiel mit Puppen). Während jedoch zu Beginn Gegenstände noch eine eminent wichtige Bedeutung für das Spiel haben (der Holzlöffel des Arztes zur Untersuchung oder der Teller, von dem die Puppe isst), werden später auch Spiele möglich, die solche Gegenstände durch vereinfachte andere Gegenstände oder Gesten ersetzen (irgendein Stück Holz zur spielerischen ärztlichen Untersuchung oder das angedeutete Essen mit den Fingern). Der Anteil der Fiktion im Spiel wird im Laufe der Entwicklung also erhöht, ohne dass der Bezug zur sozialen Wirklichkeit abgeschnitten wäre. Die Phantasie entsteht bei *Vygotskij* – und hier trifft er sich erneut mit *Dewey* – aus der Tätigkeit. Das Spannungsverhältnis von *Phantasie und Realität* ist nach *Vygotskij* eines der zentralen Kennzeichen kindlicher Spieltätigkeit.

Die Schaffung einer fiktiven Situation setzt wiederum ein gewisses Maß an Freiheit und Selbststeuerung im Spiel voraus.

"Im Spiel ist das Kind frei, d.h. es bestimmt seine Handlungen selbst, wobei es von seinem eigenen "Ich" ausgeht. Dies ist aber eine illusorische Freiheit." (a.a.O., S. 36).

Diese "illusorische Freiheit" erreichen Kinder im Spiel dadurch, dass sie Gegenständen und Handlungen einen subjektiven Sinn unterlegen. Dieser subjektive Sinn bringt allerdings selbst auch wieder spezielle Handlungen hervor, die keineswegs beliebig sind. Auf diese Weise entstehen aus der fiktiven Situation des Spiels zugleich Regeln für die jeweiligen Spieltätigkeiten. Dies wird beispielsweise an folgender Spielsituation und deren Interpretation deutlich:

• *Spielsituation 2:*

"Zwei Schwestern – *von etwa fünf bzw. sieben Jahren* – haben einmal verabredet: "Laßt uns Schwestern spielen". ... Im Spiel, in dem die Schwestern Schwestern spielen, bekundet jede der beiden ununtrbro-

*chen ihre schwesterliche Beziehung zur anderen, d.h. dieses Spiel führt dazu, daß jede von ihnen Verhaltensregeln empfängt. (Ich muß in der ganzen Spielsituation in Hinsicht auf die andere Schwester Schwester sein.) Als Spielhandlungen, die der Situation entsprechen, werden nur jene angesehen, die diesen Regeln genügen. Im Spiel haben wir es mit einer Situation zu tun, die unterstreicht, daß diese Mädchen Schwestern sind: sich gleich kleiden und Hand in Hand herumgehen; mit einem Wort, sie ist dadurch gekennzeichnet, daß sie ihre Position als Schwestern im Verhältnis zu den Erwachsenen und Fremden betont. Die Ältere hält die Jüngere an der Hand und spricht die ganze Zeit über diejenigen, die für sie die Leute darstellen: "Dies sind Fremde, die gehören nicht zu uns." Dies bedeutet: "Ich und meine Schwester handeln gleichartig, man behandelt uns gleichartig, während man mit den anderen, den Fremden anders umgeht." Hier wird also die Gleichartigkeit all dessen hervorgehoben, was für das Kind im Begriff der Schwester zusammengefaßt ist. Dies bedeutet, daß meine Schwester zu mir in einer anderen Beziehung steht als die Fremden. Was von dem Kind unbemerkt im Leben existiert, wird für es im Spiel zur Verhaltensregel." (Vygotskij 1973, S. 22)*

Fiktive Situation und Regel stehen demnach in einer wechselseitigen Beziehung zueinander und zeigen so die Begrenztheit der spielerischen Freiheit gerade im Phantasieanteil des Spiels auf. Sicher werden Kinder im "Möglichkeitsraum" des Spiels auch neue Aspekte erschließen (z.B. eine veränderte Rolle als Schwestern, in der beispielsweise die ältere und die jüngere die Rollen tauschen). Aber die Wahl einer bestimmten Spieltätigkeit fördert selbst wiederum bestimmte Spielregeln für den weiteren Spielverlauf, die andere Spieltätigkeiten ausschließen (der Wechsel von der Schwester- in die Mutterrolle, die das Schwesternspiel wiederum beenden würde). Das Verhältnis von fiktiver Situation und Spielregel gilt nach *Vygotskij* im Übrigen auch in der Umkehrung:

"Die Entwicklung von einer deutlich fiktiven Situation und von verborgenen Regeln zu einem Spiel mit deutlich zutage tretenden Regeln und einer verborgenen Situation bildet die zwei Pole und umreißt die Evolution des kindlichen Spiels." (a.a.O., S. 23).

Selbst in den stark regulierten Brettspielen (etwa in den festgelegten Zugmöglichkeiten der Spielfiguren beim Schach) enstehen fiktive Situationen, und zwar gerade wenn die Regeln eingehalten werden. Spielregeln schließen eine ganze Reihe von anderen Handlungen aus (z.B. das Zurückschenken von geschlagenen Spielfiguren beim Schach). Die festgelegte Bewegung der Spielfiguren beim Schach bringt eine Spielsituation hervor, die sich von der realen Situation "Krieg" klar unterscheidet. Spieltätigkeiten stehen nach *Vygotskij* ebenso in einem Spannungsverhältnis von *Freiheit und Regel*. Insofern kann festgehalten werden, dass mit der Definition des Spiels als fiktive Situation bei *Vygotskij* zugleich eine Beschreibung der kindlichen Spielentwicklung gegeben wird. Die fiktive Situation als Entwicklungsursprung enthält gleichsam *in nuce* alle weiteren Spielformen (wie Konstruktions-, Regel- und Rollenspiel).

*Vygotskij* hat mit seiner Vorlesung von 1933 insbesondere die sowjetische Spielforschung maßgeblich beeinflusst. So arbeitete er selbst noch mit den Psychologen *Aleksej N. Leontjev* (²1977) und *Daniil Elkonin* (1980) zusammen, die ihrerseits an der Weiterentwicklung dieses spieltheoretischen Ansatzes mitgewirkt haben. Dabei wird allerdings die fiktive Situation mehr und mehr auf das Rollenspiel als zentralen Aspekt des Spiels reduziert (vgl. *Elkonin* 1980, S. 11 und 41). In jüngster Zeit hat *Rolf Oerter* (1993) die Überlegungen von *Vygotskij* erneut aufgegriffen und zu einem umfassenden handlungstheoretischen Entwurf ausgearbeitet. Dabei wird die Ebene des subjektiven Sinnes zum Konzept des übergeordneten Gegenstandsbezuges (ÜG) ausgeweitet. Die Einflüsse der sowjetischen Spielforschung auf die Spielpädagogik in der ehemaligen DDR sind bei *Thomas Trautmann* (1997) umfassend dargestellt. In der Heil- und Sonderpädagogik ist das Konzept der "Zone der nächsten Entwicklung ZNE)" von *Vygotskij* vor allem in der Diskussion zur Förderdiagnostik (vgl. *Bundschuh* ²1995, S. 47ff.) aufgegriffen worden. Außerdem beruft sich die integrative Didaktik bezogen auf den gemeinsamen Unterricht von behinderten und nichtbehinderten Kindern auf die Tätigkeitspsychologie im Umfeld von *Vygotskij* (vgl. *Feuser* 1995, S. 177).

Zur Spieltheorie von *Vygotskij* muss kritisch festgehalten werden, dass sich dieser Ansatz vornehmlich auf die Entwicklung in der frühen Kindheit bezieht. *Vygotskij* war wohl der Auffassung, dass das Spiel für Kinder im Schulalter keine zentrale Funktion mehr habe. Die Bedeutung dieses spieltheoretischen Ansatzes liegt jedoch in der Betonung des spontanen Charakters kindlicher Spieltätigkeit, ein Aspekt, der in den osteuropäischen Spieltheorien nach *Vygotskij* eher vernachlässigt wurde. Eine Ausnahme bildet lediglich der jugoslawische Psychologe *Gentscho D. Pirjow* (vgl. 1974, S. 17).

Vor dem Hintergrund der tätigkeitsorientierten Spielkonzeption von *Dewey* und *Vygotskij* sowie ihren Weiterentwicklungen bis in die jüngste Zeit ist nunmehr eine zusammenfassende Bestimmung der Merkmale kindlicher Spieltätigkeit möglich.

### 1.1.3 Merkmale der Spieltätigkeit

Spieltätigkeiten beinhalten ein besonderes Verhältnis zur sozialen Wirklichkeit. Im Spiel erfolgt eine Distanzierung vom Alltagsgeschehen und ein Hinübergleiten in eine Welt der Vorstellungen, Ideen und Phantasien. Gleichzeitig bleibt das Band zum Alltag hin erhalten. Der Weg führt auch wieder zurück in die Wirklichkeit. Dieses spezifische Verhältnis zwischen Spiel und Alltag wird vornehmlich in solchen Aktivitäten konstituiert, die sich durch bestimmte Merkmale auszeichnen (vgl. dazu auch *Einsiedler* ³1999, S. 12f. und *Fritz* 1991, S. 77ff.). Die Begriffsbestimmung des Spiels erfolgt also über einige zentrale Kriterien zur Unterscheidung der

Spieltätigkeiten von anderen Tätigkeiten. Insofern wird hier keine exakte Definition des Spiels versucht, sondern vielmehr eine begriffliche Annäherung über die Ableitung von bestimmten Kriterien. Diese Kriterien können in mehr oder weniger ausgeprägter Form aus den konkret sichtbaren Tätigkeiten beispielsweise von Kindern und Jugendlichen abgeleitet werden.

Einen solchen Ansatz der begrifflichen Annäherung liefert der amerikanische Sozialpsychologe *Joseph Levy* (1978). Vor dem Hintergrund der humanistischen Psychologie im Anschluss an *Maslo* und *Rogers* sieht er im Spiel vor allem die Möglichkeit, eine eigene Persönlichkeit auszubilden. Dieser Prozess der Individuation findet nach *Levy* zwischen den Polen der Innen- und Außensteuerung (extrinsisches und intrinsisches Verhaltensmodell) statt (a.a.O., S. 2f.). Die Merkmale des Spiels beschreibt *Levy* auf einem Kontinuum zwischen den Polen extrinsischer und intrinsischer Motivation, Realität und Phantasie sowie Fremd- und Selbstkontrolle. *Von Spieltätigkeiten kann immer dann ausgegangen werden, wenn die Merkmale der intrinsischen Motivation, der Phantasie und der Selbstkontrolle bezogen auf eine konkret beobachtbare Tätigkeit überwiegen.* Das soll zunächst an einem Beispiel veranschaulicht werden:

- *Spielsituation 3:*

  *Saskia läuft zwischen Fensterbank und Spielteppich hin und her. Zwischendurch lässt sie sich immer wieder auf die Knie fallen. Sie schreitet mit großen, vorsichtigen Schritten und formt dabei mit eng am Körper angewinkelten Armen und Händen Flügel. Dann kriecht sie auf dem Boden, zieht sich mit den Händen vorwärts und zischt dabei. Schließlich legt sie sich mit dem Rücken auf den Boden, drückt sich mit Händen und Füßen in die Höhe und bewegt sich so langsam vorwärts. Dabei zieht sie immer wieder Grimassen und gibt Geräusche von sich.*

Die einzelnen Merkmale der Spieltätigkeit werden nun genauer beschrieben und jeweils auf das Beispiel und seine Interpretation bezogen.

- **Intrinsische Motivation** (*intrinsic motivation*)

Spieltätigkeiten werden aus eigenem Antrieb aufgenommen und haben in der Regel spontanen Charakter. Darüber besteht in der Spieltheorie und Spielforschung weitgehend Einigkeit. Die Spielenden wollen sich an der Aktivität um ihrer selbst willen erfreuen (bei Saskia in der Variation der Fortbewegungsart vom Rennen über das Schreiten und Krabbeln bis zum Kriechen bei Bewegungsspielen). Aus der Sicht von Erwachsenen scheinen das meist eher sinn- und zwecklose Tätigkeiten zu sein. Der Sinn dieser Aktivität liegt jedoch im Spiel selbst (in der Freude an der Variation der Bewegung). Intrinsisch motivierten Tätigkeiten kommt eine zentrale Bedeutung bei der Entwicklung des Selbst zu. Die Erfahrung der eigenen Kompetenz ermöglicht ein positives Selbstkonzept. Je mehr eine Tätigkeit als intrinsisch motiviert charakterisiert werden kann, umso eher ist davon auszugehen, dass es sich bei dieser Tätigkeit um Spiel handelt. Extrinsische Motivation hingegen ist nach *Levy* eher ein Kennzeichen für alltägliche Handlungen.

- **Phantasie** (*suspension of reality*)

Im Spiel überwiegt nach *Levy* das Phantasieelement. Auch diese Merkmalszuschreibung wird in vielen spieltheoretischen Ansätzen bestätigt. Die Alltagswelt ist im Spiel außer Kraft gesetzt (suspendiert), aber sie bleibt weiter wirksam (wenn bei Saskia das Bewegungsspiel durch die Nachahmung der Fortbewegungsart von Tieren zu einem Rollenspiel mit Grimassen und Geräuschen wird). Spielende berichten allerdings, dass sie ihre Umgebung oder auch die Zeit in der Spielepisode völlig ausgeblendet haben. Selbstvergessen sind sie ganz in ihrer Spieltätigkeit aufgegangen und haben nachher das Gefühl, sich selbst und die Umwelt viel intensiver erlebt zu haben. Auch Kinder können sehr genau zwischen der Wirklichkeit und dem Spiel unterscheiden. Sie benutzen sogar Regieanweisungen, um in die besondere Welt des Spiels hinüberzuleiten. Je ausgeprägter die Phantasieanteile in einer Tätigkeit sind, umso wahrscheinlicher handelt es sich um ein Spiel.

- **Selbstkontrolle** (*internal locus of control*)

Besonders Kinder und Jugendliche können im Spiel eine Kontrolle über die soziale Wirklichkeit ausüben, die ihnen im Alltag meist noch nicht gelingt (wenn Saskia im Bewegungsspiel über die gespielte Rolle, die Art ihrer Fortbewegung und die Raumnutzung selbst bestimmt). Die Erfahrung, etwas bewirken zu können und seine Tätigkeiten, ihre Auswirkungen und die Umwelt kontrollieren zu können, gehört zu den wesentlichen Antrieben, um in Spieltätigkeiten einzusteigen. Der Aspekt der Selbstkontrolle tritt in allen Regelspielen deutlich in den Vordergrund, in denen es um die Abstimmung und die Einhaltung bestimmter Spielregeln geht. Spiel bietet in einem spezifischen Rahmen die Gelegenheit zu vermehrter Selbstregulation und zu autonomen Entscheidungen. Je mehr eine Tätigkeit selbst kontrolliert wird, umso sicherer handelt es sich um Spiel.

Die genannten Merkmale stellen eine erste Annäherung an das vielschichtige Phänomen des Spiels dar. Wenn die Merkmale intrinsische Motivation, Phantasie und Selbstkontrolle in ausgeprägter Form beobachtet werden können, so handelt es sich bei einer Tätigkeit um Spiel. Diese Vorgehensweise der Begriffsbestimmung

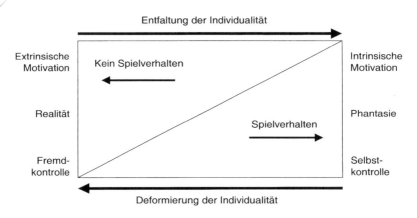

Abb. 1: Merkmale der Spieltätigkeit (nach *Levy* 1978, S. 19)

teilt mit anderen Merkmalskatalogen den Nachteil der Unvollständigkeit und der Überschneidung zwischen den einzelnen Kriterien. Die Selbstkontrolle ist im Spiel zu einem guten Teil nur fiktiv. Phantasievolle Tätigkeiten werden wiederum häufig aus freien Stücken von Kindern gewählt (intrinsische Motivation). *Levy* (1978, S. 19) schlägt deshalb vor, unterschiedliche Ausprägungsgrade dieser Merkmale anzunehmen und so das eigentümliche Verhältnis zwischen der Entwicklung der Individualität und deren Einbindung in die soziale Wirklichkeit zu kennzeichnen.

Dieser Merkmalskatalog hat insofern eine große Bedeutung für Spielpädagogik und Spielforschung gewonnen, als inzwischen ein erprobtes Beobachtungsinstrument zur Erfassung der Spielintensität vorliegt, das auf die Merkmale von *Levy* Bezug nimmt (vgl. *Van derKooij* 1983b). Zugleich eignet sich die Spielintensität mit den beschriebenen Merkmalen nach vorliegenden Spielinterventionsstudien sehr gut, um Effekte von Spielfördermaßnahmen abzubilden (vgl. *Heimlich* 1989).

Da die Spieltätigkeit nun in einem ersten Schritt in ihren wesentlichen Merkmalen gekennzeichnet ist, können die Veränderungen dieser spezifischen Tätigkeit im Verlauf der kindlichen Entwicklung genauer untersucht werden.

## 1.2 Entwicklung der Spielformen

In den ersten sechs Lebensjahren spielen Kinder Schätzungen zufolge etwa 15.000 Stunden. Das Spiel entwickelt sich dabei ausgehend vom eigenen Körper als zunehmende Erschließung ihrer sozialen und materiellen Umwelt. Die folgende Übersicht zur kindlichen Spielentwicklung folgt dieser ökologischen Betrachtungsweise

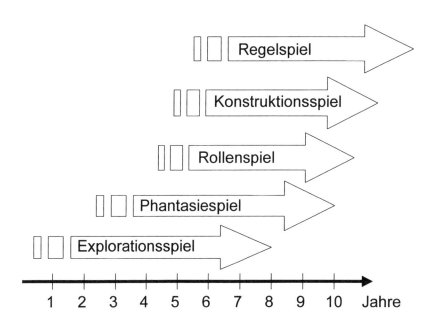

**Abb. 2:** Entwicklung der Spielformen

(vgl. *Bronfenbrenner* 1989). Dieses Entwicklungsmodell liegt auch dem Spielzeugratgeber des *Arbeitsausschusses spiel gut* ([22]1998) mit seinen Spielzeugempfehlungen für verschiedene Altersstufen zu Grunde. Die vorgestellten Spielformen lösen einander dabei nicht einfach ab, sondern existieren eine Weile nebeneinander, um dann auf einem höheren Spielniveau ineinander überzugehen.

So sind beispielsweise Rollen- und Konstruktionsspiele ohne die vorausgehenden Spielformen Explorations- und Phantasiespiel nicht denkbar. Das Regelspiel löst aber wiederum Rollen- und Konstruktionsspiel nicht einfach ab, sondern erweitert das Spielrepertoire lediglich. Eine Spieltätigkeit kann im konkreten Fall also durchaus Elemente aus verschiedenen Spielformen gleichzeitig und parallel enthalten. Die Altersangaben dienen lediglich der groben Orientierung, ohne dass damit Entwicklungsnormen postuliert werden sollen.

Spielentwicklung wird hier als zunehmende Erweiterung eines Handlungsrepertoires angesehen, das die Interaktionsmöglichkeiten mit der Umwelt vervielfacht und zugleich eine zunehmende Verselbstständigung der Kinder zulässt. Damit folgt die weitere Darstellung einer ökologischen Entwicklungstheorie, die davon ausgeht, dass Kinder und Jugendliche in aktiver Auseinandersetzung mit Objekten und Personen ihrer Umwelt gemeinsam mit anderen die Entwicklung ihres Selbst hervorbringen (konstituieren bzw. konstruieren) (vgl. *Oerter/ Montada* ²1987, S. 87ff.). Einen ausführlichen und empirisch gestützten Überblick zur Spielentwicklung hat *Wolfgang Einsiedler* (³1999) zusammengestellt. Der folgende, vergleichsweise knapp gefasste Abriss der Spielentwicklung versteht sich in Ergänzung dazu eher als alltagsorientierte Beschreibung unter spielpädagogischem Aspekt. Den Ausgangspunkt bilden die Familiensituation und die Eltern-Kind-Interaktionen, wie sie beispielsweise von *Brian* und *Shirley Sutton-Smith* (1986) geschildert worden sind.

Die Bezeichnung der einzelnen Spielformen betonen jeweils das dominierende Entwicklungsprinzip des Spiels (Exploration, Phantasiebildung, Konstruktion, Rollenübernahme, Umgang mit sozialen Regeln). Jede Spielform zeichnet sich wiederum durch eine bestimmte Qualität von Interaktionen mit Personen und Objekten der Umwelt aus. Insofern sind mit diesen dominierenden Entwicklungsprinzipien zugleich unterschiedliche Spielniveaus bzw. "Meilensteine" in der Spielentwicklung gemeint. Beim Durchgang durch die verschiedenen Spielformen zeigt sich, dass Spieltätigkeiten stets etwas mit Kontrasterfahrungen zu tun haben, wie *Catherine Garvey* (²1991, S. 5) es als Antwort auf die Frage "Was ist Spiel?" einmal festgehalten hat. Auch das Nachdenken über Spiel und der Versuch, dieses Phänomen näher einzugrenzen, ist immer wieder auf die Verwendung von Gegensätzen angewiesen. Bezogen auf die hier vorzustellenden zentralen Entwicklungsprinzipien werden ebenfalls solche Kontrasterfahrungen dargestellt.

Im Mittelpunkt der Spielentwicklung steht die Spieltätigkeit der Kinder selbst. Dabei ist allerdings zu beachten, dass mit den hier genannten Spielformen bereits von der konkreten Spieltätigkeit abgesehen wird. Einzelne Spielsituationen, die wir als Erwachsene beobachten, können durchaus vielfältige und manchmal geradezu unüberschaubare Kombinationen der hier vorzustellenden Spielformen enthalten. Die Spielformen "Explorations-, Phantasie-, Konstruktions-, Rollen- und Regelspiel" abstrahieren insofern schon von der Spielwirklichkeit zum Zweck der analytischen Trennung (s. zum Vergleich die Darstellung der Spielentwicklung bei *Hans Mogel*, ²1994 und *Michael Renner*, 1995).

### 1.2.1 Explorationsspiel

Im Alter von 2 bis 3 Monaten beginnen sich die Wachzeiten von Kindern allmählich über die Befriedigung der Grundbedürfnisse hinaus auszuweiten. Die Kommunikation mit den Eltern hängt jetzt nicht nur mit der Nahrungsaufnahme oder Hygiene zusammen. Kinder beginnen nun, ihre Umwelt aufmerksamer zu betrachten und Gesichter zu unterscheiden. Eltern versuchen sich mit allen möglichen Grimassen, Lauten oder Bewegungen bemerkbar zu machen. Es lassen sich erste Formen von *Nachahmung* v.a. im motorischen Bereich verzeichnen. In diesem Moment setzen auch die kindlichen Spieltätigkeiten ein. Sie konzentrieren sich zunächst auf den eigenen Körper und dessen Exploration. Mit dem Mund werden z.B. Geräusche gemacht oder mit der Spucke auf den Lippen Bläschen geformt. Zusätzlich sind Arme und Beine in Aktion. Kinder erproben *Bewegungen*, indem sie sie häufig wiederholen, und sie haben offenbar Freude daran. Aus diesem Grunde ist diese Spielform auch immer wieder als *Funktionsspiel* (*Charlotte und Karl Bühler*) oder als *Übungsspiel* (*Jean Piaget*) bezeichnet worden. Im Mittelpunkt dieser Spielform steht die Erprobung selbst – und zunächst die Erprobung und Übung der eigenen Körperfunktionen. Mund, Hände, Arme, Beine, Füsse, Augen und Ohren werden regelrecht ausgetestet. Später tritt die Erprobung der Sprache aus dem spielerischen Umgang mit Lauten hervor. Aber auch die Warum-Fragen der Drei- und Vierjährigen haben noch diesen explorativen Charakter, nur dass jetzt eher kognitive Erprobungen auf dem Programm stehen.

In den *Eltern-Kind-Spielen* sind jetzt ebenfalls Bewegungsspiele dominant. Das beginnt z.B. beim Windelwechseln, wenn aus dem ziellosen Strampeln mit den Beinen durch Unterstützung von Mutter oder Vater die Beinbewegung des Fahrradfahrens entsteht. Auch die Fingerspiele kommen hier schon zum Einsatz ("Kommt ein Mann die Treppe 'rauf, klingelt an, klopft an: "Guten Tag, Herr Nasenmann!"). Sitzen Kinder auf dem Schoß der Eltern, so können sich die zahlreichen Kniespiele anschließen ("Hoppe, hoppe Reiter"). Parallel zur motorischen Entwicklung der Kinder kommt es dann immer wieder auch zu spielerischen Erprobungen (Sitzen, Stehen, Gehen, Hüpfen mit Unterstützung). Das Bewegungselement als Erprobung der eigenen Körperfunktionen taucht in allen späteren Spielformen wieder auf, tritt bei Sportspielen deutlich in den Vordergrund und ist z.B. bei Ratespielen möglicherweise nur noch in der Vorstellung der Kinder auszumachen. Stets bleibt die Spieltätigkeit aber an eine bestimmte *Körpererfahrung* gebunden. Auch die Konstruktionsspiele der späteren Kindheit sind ohne die explorierende Phase des Spiels nicht denkbar. Das explorative Element bleibt bei allen Spielen mit neuen Gegenständen und in Interaktionen mit neuen Personen erhalten und zwar als mehr oder weniger kurze Phase in einer neuen Spielsituation (neues Spielzeug, neuer Spielpartner, neue Spielregel).

Das entscheidende *Entwicklungsprinzip* dieser Spielform wird hier in der *Exploration* gesehen. Damit ist die Annahme verbunden, dass Spieltätigkeiten stets mit der Entdeckung und Erforschung von neuen, interessanten und überraschenden Merkmalen der Umwelt in Verbindung stehen. Sind die neuen Umweltelemente erst einmal ausführlich untersucht, so können sie wiederum in wiederkehrende Spieltätigkeiten eingebunden werden. Auf diese Weise entstehen wohlbekannte Routinen und Gewohnheiten im Spiel, die als Voraussetzung für Vertrauen anzusehen sind. Explorationsspiele stehen in einem Spannungsverhältnis von *Vertrautheit und Neuigkeit*. Im Anschluss an die Untersuchungen von *Corinne Hutt* (1979) ist zwar lange Zeit davon ausgegangen worden, dass Spiel und Exploration unterschiedliche Tätigkeiten von Kindern repräsentieren. Gerade im Spiel von Kleinkindern kann jedoch kaum zwischen der Untersuchung von neuen Gegenständen oder Bewegungen auf der einen Seite (Exploration) und dem variierenden Umgang mit bekannten Gegenständen und Bewegungen (Spiel) unterschieden werden. Außerdem ist zu bezweifeln, ob Spieltätigkeiten immer mit einem Zustand der Entspannung in Verbindung stehen. *Einsiedler* ($^3$1999, S. 69) spricht deshalb auch folgerichtig von "explorierendem Spiel".

### 1.2.2 Phantasiespiel

Etwa ab dem zweiten Lebensjahr gelangen Kinder allmählich zu einem Bewusstsein ihrer selbst. Dies ist die entscheidende Voraussetzung für die Entstehung des "So-tun-als-ob" im Spiel, das häufig auch als "Symbolspiel" (*Jean Piaget*) oder "Illusionsspiel" (*Charlotte und Karl Bühler*) bezeichnet wird. Damit beginnt die Phase des Phantasiespiels, die für die nächsten Jahre bis zum Eintritt in die Schule dominant sein wird. Man hat nicht ohne Grund in diesem Zusammenhang vom "Spielalter" gesprochen, da hier die Phantasieanteile besonders ausgeprägt sind. Puppen und Teddys oder andere *Spielfiguren* beispielsweise aus einer Fernsehsendung werden in Spieltätigkeiten eingebunden. Zunächst steht bei diesen Spielen noch die *Nachahmung* auf Grund der ausführlichen Beobachtungen durch die Kinder im Vordergrund. Es tauchen die ersten Phantasiegefährten im Alleinspiel der Kinder auf, mit denen schon kleine Gespräche geführt werden. Auch Gespräche mit den Eltern oder anderen Kindern können nun Spielcharakter bekommen. Schließlich übernehmen die Kinder selbst mehr und mehr die *Funktion von Darstellern* z.B. bei Verkleidungen. Aber sie liefern auch gern Beweise für ihren Mut, wenn sie etwa Kämpfe zwischen verschiedenen Gruppen spielerisch darstellen (Hexen, Zauberer, Piraten, Weltraumpiloten). Kinder erfinden in diesem Alter gern selbst Geschichten oder verändern mit großem Spaß bekannte Märchen.

Die *Gegenstände* erhalten nun im Spiel eine neue Bedeutung. Sie werden nicht mehr nur in einem alltäglichen Zusammenhang eingesetzt (z.B. Haushaltsgegenstände im Nachahmungsspiel), sondern erhalten im Rahmen des jeweiligen Spielthemas eine neue Funktion (ein Küchensieb als Hut oder der Kochlöffel mit einem aufgemalten Gesicht als Spielfigur im Puppenspiel). Die Kinder lösen sich im Rahmen des Phantasiespiels mehr und mehr vom konkreten Gegenstand, erfinden neue Verwendungszusammenhänge und gehen schließlich dazu über, die Gegenstände vollständig zu ersetzen und durch eine Handbewegung darzustellen (das Umrühren beim Kuchenbacken). Hier treten erste konstruktive Spieltätigkeiten auf, wenn aus einfachen Abfallmaterialien (wie Cornflakes-Karton, Eierschachtel, Papprollen) Spielgegenstände selbst hergestellt werden.

Die Fähigkeiten entsprechen in diesem Entwicklungsabschnitt noch nicht den Handlungen der Kinder, aber das Spiel ermöglicht es den Kindern trotzdem, in der gewünschten Weise aktiv zu sein. Im Phantasiespiel entdecken die Kinder eine neue Welt und konstruieren für sich eine neue Wirklichkeitsebene. *Brian* und *Shirley Sutton-Smith* (1986, S. 87) bezeichnen die Phantasie im Spiel als "Poesie der Möglichkeiten". Kinder entdecken nun täglich Neues. Das Spiel bietet ihnen die Möglichkeit, sich über die gegebenen Bedingungen (personale, soziale, materielle und temporale) zu erheben. Es kommt zu regelrechten Umkehrungen der tatsächlichen Beziehungen zwischen Gegenständen, Personen und Situationen. Damit erweitern Kinder ihre Ausdrucksmöglichkeiten von Gefühlen und Gedanken in entscheidender Weise (vgl. *Sutton-Smith* 1986, S. 101). Zugleich sind sie jetzt mit der *Ich-Findung* beschäftigt. Das Phantasiespiel bietet zahlreiche Möglichkeiten der Selbstdarstellung und unterstützt so die Identitätsentwicklung. Spielvorschläge kommen nun verstärkt auch von den Kindern selbst. Die *Sprache* erhält eine umfangreichere Bedeutung im Spiel, weil etwa mit Regieanweisungen ein Spielthema entwickelt werden muss. Meist bewegen sich die Kinder dabei im Konjunktiv (z.B. "Du kommst jetzt wohl gerade vom Einkaufen."). Später mündet das Phantasiespiel in die Rollenspiele und Konstruktionsspiele. Aber das Phantasiespiel ist auch eine Quelle von Humor, Witz, Rätselspielen und Zaubereien in den späteren Jahren.

Die *Phantasie* ist das wesentliche *Entwicklungsprinzip* dieser Spielform. Kinder sind in diesem Alter in der Lage, zwischen einer fiktiven Wirklichkeit und der Alltagswirklichkeit hin und her zu pendeln. Der Nachahmungsaspekt nimmt dabei deutlich ab. Die Spielenden befreien sich immer wieder von den vorhandenen Bedingungen des Alltags und werden zusehends unabhängiger von der Alltagswirklichkeit. Das Phantasiespiel ist deshalb zwischen *Abhängigkeit und Freiheit* angesiedelt. Im Rahmen der kognitiven Entwicklungstheorie von *Jean Piaget* (1975) gewinnt das Spiel damit die Bedeutung einer Voraussetzung für die Entwicklung des abstrakten Denkens. Die Verwendung von Symbolen im Spiel (z.B. Begriffe, Gesten), die konkrete Gegenstände oder Personen ersetzen können, ermöglicht die Entwicklung von inneren Vorstellungen (kognitiven Repräsentationen). Rollen- und Konstruktionsspiel sind darauf aufbauend Ausdifferenzierungen des Phantasiespiels, wobei einmal mehr die sozialen Beziehungen im Vordergrund stehen und einmal mehr die gegenständlichen.

### 1.2.3 Rollenspiel

Anfänge des sozialen Spiels lassen sich bereits in der Nachahmung von Mutter und Vater bei kleinen Kindern im Alter von wenigen Monaten beobachten. Interessant ist nun, dass Kinder selbst auch eine ganze Zeit lang in ihrer Spielentwicklung intensiv mit Beobachtungen beschäftigt sind. Sie bilden die Basis für die Entwicklung sozialer Spieltätigkeiten. Da viele einfache Spiele bereits das Element des Abwechselns beinhalten, deuten sich hier erste Formen von Aufgabenteilung an. Meist beginnen die sozialen Spieltätigkeiten mit zwei Personen, wobei eine Person häufig dominanter ist (so z.B. auch in den Eltern-Kind-Spielen der ersten beiden Lebensjahre, vgl. *Sutton-Smith* 1986, S. 116). Erste gemeinsame Spielthemen stammen aus der Familie, der Wohnung und bestimmten wiederkehrenden Alltagssituationen (wie das Einkaufen). Ebenso können Märchenszenen nachgespielt werden oder es macht sich der Einfluss der Neuen Medien durch das Nachspielen der Lieblingsrollen aus der aktuellen "Seifenoper" bemerkbar. Ein beliebter Ausgangspunkt für Rollenspiel ist auch das Spielzeugtelefon (entweder selbst angefertigt aus Blechdosen und Schnur oder im schönen Holzdesign mit langem Plastikschlauch). Etwa mit 4 Jahren gehen Kinder in einer Rolle völlig auf, sie werden z.B. ein Ungeheuer, ein Roboter usw. Nach und nach werden die Rollen im Spiel weiter ausdifferenziert, und etwa ab 5 Jahren übernehmen Kinder auch unterschiedliche Rollen in einer komplexer werdenden Spielhandlung.

Über die Spielthemen sind Übereinküfte zu erzielen und auszuhandeln. Soziale Spiele erfordern deshalb bereits eine ausgeprägte *Spielorganisation.* Wenn Personen im Spiel dargestellt werden, so steht in der Regel die jeweilige Persönlichkeit oder deren Funktion im Vordergrund (z.B. Feuerwehrmann, Ärztin, Polizist). Zunächst dominiert also die *Nachahmung* (etwa von Tieren). Später werden die gefühlsmäßigen Aspekte der Rolle herausgearbeitet (vgl. *Sutton-Smith* 1986, S. 123). Schließlich werden auch Rollen von völlig fremden Personen im Spiel übernommen, bevor es zum Spiel von Rollen kommt, die mit der eigenen Person zusammenhängen (a.a.O., S. 130). So bietet das Rollenspiel gute Möglichkeiten, sich selbst zu entdecken, seine eigenen Bedürfnisse und Wünsche beispielsweise in eine Puppe zu projizieren oder etwa hinter einer Maske zu verstecken. Die Rollenspiele werden in der späteren Kindheit und bei Jugendlichen dann durch Stegreifspiele aller Art, Schattenspiele, kleine Theater- und Musik- bzw. Singspiele oder ganze Bühnenaufführungen abgelöst. Liebe und Heirat und weitere romantische Themen häufig auch in Verbindung mit bekannten Fernsehserien oder Kinofilmen erhalten dann eine größere Bedeutung.

Das zentrale *Entwicklungsprinzip* der hier beschriebenen Spiele ist in der *Rollenübernahme* zu sehen. Von der Nachahmung vertrauter Personen über die emotionale Ausdifferenzierung der übernommenen Handlungsmuster bis zur Selbstdarstellung der eigenen Persönlichkeit reicht die Spielentwicklung in diesem Fall. Das Rollenspiel ist von daher zwischen den Polen *Nachahmung und Identität* zu verorten. Auf dem Hintergrund der neueren soziologischen Rollentheorie, wie sie *Lothar Krappmann* (1975a) für die Spielforschung aufbereitet hat, erhält das Rollenspiel damit eine bedeutende Unterstützungsfunktion bei der Selbstständigkeitsentwicklung von Kindern. Erst in der Übernahme von Rollen entwickeln Kinder ein Bild von sich (Selbstbild) und nehmen die Eindrücke wahr, die andere von ihnen haben (Fremdbild). Schließlich können sie diese differenzierte soziale Wahrnehmung auch im Rollenspiel bewusst inszenieren.

### 1.2.4 Konstruktionsspiel

Konstruierende Tätigkeiten (also bauende, errichtende, herstellende Tätigkeiten) lassen sich ebenfalls bereits in frühen Entwicklungsphasen des Spiels ausmachen. Die explorierten Gegenstände (z.B. die Bauklötze) werden im Bauspiel miteinander kombiniert (Häuser, Raumstationen) und mit großem Vergnügen wieder umgestoßen. Aber nicht nur in diesen Miniatur-Spielwelten stellen Kinder spielerisch Beziehungen zwischen Gegenständen her. Mit großer Ausdauer gestalten sie auch gern aus Decken, Stühlen und Tischen ihre eigenen Räume. Durch die *Kombination* der Materialien entsteht eine eigene Wohnstube, Höhle oder ein Versteck, das nicht von Erwachsenen betreten werden darf, auf jeden Fall nicht von jedem eingesehen werden kann (vgl. *Sutton-Smith* 1986, S. 123f.).

Aber schließlich reichen die vorhandenen Gegenstände nicht mehr aus. Mit LEGO®steinen entstehen nicht nur die vorgesehenen Modelle, sondern Kinder erfinden immer wieder neue Weltraumgleiter. Mit Hilfe von kreativen Materialien stellen sie selbstgeformte Spielfiguren her (z.B. aus Knete). Aus Abfallmaterialien basteln sie sich selbst einen Roboter, der ihnen für ihr Zukunftsspiel noch fehlt. Dabei ist nicht die technische, gestalterische oder ästhetische Perfektion entscheidend. Vielmehr sind solche kreativen *Gestaltungen* und Umformungen von Materialien eingebettet in Phantasiespielszenen:

"Das Konstruieren macht Anleihen beim Explorieren und beim Austesten, besonders aber beim Nachahmen. Die Bezeichnung »Konstruieren« bezieht sich auf Dinge, die mit anderen Gegenständen hergestellt oder zusammengesetzt werden (kleine Häuser, Festungen, Städte usw.), wodurch Kinder Erwachsene nachahmen können, nämlich indem sie mit Gegenständen hantieren." (*Sutton-Smith* 1986, S. 123).

Etwa ab 8 Jahren wirkt sich auch der gezielte Erwerb von handwerklichen und kreativen Techniken auf das Konstruktionsspiel aus (vgl. *Sutton-Smith* 1986, S. 192).

Kinder stellen jetzt Spielzeugmodelle her, basteln und nähen Kleidung für ihre Spielpuppen und betten diese wiederum in Spielszenen ein. Bereits im Herstellungsprozess von Spielgegenständen kommt es bei älteren Kindern und Jugendlichen zu Tagträumen, in denen Zukunftsphantasien deutlich werden (z.b. einmal Pilot eines Flugzeugs sein). Deshalb ist es auch angemessen von Konstruktionsspiel zu sprechen, da die Gestaltungen bereits in das Spielthema einbezogen sind (vgl. *Sutton-Smith* 1986, S. 220f.).

Der gestalterische Aspekt im kindlichen Spiel wird hier unter das *Entwicklungsprinzip* der *Konstruktion* gestellt. Damit sind sowohl kombinierende Spieltätigkeiten mit Gegenständen als auch gestalterische Tätigkeiten gemeint. Die Unterscheidung von Bauspiel und Konstruktionsspiel wird damit sekundär, da mit Konstruktion nicht nur herstellende sondern auch bauende und errichtende Tätigkeiten im allgemeinen Sprachgebrauch verbunden werden (vgl. auch *Einsiedler* ³1999, S. 104). Nach den Untersuchungen von *Hildegard Hetzer* (1931) entfällt ein Großteil der schöpferischen Leistungen im kindlichen Spiel auf den Umgang mit Materialien insbesondere zum Bauen und Verformen. Kulturvergleichende Studien zeigen überdies immer wieder, dass Kinder auch selbsttätig Materialien (wie Holz, Steine, Erde, Sand) zusammenstellen, die sie für das Konstruktionsspiel benötigen, wenn beispielsweise Baukästen oder Plastillin nicht von Erwachsenen bereitgestellt werden können.

Das Konstruktionsspiel ist grundsätzlich in das Spannungsverhältnis von *Trennung und Verbindung* eingebunden. Die Aufschichtung von einzelnen Bauelementen lässt einen neuen Gesamteindruck entstehen, der auch dem Einzelteil eine neue Bedeutung zuweist. Durch die Zerstörung des Würfelturms werden beispielsweise wiederum neue Kombinationsmöglichkeiten erreicht. Bei der kreativen Gestaltung von Materialien wird die ursprüngliche Form möglicherweise sogar bewusst zerstört, um eine veränderte Gestalt nach eigenen Vorstellungen zu erzielen. Das Konstruktionsspiel geht später in kreative, künstlerische Tätigkeiten über.

## 1.2.5 Regelspiel

Ab dem 4. Lebensjahr entwickeln Kinder ein intensives Bedürfnis, ihre sozialen Beziehungen im Spiel zu regulieren. Dies wird erst im Kreis der Familie geübt, wenn es darum geht, dass alle Spielenden beim gemeinsamen Karten- und Brettspiel mit Eltern und Geschwistern die gleichen Chancen haben und alles fair zugeht. Zunächst werden Regelspiele lediglich als Nachahmung gespielt, ohne dass ein tieferes Verständnis für die Regel besteht. Auch die Fähigkeit, das Spiel selbst in Gang zu setzen und zu kontrollieren, muss dabei nicht von Anfang an ausgeprägt sein. Im Kindergarten folgen dann die regelmäßigen Kreisspiele z.B. zum Ende des

Vormittags. Gerade in altersgemischten Gruppen ist es interessant zu beobachten, wie sich die unterschiedlichen Entwicklungsniveaus bei diesen Regelspielen auswirken. Die Kinder sind jetzt darauf angewiesen, dass ihr Tagesablauf regelrechte *Rituale* enthält. Diese können z.B. beim Schlafen gehen zu ganzen Spielsequenzen mit Versteck- und Fangspielen sowie Vorlesegeschichten in immer gleichen Abläufen ausgebaut werden. Kinder entwickeln hier ihr basales Vertrauen in die Umwelt. Allmählich ist auch der *Wettkampf* für sie von Interesse. Nun wollen sie genau wissen, wer gewonnen und wer verloren hat. Bei den Mannschaftsspielen wird darüber hinaus das Gewähltwerden wichtig, da es über die Gruppenzugehörigkeit und die Position innerhalb der Kindergruppe oder innerhalb einer Schulklasse entscheidet. Die zahlreichen Abschlag- und Versteckspiele auf der Straße oder auf dem Schulhof zeigen, wie ernsthaft Kinder die Einhaltung der Regeln beachten (vgl. *Sutton-Smith* 1986, S. 167). Mehr und mehr entwickeln sie auch ein Bewusstsein für das "Schummeln" und kleine spielerische "Betrügereien" hinter dem Rücken des Spielleiters, die teilweise ganz erheblich zur Spielfreude (oder auch zu langen Debatten über die Einhaltung der Spielregeln) beitragen.

Die Organisation sozialer Spieltätigkeiten erfolgt in den beschriebenen Spielen über die gemeinsame Festlegung von Regeln. Teilweise sind diese Bestandteil von überlieferten Spielen, die von Kindergeneration zu Kindergeneration tradiert werden. Zu einem nicht geringen Teil müssen die Regeln des Spiels aber zwischen den Kindern immer wieder neu ausgehandelt werden. Das gemeinsame Spiel bedarf einer von allen getragenen Ordnung der sozialen Beziehungen, auch wenn diese immer wieder auseinander zu brechen droht. *Piaget* hat in seinen Untersuchungen zum Murmelspiel auf die Entwicklungsabhängigkeit der Spielregeln hingewiesen, behält das Regelspiel aber späteren Entwicklungsabschnitten vor (vgl. *Piaget* 1973). Das *Entwicklungsprinzip* der *Regel* umfasst Spielerfahrungen, die zwischen *Exklusion und Inklusion* liegen. In der Regel wird festgelegt, wer am Spiel teilnehmen darf und wer nicht und welche Spielzüge erlaubt sind bzw. welche verboten sind. Wer sich nicht an die Spielregel hält, riskiert den Ausschluss oder das Ende des Spiels. Und auch der Ausschluss selbst ist wiederum in vielen Spielen detailliert geregelt. Sprachspiele (Rate-, Wort- und Schreibspiele) sowie Brettspiele, Sport- und Glücksspiele setzen die Entwicklungslinie des Regelspiels bis in das Erwachsenenalter hinein fort.

### 1.2.6 Spielentwicklung zwischen Person und Umwelt

Im Kinderalltag dürften diese grundlegenden Spielformen kaum in Reinkultur vorkommen. Es ist sogar davon auszugehen, dass eine konkrete Spielsituation durch mehrere der hier beschriebenen Entwicklungsprinzipien in unterschiedlicher Gewichtung ausgeprägt wird. Der Gang durch die Spielentwicklung dokumentiert zunächst einmal, dass die Spielformen nicht einfach einander ablösen. Sie liegen vielmehr nebeneinander und haben je nach Entwicklungsabschnitt eine unterschiedliche Bedeutung. Exploration, Phantasiebildung, Konstruktion, Rollenübernahme und Umgang mit sozialen Regeln sind die Entwicklungsaufgaben, die Kinder im Spiel lösen. Dabei entwickeln sie spezifische Kompetenzen, die sie zur Gestaltung von Spielsituationen immer wieder abrufen können. Diese Kompetenzen ermöglichen ein Tätigkeitsspektrum, das sich zwischen den Polen Vertrautheit und Neuigkeit, Abhängigkeit und Freiheit, Nachahmung und Identität, Trennung und Verbindung sowie Exklusion und Inklusion immer weiter ausdifferenziert.

Dabei lassen sich drei größere Entwicklungslinien unterscheiden: die soziale Spielentwicklung, die objektbezogene Spielentwicklung und die subjektbezogene Spielentwicklung. Die *soziale Spielentwicklung* setzt bei beobachtenden Tätigkeiten ein und führt über die Nachahmung bis hin zu entfalteten Formen der Kooperation beim Rollen- und Regelspiel. In der *objektbezogenen Spielentwicklung* reicht die Vielfalt der Spieltätigkeiten von der spielerischen Exploration von Gegenständen über die Kombination von vorgefertigten Spielmaterialien bis hin zur Konstruktion eigener Spielmittel. Da das Spiel stets auch vom Potenzial der Spielenden selbst getragen wird, ergibt sich in der *subjektbezogenen Spielentwicklung* ein Spektrum von Spieltätigkeiten, das sowohl das Austesten der eigenen Möglichkeiten als auch die Entdeckung neuer Möglichkeiten bei sich selbst und die Vorwegnahme zukünftiger eigener Möglichkeiten im Spiel umfasst.

Damit ist ein allgemeines Modell der Spielentwicklung entstanden, das die Spieltätigkeit von Kindern und Jugendlichen in den Vordergrund stellt und das Spiel als spezifische Interaktionsweise mit der Umwelt in seinen wesentlichen Entwicklungsprinzipien näher charakterisiert. Auf die Darstellung der Spielentwicklung in verschiedenen Kulturen, der Spielentwicklung von Mädchen und Jungen sowie der Spielentwicklung von Kindern und Jugendlichen mit Behinderungen wird weiter unten ausführlicher eingegangen. Es ist allerdings davon auszugehen, dass dieses Modell der Spielentwicklung das breite Spektrum der menschlichen Spieltätigkeiten repräsentiert.

In der Darstellung der Spielentwicklung wurde bereits an verschiedenen Stellen darauf aufmerksam gemacht, dass zahlreiche Forschungsergebnisse und Theoriekonzepte aus Psychologie, Soziologie und Philosophie zu unserem heutigen Modell der Spielentwicklung maßgeblich beigetragen haben. Diese unterschiedlichen Betrachtungsweisen sollen nunmehr als Beiträge zu einer Theorie des Spiels vorgestellt werden.

## 1.3 Theorien des Spiels

Spieltätigkeit und Spielentwicklung sind bezogen auf die ersten Lebensjahre im Überblick dargestellt worden. Dabei wurden nicht nur die Beobachtungen von Eltern und die Erfahrungen von Spielpädagoginnen und Spielpädagogen einbezogen. Die Beschreibung der kindlichen Spielentwicklung ist nicht ohne Rückgriff auf die verschiedenen entwicklungspsychologischen, sozialisationsorientierten und philosophischen Betrachtungsweisen zu leisten, die sich mit dem Phänomen Spiel auseinander gesetzt haben. Diese "Theorien" des Spiels sollen nun gesondert herausgearbeitet werden, wobei nicht Vollständigkeit angestrebt wird, sondern im vorliegenden Rahmen zur Einführung vielmehr eine Auswahl des Wesentlichen als Verdeutlichung einer Betrachtungsweise vorgenommen wird. Zur Ergänzung sei deshalb ausdrücklich auf die Textsammlung von *Hans Scheuerl* ([11]1991) hingewiesen. Viele Anregungen verdankt der hier vorzustellende Überblick auch den Arbeiten von *Andreas Flitner* (1972, 1973).

Für den spielpädagogisch Interessierten zeigt sich beim Durchgang durch die Spieltheorien, dass nicht nur eine spieltheoretische Sichtweise zur Begründung des spielpädagogischen Handlungszusammenhangs ausreicht. Vielmehr müssen Spielpädagoginnen und Spielpädagogen über eine Vielzahl an Zugangsweisen zur kindlichen Spieltätigkeit und Spielentwicklung verfügen, um das konkret beobachtbare Verhalten von Kindern und die tatsächliche Situation, in der sie tätig sind, als Spiel zu verstehen. Die verschiedenen Spieltheorien, die hier vorgestellt werden, stehen also für einen Perspektivenwechsel, der erforderlich ist, um spielpädagogisch handlungsfähig zu werden. Spiel von Kindern und Jugendlichen muss immer wieder aus verschiedenen Perspektiven betrachtet werden, um es zu verstehen. So betont auch der niederländische Spielforscher *Rimmert Van der Kooij* (1983a, S. 330):

"Das eine Spielverhalten läßt sich gleichzeitig von verschiedenen Perspektiven aus betrachten ... Für solch umfangreiche Gegenstände, wie das Spielverhalten, das sich durch Komplexität auszeichnet, bietet dieser methodische Zugriff Vorteile."

Gleichzeitig lässt sich von diesem heuristischen Ausgangspunkt die Entwicklung der Spieltheorien neu strukturieren. *Van der Kooij* (1983a) trennt in seiner Übersicht zunächst zwischen "klassischen" und "modernen" Spieltheorien und verdeutlicht damit zwei grundlegende Problemstellungen: (1) Wie kommt es zu Spieltätigkeiten (klassische Spieltheorien)? (2) Wie entwickeln sich Spieltätigkeiten (moderne Spieltheorien)?

## 1.3.1 Klassische und moderne Spieltheorien

Für die *klassischen Spieltheorien* ist die Suche nach einem Erklärungsprinzip kennzeichnend, das geeignet ist, die Entstehung von Spieltätigkeiten zu erfassen. Allerdings verwickeln sich die entstandenen Theorien sehr schnell in Widersprüche. So behauptet *Herbert Spencer (1820-1903)* im Jahre 1855,

"... das Spiel resultiere aus einem Zuviel an Energie, das zur Erhaltung der biologischen Art nicht mehr erforderlich ist." (zit. n. *Van der Kooij* 1983a, S. 299)

Diese Energieüberschusstheorie steht völlig im Gegensatz zur sog. "Erholungs- und Entspannungstheorie" von *Moritz Lazarus (1828-1903)* aus dem Jahre 1883, nach der das Spiel einen Energiemangel aufheben soll (a.a.O., S. 301). *Karl Groos* (1861-1946) sieht im Jahre 1901 im Spiel die Gelegenheit "unvollständige erbliche Instinkte" (a.a.O., S. 300) zu üben und verweist auf Analogien zwischen dem Spiel junger Tiere und junger Menschen. *Granville S. Hall (1846-1924)* stellt schließlich im Jahre 1906 die Rekapitulation in den Mittelpunkt seiner Spieltheorie:

"Art und Entwicklung des Spielverhaltens werden durch Vererbung bestimmt und verlaufen konform zur menschlichen Entwicklung." (a.a.O., S. 299)

Im Spielverhalten vollzieht sich demnach nur ontogenetisch die Entwicklung der Gattung Mensch (Phylogenese) nach. Allein die Widersprüchlichkeit dieser Aussagen zwischen Energieüberschuss und Energiemangel bzw. zwischen Vorübung und Nachvollzug verdeutlicht bereits die Problematik, für ein so komplexes Phänomen wie das Spiel, ein einziges Erklärungsprinzip zu finden. Vor dem Hintergrund der sich entwickelnden Kinderpsychologie bleiben diese ersten Thematisierung des kindlichen Spiels von daher noch bruchstückhaft.

Aber auch die *modernen Spieltheorien* überwinden das Merkmal des Fragmentarischen zunächst noch nicht. Den Übergang zu den modernen Spieltheorien markiert das Werk von *Karl Groos* (zusammenfassend: 1922). Er wendet sich dem "Spiel bei Mensch und Tier" in seiner konkret beobachtbaren Gestalt zu. Darin sieht auch *Van der Kooij* den Grundzug der neueren spieltheoretischen Beiträge, die vornehmlich im Feld der Psychologie entstehen. Sie konzentrieren sich auf das Spiel als Aktivität mit seinen Voraussetzungen bzw. Funktionen und fokussieren ihr Forschungsinteresse dabei gleichzeitig auf das Spiel von Menschen. Zu unterscheiden ist hier eine Gruppe von spieltheoretischen Beiträgen, die jeweils eine Dimension der Spielentwicklung schwerpunktmäßig hervorhebt (monodimensionale Spieltheorien). Versuche zur Integration dieser spezifischen Betrachtungsweisen in eine umfassende Theorie der Spielentwicklung gehen von einem gleichberechtigten Nebeneinander unterschiedlicher Perspektiven aus (multidimensionale Spieltheorien).

### 1.3.2 Monodimensionale Spieltheorien

In dem Maße, wie sich die Psychologie der kindlichen Entwicklung annimmt, verstärken sich auch die Bemühungen um eine psychologische Analyse des Spiels (vgl. *Hetzer* 1986, S. 8). Es wird dabei versucht, die unterschiedlichsten Modelle der kindlichen Entwicklung für eine Erklärung der sinnlich wahrnehmbaren kindlichen Spieltätigkeit heranzuziehen. Von daher entstehen in diesem Entwicklungsabschnitt zunächst eher *monodimensionale Spieltheorien*. Die verschiedenen psychologischen Spieltheorien betonen jeweils eine andere Dimension der kindlichen Spieltätigkeit (die sensomotorische, die emotionale und die kognitive Dimension). Als solche sollen nun die spieltheoretischen Beiträge von *Charlotte Bühler* und *Karl Bühler*, *Sigmund Freud* und *Erik H. Erikson* sowie *Jean Piaget* vorgestellt werden.

Als Ausgangspunkt soll dabei eine berühmt gewordene Spielsituation dienen, die von *Sigmund Freud* (1856-1939) festgehalten worden ist, als er seine Theorie des Wiederholungszwangs am Beispiel der Spieltätigkeit erläuterte. Diese Spielsituation wird in der Folge aus der Sicht der verschiedenen Spieltheorien reinterpretiert, um die Notwendigkeit einer möglichst vielfältigen Betrachtungsweise des kindlichen Spiels aufzuzeigen.

• *Spielsituation 4:*

*"Das Kind war in seiner intellektuellen Entwicklung keineswegs voreilig, es sprach mit 1½ Jahren erst wenige verständliche Worte und verfügte außerdem über mehrere bedeutungsvolle Laute, die von der Umgebung verstanden wurden. Aber es war in gutem Rapport mit den Eltern und dem einzigen Dienstmädchen und wurde wegen seines "anständigen" Charakters gelobt. Es störte die Eltern nicht zur Nachtzeit, befolgte gewissenhaft die Verbote, manche Gegenstände zu berühren und in gewisse Räume zu gehen, und vor allem anderen, es weinte nie, wenn die Mutter es für Stunden verließ, obwohl es dieser Mutter zärtlich anhing, die das Kind nicht nur selbst genährt, sondern auch ohne jede fremde Beihilfe gepflegt und betreut hatte. Dieses brave Kind zeigte nun die gelegentlich störende Gewohnheit, alle kleinen Gegenstände, deren es habhaft wurde, weit weg von sich in eine Zimmerecke, unter ein Bett usw. zu schleudern, so daß das Zusammensuchen seines Spielzeugs oft keine leichte Arbeit war. Dabei brachte es mit dem Ausdruck von Interesse und Befriedigung ein lautes, langgezogenes o-o-o-o hervor, das nach dem übereinstimmenden Urteil der Mutter und des Beobachters keine Interjektion war, sondern "Fort" bedeutete. Ich merkte endlich, daß das ein Spiel sei, und daß das Kind alle seine Spielsachen dazu benütze, mit ihnen "fortsein" zu spielen. Eines Tages machte ich dann die Beobachtung, die meine Auffassung bestätigte. Das Kind hatte ein Holzspule, die mit einem Bindfaden umwickelt war. Es fiel ihm nie ein, sie z.B. am Boden hinter sich herzuziehen, also Wagen mit ihr zu spielen, sondern es warf die am Faden gehaltene Spule mit großem Geschick über den Rand seines verhängten Bettchens, so daß sie darin verschwand, sagte dazu sein bedeutungsvolles o-o-o-o und zog dann die Spule am Faden wieder aus dem Bett heraus, begrüßte aber deren Erscheinen jetzt mit einem freudigen "Da". Das war also das komplette Spiel, Ver-*

> *schwinden und Wiederkommen, wovon man zumeist nur den ersten Akt zu sehen bekam, und dieser wurde für sich allein unermüdlich als Spiel wiederholt, obwohl die größere Lust unzweifelhaft dem zweiten Akt anhing." (Freud, 1920, zit. n. Scheuerl, [11]1991, S. 80f.).*

Nach der Darstellung der jeweiligen Spieltheorie wird jeweils aus der beschriebenen Betrachtungsweise erneut auf diese Spielszene eingegangen.

- **Spiel und sensomotorische Entwicklung**

*Charlotte Bühler (1893-1974)* entfaltet in ihrem Werk "Kindheit und Jugend" eine umfassende Theorie der kindlichen Entwicklung. In ihre stufenbezogene Darstellung der Kindheit arbeitet sie sowohl Ergebnisse aus Spielbeobachtungen als auch jeweils auf Entwicklungsabschnitte bezogene spieltheoretische Aussagen ein. Spiel wird von *C. Bühler* definiert

"... als Bewegung mit intentionalem Bezug auf die Lust der Bemeisterung, ..." (*C. Bühler* 1967, S. 71).

Diese Begriffsbestimmung läßt sich zurückführen auf die Konzeption der psychischen Entwicklung, die *Karl Bühler* (1879-1963) entwirft. Er stellt den Begriff der "Funktionslust" in den Mittelpunkt:

"Eine Tätigkeit wie das Strampeln mit den Beinen oder das Lallen, später eine der ungezählten verwickelten Manipulationen ist ... auf eine äußere oder innere Veranlassung hin entstanden und wird dann in kleinen Variationen ins Unübersehbare wiederholt. Warum? Kein Zweifel, das ganze Verhalten des Kindes verrät Lust, die bei der Tätigkeit entsteht, ..." (*K. Bühler* 1922, S. 455).

*K. Bühler* geht davon aus, dass beim Neugeborenen eine Funktionsunreife des Großhirns besteht. Eine ganze Reihe von nicht instinktgebundenen (d.h. nicht angeborenen) Tätigkeiten müssen deshalb erst geformt und durch häufige Wiederholungen von Betätigungen an verschiedenen Materialien oder Gegenständen ausgebildet werden. Dies geschieht nach *K. Bühler*, weil die Wiederholung der Tätigkeiten selbst als lustvoll empfunden wird.

"Nicht als Bremse, wie die Befriedigungslust, sondern als Anreiz zu immer neuer Betätigung muß die Funktionslust wirken, während umgekehrt das Spiel aus Tätigkeitslust für die reinen Instinkttiere eine reine Verschwendung wäre." (*K. Bühler* 1922, S. 457).

Spiel entsteht nach *K. Bühler* durch diese "naturgegebene" Einrichtung der Funktionslust, und es dient darüber hinaus der Ausformung bestimmter Tätigkeiten. Die Nähe zur "Einübungstheorie" von *Groos* ist offensichtlich, und *K. Bühler* bestätigt dessen These von der spielerischen Übung potenzieller Anlagen, die zwar bei der

Geburt gegeben sind, aber noch der weiteren Formung bedürfen (vgl. *K. Bühler* 1922, S. 464ff.).

*C. Bühler* bringt diese erste Annäherung an das Spiel in Zusammenhang mit Beobachtungsdaten aus verschiedenen Entwicklungsphasen. Sie stellt fest, dass im ersten Lebensjahr noch die "Funktionsbetätigung" (*C. Bühler* 1967, S. 69) vorherrscht, es ab dem zweiten Lebensjahr aber auch zur "Materialformung" (ebd.) kommt und beide weiterhin nebeneinander existieren. Die Spieltätigkeit bildet nach *C. Bühler* die für die Materialformung notwendigen Voraussetzungen auf sensorischer und motorischer Ebene.

"Als Spiel im prägnanten Wortsinn bezeichnen wir die Funktionsformung, d.h. einen solchen Gebrauch der Funktionen, bei dem lediglich der immanente Erfolg ihrer Formung (intendiert oder nichtintendiert) manifest wird ..." (a.a.O., S. 130).

Diese in Abgrenzung zum Schaffen als reines Spiel bezeichnete Tätigkeit erscheint voll ausgeprägt nur im "Funktionsspiel" der frühen Kindheit. Später wird dieser Spielanteil zu Gunsten gestalterischer Momente vor allem im "Konstruktionsspiel" immer weiter zurückgedrängt. Aber auch diese Form der Tätigkeit bezeichnet *C. Bühler* als Spiel. Spiel und Schaffen benennen zwar deutlich differente Merkmale einer Tätigkeit, ihre innere Beziehung bleibt jedoch in der Spieltheorie von *C. Bühler* erhalten:

"Es ist immer richtig so empfunden worden, dass beim Kinde Spiel und Schaffen nicht zu trennen sind, dass, soweit man überhaupt von Schaffen beim Kinde sprechen kann ... dieses in sein Spiel eingebettet ist und aus ihm hervorwächst." (a.a.O., S. 129).

Sowohl von seinen theoretischen Grundannahmen als auch von seiner entwicklungspsychologischen Fundierung her kann von diesem spieltheoretischen Ansatz her besonders eine nähere Kennzeichnung der sensomotorischen Aspekte in der Spielentwicklung erwartet werden (vgl. *Van der Kooij* 1983a, S. 310). Die Bedeutung der Spieltätigkeit ist hier vor allem auf die Formung sensorischer und motorischer "Funktionen" gerichtet. Bezogen auf die hier vorangestellte Spielsituation bietet *K. Bühler* in kritischer Ergänzung zu *Freud* als Erklärungsmuster für die ständige Wiederholung des Spiels mit der Garnrolle deshalb auch eher einen Übungseffekt an. Der anderthalbjährige Junge könnte laut *K. Bühler* mit seinem Spiel eine bestimmte Funktion durch häufige Wiederholung geformt haben. Bei dieser Interpretation der Spielsituation steht also unter sensomotorischem Aspekt die Übung einer bestimmten Tätigkeit aus Lust an dieser Tätigkeit im Vordergrund. In neuerer Zeit hat besonders *Jean Ayres* ($^2$1992, S. 194ff.) auf die Bedeutung des sensomotorischen Aspektes kindlicher Spieltätigkeiten für die Unterstützung der "sensorischen Integration" hingewiesen und daraus einen eigenständigen therapeutischen Ansatz entwickelt. Aus der Analyse von Forschungsergebnissen zur Hirnentwicklung gelangt *Frederic Vester* ([23]1996, S. 185f.) ebenfalls zu der Schlussfolgerung, dass sensomotorische Bewegung über das Spiel die Basis für allseitiges Lernen schlechthin darstellt.

- **Spiel und emotionale Entwicklung**

In der Schrift "Jenseits des Lustprinzips" (1920) wendet sich *Sigmund Freud* der kindlichen Spieltätigkeit zu und beschreibt dort auch das Spiel des anderthalbjährigen Knaben (s. Spielsituation 4). Es muss allerdings *Sigurd Hebenstreit* (1979, S. 18) zugestimmt werden, der darauf hinweist, dass von einer expliziten *Freud*'schen Spieltheorie nicht die Rede sein kann. Mit den verstreuten Hinweise auf das kindliche Spiel in seinem Gesamtwerk hat *Freud* den Weg für eine psychoanalytische Spieltheorie gewiesen, die in der Nachfolge von *Melanie Klein* (1932), *Robert Waelder* (1932), *Lili E. Peller* (1952), *Hans Zulliger* (1952) und *Klaus Hartmann* (1961/62) weiterentwickelt wird. *Erik H. Erikson* ([12]1995) kann schließlich eine entscheidende Erweiterung dieses spieltheoretischen Konzeptes in Richtung auf soziale Faktoren beitragen.

*Freud* stellt das Spiel mit der Garnrolle in den Zusammenhang der Lebenssituation des Kindes. Zur gleichen Zeit, in der das Spiel beobachtet wurde, musste sich der Junge damit abfinden, dass seine Mutter ihn regemäßig für ein paar Stunden am Tag verließ und er mit seiner Kinderfrau allein war. *Freud* nimmt nun an, dass der Junge in dieser Spieltätigkeit versucht, der vor ihm als angstbesetzt erfahrenen Situation des "Fortseins" der Mutter Herr zu werden, indem er dieses Weggehen und Wiederkommen mit Hilfe der Garnrolle selbst initiiert. *Freud* spricht in diesem Zusammenhang vom "Wiederholungszwang" (1975, S. 228f.). Die Spieltätigkeit wird laut *Freud* in diesem Fall von dem Bedürfnis geleitet, das Erlebnis der Trennung von der Mutter durch Wiederholung zu verarbeiten. Entscheidend ist dabei die aktive Inszenierung des Erlebnisses im Spiel:

"Indem das Kind aus der Passivität des Erlebens in die Aktivität des Spiels übergeht, fügt es einem Spielgefährten das Unangenehme zu, das ihm selbst wiederfahren war, und rächt sich so an der Person dieses Stellvertreters." (a.a.O., S. 227).

Es ist bereits aus dieser Interpretation der Spielsituation ersichtlich, dass die psychoanalytische Betrachtung kindlicher Spieltätigkeit seine emotionale Dimension besonders herausstellt. Die beschriebene Spieltätigkeit entsteht aus dem Motiv heraus, Angst in Verbindung mit dem Trennungserlebnis zu überwinden.

*Waelder* (1932) vertieft diese ersten Ansätze einer Spieltheorie bei Freud durch die Unterscheidung lustvoller und unlustvoller Quellen der Spieltätigkeit (vgl. *Waelder* 1978, S. 82f.). Danach bietet das Kinderspiel sowohl Möglichkeiten zur Befriedigung des Strebens nach Lust wie zur Bewältigung unlustvoller Erlebnisse. Besonders Kinder sind nach *Waelder* auf die kathartische Wirkung des Spiels in Zusammenhang mit unlustvollen Erlebnissen angewiesen.

"Für den ins Leben erst hineinwachsenden seelischen Organismus, für den alles noch neu ist und manches zwar freudvoll anziehend, vieles aber schmerzvoll und bedrohlich, ist der übermäßige Reiz ... geradezu ein Normalerlebnis ... Das ist wohl einer der Gründe, weshalb das spielerische Abreagieren des traumatischen Erlebens gerade in der Kindheit eine so große Rolle spielt." (a.a.O., S. 88).

Für *Waelder* steht diese "Assimilationsfunktion", die kindliche Spieltätigkeit gegenüber den Reizen der Außenwelt übernimmt, im Vordergrund. Demgegenüber analysiert *Hartmann* die "angstüberwindenden Spielfunktionen" (*Hartmann* 1973, S. 82f.) genauer. Angstabwehr leistet die kindliche Spieltätigkeit danach durch Umsetzung der Angst in Bewegung, Vertröstung der Angst im Spiel, Herausforderung der Angst und aggressives Ausleben.

*Hartmann* erkennt aber bereits die Einseitigkeit der individualisierten Betrachtung in der psychoanalytischen Spieltheorie. Es ist vor allem *Erikson* ([12]1995) zu verdanken, dass diese spieltheoretische Konzeption um soziale Aspekte erweitert wird. Er definiert Spiel als "Funktion des Ich" (*Erikson*, S. 206). Im Spiel sieht er den "...Versuch, die körperlichen und sozialen Prozesse mit dem Selbst in Einklang zu bringen." (ebd.). Mit dieser Annahme geraten nicht bloß lustvolle oder angstabwehrende Spieltätigkeiten in das Blickfeld, sonder darüber hinaus auch solche, die zur Stärkung des Ich beitragen:

"Man kann daher bei einem Kind darauf rechnen, daß es jeweils seine strapaziertesten Ich-Aspekte in das ihm angebotene Einzelspiel hineintragen wird." (a.a.O., S. 199).

Die Herausbildung der Ich-Identität erfolgt schließlich in Auseinandersetzung mit der sozialen Umwelt, das Ich muss sich in dieser Umwelt behaupten. Auf diesem Hintergrund übernimmt das Spiel eine eher kompensatorische Funktion, da es dem Kind ermöglicht, im Spiel so zu sein wie ein Erwachsener, d.h. so zu tun, als ob es die gleiche Kontrolle über die Realität ausüben könnte, wie ein Erwachsener. In der Spieltätigkeit bringt das Kind also seine angesichts der Realität noch unzureichenden Fähigkeiten mit dem Wunsch in Einklang, diese so zu beherrschen wie ein Erwachsener.

In Übereinstimmung mit *Hebenstreit* (1979, S. 14) lässt sich festhalten, dass die psychoanalytische Spieltheorie vor allem zum Verständnis der emotionalen Dimension der kindlichen Spielentwicklung beiträgt. Das wird auch durch die vielfach erfolgreiche Nutzung kindlicher Spieltätigkeit im Rahmen der Spieltherapie für Kinder mit schweren emotionalen Störungen bestätigt (vgl. *Klein* 1932, *Zulliger* 1952, s. auch Kap. 8.2).

• Spiel und kognitive Entwicklung

Für *Jean Piaget (1896-1980)* hat das Spiel vor allem eine kognitive Funktion in der kindlichen Entwicklung. Er überträgt seine Theorie der kognitiven Entwicklung auch auf die Spieltätigkeit. *Piaget* nimmt an, dass die Entwicklung der kognitiven Fähigkeiten bei Kindern in enger Beziehung zu ihren sensomotorischen Aktivitäten entstehen (vgl. *Piaget* $^6$1974, S. 117ff.). Die kognitive Durchdringung der Wirklichkeit erfolgt durch einen Adaptionsprozess, d.h. durch einen aktiven Prozess der Auseinandersetzung mit der Umwelt. Das Denken entwickelt sich laut *Piaget* parallel zu den sensomotorischen Tätigkeiten. Dieser Prozess wird zwischen den Polen "Assimilation" und "Akkommodation" angesiedelt. Adaption lässt sich zum einen als Anpassung des Organismus an die Umwelt (Akkommodation) und zum anderen als Aufnahme von Umweltanregungen in den Organismus (Assimilation) beschreiben. Beide Teilprozesse treten gemeinsam auf und führen zur Herausbildung kognitiver Schemata, die wiederum in einen strukturellen Zusammenhang gestellt sind.

Die Entwicklung der kognitiven Fähigkeiten erfolgt nach *Piaget* in aufeinander aufbauenden Phasen, die jeweils durch einen spezifischen Gleichgewichtszustand ("Aquilibration") der kognitiven Schemata gekennzeichnet sind. Er unterscheidet im einzelnen die Phase der sensomotorischen Intelligenz, die präoperationale Phase, die Phase der konkreten Operationen und die Phase der formalen Operationen. Im Laufe dieser kognitiven Entwicklung werden Kinder zunehmend unabhängiger von sensomotorischen Handlungen. Die symbolischen Handlungen und damit das Denken im Sinne *Piagets* gewinnen immer mehr an Bedeutung.

Kindliche Spieltätigkeit wird von *Piaget* auf der Basis des Adaptionsmodells interpretiert, d.h. mit Hilfe der Akkommodations- sowie Assimilationsprozesse dargestellt und parallel zur Imitation gesehen.

"Wenn der Intelligenzakt ein Gleichgewicht zwischen Assimilation und Akkommodation erreicht, während die Imitation nur die Akkommodation fortführt, kann man umgekehrt sagen, daß das Spiel im wesentlichen Assimilation ist oder daß die Assimilation die Akkommodation hier überwiegt." (*Piaget* 1975, S. 117).

Parallel zur kognitiven Entwicklung und basierend auf detaillierten Beobachtungen an 3 Kindern über 6 Jahre hinweg klassifiziert *Piaget* die Entwicklung der kindlichen Spieltätigkeit unter 3 Typen: Übung, Symbol und Regel (a.a.O., S. 146). Entsprechend unterscheidet er Übungsspiele, Symbolspiele und Regelspiele. Die verschiedenen Spielformen sind nun jeweils Ausdruck des erreichten kognitiven Entwicklungsstandes. Für die Phase der sensomotorischen Intelligenz ist das Übungsspiel typisch, in dem einfache Verhaltensweisen reproduziert oder vorhandene Schemata miteinander kombiniert werden (a.a.O., S. 182f.). In der Phase der konkreten Operationen lässt sich vor allem symbolisches Spiel beobachten.

"Ebenso wie die Übung in den nicht symbolischen Spielen in einer funktionellen Assimilation besteht ... ebenso liefert das Symbol die Mittel, die Realität an seine Wünsche oder an seine Interessen zu assimilieren: Das Symbol entspricht also der Übung, insofern als es Struktur des Spiels ist ..." (a.a.O., S. 157).

Das Spiel mit der Garnrolle (s. Spielsituation 4) würde *Piaget* vermutlich dem Symbolspiel zurechnen. Im Hantieren mit der Garnrolle wäre demnach der Versuch der kognitiven Aneignung der Wirklichkeit zu sehen. Dabei handelt es sich offenbar um eine "kompensatorische Assimilation" (a.a.O., S. 172), in der verschiedene Spielelemente miteinander kombiniert werden. Das geschieht laut *Piaget* häufig dann, wenn die Wirklichkeit für Kinder zu mächtig oder bedrohlich wird und sie sich im Symbolspiel die Wirklichkeit so an ihre kognitiven Schemata anpassen (Assimilation), dass sie in der Lage sind, damit souverän umzugehen.

*Piaget* erreicht bei der Darstellung dieser Spielform eine bis dahin nicht vorhandene Differenzierung der verschiedenen symbolischen Leistungen kindlicher Spieltätigkeit. Angesichts der Beobachtung konkreter Spieltätigkeiten, wie in der Untersuchung über das Murmelspiel als Regelspiel (vgl. *Piaget* 1973) und bei Berücksichtigung des Konstruktionsspiels bereitet die Verbindung des Phasenmodells der kognitiven Entwicklung mit der Entwicklung der Spieltätigkeiten jedoch zunehmend Schwierigkeiten. Diese Spielformen (Regelspiel, Konstruktionsspiel) stellen sich gewissermaßen quer zum genannten Phasenablauf und lassen sich in verschiedenen Abschnitten der kognitiven Entwicklung nachweisen. Gleichwohl bleibt es das Verdienst von *Piaget*, auf die kognitive Dimension der kindlichen Spielentwicklung hingewiesen zu haben.

Neben der Psychologie hat sich die moderne Soziologie nur vereinzelt und am Rande mit dem Spiel von Kindern auseinander gesetzt. Im Anschluss an die Chikagoer Schule der Soziologie entwickelt sich jedoch eine bis heute einflussreiche Richtung der Spieltheorie, die die sozialen Prozesse im Spiel von Kindern und Jugendlichen genauer untersucht hat. Aufbauend auf den Beiträgen von *Georg H. Mead* ([7]1988) und *Erving Goffman* (1973) hat besonders *Lothar Krappmann* (1975a) soziologisches Denken in die Spieltheorie eingebracht.

• **Spiel und soziale Entwicklung**

Im Rahmen der Theorie des symbolischen Interaktionismus stehen die sozialen Beziehungen im Mittelpunkt. Interaktionen werden danach ausgehend von Gesten bis hin zur Sprache über Symbole vermittelt. Nachdem *Krappmann* zunächst die Relevanz des interaktionistischen Ansatzes für die Förderung sozialer Kompetenzen dargestellt hat (vgl. *Krappmann* 1973, S. 190ff.), leitet er eine Reihe von Auswirkungen des Spiels auf das soziale Handeln von Kindern ab. Spiel wird hier vor allem im Rahmen von Sozialisationsprozessen gesehen.

"Spiele sind ... wichtige Bestandteile der frühkindlichen Sozialisationsprozesse. In ihnen erwirbt das Kind Grundqualifikationen des sozialen Handelns. Es lernt an die Erwartung der anderen anzuknüpfen, aber auch eine Identität aufrechtzuerhalten, in der sich seine Selbstbehauptungsversuche gegen Kommunikations- und Interpretationszwänge niederschlagen." (*Krappmann* 1975b, S. 46).

Spiel stellt sich aus interaktionistischer Sicht als konkrete Form sozialer Interaktion dar, ist somit als Medium sozialer Lernprozesse anzusehen. Für Spiele gelten spezifische, für die Förderung sozialer Kompetenzen relevante Merkmale, die allgemein "offenen Beziehungssystemen" (ebd.) zugeordnet werden. Dazu zählt vor allem: "Ambivalenz in den Interpretations- und Handlungsmöglichkeiten, intrinsische Motivation der Beteiligten, Chance zur Behauptung als identisches Subjekt" (a.a.O., S. 47). Spiel gilt demnach als soziale Handlung.

Das freie Spiel von Kindern repräsentiert nun in besonderer Weise das soziale Entwicklungspotenzial dieser spezifischen kindlichen Tätigkeit. Damit überhaupt gemeinsames Spiel zwischen Kindern zu Stande kommt, ist es notwendig, dass sich die potenziellen Mitspieler einem Einigungsprozess stellen, in dem sie eine gemeinsame Grundlage für ihr Spiel finden.

"Die notwendige Einigung auf ein Spielthema oder Regeln, die erst gemeinsames Vergnügen garantiert, verlangt dem Kind ab, sich in die Interessen und Wünsche der anderen einzufühlen." (a.a.O., S. 57).

Gleichzeitig entwickelt sich in der Spieltätigkeit also die Fähigkeit zur Empathie, eine der identitätsfördernden Aktivitäten, die von *Krappmann* hervorgehoben werden. Zusätzlich erfordert das Mitspielen ein hohes Maß an Flexibilität, da "ursprüngliche Vereinbarungen wieder revidiert werden ..." (a.a.O., S. 58) können. Dies setzt wiederum voraus, dass die Spielenden sich gegenüber widersprüchlichen Erwartungen tolerant verhalten und in ein distanziertes Verhältnis zur eigenen Rolle treten können. Spiel fördert aus interaktionistischer Sicht die sozialen Kompetenzen Empathie, Rollendistanz, Ambiguitätstoleranz und Identitätspräsentation.

Die Attraktivität des Spiels für Kinder – und dabei vor allem des freien Spiels – liegt nach *Krappmann* in den subjektiven Darstellungsmöglichkeiten.

"Die Beobachtung des Spiels zeigt uns und die eigenen Erfahrungen im Spiel lehren die Kinder, daß gerade derjenige, der sich auf die Spielhandlung und die Regeln einläßt, sich eine Fülle von Möglichkeiten der Selbstdarstellung erschließt, die dem nicht zur Verfügung stehen, der abseits bleibt." (a.a.O., S. 85).

An der Art und Weise der Selbstdarstellung lässt sich ebenfalls zeigen, wie weit das jeweilige Kind in seiner Identitätsentwicklung fortgeschritten ist. Selbstdarstellung im Spiel ist nicht immer risikofrei für die Spielenden. Man kann auch von den Mitspielern abgelehnt oder vom Spiel ausgeschlossen werden.

"Das Vertrauen, auch riskanten Situationen durchzustehen, und die Fähigkeit, sich mit Handlungsintentionen vorzuwagen, die abgelehnt werden können, läßt sich auf der psychologischen Ebene als Ich-Stärke und auf der soziologischen Ebene als der Versuch, seine Identität als handelndes Subjekt gegen die Erwartungen anderer zu behaupten, beschreiben." (a.a.O., S. 67).

Besonders für das freie Spiel gilt somit die These der interaktionistischen Spieltheorie von der identitätsfördernden Wirkung des Spiels im Rahmen des Sozialisationsprozesses. Daneben wird bei konkreter Beobachtung deutlich, dass zur Realisierung identitätsfördernder Aktivitäten sprachliche Fähigkeiten in entscheidender Weise beitragen. Zum einen sichern sie jene Übereinkunft über den Spielinhalt im kommunikativen Prozess. Rollen müssen festgelegt und verteilt werden, Spielregeln geben Anlass zur Diskussion und unterschiedlicher Interpretation, kurz, derjenige Mitspieler, der über entsprechende sprachliche Fähigkeiten verfügt, kann erfolgreicher an der Spieltätigkeit teilnehmen und diese weitergehender bestimmen (a.a.O., S. 60ff.).

Welche sozialen Kompetenzen erwirbt nun der anderhalbjährige Junge im Beispiel von *Freud* (s. Spielsituation 4)? Vermutlich würde *Krappmann* bei seiner Interpretation des Spiels mit der Garnrolle die sozialen Beziehungen des Kindes genauer betrachten. Offenbar lebt das Kind im Spiel den Wunsch aus, das Weggehen der Mutter einmal selbst inszenieren zu können, um dieser vorübergehenden Trennung nicht nur ohne Einflussmöglichkeiten ausgeliefert zu sein. Das Spiel könnte also Ausdruck von Selbstbehauptung und insofern bedeutsam für die Identitätsentwicklung des Kindes sein. Sicherlich ist der Junge auch bemüht, in seinem Spiel eine Distanz zur Rolle des Zurückbleibenden zu gewinnen. Ob es ihm allerdings gelingt, sich in die Situation der Mutter hineinzufühlen, bleibt in der vorliegenden Spielszene noch offen.

Allgemein gilt das Rollenspiel als wesentliches Medium der Förderung sozialer Grundqualifikationen, wie die Arbeiten von *Freudenreich* (1976, S. 44ff.), *Fröhlich*

(1981, S. 73f.) und *Kluge/ Schmitz* (1982, S. 14ff.) zeigen. *Birgit S. Klosterkötter-Prisor* (1980, S. 181f.) konnte für Schülerinnen und Schüler mit Lernbehinderungen eine positive Wirkung des Einsatzes von Rollenspielen auf die Identitätsentwicklung aufzeigen.

Kritische Anmerkungen zur interaktionistischen Spieltheorie ergeben sich aus dem Problem der Voraussetzungen und Effekte der Spieltätigkeit. *Dieter Höltershinken* stellt dieses Dilemma deutlich heraus:

"Dabei sind die Grundqualifikationen einerseits und durchgehend Bedingungen der Möglichkeiten des Spiels, andererseits sollen sie durch das Spiel gefördert werden ..." (*Höltershinken* 1977, S. 162).

Im Gegenzug zeigt *Krappmann* (1976), das ein vorhandenes Entwicklungspotenzial im Spiel auch von den Spielenden genutzt werden müsse. Das Verhältnis von Voraussetzungen und Effekten des Spiels wird also auch über verschiedene Kompetenzniveaus vermittelt.

Unterstützung hat die soziologische Betrachtungsweise in der Spieltheorie durch die kulturvergleichenden Studien von *Brian Sutton-Smith* (1978) erhalten. An einer Fülle von Forschungsergebnissen zeigt *Sutton-Smith* eindrücklich, dass eine konkrete Spieltätigkeit stets vom jeweiligen sozialkulturellen Kontext mit ausgeprägt wird. Sicher bleibt es den Spielenden überlassen, inwiefern sie von der jeweiligen Umgebung Gebrauch machen. Im Einzelnen können empirische Studien zur Spieltätigkeit in verschiedenen Kulturen jedoch Einflüsse von elterlichen Erziehungszielen sowie Erziehungsstilen, religiösen und kulturellen Riten und allgemeinen ökonomischen Merkmalen in verschiedenen Gesellschaften nachweisen (vgl. die Übersicht bei *Heimlich* 1989, S. 68ff.). Das Spiel wird deshalb gegenwärtig mehr und mehr in seinen gesamten ökologischen Kontext hineingestellt (s. Kap. 2).

Der überwiegende Teil der psychologischen und soziologischen Theorien des Spiels betont jeweils eine Dimension der Spieltätigkeit. Auch hier ergeben sich wiederum zahlreiche Überschneidungen zwischen den einzelnen Perspektiven, wie besonders die Interpretation des Spiels mit der Garnrolle veranschaulichen sollte. Gleichzeitig wird die Begrenztheit des jeweiligen spieltheoretischen Zugangs sichtbar. Spieltätigkeiten erschöpfen sich eben nicht in sensomotorischen Funktionsübungen, emotionalen Wiederholungszwängen, kognitiven Assimilationen oder Identitätspräsentationen. Spieltätigkeiten sind vielmehr gerade durch Komplexität und Vielschichtigkeit charakterisiert, die stets eine Vielzahl an Entwicklungsaspekten umfassen. Spieltätigkeiten sind gerade durch ihre Multidimensionalität gekennzeichnet. Insofern beanspruchen die hier vorgestellten spieltheoretischen Perspektiven auch nebeneinander Gültigkeit.

Abb. 3: Multidimensionale Aspekte des Spiels

Bislang haben sich allerdings erst vereinzelte spieltheoretische Ansätze auf die Vielschichtigkeit des Phänomens Spiel umfassend eingelassen. Insofern stehen wir vor der paradoxen Situation, dass wir gegenwärtig zwar sehr viel mehr psychologisches und soziologisches Detailwissen über Spieltätigkeiten zur Verfügung haben. Das Problem der Verknüpfung dieser Einzelbefunde bleibt hingegen offen. Diese Versuche einer multidimensionalen Betrachtungsweise sollen nun im Mittelpunkt stehen, da sich gerade aus spielpädagogischer Sicht die Notwendigkeit eines mehrperspektivischen Zugangs zum Spiel von Kindern und Jugendlichen ergibt.

### 1.3.3 Multidimensionale Spieltheorien

Die *multidimensionalen Spieltheorien* zeichnen sich durch einen systematischen Perspektivenwechsel in der Betrachtung des Spiels aus. Im Rahmen dieser Theoriekonzepte wird versucht, einen integrativen Bezugspunkt für die Beschreibung der

Spieltätigkeit zu finden. Solche Bezugspunkte werden in der Motivation für die Aufnahme von Spieltätigkeit, im Zusammenhang von Spiel und Förderung sowie in einem komplexen Modell der Spielentwicklung gesehen, das nicht nur strukturelle Merkmale der Spieltätigkeit sondern auch die Spielintensität einschließt.

• **Motivation zum Spielen**

Im Zusammenhang mit Überlegungen des *Deutschen Bildungsrates* zur Neugestaltung des Eingangsbereiches der Primarstufe versucht *Elke Calliess* 1973 eine Verbindung zwischen verschiedenen motivationspsychologischen Beiträgen zur Spielforschung zu erreichen. Sie geht davon aus, dass "Spielen ... in der frühen Kindheit die Form motivierten Lernens schlechthin zu sein" scheint (*Calliess* 1973, S. 227). Bestätigt findet sie diesen Eindruck durch Ergebnisse der empirischen Spielforschung, die gezeigt haben, dass Kinder mit umfangreichen Spielerfahrungen intelligenter und kreativer sind und ein größeres Handlungsrepertoire haben (ebd.). *Calliess* interessiert sich besonders für die Motivationsgenese von Spieltätigkeiten, weil sie sich von der Klärung der Gründe für den Einstieg in das Spiel auch Anregungen für die Gestaltung schulischer Lernprozesse erhofft. Das Spiel bezeichnet sie unter Rückgriff auf die Untersuchungen von *Berlyne* (1960) und in Übereinstimmung mit vielen anderen Spielforscherinnen und Spielforschern als intrinsisch motiviertes Verhalten (s. Kap. 1.1). Spieltätigkeiten entstehen aus den Diskrepanzen zwischen "bekannten Reizkonstellationen", den sog. "standards" und "unbekannten Reizkonstellationen" (*Calliess* 1973, S. 239). Diese Diskrepanzen entsprechen den "Anregungskonstellationen", die bei *Heinz Heckhausen* (1978, S. 143ff.) genannt werden. *Heckhausen* unterscheidet "Neuigkeit", "Überraschungsgehalt" und "Verwikkeltheit" (ebd.) als Ausgangspunkte für Spieltätigkeiten. Verkürzt könnte auch gesagt werden, dass Spieltätigkeiten ganz einfach interessant im Sinne der drei genannten Kategorien sind (also neu, überraschend und verwickelt). Zusätzlich bieten Spieltätigkeiten die Erfahrung von "Ungewissheit bzw. Konflikt". Der Organismus reagiert nun nach den Untersuchungen von *Berlyne* auf solche Diskrepanzerfahrungen in spezifischer Weise.

"Diskrepanzen der beschriebenen ... Art lösen einen Erregung, einen "arousal" im Hirnstamm aus, ... Ein mittlerer "arousal level" oder auch plötzliche Erregungsanstiege und -abfälle, sog. "arousal jags", um diesen Pegel herum, stellen die angenehme und gesuchte Motivationslage des wachen Organismus dar." (a.a.O., S. 240).

Kinder spielen demnach, weil sie eine spezifische Motivationslage anstreben und aufrechterhalten wollen, die durch bestimmte Diskrepanzen angeregt wird.
Auf dieser motivationspsychologischen Basis entwickelt *Calliess* mehrere "Struk-

tur- und Verhaltensmerkmale" des Spiels (*Calliess* 1975, S. 19). Diese reichen von der Kennzeichnung als intrinsisch motiviertes Verhalten über die Momente der Freiwilligkeit, der Selbstbestimmung und der spezifischen Anregungskonstellationen bis hin zum Merkmal der "Quasi-Realität" (ebd.). Mit Hilfe der Spieltheorie von *Heckhausen* wird hier erneut der Versuch unternommen, das Spiel aus einem Erklärungsgrund (nämlich Motivation) heraus zu charakterisieren. Sicher sind motivationale Aspekte an den verschiedensten Dimensionen von Spieltätigkeiten beteiligt. Inwieweit das spezifische Verhältnis der Spieltätigkeiten zur sozialen Wirklichkeit damit ebenfalls zutreffend erfasst wird, muss jedoch bezweifelt werden. Intrinsisch motivierte Aktivitäten sind nicht in jedem Fall auch phantasievoll. Insofern sollten die Grenzen dieses Integrationsversuchs bewusst bleiben.

- **Förderung des Spiels**

Einen neuen Ausgangspunkt für seine Übersicht zu den spieltheoretischen Ansätzen sucht *Sigurd Hebenstreit* (1979) in einer förderungsorientierten Grundlegung. Er betrachtet das Spiel *a priori* unter pädagogischem Aspekt. Erziehung bezieht sich nach *Hebenstreit* in jedem Fall auf einen emotionalen, einen kognitiven und einen sozialen Bereich. Dies gelte sowohl für die Zielsetzungen wie für die Handlungsweisen der Erziehung. Aufgabe der Erziehung sei es, einen Ausgleich zu schaffen zwischen (1) Triebansprüchen und Triebeinschränkungen (emotionaler Bereich), (2) dem Denken der Kinder und dem der Erwachsenen (kognitiver Bereich), (3) den Ansprüchen des Kindes und den Ansprüchen der sozialen Beziehungen (sozialer Bereich) (vgl. *Hebenstreit* 1979, S. 8).

Menschliches Verhalten wird durchweg als Einheit von emotionalen, kognitiven und sozialen Aspekten gesehen. Übertragen auf die Spielentwicklung fragt *Hebenstreit* nach dem Einfluss des Spiels auf die emotionale, kognitive und soziale Entwicklung (a.a.O., S. 11). Die Spieltheorien teilt *Hebenstreit* daraufhin nach dem dominanten Aspekt ein, den sie bezogen auf den Zusammenhang von Spiel und Entwicklungsförderung hervorheben. Damit gewinnt er gleichzeitig einen Zugang zu Handlungskonzepten der Spielpädagogik bzw. Spielförderung. Wenn ein Zusammenhang zwischen Spiel und emotionaler, kognitiver sowie sozialer Entwicklung besteht, muss eine Förderung dieser Entwicklungsbereich durch eine Anregungen des kindlichen Spiels ebenfalls möglich sein (a.a.O., S. 5).

Letztlich versucht *Hebenstreit* die Begrenztheit der monodimensionalen Spieltheorien durch eine veränderte anthropologische Sichtweise zu überwinden. Dieses eher ganzheitliche Bild vom Kind führt zu einer integrativen Spieldefinition:

"Das Spiel ist für das Kind eine Möglichkeit, seine emotionale, kognitive und soziale Ungleichheit zu überspielen'." (a.a.O., S. 9f.).

Spiel ist also ein wesentliches Medium des Kindes zum Ausgleich widerstreitender Ansprüche innerhalb der kognitiven, sozialen und emotionalen Entwicklung. Angesichts der Aufgabe, einen Zugang zu spielpädagogischen Handlungsmöglichkeiten zu finden, zeigt sich für *Hebenstreit* somit die Notwendigkeit, möglichst vielfältige Verhaltensaspekte des kindlichen Spiels mit einzubeziehen. Die Integration der verschiedenen spieltheoretischen Betrachtungsweisen erfolgt hier im Wesentlichen unter dem pragmatischen Aspekt der Spielförderung bzw. Spielpädagogik. Dabei bleibt die sensomotorische Dimension allerdings noch ausgeklammert. Erst *Van der Kooij* erinnert an die Bedeutung dieses Aspektes unter Rückgriff auf die spieltheoretischen Beiträge von *C. und K. Bühler* sowie *Hetzer*.

- **Struktur, Qualität und Bedingungsfaktoren des Spiels**

*Van der Kooij* geht ebenfalls von einer ganzheitlichen Betrachtungsweise auf Grund der Notwendigkeit einer pädagogischen Begleitung und Unterstützung des Spiels aus. Diesen noch eher pragmatischen Ausgangspunkt seines Überblickes zu den Spieltheorien erweitert er jedoch systematisch unter Rückbezug auf die Merkmale der kindlichen Spieltätigkeit nach *Levy* (1978) (s. Kap. 1.1). Darauf aufbauend entwickelt *Van der Kooij* seine multidimensionale Betrachtungsweise des Spiels, die weitestgehend von der Entwicklungspsychologie beeinflusst ist. Als Determinanten des Spielverhaltens bezeichnet er sozio-kulturelle und genetische Faktoren. Situationsgebundene Einflüsse sowie der Gebrauch von Spielzeug werden zu den exogenen Faktoren gezählt, die das Spielverhalten mit ausprägen. Die Struktur des Spielverhaltens – und damit seine endogene Seite – wird von den sensomotorischen, emotionalen, kognitiven und sozialen Aspekten gebildet. Die Qualität bzw. Intensität eines konkreten Spielverhaltens wird wiederum über die Spielmerkmale intrinsische Motivation, Phantasie und Selbstkontrolle von *Levy* bestimmt. Struktur, Qualität und exogene Bedingungsfaktoren des Spiels ergeben zusammengenommen einen integrativen Bezugspunkt, der von der Spieltätigkeit selbst ausgeht.

"Die Breite der Fragestellung wird aufgrund der Struktur dieses Modells erweitert ... Es wird klar, daß somit zwischen Spiel und anderem Verhalten vielfältige Beziehungen bestehen." (*Van der Kooij* 1983a, S. 332).

*Van der Kooij* stellt das Kind und seine Aktivität "Spiel" in den Mittelpunkt – nicht etwa Erklärungsmodelle, die von außen an das Spiel herangetragen werden. Eine Integration der verschiedenen spieltheoretischen Perspektiven kann nach seiner Auffassung nur erreicht werden, wenn die Spieltätigkeit von Kindern und Jugendlichen selbst Gegenstand der Forschung wird. Insofern darf das Spiel nicht nur der Anwendungsfall des je spezifischen Theorieansatzes sein. Vielmehr muss das Spiel selbst "zu Wort" kommen. Letztlich stellt sich damit die Frage nach dem "Bild vom Kind" bzw. nach den anthropologischen Grundlagen der Spielbetrachtung. Diesen Ausgangspunkt wählen vornehmlich die phänomenologischen Spieltheorien. Aus der Fülle der Erscheinungsformen von Spieltätigkeiten werden Rückschlüsse auf die Wesensmerkmale des Spiels angestrebt. Zugleich werden Spieltätigkeiten hier in Relation zu den entstehenden Spielsituationen mit ihren vielfältigen Bestandteilen und deren Einbindung in eine konkrete soziokulturelle Lebenssituation gesehen (s. Kap. 2). Der Vielschichtigkeit des Phänomens Spiel muss somit die Komplexität des spieltheoretischen Zugangs entsprechen.

## 1.4 Multidimensionalität des Spiels (Zusammenfassung)

Es bleibt festzuhalten, dass das Spiel eine Form der tätigen Auseinandersetzung mit der Umwelt ist. Auch das Spiel unterliegt deshalb den Einflüssen der jeweiligen Umwelt und wirkt auf diese ein. *Spieltätigkeiten* lassen sich durch bestimmte *Merkmale* von anderen Aktivitäten unterscheiden. Die Spielenden entscheiden sich in der Regel aus sich selbst heraus für den Einstieg in das Spiel (intrinsische Motivation). Im Spiel kommt es häufig zur Entwicklung eigener Vorstellungen und Ideen (Phantasie). Außerdem werden Spieltätigkeiten von den Spielenden selbst gesteuert (Selbstkontrolle). Sind diese drei Merkmale in ausgeprägter Form vorhanden, so handelt es sich bei der beobachteten Tätigkeit mit hoher Wahrscheinlichkeit um ein Spiel mit ausgeprägter Intensität und günstigen Voraussetzungen für die Entwicklung des Kindes.

In der *Spielentwicklung* der ersten Lebensjahre stehen zunächst die Explorationsspiele im Vordergrund, bei denen sowohl der eigene Körper als auch die unmittelbare handhabbare Umwelt ausführlich erforscht werden. Etwa ab dem zweiten Lebensjahr weiten sich die Phantasieanteile im Spiel aus, und die Kinder werden zunehmend unabhängiger von ihrer konkreten Umwelt. Die Phantasiespiele sind wiederum die Voraussetzung für Rollen- und Konstruktionsspiele, in denen die Spiele mit sozialen Beziehungen und mit Beziehungen zu Gegenständen nach und nach weiter ausdifferenziert werden. Schließlich entsteht parallel dazu der weite Bereich der Regelspiele, in denen die Organisation von wiederkehrenden Abläufen im Spiel Vorrang hat.

Sollen Spieltätigkeiten nun hinsichtlich der Beweggründe oder bedeutsamer Entwicklungsaspekte genauer betrachtet werden, so ist ein Rückgriff auf die *Theorien des Spiels* erforderlich. Nach den ersten Versuchen einer umfassenden Erklärung des Spiels aus einem zentralen Prinzip heraus (wie Kraftüberschuss, Erholung, Vorübung, Rekapitulation) hat besonders die Kinderpsychologie und Sozialisationsforschung zu einem differenzierten Bild des Kinderspiels beigetragen. Es wird gegenwärtig allgemein davon ausgegangen, dass Spieltätigkeiten sowohl die sensomotorische als auch die emotionale, die kognitive und die soziale Entwicklung anregen können. Aus diesem Grunde können die Spieltätigkeit und die Spielentwicklung von Kindern und Jugendlichen nur in ihrer *Multidimensionalität* angemessen erfasst werden.

### Literaturempfehlungen:

*Einsiedler, Wolfgang*: Das Spiel der Kinder. Zur Pädagogik und Psychologie des Kinderspiels. Bad Heilbrunn: Klinkhardt, ³1999

*Flitner, Andreas*: Spielen, Lernen. Praxis und Deutung des Kinderspiels. München: Piper, ⁸1986 (Erstausgabe: 1972)

*Flitner, Andreas* (Hrsg.): Das Kinderspiel. Texte. München: Piper, 1973

*Fritz, Jürgen*: Theorie und Pädagogik des Spiels. Eine praxisorientierte Einführung. München u. Weinheim: Juventa, 1991

*Hebenstreit, Sigurd*: Spieltheorie und Spielförderung im Kindergarten. Stuttgart: Klett, 1979

*Oerter, Rolf*: Psychologie des Spiels. Ein handlungstheoretischer Ansatz. München: Quintessenz, 1993

*Renner, Michael*: Spieltheorie und Spielpraxis. Eine Einführung für pädagogische Berufe. Freiburg i.Br.: Lambertus, 1995

*Scheuerl, Hans*: Das Spiel. Theorien des Spiels. Band 2. Weinheim u. Basel: Beltz, ¹¹1991

*Van der Kooij, Rimmert*: Die psychologischen Theorien des Spiels. In: *Kreuzer, Karl J.* (Hrsg.): Hb. d. Spielpädagogik. Bd. 1. Düsseldorf: Schwann, 1983a, S. 297-335

## 2.0 Spiel und Lebenswelt – eine ökologische Orientierung

> *"Das Spiel ist der Weg der Kinder zur Erkenntnis der Welt, in der sie leben!"*
> Maxim Gorki 1954, S. 86

In der spielpädagogischen Diskussion der letzten Jahre verbreitet sich die Einsicht, dass das Spiel der Kinder keineswegs eine romantische Idylle ist. Kinder sind darauf angewiesen, im Spiel mit ihrer Umwelt zu interagieren. Aus diesem Grunde sind auch Einflüsse aus der jeweiligen Umwelt im Spiel stets präsent. Besonders deutlich wird dieser Einfluss im historischen Rückblick auf die Entwicklung des kindlichen Spiels in der Gesellschaft der Nachkriegszeit, wie die folgenden – möglicherweise extremen – Beispiele veranschaulichen:

- *Spielsituation 5:*

  *Sommer 1947 – 6 Kinder veranstalten auf selbst gebauten Holzrollern mit eiernden Rädern ein Wettrennen in einer von Trümmern frei geräumten Straße Berlins. Ein Junge gibt das Startzeichen und schon rollen die Kinder auf ihren kleinen und großen Rädern mit und ohne Lenker los.*

  *Sommer 1993 – Mitten in Sarajewo spielen 4 Jungen in einer Feuerpause mit Plastikpistolen und Holzstöcken vor einem zerschossenen Gebäude Krieg. Die Waffen aufeinander gerichtet suchen sie Deckung voreinander, weichen sich aus und schießen auf sich, um gleich wieder aufzustehen.*

Der fast 50 Jahre überbrückende Zeitsprung in der kindlichen Spielwelt, der hier in einer kurzen Beschreibung zweier Spielszenen sichtbar werden soll[1], macht in teils bedrückender Weise deutlich, wie sehr das kindliche Spiel eingebettet ist in die jeweilige gesellschaftliche Situation und wie sehr sich Kinder im Spiel mit der alltäglichen Lebenswelt auseinander setzen, ja sogar auseinander setzen müssen. Es wird nachvollziehbar, dass Kinder immer wieder trotz widriger Umstände zu kreativen Antworten auf restriktive Spielbedingungen in der Lage sind und sich z.B. durch das nicht vorhandene Angebot an Fortbewegungsmitteln in den ersten Nachkriegsjahren keineswegs daran hindern lassen, selbst ein rollendes Gefährt zu konstruieren, wenn auch vermutlich mit Unterstützung eines handwerklich geschickten Erwachsenen.

---

[1] In: ZEIT-Magazin, Nr. 15. 9.4.1993. S. 8f. (Beilage zur Wochenzeitschrift DIE ZEIT)

Aber offensichtlich sind Kinder nicht nur einfach Produkte ihrer Umgebung. Besonders im Spiel wird ihre Fähigkeit sichtbar, sich nicht nur von der alltäglichen Wirklichkeit vereinnahmen zu lassen, sondern auch selbst zu dieser Wirklichkeit Stellung zu nehmen und ihre eigenen Spielwirklichkeiten zu entwerfen. Ebenso zeigt sich jedoch in der Kriegsspielszene, dass Kinder der gesellschaftlichen Wirklichkeit nicht einfach entrinnen können, um sich in eine heile Spielwelt zurückzuziehen. Spiel ist nicht bloß eine von Phantasie, Rücksichtnahme und Freundlichkeit geprägte Tätigkeit. Spiel kann auch schmutzig, gewalttätig und hinterlistig sein. Oft sind es gerade die bedrückendsten und bedrohlichsten Erlebnisse, die Kinder im Spiel zum Thema erheben und auf diese Weise in der scheinbaren Wirklichkeit des Spiels zu bewältigen versuchen. Zu diesen Bewältigungsversuchen zählt sicher auch der Umgang mit Angst, Trauer, Krankheit und Tod. Wollen wir uns also dem kindlichen Spiel nähern, um ein tieferes Verständnis dieser kindlichen Tätigkeit zu erreichen, so stehen wir offenbar vor der Aufgabe, das Verhältnis zwischen der alltäglichen Wirklichkeit auf der einen und der Wirklichkeit des Spiels auf der anderen Seite zu untersuchen. Es stellt sich die Frage, ob Kinder im Spiel einfach nur die Wirklichkeit abbilden und gewissermaßen das reproduzieren, was sie im Alltag erleben oder ob sie ebenso in der Lage sind, eine eigene Wirklichkeit zu entwickeln und produktiv mit ihren Erlebnissen umzugehen.

Diese Problemstellung soll im Folgenden in einer auf die Lebenswelt orientierten Weise bearbeitet werden mit dem Ziel, das Verhältnis zwischen Spiel und Lebenswelt, Spielwirklichkeit und Alltagswirklichkeit bzw. Spielsituationen und Lebenssituationen präziser zu fassen. Spieltätigkeit und Spielentwicklung sind nicht loszulösen von ihren konkreten Umweltbedingungen. Spieltätigkeiten schaffen Spielsituationen. Aus diesem Grund kann das Spiel nicht nur als Aktivität in ihrer Entwicklungsdynamik betrachtet werden. Ebenso ist der Blick auf die Spielsituation zu richten, die von den Spielenden konstruiert wird. Die dazu vorliegenden Antworten aus dem Bereich der Spieltheorie können wir vornehmlich einem phänomenologischen Ansatz entnehmen. Die Anfänge einer phänomenologischen Spieltheorie bei *Hans Scheuerl* ([11]1990, [11]1991) und *Hermann Röhrs* (1981) richten sich noch hauptsächlich auf die Bestimmung der wesentlichen Aspekte des Spiels. Demgegenüber stellen lebensweltorientierte Thematisierungen des Spiels mehr die Verbindung von Spiel und Alltag her und suchen auf diesem Wege nach dem lebensweltlichen Fundament des Spiels. In der Entwicklung der phänomenologischen Spieltheorie lassen sich drei große Kristallisationspunkte ausmachen, die hier anhand einiger ausgewählter spieltheoretischer Entwürfe in exemplarischer Weise vorgestellt werden sollen.

> In den Spieltheorien, die sich an der Lebenswelt orientieren, werden drei unterschiedliche Perspektiven betont:
> - die Perspektive der personalen Einzigartigkeit jedes Kindes im Spiel (2.1)
> - die Perspektive der Entstehung des kindlichen Spiels aus der sozialen Interaktion (2.2) und
> - die Perspektive der sinnlichen Erfahrungsvielfalt des Spiels von Kindern im jeweiligen ökologischen Rahmen (2.3).

Von der personalen über die interaktionale bis hin zu der ökologischen Perspektive erweitert sich gleichzeitig der Horizont, in den wir das kindliche Spiel hineinstellen. Personale und interaktionale Aspekte sind letztlich in der ökologischen Betrachtungsweise aufgehoben. Die ökologische Ebene umfasst also personale und soziale Aspekte des Spiels. Die Geschichte der Spieltheorien kann auch als eine zunehmende Ausweitung des Blickfeldes strukturiert werden. Ausgehend von einer Analyse einzelner psychologischer Teilelemente des kindlichen Spiels (s. Kap. 1.3) über die Betrachtung der Spielteilnehmer in ihren sozialen Beziehungen öffnet sich die spieltheoretische Perspektive bis hin zur Untersuchung der gesamten Situation, in der sich Spielende miteinander, mit den Gegenständen und in einem gegebenen sozialräumlichen Umfeld befinden. Der Situationsbegriff ist deshalb auch der zentrale Bezugspunkt einer phänomenologischen Spieltheorie, die sich an der Lebenswelt von Kindern in der jeweiligen Gegenwart ausrichtet.

## 2.1 Spielsituationen in personaler Perspektive

Besonders im Werk des niederländischen Pädagogen *Martinus J. Langeveld* (1968a) liegt uns eine Betrachtung des Verhältnisses von Spiel und Lebenswelt vor, die die personale Einzigartigkeit des Kindes in seiner Spieltätigkeit aufzeigen hilft. Zugleich wird in diesem spieltheoretischen Ansatz deutlich, wie das schöpferische Element in kindlichen Spieltätigkeiten entsteht. Da die Spieltheorie *Langevelds* in der spielpädagogischen Diskussion nur in Randbereichen angeschnitten wird (vgl. *Kolb* 1990, S. 367ff.; *Maurer* 1992, S. 167f.), soll sie hier ausführlicher vorgestellt werden. Insgesamt muss die *Langeveldsche* Pädagogik in den Rahmen der anthropologisch und existenzphilosophisch gefärbten Debatte der Erziehungswissenschaft in der unmittelbaren Nachkriegszeit hineingestellt werden (vgl. *Bollnow* 1959).

### 2.1.1 Spieltätigkeit und Kreativität

Das Spiel des Kindes gilt *Langeveld* als "Wesenszug einer Anthropologie des Kindes" (a.a.O., S. 21). Im Spiel bewältigt das Kind seine grundlegenden Entwicklungsaufgaben, nämlich die Welt von uns allen kennen zu lernen und gleichzeitig selbst jemand zu werden. Folglich bindet *Langeveld* seine spieltheoretischen Fragmente auch jeweils in sein Entwicklungsmodell ein und definiert diese kindliche Tätigkeit als Moment der Entwicklung:

"Das Spiel ist die wesentlichste Beschäftigung des gesicherten Kindes mit einer Welt, die noch alle Seinsmöglichkeiten hat." (a.a.O., S. 89).

Es gilt in dieser Definition zunächst hervorzuheben, dass offenbar erst das sich sicher fühlende Kind, das Vertrauen im Umgang mit Erwachsenen gefunden hat, in der Lage ist, sich in spielerischer Weise mit der Welt auseinander zu setzen. Außerdem bezeichnet *Langeveld* das Spiel hier als den wichtigsten Zugang des Kindes zur Welt und weist ihm somit eine entwicklungsnotwendige Bedeutung zu. Der besondere Charakter der Spieltätigkeit ergibt sich jedoch nach *Langeveld* erst in der Möglichkeitsform, in der Fähigkeit des Kindes, das Vorhandene zu durchbrechen, Neues zu entdecken, bekannte Repertoires um Neuartiges zu bereichern. Kindliche Spielwelten müssen somit als unfertige Welten angesehen werden, die offen sind für neue Ideen und unkonventionelle Betrachtungen. Weder die Beziehungen zu anderen Personen noch die Beziehungen zu den Dingen liegen beim Kind schon unwiderruflich fest. Jederzeit kann im Spiel die von allen geteilte Bedeutung eines Gegenstandes oder die von allen akzeptierte Rolle eines Erwachsenen außer Kraft gesetzt werden, um einer neuen Sinngebung Platz zu machen. Auf diese Weise deuten Kinder im Spiel die soziale Wirklichkeit um, verleihen Gegenständen im Spiel andere – wenn auch fiktive – Eigenschaften und fordern die sie begleitenden Personen zu neuen Spielrollen heraus. Insofern erscheint *Langeveld* – ähnlich wie *Dewey* (s. Kap. 1.1) – auch nicht der Gegensatz des Spiels zur Arbeit von großem Gewicht:

"Der wesentliche Gegensatz zum Spiele aber ist im Kindesreich nicht die Arbeit, sondern die eindeutig festgelegte Bedeutung der Gegenstände und Handlungen, ..." (*Langeveld* 1968b, S. 19).

Die Welt der festliegenden Gewohnheiten, des Fertigen und des Eindeutigen ist mit *Langeveld* als Gegensatz zum Spiel aufzufassen. Das Spiel muss scheitern, wenn es sich auf etwas bezieht, "wovon von vornherein alle Möglichkeiten festgelegt oder bekannt sind" (*Langeveld* 1968a, S. 90). Spielen heißt immer "Umgang mit einer noch unbekannten Welt" (ebd.).

*Langeveld* verbindet die kindliche Spieltätigkeit in diesem Zusammenhang auf das Engste mit einem personalen Akt der Sinngebung. Der Welt gegenüber tritt das Kind im Spiel mit dem Anspruch der Unverbindlichkeit auf. "Unverbindliche Sinngebung" (1968a, S. 143) meint hier das spielerische Phänomen der Umwandlung von Gegenstandsbedeutungen, in deren Verlauf Dinge ihrem ursprünglichen Zweck zuwider eingesetzt werden und eine Papprolle plötzlich zur Rakete oder zum Fernrohr wird. *C. Bühler* (1967, S. 95) hat diese Sinngebungsakte im kindlichen Spiel in ähnlicher Weise dargestellt. Die Unverbindlichkeit bezieht sich jedoch nur auf die Seite der Welt. Auf der Seite des Spiels schlägt sie sehr wohl um in Verbindlichkeit, da die gemeinsame Erfassung der neuen Bedeutung des Dinges zur Voraussetzung des gelingenden Spiels zählt. Wenn die Spielenden nicht gemeinsam den Pappkarton als Raumschiff betrachten, werden sie kaum in der Lage sein, ein gemeinsames Spiel hervorzubringen, also z.B. die geplante Reise im Spiel anzutreten und den fernen Stern ihrer Träume zu erreichen. Und auch der Weg zurück zur Ebene des Alltags muss gewährleistet sein, will man nicht in pathologischer Weise für immer in der Welt des Scheins verharren.

Schon *Buytendijk* (1933, S. 19) weist dem kindlichen Spiel diese "Hin- und Herbewegung" zu, die zwischen Spielwirklichkeit und Alltagswirklichkeit pendelt und nach beiden Seiten offen ist. In dieser Pendelbewegung zwischen Spiel und Wirklichkeit liegt auch das kreative Potenzial des Spiels verborgen. In dem Maße, wie Kinder das Gewöhnliche und Festgelegte außer Kraft setzen und neue Bedeutungen finden, erweitern sie auch ihre Vorstellungen von der Welt. Dabei werden sie naturgemäß nicht stets wirklich "Neues" entdecken. Vielfach stehen sie eher vor der Aufgabe, etwas ihnen Unbekanntes zu erforschen, das aber durchaus zum selbstverständlichen Bestandteil der Erwachsenenwelt gehört. *Langeveld* spricht in diesem Zusammenhang auch von alltäglicher Kreativität (vgl. 1968b, S. 17) als Bezeichnung für solche Tätigkeiten von Kindern, in deren Verlauf Kinder das Rad, die Schwerkraft oder ähnliche, für Erwachsene hinlänglich bekannte Zusammenhänge "erfinden" – also für sich nachkonstruieren. Aus der persönlichen Sicht der Kinder sind diese Erfindungen vollkommen neu, und sie benötigen zweifellos viele Gelegenheiten, um ihre eigenen Entdeckungsreisen anzustellen, wenn sie eine eigene Persönlichkeit ausbilden sollen. Aus unserer Sicht haben diese Erfindungen häufig nichts Spektakuläres an sich, und doch sollten wir Kinder darin bestärken, den auftretenden Problemen und Fragen auf den Grund zu gehen. Erst in diesen Prozessen werden Kinder kreativ, indem sie ihre eigene Perspektive entwickeln. Das Außergewöhnliche entsteht in diesem personalen Zugang des Kindes zur Welt. Das Spiel ist durch sein eigentümliches, hin- und herpendelndes Verhältnis zur Wirklichkeit besonders gut geeignet, Kindern Gelegenheiten zu bieten, selbst jemand zu werden und ihre Eigenarten auszubilden. So können wir mit *Langeveld* resümieren:

> *Im Spiel beginnt das Kind seine Personwerdung. Es lernt sich der Welt von uns allen zu nähern und sich zugleich als etwas Eigenständiges von ihr zu distanzieren.*

*Langeveld* betrachtet jedoch das kindliche Spiel nicht nur als individuelle Tätigkeit, sondern er bindet es zugleich ein in ein personales Modell der Spielsituation.

## 2.1.2 Personale Aspekte der Spielsituation

Besonders im Hinblick auf die räumlich-materiellen Bedingungen des kindlichen Spiels erörtert *Langeveld* den eigenartigen Charakter kindlicher Spieltätigkeiten. Die volle Bedeutungsvielfalt der Gegenstände im kindlichen Spiel ergibt sich – so *Langeveld* – erst wenn der Gegenstand eine *"persönliche* Gestalt" (1968a, S. 156) erhält. Dieser personale Gegenstandsbezug wird am Phänomen des Schenkens deutlich. Nicht der Wert eines Gegenstandes im materiellen Sinne ist laut *Langeveld* bedeutsam für seine Bewertung als Geschenk, sondern der personale Anteil, der dem geschenkten Gegenstand beigegeben wird. Auch das unscheinbarste Ding kann so durch die damit verbundene Bedeutung zu einem sehr wertvollen Zeichen seiner Verbundenheit geraten. Ähnliche Umgangsweisen mit Gegenständen können auch im Spiel beobachtet werden. Ein Gegenstand mit festgelegter Bedeutung verdient nach *Langeveld* erst gar nicht die Bezeichnung "Spielzeug". Zum Spielzeug wird ein Gegenstand erst, wenn das Kind sich für diesen Gegenstand einen neuen Verwendungszweck ausgedacht hat, sich also z.B. mit der neuen Anziehpuppe eigene Abenteuer ausdenkt und dafür auch die Kleidung selbst herstellt.

Am Beispiel des Dachbodens verdeutlicht *Langeveld* schließlich auch die kindlichen Umgangsweisen mit Räumen. Gerade der Dachboden diene dem Kind häufig als Möglichkeit zu verborgenen Aktivitäten. Hier finde es viele Gegenstände, die nicht mehr benutzt werden und neue Bedeutungen annehmen könnten. Es handele sich meist um einen Raum, in dem die Erwachsenenkontrolle vorübergehend außer Kraft gesetzt sei. Das Kind sei in der Lage, dort eine eigene Welt zu schaffen (1968c, S. 78), die meist etwas Geheimnisvolles an sich habe. Diese "geheime Stelle" biete dem Kind die Gelegenheit, sich unmittelbar mit seinen eigenen Vorstellungen auseinander zu setzen, einen Raum ganz zu seinem persönlichen Ort zu gestalten. Genau an dieser Stelle siedelt *Langeveld* auch das kindliche Spiel an, das sich in der personalen Gestaltung solcher Orte des Geheimnisvollen konkret zeigt.

Darüber hinaus betrachtet *Langeveld* den Umgang zwischen Kindern und Erwachsenen ebenso als grundlegend für die kindliche Entwicklung. Kindliches Spiel fußt demnach nicht nur auf der personalen Auseinandersetzung mit Räumen und Dingen, sondern ebenso auf der Beziehung zu den Personen, auf deren Hilfe und Unterstützung das Kind angewiesen ist. Der soziale Umgang zwischen Erwachsenen und Kindern nimmt vielfach die Form des Spielerischen an. Das Eltern-Kind-Spiel sollte jedenfalls zum festen Bestandteil des Familienlebens (in welcher Konstellation auch immer) gehören. Immer dann, wenn dieser spielerische Umgang zwischen Erwachsenem und Kind durch Intentionen mitbestimmt wird, die sich auf eine größere Selbstständigkeit im Spiel und die Ermutigung zur selbstbestimmten Spieltätigkeit im Sinne von Mündigwerden richtet, sollten wir mit *Langeveld* von einem spielpädagogischen Umgang sprechen. Die Spielpädagogik wird hier demnach mit *Langeveld* als eingebettet in die sozialen Beziehungen von Erwachsenen und Kindern betrachtet – in Teilbereichen sicher auch zwischen gleichaltrigen Kindern.

Insgesamt lässt sich somit bei *Langeveld* eine Einbettung des kindlichen Spiels in eine Vielfalt situationaler Bezüge erkennen, in deren Zentrum die Herausbildung der Personalität steht.

> *Spielsituationen können als personale Situationen gekennzeichnet werden, in denen Gegenständen und Personen, Bewegungen und Handlungen eine der gemeinsamen Welt gegenüber unverbindliche Bedeutung verliehen wird, ohne dass die Verbindung zu dieser gemeinsamen Welt gänzlich unterbrochen würde.*

Spielsituationen entstehen somit in einem Spannungsverhältnis zwischen der zur Welt hin unverbindlichen und der zur Welt hin offenen Sinngebung. Spiel ist für *Langeveld* – ähnlich wie die Verlässlichkeit im Umgang mit dem Erwachsenen – eine "existenzielle Ernst-Situation" (1968a, S. 91). Das Kind hat keine andere Möglichkeit, sich an der gemeinsamen Welt zu beteiligen und in sie hineinzufinden, als über den Weg des Spiels. Dieses Situationsverständnis, das auf das einzelne Kind ausgerichtet ist, teilt auch *Edith Vermeer* (1955) in ihrer Vertiefung der *Langeveldschen* Spieltheorie, wie *Van der Kooij* (1974) deutlich macht.

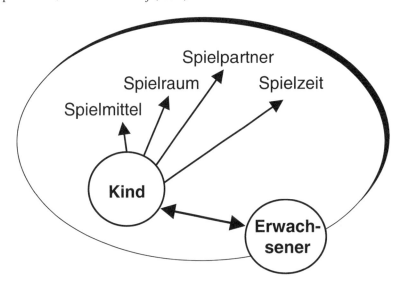

**Abb. 4:** Personale Aspekte der Spielsituation

Aufbauend auf *Langeveld* müssen wir deshalb die konkrete Spieltätigkeit des Kindes in enger Verbindung mit der gesamten Spielsituation betrachten, also unter Einschluss der räumlichen und gegenständlichen sowie der sozialen Bezüge. Letztlich stehen jedoch das Kind und seine Gestaltungen im Mittelpunkt.

*Kinder bringen ihre Spielsituation selbst hervor (Autopoiese).*[2]

Erst wenn wir das Spiel als Situation zu verstehen suchen, können wir erwarten, dem geheimnisvollen und personalen Anteil des Kindes an der Spielwirklichkeit auf die Spur zu kommen. Zwischen der Vorstellungswelt der Kinder und ihrer Lebenswelt müssen wir demnach einen Bereich ansiedeln, in dem die gewöhnlichen Beziehungen zu anderen Personen und die in der Regel festgelegten Gegenstandsbedeutungen wieder zur Disposition stehen und auf mögliche neue Bedeutungen hin betrachtet werden können. Dieser Bereich sollte als Spielsituation bezeichnet werden, da in ihm die ganze Vielfalt der räumlich-materiellen, personal-interaktionalen sowie temporalen Bezüge des kindlichen Spiels deutlich wird. Erst wenn wir einen Zugang zu dieser Spielsituation erhalten, die durch das Kind konstruiert wird, können wir erwarten, hinter die kindliche Spieltätigkeit zu schauen und auch die nicht sichtbaren Aspekte des kindlichen Spiels zu erfassen. Um das kindliche Spiel zu verstehen, müssten wir – mit *Langeveld* gesprochen – nachvollziehen können, wie das einzelne Kind auf seine personale, unverwechselbare Weise, durch seine Spieltätigkeit eine bestimmte Spielsituation konstituiert.

Kritisch anzumerken ist an diesem Konzept von Spielsituationen noch die weitgehende Ausblendung der gesellschaftlichen Bedingungen, unter denen das kindliche Spiel konkret stattfindet. Interkulturelle Studien (vgl. *Sutton-Smith* 1978) haben gezeigt, dass kindliches Spiel sich in Abhängigkeit von soziokulturellen Faktoren unterschiedlich ausprägt. Ebenso vernachlässigt *Langeveld* in seiner überwiegenden Ausrichtung an der Person des einzelnen Kindes die mannigfaltigen Einflüsse der Gruppe der Gleichaltrigen auf das Spiel. Dazu zählt beispielsweise auch die Herausbildung eigenständiger Spieltraditionen im Rahmen kindlicher Eigenwelten mit Geheimschriften, verborgenen Treffpunkten und Mutproben. Auch wenn diese Ausprägungen einer Kinderspielkultur gegenwärtig vielfach gefährdet sind, so können wir diese Einflüsse auf das kindliche Spiel doch nicht aus der Betrachtung ausschließen. Die "geheime Stelle" des Kindes wird trotzdem häufig ein mit anderen geteilter Spielort sein. Sie muss im Gegensatz zu *Langevelds* Vermutung nicht notwendigerweise stets auch eine "einsame Stelle" sein.

---

[2] In der Sprache des Konstruktivismus wird dieser Akt der "Selbsterzeugung" als spezifische Fähigkeit von lebenden Organismen betrachtet und mit dem Terminus "Autopoiese" bezeichnet (vgl. *Maturana/Varela* [2]1987, S. 50ff.).

## 2.2 Spielsituationen in interaktionaler Perspektive

Fragen wir nun weiter nach dem Entstehungszusammenhang des kindlichen Spiels, so fällt auf, dass das einzelne Kind kaum allein für das konkrete Erscheinungsbild seiner Spieltätigkeit verantwortlich sein dürfte. Spiel enthält unbestreitbar personal unverwechselbare Prägungen durch die Spielteilnehmer. Spiel ist jedoch ebenso ein Interaktionsgeschehen der Kinder untereinander und zwischen Erwachsenen und Kindern. Der amerikanische Sozialwissenschaftler *Erving Goffman* (1977) hat in seinem Werk immer wieder zum Verhältnis von kindlichem Spiel und Interaktion Stellung bezogen. Auf dem Gebiet der Erziehungswissenschaft wirkt sich der durch *Mead* (1973) und *Goffman* (1973) begründete symbolische Interaktionismus im Wesentlichen bei *Mollenhauer* (1974), *Brumlik* (1973) und *Krappmann* (1975a) aus.

### 2.2.1 Spieltätigkeit und Interaktion

Die Phantasie bzw. das "So-tun-als-ob" als entscheidendes Merkmal von Spieltätigkeiten wird bei *Goffman* in bezug zur Interaktion mit anderen gebracht. So zu tun, als ob man jemand anderes sei, gehört nach *Goffman* (1977) zunächst einmal zu jeder sozialen Interaktion dazu. "Wir alle spielen Theater" – so lautet bekanntlich einer seiner Buchtitel. Eine Rolle zu übernehmen, bestimmte soziale Handlungen auszuführen oder sich mit anderen zu verständigen – all dies beinhaltet stets die Notwendigkeit, sich in andere hineinversetzen zu können. Dabei wird nicht nur die Rolle, sondern auch die Perspektive des anderen übernommen. Man tut so, als ob man der andere sei. Insofern wohnt nach *Goffman* dem gesamten Feld der sozialen Interaktion zwischen Personen das Element des "So-tun-als-ob" inne. Das Spiel hat in dieser Sichtweise seine lebensweltliche Basis in den sozialen Beziehungen zwischen verschiedenen Menschen in einer gegebenen gesellschaftlichen Situation. Es weicht allenfalls noch graduell vom allgemeinen Charakter sozialer Interaktionen ab.

"Die wichtigste Art des So-tun-als-ob ist das Spiel in dem Sinne, dass die Interaktion zwischen einem Individuum und anderen (...) von verhältnismäßig kurzzeitiger Verstellung unterbrochen wird." (a.a.O., S. 61).

Spiel erscheint hier gewissermaßen als Vorspiegelung falscher Tatsachen, als Möglichkeit, auch jemand anders sein zu können und einmal zu erproben, wie es sich in dieser Rolle leben lässt. Die sozialen Handlungen im Spiel sind deshalb nicht im alltäglichen Sinne wirklich, sondern nicht ernst gemeint, folgenlos oder nur vorgestellt bzw. fiktiv.

*Goffman* interessiert sich nun insbesondere für die Transformation der alltäglichen sozialen Interaktionen in eine spielerische Interaktion und die Art und Weise, wie dieser Übergang zwischen dem primären Rahmen der sozialen Interaktion im Alltag und dem sekundären Rahmen des Spiels geleistet wird. In Übereinstimmung mit *Gregory Bateson* ([7]1999) kommt er zu dem Schluss, dass durch Gesten, Zeichen und sprachliche Vereinbarungen zwischen Spielenden angezeigt wird, dass die nachfolgenden sozialen Handlungen nicht ernst gemeint sind. Bekanntlich hat sich dieses Phänomen auch im Spiel von jungen Tieren nachweisen lassen. Bereits diese Transformationsleistung von spielenden Kindern, die die Alltagswirklichkeit in eine Spielwirklichkeit verwandelt, ist demnach bei *Goffman* kein personaler Akt mehr. Die Wirklichkeit des Spiels wird interpersonal hergestellt bzw. sozial konstruiert. Eine gemeinsame Perspektive muss zumindest in den Grundbestandteilen der Spieltätigkeit von den Spielenden gefunden werden, bedarf des Aushandelns zwischen unterschiedlichen Erwartungshaltungen und der Suche nach einem gemeinsamen Nenner. Mit *Goffman* können wir deshalb das Spiel folgendermaßen definieren:

> *Das Spiel ist der Beginn der Sozialwerdung von Kindern, in deren Verlauf sie durch die Möglichkeit des So-tun-als-ob lernen, die Perspektiven anderer zu übernehmen, gemeinsame Perspektiven zu entwickeln und eigene Perspektiven davon abzugrenzen.*

In einem qualitativen Beobachtungsprojekt zur Aggressivität im kindlichen Spiel zeigt *Gisela Wegener-Spöhring* (1989a) die spielpädagogische Bedeutung dieser sozialen Spielebene auf. Eine eingehende Untersuchung der durch Aggressivität bestimmten Spielinteraktionen macht insgesamt deutlich, dass Kinder in der Lage sind, das Maß des "Aggressiven, Beängstigenden und Unanständigen" (a.a.O., S. 117) im Spiel in einer Weise zu steuern, die von allen Kindern einer Spielgruppe mitgetragen wird. Sie balancieren – wie *Wegener-Spöhring* sagt – diese aggressiven Spielanteile selbst so aus, dass für alle Beteiligten die Teilnahme am Spiel möglich bleibt. Auch die Aggressivität, die im Spiel beobachtet wird, ist zunächst einmal nicht wirklich ernst gemeint, sondern ebenfalls fiktiv, eben "So-tun-als-ob". Interessanterweise schlägt diese fiktive Aggressivität in der kindlichen Spieltätigkeit laut *Wegener-Spöhring* erst dann in reale Aggressivität um, wenn Erwachsene mit ihren Normen und Wertvorstellungen in das scheinbare "Aggressionsspiel" von Kindern eingreifen. Zum Verständnis der sozialen Spieltätigkeit von Kindern scheint es offensichtlich auch für Erwachsene notwendig zu sein, die Perspektive von spielenden Kindern zu übernehmen. Erwachsene müssen das scheinbare und nicht-alltäglich wirkliche Element des Spiels zu erfahren, um auf eine angemessene Weise in das Spiel der Kinder hineinwirken zu können.

*Lothar Krappmann* (1975a) hat aufbauend auf *Goffman* zeigen können, dass die Identitätsentwicklung des Kindes wesentlich durch die soziale Spieltätigkeit mitausgeprägt wird (s. Kap. 1.3). Im Spiel lernen die Kinder somit auch, die Balance zu halten zwischen der Übernahme der Erwartungshaltung anderer (soziale Identität) und der Ausprägung ihrer eigenen Unverwechselbarkeit (personale Identität). Beides kann offenbar nicht voneinander gelöst werden. Die Herausbildung der personalen Identität macht im Gegenteil sogar den anderen erforderlich. Erst durch den anderen, durch das Kennenlernen seiner Sichtweisen kann eine Abgrenzung der eigenen Sichtweisen stattfinden. Kinder lernen sich selbst im Spiel kennen, wenn sie sich durch die Brille der Mitspieler selbst betrachten und erfahren, wie die anderen sie sehen. Das gilt sowohl für das Imitationsspiel, in dem Kinder Rollen von Erwachsenen übernehmen und nachspielen als auch für das Spiel mit Gleichaltrigen, in dem unterschiedliche Ideen und Wünsche zu einem gemeinsamen Spielthema verflochten werden müssen. In beiden Fällen sehen die Kinder soziale Interaktionen zwangsläufig auch aus der Sicht eines anderen und lernen auf diese Weise, die verschiedenen Wahrnehmungsweisen (Fremd- und Selbstwahrnehmung) zu unterscheiden.

### 2.2.2 Interaktionale Aspekte der Spielsituation

Für *Goffman* ändert sich im Spiel jedoch nicht nur die intersubjektive Bedeutung einer bestimmten Tätigkeit, sondern zugleich der gesamte soziale Rahmen, in dem diese Tätigkeit stattfindet. Diesen Rahmen des Spiels beschreibt *Goffman* als Spielsituation. Das Spiel wird von *Goffman* an der Stelle platziert, wo primäre Rahmen oder alltägliche "Ernstsituationen" in sekundäre Rahmen oder Spielsituationen transformiert werden. Voraussetzung für diese Umwandlung ist die Fähigkeit des Sotun-als-ob, wir können auch sagen der Phantasie, der Fiktion, die den Schlüssel zum Verständnis von Spielsituationen beinhaltet. Entscheidende Grundlage für das Zustandekommen von Spielsituationen ist nach *Goffman* die gemeinsame Definition der Situation. Erst wenn die Spielenden ein gemeinsames Bewusstsein von der Situation des Spiels haben und die neuen Bedeutungen von Gegenständen und Handlungen im Unterschied zur alltäglichen Bedeutung als gemeinsame Sichtweise miteinander teilen, kann die Spielwirklichkeit bzw. Spielsituation in Kraft treten. Die Spielenden sind somit aus interaktionistischer Sicht gezwungen, sich über die Bedeutung von Personen, Gegenständen und Handlungen zu verständigen und zu einigen, um miteinander spielen zu können. Spielsituationen sind von daher immer als soziale Situationen zu kennzeichnen, die durch Ko-Konstruktionen zu Stande kommen. Erst wenn wir die verschiedenen Ebenen der Interaktion zwischen Spielenden unterscheiden und erfassen können, wird uns folglich ein Zugang zu dieser sozialen Spielebene möglich sein. Die sichtbare Ebene der Spieltätigkeit in der Interaktion mit anderen bleibt zwar in dieser Betrachtungsweise weiter erhalten. Ebenso wird jedoch deutlich, dass nicht nur das einzelne Kind für eine personale Ebene der Spielsituation verantwortlich ist. Auch aus sozialen Interaktionen wird die eigenständige Wirklichkeit des Spiels konstruiert. Die Phantasie und die Fähigkeit zum So-tun-als-ob erweist sich keineswegs als bloßes Vermögen des einzelnen Kindes, sondern ebenso als notwendiges Element für soziale Interaktionen.

Mit dieser Annäherung von Spielsituationen an die sozialen Beziehungen im Alltag von Kindern wird unser Blick schließlich auch geöffnet für den Zusammenhang zwischen dem Spiel der Kinder und ihrer Lebenssituation. Spielsituationen als Segmente kindlicher Lebenswelten müssen demnach stets in Relation zur jeweils vorherrschenden Lebenssituation betrachtet werden. Bereits die Sozialisationsforschung macht auf folgenschwere Idealisierungen des kindlichen Spiels aufmerksam (vgl. *Rolff/Zimmermann* 1985). In diesem Zusammenhang stellt *Arnulf Hopf* (1991) einige interessante Überlegungen zur hohen Attraktivität von Fantasy- und Sciencefiction-Spielzeug wie "Masters of the Universe" an. *Hopf* behauptet, dass Kinder gegenwärtig besonders deshalb mit diesen Spielzeugverbundsystemen gern spielen, weil sich die Eigenschaften dieser Spielmittel in reziproker Weise auf ihre Lebenssituation beziehen lassen. "Einschränkung des Erfahrungsraums", "Verplanung in Institutionen", "Tabuisierung von Aggression" und "Handlungsohnmacht" (a.a.O., S. 160) sind Beispiele für die Kennzeichnung alltäglicher Lebenswelten von Kindern heute. Die Fantasy-Helden wie He-Man, Skeletor und Co. entsprechen nun nach *Hopf* dieser Lebenssituation insofern, als sie Kontrasterfahrungen ermöglichen: sie eröffnen die "Grenzenlosigkeit des Weltraums", Aggressionen sind erlaubt, "Abenteuer", "Action" und "Körpererfahrung" (ebd.) werden angeboten. Diese Spielfiguren treffen also Bedürfnisse von Kindern angesichts einer gewandelten Lebenssituation, und die Spielforschung muss sich fragen lassen, ob nicht die Spielzeugindustrie wesentlich direktere Zugänge zum kindlichen Alltag hat. Aber *Hopf* sieht auch die negativen Effekte für das kindliche Spiel, die sich in einer wachsenden Abhängigkeit von der medialen Ausstattung und einem fortschreitenden Verlust der unmittelbaren Sozialerfahrungen in Spielsituationen äußern.

Soziologische Analysen zeigen darüber hinaus, dass sich die sozialen Beziehungen von Kindern in der Nachkriegszeit einem fundamentalen Wandel ausgesetzt sehen. Im Zuge einer wachsenden "Verinselung des kindlichen Lebensraumes" – so die These von *Helga Zeiher* – (vgl. *Zeiher* 1983, *Zeiher/Zeiher* 1994) werden die traditionellen räumlichen Strukturen kindlicher Lebenswelten, die sich als Modell des vereinheitlichten Lebensraums darstellen lassen, weitgehend aufgelöst. Der Nahbereich der elterlichen Wohnung hat als Folge von Spezialisierungen und Funktionsentmischungen (Autos, Parkplätze, Bebauung) an Bedeutung für das kindliche Spiel verloren. Viele Kinder sind heute darauf angewiesen, weit entfernte Spielorte aufzusuchen, die größtenteils speziell für sie konzipiert und gestaltet sind (Spielplätze, Spielgruppen). Erhöhte Erwachsenenabhängigkeit und eine institutionelle Überformung kindlicher Spielsituationen müssen insgesamt als Risiken für die Entfaltung der kindlichen Identität angesehen und als Erschwernisse in der Identitätsbalance zwischen sozialer und personaler Identität im Spiel bewertet werden. Ergebnisse von größer angelegten empirischen Studien zu diesen gesellschaftlichen Einflüssen auf das Kinderspiel (vgl. *DJI* 1993 und die kritische Diskussion bei *Einsiedler* ³1999, S. 132ff.) relativieren zwar pauschalisierende Aussagen. Weiterführende Studien sind wohl darauf angewiesen, die unterschiedlichen Regionen in ihrer spezifischen Spielqualität noch konkreter zu berücksichtigen. Veränderte Kindheitstheorien dürften jedoch auch auf die Methoden der Kindheitsforschung (vgl. *Heinzel* 2000) Einfluss nehmen. Kinder dürfen danach beispielsweise nicht nur zu ihren Spielerfahrungen befragt werden. Sie sind auch in ihrer jeweiligen Spielumwelt zu beobachten. In der Entwicklung von Methoden der Spielforschung, die die Kinder auch als Forschungssubjekte betrachtet, stehen wir sicher noch am Anfang (s. Kap. 7.0).

Spielpädagoginnen und Spielpädagogen sehen sich angesichts solcher sozialstruktureller Einflüsse auf kindliche Spielsituationen in der Zweiten Moderne (*Beck* 1986, ³1997) mit der Aufgabe konfrontiert, für Kinder die Chance zur Konstruktion eigenständiger Situationsdefinitionen im Spiel bereitzustellen. Diese könnten ihnen als Ausgangspunkt für die Herausbildung personaler Identität dienen. Pluralisierungs- und Individualisierungstendenzen moderner Gesellschaften schaffen zugleich neue Risiken und neue Freiheiten. Spielpädagoginnen und -pädagogen interessieren sich über die Analyse der Zusammenhänge zwischen Lebens- und Spielsituationen hinaus für die Möglichkeiten eines "gelingenderen Spiellebens" im Sinne der Formel vom "gelingenderen Alltag" nach *Hans Thiersch* (1986). Unter spielpädagogischem Aspekt kommt es darauf an, aus der Analyse von Lebenssituationen heraus auch Veränderungsansätze aufzuzeigen, die die Identitätsentwicklung des Einzelnen unterstützen können. In dieser Sichtweise werden Kinder nicht nur als Gefangene gesamtgesellschaftlicher Wandlungstendenzen erfahrbar. Sie sind ebenso zu schöpferischen Antworten in der Lage. So zeigen z.B. *Lothar Krappmann* und *Hans Oswald* (1989, 1995), dass Kinder ihrer wachsenden Vereinzelung durch kleine "Beziehungsgeflechte" beggenen. Sie bilden überschaubare Netzwerke in einer Gruppe von Kindern, die überwiegend lockere Kontakte unterhalten und allenfalls zwischen jeweils zwei Kindern eine engere Freunschaft ausbilden. Diese Kindergeflechte sind in der Lage sehr flexibel Verabredungen zu Stande zu bringen und ein gewisses Mindestmaß an sozialen Kontakten sicherzustellen, um so dem drohenden Alleinsein am Nachmittag nach der Schule oder dem Kindergarten vorzubeugen.

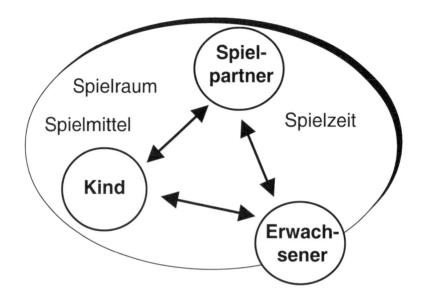

**Abb. 5**: Soziale Aspekte der Spielsituation

Während *Langeveld* Spielsituationen v.a. aus der Perspektive des einzelnen Kindes und seiner personalen Einzigartigkeit betrachtet, entwickelt *Goffman* ein Verständnis von Spielsituationen, in dem die intersubjektiven Vereinbarungen im Mittelpunkt stehen.

Auch die Phantasieebene des Spiels wird danach nicht nur über die personalen Bedeutungszuweisungen erreicht. Die Umwandlung der Alltagssituationen in Spielsituationen erfolgt bereits in der interaktionalen Verständigung. Gemeinsame gestische, mimische oder verbale Botschaften zeigen den Beginn und das Ende des Spiels an. Sie müssen von den Spielenden als Einstieg in die bzw. Ausstieg aus der Spielsituation aufgefasst werden (zum Prozess der Ko-Konstruktion, vgl. *Krappmann* 1993, S. 136).

> *Kinder bringen ihre Spielsituationen gemeinsam mit anderen hervor (Ko-Konstruktion).*[3]

---

[3] In der Sprache des Konstruktivismus wird dieser Akt des gemeinsamen Hervorbringens als "Ko-Konstruktion" oder auch "Ko-Ontogenese" bezeichnet und soll zum Ausdruck bringen, dass es trotz der kreativen Anteile des Einzelnen immer noch eine gemeinsame Welt geben kann (vgl. *Maturana/ Varela* ²1987, S. 267f.).

Zugleich macht die Einbindung des Spiels in die soziale Lebenswelt den Einfluss gesellschaftlicher Rahmenbedingungen auf die kindliche Spieltätigkeit deutlich, wie sich an historischen Wandlungsprozessen über längere Zeiträume hinweg unschwer zeigen lässt. In solchen gesamtgesellschaftlichen Prozessen verändern sich auch die Beziehungen der Spielenden untereinander und ihr Verhältnis zu den räumlich-materiellen sowie den temporalen Strukturen der Spielsituation. In interaktionistischer Sicht steht nach *Goffman* jedoch zunächst noch der intersubjektive Charakter des Spiels im Vordergrund:

> *Spielsituationen können als soziale Situationen bestimmt werden, in denen durch eine gemeinsame Situationsdefinition aus einem gegebenen gesellschaftliche Kontext eine fiktive Situation gemeinsam hervorgebracht (ko-konstruiert) wird.*

Offen bleibt unter interaktionsbezogenen Aspekten, ob die räumlich-materiellen Bedingungen des Spiels als Momente der Interaktion schon hinreichend erfasst sind. Zu denken wäre ebenfalls an Einflüsse von Materialeigenschaften und Oberflächenstrukturen bei Spielmitteln auf die kindliche Spieltätigkeit. Auch verschiedene Raumzonen verändern das Spiel vom zurückgezogenen Alleinspiel bis hin zum ausgelassenen Tobespiel in der großen Gruppe. Neben der sozialen Wahrnehmung von Spielsituationen gilt es auch nach deren sinnlichem Erfahrungsgehalt zu fragen. Diese Dimension kommt besonders im Rahmen einer ökologischen Betrachtungsweise des kindlichen Spiels in den Blick.

## 2.3 Spielsituationen in ökologischer Perspektive

Seit Ende der Achtzigerjahre beschäftigen sich Spieltheoretiker und Spielforscher zunehmend mit den konkreten, gesellschaftlich vermittelten Bedingungen kindlicher Spielumwelten. Durchgängiges Kennzeichen dieser Neuorientierung der Spielpädagogik ist die Möglichkeit der Beeinflussung kindlicher Spieltätigkeit durch die Gestaltung der Spielumwelt. Ökologisch sind diese spieltheoretischen Ansätze zu nennen, da hier die räumlichen Aspekte kindlicher Spieltätigkeit besonders betont werden. Zumindest liegt in dieser topologischen Orientierung, in der Frage nach dem "Wo?" des kindlichen Spiels, nach seinen sozialräumlichen Bedingungen bisher der perspektivenerweiternde Beitrag ökologischer Spieltheorien für Spielforschung und spielpädagogische Praxis. In der erziehungswissenschaftlichen Diskussion sind in diesem Zusammenhang besonders die Beiträge von *Eduard W. Kleber* (1990, 1992), sowie *Dieter Baacke* ($^5$1991) und *Theodor Schulze* (1983) zu nennen.

## 2.3.1 Spieltätigkeit und Ökologie

*Gerd E. Schäfer* (1989) formuliert unter Berufung auf *Donald W. Winnicott* (1973) eine ökologische Spieltheorie, die im Wesentlichen aus psychoanalytischen Traditionslinien zu verstehen ist. Zum zentralen Terminus gerät bei *Schäfer* (1989, S. 31ff.) der "intermediäre Bereich" zwischen innerer und äußerer Realität als Raum des Spiels. Der Austausch zwischen diesen beiden Realitätsbereichen bzw. zwischen der Person und der Umwelt erfolgt über diesen Zwischenraum. Ein erstes Zeichen für das Vorhandensein eines solchen Zwischenraums ist nach *Schäfer* das "Übergangsobjekt" (a.a.O., S. 32), konkret fassbar als geliebtes Stofftier, Schmusetuch oder sonstige von Kindern gewählte Gegenstände, die z.B. vor dem Einschlafen dringend benötigt werden. Übergangsobjekte entstammen zwar der äußeren Realität, aber sie besitzen für das Kind eine ganz subjektive Bedeutung, insbesondere in der Phase der Ablösung von der Mutterbrust am Ende der Stillzeit. Durch die Ausweitung der Zahl dieser Gegenstände, die zwischen Innen und Außen platziert werden und durch die zunehmende Ausprägung der Phantasie kann das Spiel nun die Übergangsobjekte im intermediären Bereich ablösen. In Übereinstimmung mit *Bateson* ([7]1999) sieht *Schäfer* das Spiel als besonders gut geeignet an, um Transformationen aus der äußeren Realität in die innere Realität zu vollbringen. Im Unterschied zur klassischen Psychoanalyse nach *Freud* betont *Schäfer* also neben den innerpsychischen Anteilen der Spieltätigkeit auch die Austauschbeziehungen mit der Umwelt und die Prozesse der Transformation bzw. Phantasie zur Konstituierung des intermediären Bereichs, in dem das Spiel angesiedelt ist. Insofern können wir den Beitrag von *Schäfer* als *ökopsychologische Betrachtungsweise* kennzeichnen, da er eine Verbindung zwischen räumlichen und innerpsychischen Aspekten des kindlichen Spiels anstrebt.

*Einsiedler* ([3]1999) beschreibt demgegenüber im Anschluss an *Bronfenbrenner* (1989) den Weg einer *ökosystemischen Betrachtungsweise* des kindlichen Spiels. Das Spiel selbst wird bei *Einsiedler* zunächst allgemein als Interaktionsweise mit Objekten und Personen in der unmittelbaren Umgebung angesehen. Aus ökosystemischer Sicht ist im Unterschied zu *Schäfer* jedoch v.a. die Einbettung dieser Interaktionsebene in die Umwelt von Interesse. Auf dem Hintergrund der Schachtelstruktur der Umwelt von Kindern beschreibt *Einsiedler* ([3]1999, S. 43ff.) die Spielumwelt auf verschiedenen Ebenen. Das Spiel wird als Mikrosystem bezeichnet, das sich durch die Interaktionen des Kindes mit Personen und Objekten konstituiert. Dieses Mikrosystem ist von weiteren Umfeldsystemen umschlossen. Zu unterscheiden sind zunächst die Ebene des Mesosystems, auf der Familienkonstellationen, Erziehungsstil, Medienkonsum und Spielzeug angesiedelt sind. Im Bereich des Exosystems wirken Elemente des Wohnumfeldes, des sozialen Netzwerkes und der ökonomischen Kontexte auf das kindliche Spiel ein. Schließlich ist kindliche Spieltätigkeit ebenso abhängig von gesamtgesellschaftlichen Normen, Werten, Regeln und kulturellen Kontexten. *Einsiedler* entwickelt vor diesem Hintergrund ein an der Entwicklungsförderung orientiertes Modell von Spielpädagogik und arbeitet besonders die Bedeutung der kindlichen Spielformen für die Förderung einzelner psychischer und sozialer Funktionen heraus, v.a. bezogen auf den sozial-kognitiven Bereich (Phantasie, Sprache, Problemlösung usf.).

Problematisch bleibt in dieser Umweltschachtelstruktur des kindlichen Spiels noch die Überschreitung der rein beschreibenden Ebene, die lediglich funktionale Zusammenhänge zwischen Spiel und Umwelt aufzuklären vermag. Wir wollen jedoch als spielpädagogisch interessierte Betrachter des kindlichen Spiels nicht nur wissen, wie die verschiedenen Umweltsysteme auf die Spieltätigkeit einwirken. Wir müssen darüber hinaus auch Entscheidungen treffen für oder gegen bestimmte Einflüsse, die Ziele einer Förderung der Spielentwicklung ableiten bzw. begründen und uns für bestimmte Entwicklungsrichtungen entscheiden. Eine ausschließlich deskriptive Darstellung der Zusammenhänge zwischen Spiel und Umweltsystemen sagt aber allenfalls etwas über die Bandbreite einer möglichen Entwicklung in einem bestimmten Kontext und zu einem gegebenen Zeitpunkt aus. Welche Schwerpunkte innerhalb dieses Entwicklungspotenzials zu setzen sind und wie diese Schwerpunktsetzungen zu begründen sind, das wird erst auf der Basis normativer Reflexionen möglich, die ohne Zweifel ebenfalls in das Gebiet der Spielpädagogik als erziehungswissenschaftlicher Disziplin hineinfallen.

Auch *Hein Retter* (1991) beschreibt diesen Weg einer systemischen Durchdringung kindlicher Spieltätigkeit. Er bezieht sich jedoch konsequent auf den systemtheoretischen Ausgangspunkt bei *Niklas Luhmann* (1991) und bemüht sich um eine Erklärung des Spiels als selbstreferenzielles System. Allerdings enden diese Betrachtungen noch in einer deutlichen Skepsis bezüglich der Eignung der Systemtheorie für die Erfassung des Phänomens Spiel, dessen Komplexität sich der konsequenten Darstellung als selbstreferenzielles (sich selbst produzierendes und selbst aufrechterhaltendes) System weitgehend entzieht.

Demgegenüber beginnt sich bei *Jürgen Fritz* (1991) eine Annäherung ökologischer und phänomenologischer Positionen zum kindlichen Spiel abzuzeichnen, da *Fritz* aus der Einbeziehung der Rahmen-Analyse nach *Goffman* (s. Kap. 2.2.2) wesentliche Gedanken entnimmt und auf die Wesensmerkmale des Spiels nach *Scheuerl* bezieht. Auch *Wolf-Rainer Wendt* (1989) entwickelt seinen ökosozialen Bezugsrahmen zum kindlichen Spiel aufbauend auf einem phänomenologischen, an der Lebenswelt orientierten Theoriekonzept. Bei *Heimlich* (1989) deutet sich bereits der Stellenwert des Zusammenhangs von Spieltätigkeit und einer ganzen Vielfalt von Umweltvariablen für eine ökologische Spielpädagogik an. Weder die personale Unverwechselbarkeit, noch die interpersonale Konstituierung einer Spieltätigkeit können demnach das Phänomen Spiel hinreichend erfassen. Es gilt stets die ganze ökologische Situation der Spielenden mit in die Betrachtung des Spiels aufzunehmen. Aus diesen ökologisch orientierten Theorieansätzen heraus gilt deshalb:

> *Spiel ist diejenige Interaktion mit Objekten und Personen auf verschiedenen Umweltebenen, in deren Verlauf personal-soziale, räumlich-materielle sowie temporale Bestandteile der Umweltebenen eine fiktive Bedeutung erhalten und so zur Spielumwelt transformiert werden.*

Neben die sozialen Interaktionen der Spielenden treten unter ökologischem Aspekt also vornehmlich die Interaktionen mit Spielmitteln und Spielräumen und deren Einwirkung auf das kindliche Spiel. Sie werden in ökologischen Spieltheorien als zwei Bereiche der Umweltinteraktion angesehen. Wir können unter ökologischem Aspekt demnach nicht nur die sozialen Interaktionen mit den am Spiel beteiligten Personen betrachten und die materiellen Interaktionen mit den für das Spiel relevanten Gegenständen und Raumzonen dieser sozialen Ebene unterordnen. Spielen erscheint nunmehr nicht allein als soziales Geschehen, sondern als umfassende Verknüpfung der Personen mit einem Ausschnitt der sozialen Umwelt – und zwar auch in seiner dinglichen Qualität. Neben die sozialen treten unter ökologischem Aspekt als Erweiterung die sinnlichen und handgreiflichen Beziehungen zur Umwelt. Folglich wandelt sich in dieser Sichtweise auch das Verständnis der Spielsituation.

### 2.3.2 Ökologische Aspekte der Spielsituation

Auf der Basis eines ökologischen Situationsbegriffes im Anschluss an *Carl F. Graumann* und *Lenelis Kruse* (1992) sollen nun die Auswirkungen ökologischer Theoriebildung auf unsere Vorstellungen von der Struktur von Spielsituationen näher betrachtet werden. Als Merkmale der Beziehungen zwischen den einzelnen Elementen im Rahmen eines solchen Situationsbegriffes lassen sich *Historizität* und *Sozialität*, *Räumlichkeit* und *Dinglichkeit*, *Leiblichkeit* und *Perspektivität* unterscheiden. Diese Merkmale von Spielsituationen aus ökologischer Sicht sollen nun im Einzelnen untersucht und in mehreren Basisaussagen zusammengefasst werden. Als Ausgangspunkt dieser Darstellung dient der bekannte Satz von *Frederik J.J. Buytendijk* (1933), nach dem "Spielen immer ein Spielen mit etwas" ist, auf das der Spielende einwirkt und das auch wieder auf das Spiel zurückwirkt (vgl. auch *Gadamer* [2]1965). Es wird also versucht, diesen Ursprung einer phänomenologischen Spieltheorie hier unter ökologischem Aspekt zu konkretisieren

- **Spielen mit Bewegung**

Die *Leiblichkeit* einer Spielsituation zeichnet sich für Kinder durch die variierenden Chancen zur Bewegung (→ *Sozialität*) – und zwar im Sinne einer sozialen Beziehung aus. Kinder regeln über die Bewegung Nähe und Distanz zu anderen und zeigen dabei unterschiedliche Aktivitätsmuster. Sowohl verlangsamte, gleichsam gebremste motorische Aktivität als auch überschnelle, fast hyperaktive Bewegungsmuster sind in der Beobachtung von Spielsituationen gegenwärtig häufig auszumachen. Auch die Proportionalität des kindlichen Leibes in einer Erwachsenenwelt, die jederzeit präsente Erfahrung der eigenen Kleinheit im Verhältnis zur Welt der Großen, muss als wesentliches Kennzeichen kindlicher Spielsituationen anerkannt werden. Die Vernachlässigung dieses basalen Zusammenhangs kann sich etwa in Konzepten der Raumgestaltung in Kinderkrippen manifestieren, wenn z.B. dekorativer Wandschmuck in einer für Kinder in diesem Alter überhaupt nicht mehr wahrnehmbaren Höhe platziert würde (→ *Perspektivität*). Spielpädagogik beinhaltet also die Aufgabe, die leibliche Strukturierung der jeweiligen Spielsituation zu analysieren und als Voraussetzung in die Spielumweltgestaltung mit aufzunehmen.

- **Spielen mit Perspektiven**

Die *Perspektivität* von Spielsituationen stellt die Situation des Spiels aus dem jeweiligen Standpunkt der einzelnen, an der Situation beteiligten Kinder oder Erwachsenen dar. Hier ist auch der personale oder identische Anteil an der Gestaltung von Spielsituationen zu verorten. Insofern trägt jedes Kind durch seine persönlichen Wahrnehmungen, die es sich in einem Erfahrungsprozess zu Eigen gemacht hat (→ *Historizität*) zum ständigen Wandel und auch zum Phantasieelement von Spielsituationen bei. Dabei ergeben sich naturgemäß unterschiedliche Möglichkeiten, seine Sichtweisen auch durchzusetzen. Einige Kinder spielen sich gern zu "Situationsbestimmern" auf und wollen ihre Spielideen anderen diktieren. Hier gilt es aus spielpädagogischer Sicht dafür Sorge zu tragen, dass alle zum Zuge kommen und das Interessante der vielfältigen Perspektiven auch für Kinder erfahrbar zu machen. Aus interaktionistischer Sicht muss an dieser Stelle ergänzt werden, dass eine Spielsituation nur gelingen kann, wenn ein Mindestmaß an Gemeinsamkeit der Perspektiven (→ *Sozialität*) gewahrt bleibt. Mündigkeit und Selbstbestimmung im kindlichen Spiel hängen jedoch auf das Engste mit der Realisierung von eigenen und der Abstimmung mit fremden Perspektiven zusammen.

- **Spielen mit den Sinnen**

*Dinglichkeit* haftet einer Spielsituation insofern an, als im Spiel immer eine Auseinandersetzung mit der materiellen Umwelt stattfindet. Gegenstände erhalten im Spiel eine personale und interpersonale Bedeutung. Zusätzlich führt die leibliche Verknüpfung von Kindern mit der Spielumwelt zu einem direkten Kontakt mit materiellen Gegenständen. Aus diesem unmittelbaren Umweltkontakt auf der sensorischen und motorischen Ebene ergibt sich auch die Forderung, den sinnlichen Erfahrungsgehalt von Spielsituationen unter spielpädagogischem Aspekt zu analysieren. Oberflächeneigenschaften, Materialbeschaffenheit und Konsistenz, Gestaltbarkeit des Materials im Sinne von Verformung und Umgruppierung geraten in diesem Blickwinkel zu zentralen Forderungen an die gegenständliche Spielumwelt. Aber auch Beziehungen werden durch Spielmittel gestiftet, wenn sich Kinder z.B. nachmittags nach der Schule verabreden, um mit ihren Plastik-Figuren zu spielen. Auf diesem Hintergrund sind Spielpädagoginnen und Spielpädagogen sicher zu Stellungnahmen bezüglich des wachsenden Angebotes der Spielzeugindustrie aufgefordert, in denen besonders die Thematisierung der sinnlichen Erfahrungsvielfalt kommerzieller Spielmittel erfolgt, in denen aber auch zu Sicherheitsfragen oder Verboten von Kriegsspielzeug Position bezogen wird.

- **Spielen mit Räumen und Dingen**

Wir können uns Spielsituationen am besten als Landschaften vorstellen, die sich durch die Distanz zwischen Dingen und Personen konkret ausprägen. *Räumlichkeit* als Strukturmerkmal von Spielsituationen in ökologischer Sicht beinhaltet hauptsächlich die dinglichen und sozialen Begrenzungen von Spieltätigkeiten (→ *Dinglichkeit, Sozialität*), gleichsam die Widerstände, an denen sich das Spielgeschehen immer wieder bricht und in eine neue Richtung abgelenkt wird. Kinder sind v.a. daran interessiert, diese Distanzen selbst zu regulieren. Spielraumgestaltung durch Kinder, Möglichkeiten der Veränderung von räumlichen Gegebenheiten des kindlichen Spiels durch Umgruppierung von Raumelementen sowie Veränderung von deren Oberflächenstruktur und äußerer Form als Anforderung an ein spielpädagogisches Konzept der Raumgestaltung in verschiedenen Settings (Familie, Schule, Kindertageseinrichtung) lassen eine Spielumwelt erahnen, die die Erwachsenenperspektiven (→ *Perspektivität*) nachhaltig in Frage stellen wird. Spielräume sind aber stets auch gelebte Räume, subjektive gefärbte Orte, die bestimmte Emotionen hervorrufen wie Angst, Gemütlichkeit, Unruhe oder Langeweile. Mädchen und Jungen haben womöglich ganz unterschiedliche Raumbedürfnisse und müssen gleichzeitig durch koedukative Raumzonen wieder zum gemeinsamen Spiel angeregt werden. Die Anwesenheit eines Kindes mit einer körperlichen Behinderung kann z.b. die Verlagerung der Aktivitäten auf den Fußboden erfordern, damit wieder alle am Spiel teilnehmen können.

• **Spielen mit der Zeit**

Spiel benötigt zunächst einmal Zeit, wird begrenzt durch zeitliche Freiräume, ist aber gegenwärtiges Geschehen, das durch die momentane Spieltätigkeit konstituiert wird und von den Spielenden aktuell wahrgenommen und erfahren wird. Zugleich weist es über diese Gegenwärtigkeit hinaus, birgt bereits im Keim die nächste Spielidee, die erst morgen zur Ausführung kommen soll. Spielsituationen enthalten von daher stets auch Zukunftsdimensionen. Ebenso werden gegenwärtige Spielsituationen häufig erst verstehbar, wenn wir einen Blick auf die Spielbiographie werfen. Es gilt in aktuellen Spielprozessen jene Momente aufzuspüren, die typisch sind für die Spielenden. Dazu müssen Informationen über ihre Vorerfahrungen mit Spieltätigkeiten und Spielsituationen vorhanden sein. Allen voran stellt dies eine Forderung an die Spielpädagoginnen und -pädagogen selbst dar, nach dem spielenden Kind in sich zu suchen und gegenwärtige Einstellungen zu kindlichen Spielsituationen aus der eigenen Spielbiographie heraus abzuleiten. Allein die Frage nach den subjektiven Wahrnehmungs- und Umgangsweisen mit Spielräumen (→ *Räumlichkeit*) in der eigenen Spielbiographie kann z.B. aufzeigen, dass nicht die Perfektion in der Ausgestaltung von räumlichen Bedingungen kindliches Spiel zu beeinflussen vermag, sondern eher das Geheimnisvolle und Verbotene, das Risikoreiche und Überraschende für die Attraktivität einer Raumzone verantwortlich ist.

• **Spielen mit anderen**

Bewegung im Spiel erscheint als gemeinsame, in Relation zu anderen stattfindende Aktivität. Das Verständnis von Spielsituationen macht die Übernahme der Perspektive der Spielenden erforderlich. Spielzeug enthält Zeugnisse einer soziokulturellen Gemeinschaft und wird mit anderen geteilt. Räume konstituieren sich in der Distanz und Nähe zum anderen. An der Lebensgeschichte des Spielpartners nehmen wir Anteil und verknüpfen für kürzere oder längere Dauer unsere eigene Spielbiographie mit anderen. Kurz: Spielsituationen durchzieht gleichsam wie ein roter Faden die Bindung an ein Gegenüber. Wir nehmen uns bereits in unserer Leiblichkeit gegenseitig wahr, indem der andere seine Selbstwahrnehmung durch die Fremdwahrnehmung weiterer Personen überschreitet. Diese *Sozialität* von Spielsituationen muss notwendigerweise nicht stets in sichtbaren, gemeinsamen Spielmustern erscheinen. Auch im Alleinspiel, das durchaus phantasievolle und selbstbestimmte

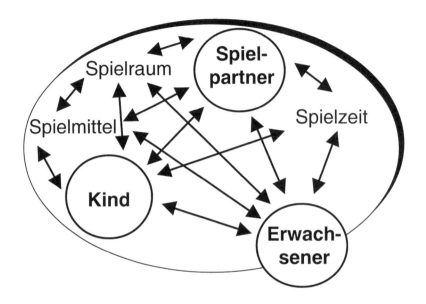

**Abb. 6:** Ökologische Aspekte der Spielsituation

Spielprozesse hervorbringt, ist der andere im Hintergrund anwesend, z.B. als imaginärer Spielpartner, als Erinnerung an gemeinsames Spiel oder als Person, die ein Spielzeug verschenkt hat.

> *Spielsituationen werden unter ökologischem Aspekt erfassbar als Spannungsfeld von zeitlichen, räumlich-dinglichen und sinnlich-sozialen Elementen, das durch eine So-tun-als-ob-Perspektive konstituiert wird und sich in einem gegebenen sozialräumlichen Umfeld konkret ausprägt.*

Hinzuweisen ist besonders auf die bereits angedeuteten bewertenden und beurteilenden Prozesse bei der Darstellung von Spielsituationen. Sie beziehen sich auf die zugrundeliegenden Prämissen einer ökologischen Spielpädagogik. In anthropologischer wie in sozialphilosophischer Sicht sollte deutlich sein, dass das sozialräumliche Umfeld hier bereits unter der Leitidee eines demokratischen Menschenbildes und einer demokratisch verfassten Gesellschaft gesehen wird. Insofern ist der Versuch der Beschreibung von Strukturelementen einer Spielsituation immer schon durchsetzt mit normativen Setzungen, die es aufzuzeigen gilt und zu der auch eine kritisch Distanz möglich ist. Bezogen auf das kindliche Spiel wirkt hier die Möglichkeit zu selbstbestimmter und phantasiebesetzter Spieltätigkeit als Maßstab zur Beurteilung von Spielsituationen und als Begründung für spielpädagogisches Handeln. Durch die weit gehend als gleichberechtigt angesehenen Interaktionsebenen in personal-sozialer, räumlich-materieller und temporaler Hinsicht entsteht naturgemäß ein sehr komplexes Netzwerk an Person-Umwelt-Beziehungen, die es bei der spielpädagogischen Betrachtung von Spielsituationen unter ökologischem Aspekt zu unterscheiden gilt (vgl. *Capra* 1996, S. 343ff.). Neben den mehr oder weniger sichtbaren strukturellen Elementen der Spielsituation (wie Personen und Objekte) lässt sich in diesem Netzwerk ein vielfältiges Beziehungsgeflecht unterscheiden.

*Kinder bringen ihre Spielsituation gemeinsam mit anderen in Bezug auf eine sozialräumliche und natürliche Umwelt hervor (Oikopoiese)*[4].

Es wird im Laufe der weiteren Darstellung zu zeigen sein, inwieweit die damit näher bezeichnete spielpädagogische Aufgabe einer Beobachtung und Gestaltung von Spielsituationen gegenwärtig schon praktikabel ist und welche Voraussetzungen Erwachsene erwerben müssen, um dieses komplexe Spielgeschehen interpretieren zu können.

## 2.4 Spiel, Spieltätigkeit und Spielsituation (Zusammenfassung)

Eine an der Lebenswelt orientierte phänomenologische Spieltheorie macht auf dem Hintergrund des bisher Gesagten also deutlich, dass ein Verständnis des Spiels nicht zu erreichen ist, ohne die konkret wahrnehmbare Spieltätigkeit in die Gesamtheit der Spielsituation hineinzustellen. Weder personale, auf die individuellen Kreativitätsanteile an Spielsituationen abzielende Betrachtungen, noch soziale, auf die intersubjektive Konstitution von Spielsituationen gerichtete Untersuchungen, vermögen jedoch diese Gesamtheit hinreichend zu erfassen. Neben diese personalen und interpersonalen Beziehungsebenen von Spielsituationen gilt es gleichwertig ihren sinnlichen Erfahrungsgehalt in räumlicher-dinglicher Hinsicht zu stellen. Auch diese

---

[4] Der Begriff der "Oikopoiese" soll an dieser Stelle verdeutlichen, dass Spielsituationen nicht nur gemeinsam mit anderen hervorgebracht werden, sondern stets in Auseinandersetzungen mit konkreten Umweltgegebenheiten entstehen. Der Konstruktivismus behauptet, dass wir Menschen unsere Welt selbst hervorbringen (vgl. *Maturana/ Varela* ²1987). Damit ist jedoch nicht gesagt, dass dies die einzige Welt ist. Außerhalb unserer konstruierten Welt ist also keinesfalls nichts. Auf dieses etwas wirken wir ein und es wirkt auf unsere Konstruktionen ein. Neben der sozialräumlichen Umwelt ist dabei auch an die natürliche Umwelt zu denken (vgl. *Höffe* ³1995, S. 109).

leiblichen Verknüpfungen mit der materiellen und sozialen Umwelt gelten im Spiel als relevante Beziehungen. Dass diese Beziehungsebenen biographisch geprägt sind, erscheint unmittelbar evident. Um jedoch tatsächlich die Vielschichtigkeit von Spielsituationen zu durchdringen, müssen Erwachsene insbesondere in der Lage sein, die verschiedenen Perspektiven der Spielenden und die ausgehandelte Gemeinsamkeit in diesen Perspektiven zu erfassen. Auf diesem Hintergrund können wir auch den an die Pädagogik gerichteten Vorwurf, Erwachsene könnten das kindliche Spiel nicht verstehen, ein wenig beruhigter zurückweisen. In dem Maße – so kontern wir nun aus der Position einer ökologischen Spielpädagogik heraus – wie wir in der Lage sind, uns in die Perspektivität von Spielsituationen einzufühlen und die Perspektiven von Kindern im Spiel zu übernehmen, ist es uns auch möglich, das Spiel der Kinder zu verstehen.

Wir dürfen allerdings keineswegs bei den sichtbaren Elementen der Spieltätigkeit stehen bleiben. Bereits bei *Hebenstreit* (1979) und *Van der Kooij* (1983a) ist aufgezeigt, dass die konkret wahrnehmbare Spieltätigkeit von Kindern sowohl soziale, als auch kognitive, emotionale und sensomotorische Entwicklungsanteile verknüpft und in der Lage ist, zur Förderung dieser Entwicklungsaspekte beizutragen. Diese Multidimensionalität des kindlichen Spiels kann nicht ohne Zuhilfenahme einer ganzen Bandbreite von Spieltheorien erfasst werden (s. Kap. 1.3).

Die Spieltätigkeit allein repräsentiert jedoch noch nicht die ganze Komplexität des kindlichen Spiels. Erst wenn wir die durch die Spieltätigkeit konstituierten Spielsituationen mit in unsere Betrachtungen aufnehmen, haben wir eine Chance, etwas von der Bedeutung einer Spieltätigkeit zu erfahren. Um spielpädagogisch handlungsfähig zu werden, ist es erforderlich, dass wir lernen, hinter die sichtbare Ebene der Spieltätigkeit zu schauen und im Wege der Interpretation von sinnlich Wahrnehmbarem die von Kindern hervorgebrachte Spielsituation zu rekonstruieren. Erst damit hätten wir eine Basis hergestellt, um das Spiel von Kindern in einer Weise zu unterstützen und vor negativen Einflüssen zu bewahren, die auch an den tatsächlichen Spielerfahrungen von Kindern anknüpft. Insbesondere gilt es zu verhindern, dass unsere eigenen – spielbiographisch bestimmten – Idealisierungen des Spiels an die Stelle real vorfindbarer Spielsituationen gesetzt werden.

Spiel und Lebenswelt stehen insgesamt in einem produktiv-reproduktiven Verhältnis zueinander (vgl. *Waldenfels* 1985). Kinder unterliegen Einflüssen aus dem sozialräumlichen Umfeld bei der Ausgestaltung ihrer Spieltätigkeiten und Spielsituationen. Zugleich erschöpft sich ihr Spiel nicht in einer reinen Anpassung an diese äußeren Spielbedingungen. Sie entwickeln auch neue Ideen als Kombinationen aus dem vorhandenen Spielrepertoire, bringen eine persönliche Note ins Spiel oder nehmen Stellung zu Versuchen der Beeinflussung ihres Spiels von außen. Spielsituationen sind unter spielpädagogischer Perspektive als offene und werdende Situationen zu gestalten, in denen nicht von vornherein alles festliegt und noch Möglichkeiten zur selbstbestimmten Tätigkeit bestehen. Wir müssen Kindern in personaler, sozialer und ökologischer Hinsicht Chancen zur phantasievollen Umgestaltung der Lebenswelt anbieten, wenn wir das Spiel trotz widriger Umstände weiterhin möglich machen wollen. Die "Sanierung von Lebenswelten" – wie *Krappmann* (1991, S. 254) fordert – könnte auf diesem Weg unter dem Leitkriterium einer spielerischen Verfügbarkeit realisiert werden. In Bezug auf die kindliche Entwicklung liegt es nahe, um es mit *Buytendijk* zu sagen, das spielerische Hin und Her zwischen Lebens- und Spielsituationen in möglichst vielen Lebenswelten wieder realisierbar zu machen.

### Literaturempfehlungen:

*Bateson, Gregory*: Ökologie des Geistes. Anthropologische, psychologische, biologische und epistemologische Perspektiven. Frankfurt a.M.: Suhrkamp, $^7$1999

*Einsiedler, Wolfgang*: Das Spiel der Kinder. Zur Pädagogik und Psychologie des Kinderspiels. Bad Heilbrunn: Klinkhardt, $^3$1999

*Mogel, Hans*: Psychologie des Kinderspiels. Die Bedeutung des Spiels als Lebensform des Kindes, seine Funktion und Wirksamkeit für die kindliche Entwicklung. Berlin u.a.: Springer, $^2$1994

*Retter, Hein* (Hrsg.): Kinderspiel und Kindheit in Ost und West. Spielförderung, Spielforschung und Spielorganisation in einzelnen Praxisfeldern - unter besonderer Berücksichtigung des Kindergartens. Bad Heilbrunn, Obb.:Klinkhardt, 1991

*Schäfer, Gerd E.*: Spielphantasie und Spielumwelt. Spielen, Bilden und Gestalten als Prozesse zwischen Innen und Außen. Weinheim u. München: Juventa, 1989

# 3.0 Spiel und Erziehung – ein historischer Rückblick

*"Die Geschichte von der Befreiung des Menschen,
das ist zugleich die Geschichte von der Rehabilitierung des Spiels."*
Ruth Dirx 1981, S. 10

Das Spannungsverhältnis von Freiheit und Anleitung des Spiels steht letztlich für ein Grundproblem jeglichen pädagogischen Handelns. Dies mag auch einer der Gründe gewesen sein, warum sich Pädagoginnen und Pädagogen immer wieder mit dem Spiel von Kindern und Jugendlichen beschäftigt haben. Ein kurzer historischer Abriss auf einschlägige spielpädagogische Konzeptionen in der Geschichte der Erziehung soll dies nun veranschaulichen.

Gerade in der Geschichte der Spielpädagogik wird nachvollziehbar, wie sehr kindliche Spieltätigkeiten als Auseinandersetzung mit der jeweiligen natürlichen und soziokulturell geformten Umwelt gelten können. Zweifellos ist zu allen Zeiten der Menschheitsgeschichte gespielt worden. Die jeweiligen sozialen Gemeinschaften von den Naturvölkern über die Stadtbevölkerung der Griechen und Römer sowie die mittelalterliche Ständeordnung bis hin zur Gesellschaft der Moderne dürften gleichwohl höchst unterschiedlich auf Spieltätigkeiten von Kindern eingegangen sein. Sehen wir die Erziehung im Anschluss an *Siegfried Bernfeld* "als Summe der Reaktionen einer Gesellschaft auf die Entwicklungstatsache" (1924/ [7]1994, S. 51), so reichte eine Geschichte der gesellschaftlichen Reaktionen auf die Entwicklungstatsache des Spiels in der Menschheitsgeschichte weit zurück.

Die gesellschaftliche Reaktion auf das Spiel war keineswegs immer wohlwollend und fördernd, sondern lange Zeit eher desinteressiert und ablehnend oder verbietend. Insofern spricht einiges dafür, die Geschichte der Spielpädagogik eng mit einer "Geschichte der Erziehung" in der Gesellschaft der Moderne zu verknüpfen (vgl. *Tenorth* [2]1992). Zum anderen stehen uns beispielsweise in der Geschichte der Spielmittel (vgl. *Retter* 1979) und in künstlerischen Darstellungen von Spielen durchaus Hinweise auf einen erzieherischen Umgang mit dem Spiel in Antike und Mittelalter zur Verfügung, die Rückschlüsse auf die Anfänge der Spielpädagogik erlauben (3.1). In den Mittelpunkt rückt allerdings dann die Zeit der Aufklärung ab dem 18. Jahrhundert, in dem nicht nur die Kindheit neu entdeckt wird, sondern auch die Erziehung eine neue Bedeutung erhält (3.2). Die Folge ist, dass seither über die erzieherische Bedeutung des Spiels reflektiert wird. Die Zeit der Reformpädagogik nimmt schließlich viele Anregungen aus dieser Gründerzeit einer modernen Spielpädagogik auf und führt sie in zentralen Motiven weiter (3.3). Der

Nationalsozialismus in Deutschland ruft erneut in Erinnerung, wie leicht Spiele von Kindern und Jugendlichen den Zwecken einer totalitären Ideologie untergeordnet werden können (3.4). Die reformpädagogischen Motive können erst wieder nach 1945 in den Bemühungen um eine neue Bildungsreform aufgenommen werden (3.5). Insofern wird sich die historische Forschung zur Spielpädagogik darauf einstellen müssen, ihre Entdeckungsreisen parallel zu den "langen Wellen" der Entstehung einer Pädagogik der Moderne zu unternehmen (a.a.O., S. 70). [1]

## 3.1 Anfänge der Spielpädagogik

Ursprünglich sind die Welt des kindlichen Spiels und die Welt der Erwachsenen in der Menschheitsgeschichte noch nicht getrennt. Besonders bei den Naturvölkern der Jäger und Sammler in der Ur- und Frühgeschichte nehmen die Kinder wie selbstverständlich am Leben der Erwachsenen teil. Es ist nicht auszuschließen, dass Kinder auch zu dieser Zeit ihre eigenen Spiele gespielt haben z.B. mit Naturmaterialien wie Steine, Früchte, Körner und Hölzer (vgl. *Alt* 1956, S. 50ff.). Meist sind diese Materialien aber nicht erhalten geblieben. Inwieweit allerdings Erwachsene erzieherisch auf das Kinderspiel einwirkten, darüber können größtenteils nur Vermutungen angestellt werden. Ein "absoluter Nullpunkt" der Spielpädagogik wird dabei nicht zum Vorschein kommen.

So hat z.B. *Eduard Spranger (1882-1963)* in seiner Parabel vom Jagdbogenschnitzer (vgl. *Spranger* [2]1960, S. 14f.) die Anfänge der Erziehung in jenem Moment verankert, in dem der Bogenschnitzer seine Arbeit unterbricht, um einem Knaben zu zeigen, wie er selbst einen Bogen herstellen könnte (vgl. *Sünkel* 1996, S. 35ff.). Erziehung – und im Übrigen auch das Spiel – kann also erst dann beginnen, wenn die Lebenssituation der Menschen es erlaubt, die Sorge um das Überleben einen Moment zurückzustellen. Die archäologischen Funde aus dieser Zeit zeigen, dass die Kinder mit Miniaturnachbildungen von Gerätschaften der Erwachsenen gespielt haben und demnach im Wesentlichen nachahmend tätig waren. Möglicherweise hat also der Knabe mit den Ergebnissen seines Bogenschnitz-Unterrichts auch gespielt und sich so auf den "Ernstfall" spielerisch vorbereitet.

---

[1] Der folgende Überblick kann allenfalls die wesentlichen Entwicklungsschritte einer Geschichte der Spielpädagogik darstellen. Dazu werden ausgewählte Erziehungs- und Bildungskonzeptionen im jeweiligen sozialhistorischen Kontext der Kinder und Jugendlichen vorgestellt und auf ihre spielpädagogischen Reflexionen hin betrachtet. Ein kurzer Überblick zu Leben und Werk einzelner Pädagoginnen und Pädagogen soll das Verständnis der jeweiligen spielpädagogischen Konzeption erleichtern. Die Lebensdaten sind durchweg dem "Wörterbuch der Pädagogik" von *Winfried Böhm* ([14]1994) entnommen.

*Siegfried Bernfeld (1892-1953)* legt den Anfang der Erziehung demgegenüber in den Initiationsritus, wie er von vielen Naturvölkern überliefert ist (vgl. auch *Alt* 1956, S. 176ff.). Wenn Kinder ein bestimmtes Alter erreichen (zwischen 7 und 14 Jahren), so werden sie von den Müttern getrennt und müssen eine Reihe von bisweilen grausamen Zeremonien und Belehrungen über sich ergehen lassen, bevor sie in die Welt der Erwachsenen aufgenommen werden (vgl. *Bernfeld* [7]1994, S. 61). Die Fußspuren von Kindern in den Höhlen mit Malereien aus der Steinzeit werden beispielsweise als Hinweise auf solche Einführungsriten gedeutet. Ebenso gibt es Anzeichen dafür, dass Kinder bei Festen und Feiern etwa zu Ehren der Götter an den Spielen der Erwachsenen beteiligt waren.

Zu den ältesten Spielmitteln zählen Ball, Puppe und Spieltiere. Aber erst als die Materialien, aus denen dieses Spielzeug erstellt wird, dauerhafter werden, können sie der Nachwelt erhalten bleiben (z.B. Terracotta). Bei den vorhandenen Funden – so etwa bei den Grabbeigaben – ist allerdings häufig nicht zu entscheiden, ob diese Miniaturnachbildungen tatsächlich als Spielmittel benutzt worden sind oder vielmehr symbolische Bedeutung für den Toten haben sollten (vgl. *Retter* 1979, S. 54). Ebenso ist nicht ausgeschlossen, dass Kultgegenstände ihrerseits wiederum von Kindern als Spielmittel benutzt werden.

Der erzieherische Umgang mit dem Spiel wird bei den Naturvölkern also im Wesentlichen über Nachahmung und Eingewöhnung gesteuert (vgl. zur "primitiven Erziehung": *Böhm* 1988, S. 231ff.). Insgesamt dürfen diese erzieherischen Reaktionen auf Kinder in der Ur- und Frühgeschichte auch nicht überbewertet werden, da beispielsweise das Kinderopfer zu Ehren der Götter bei den Naturvölkern lange Zeit so selbstverständlich wie das Opfern von Tieren war (vgl. *DeMause* [10]2000, S. 48). Erst mit der Erfindung des Ackerbaus und der damit verbundenen Möglichkeit zur Gründung von Siedlungen und Städten werden die Zeugnisse über die Bedeutung des Spiels in der Erziehung reichhaltiger (ab ca. 5000 v. Chr., vgl. *Retter* 1979, S. 54ff.). Die nunmehr entstehenden Kulturvölker in China, Indien, Persien, Ägypten und Griechenland wenden ungleich mehr Zeit für das Nachdenken über Erziehung auf und messen dem Spiel folglich auch eine andere Bedeutung in der Erziehung zu (vgl. die umfassenden kulturhistorischen Studien zum Spiel von *Huizinga* 1991). Eine reich bebilderte Übersicht zu den archäologischen und literarischen Funden über Kinderspiele und Spielzeug in der Antike bietet der italienische Archäologe *Marco Fittà* (1998). *Erwin Glonnegger* ([2]1999) hat die wichtigsten Brett- und Legespiele von ihren Ursprüngen bis zur Gegenwart dargestellt und erstellt dabei auch eine Geschichte der Spielregeln (z.B. von der Schlangenspirale der Ägypter, die etwa um 2800 v. Chr. datiert wird und in den unterschiedlichsten Kulturen bekannt gewesen ist, bis zum Gänsespiel unserer Tage).

### 3.1.1 Spiel und Erziehung im antiken Griechenland

Die Überwindung der primitiven Formen von Erziehung ist eine spezielle Leistung der antiken griechischen Kultur (vgl. *Böhm* 1988, S. 232). "Grieche wird man nicht durch Geburt, sondern durch die Erziehung" – so sagt *Isokrates* (436-338 v. Chr.) in seiner "Panathenaikos"-Rede (ebd.). Der Begriff der "*paideia*" umschreibt das antike Bildungsideal, bezeichnet jedoch zunächst nur die "Aufzucht der Kinder" (*Tenorth* [2]1992, S. 41). So bedeutet auch "*paidagogós*" ursprünglich soviel wie "Sklave, der die Kinder auf dem Schulweg begleitet". Zugleich umfasst die *paideia* den "Lebens- und Wirkensbereich der Menschen in seiner Gesamtheit" (a.a.O., S. 42) und deutet somit ebenso auf das Gemeinwesen insbesondere der griechischen Stadtstaaten hin, die *polis*. Damit ist eine demokratische Lebensform gemeint, die etwa im Athen der Zeit des *Perikles (495-429 v. Chr.)* verwirklicht wird. Aus heutiger Sicht gilt es allerdings besonders zu bedenken, dass diese Gesellschaft seinerzeit auf Sklavenhaltung beruht. Den Sklaven ist der Bereich der Arbeit zur Sicherung des Lebensnotwendigen überlassen. Bildung können nur die höheren Stände und nur die Griechen selbst erreichen. Für die Sklaven und Handwerker sowie die Frauen aber auch die "Barbaren" aus anderen Kulturen wird sie auf ein Minimum begrenzt (a.a.O., S. 45f.). *Paideia* als Lebensform bleibt der Bevölkerungsschicht vorbehalten, die das Recht zur Teilnahme am öffentlichen Leben hat und so auf die *polis* einwirken kann. Diese Bildungstheorie der griechischen Klassik findet sich besonders ausgeprägt in der Philosophie des Sokrates-Schülers *Platon* wieder, der sich auch mit der erzieherischen Bedeutung des Spiels reflektierend auseinander setzt.

• **Platon (427-347 v. Chr.) – Leben und Werk:**

Geboren als Sohn einer reichen Athener Familie ist *Platon* 8 Jahre lang Schüler von *Sokrates* bis zu dessen Tod im Jahre 399. Von seinen Reisen nach Unteritalien und Sizilien zurückgekehrt gründet *Platon* im Jahre 385 seine Akademie. Im Gegensatz zu *Sokrates* befasst sich *Platon* über einen Zeitraum von 50 Jahren mit der Erstellung eigener Schriften, in denen er seine Philosophie in der Form des Dialogs auch für den Laien regelrecht inszeniert. In den frühen (den sokratischen) Schriften steht *Sokrates* und dessen fragend-entwickelnde Gesprächsführung immer wieder im Mittelpunkt. Im "Höhlengleichnis" aus dem 7. Buch seiner "*politeia*" (Der Staat), die zu den späten (den platonischen) Schriften zählt, findet sich seine Ideenlehre noch einmal beispielhaft zusammengefasst. Danach muss sich der Mensch zu seiner Befreiung aus dem Bereich des Wahrnehmbaren zum Reich der Ideen und damit zur eigentlichen Wirklichkeit umwenden. Denn das einzelne sinnlich-wahrnehmbare Ding vergeht, aber die Ideen ("*eidos*" oder "*idea*" – das Bild) bestehen weiter (vgl. *Störig* 1950/1961, S. 101ff.). Zugleich enthält das "Höhlengleichnis" die Begründung der Erziehungsaufgabe. In kritischer Auseinandersetzung mit der Pädagogik der *Sophisten*, denen er vorwirft, sich auf Lernen und Ausbildung zu beschränken, fordert *Platon* in der "*politeia*" (Der Staat) und später in den "*nomoi*" (Die Gesetze) umfassende Bildung. Seine idealen Vorstellungen von der Erziehung in seinem Entwurf eines idealen Staates lassen einen gestuften Bildungsgang erkennen: von der propädeutischen Stufe mit musisch-gymnastischen Schwerpunkten für die 10-18-jährigen über die Stufe der eigentlichen Bildung mit mathematischen Elementen ab etwa 20 Jahren und der Dialektik für die über 30-jährigen als krönendem Abschluss. Letztlich bleibt dieser Bildungsgang allerdings einer Elite vorbehalten. Insofern ähnelt diese Bildungstheorie eher der klaren gesellschaftlichen Hierarchie der Spartaner als der demokratischen Lebensform der Athener (vgl. *Tenorth* [2]1992, S. 44f.).

Spiele durchziehen das gesamte Alltagsleben im antiken Griechenland. Wenn auch die Glücksspiele verboten und verpönt sind, so erfreuen sich doch Spiele zur Schulung des Körpers großer Beliebtheit. In den Schulen der propädeutischen Stufe stehen sie offenbar im Mittelpunkt. Bei Festen und religiösen Zeremonien sind sportliche Spiele ein fester Bestandteil. Die nationalen Spiele von *Olympia, Delphi, Korinth* und *Nemea* (vgl. *Böhm* 1988, S. 232) erfolgen zugleich zu Ehren der Götter, denn: "Die Götter sind die Freunde der Spiele" – so sagt der griechische Dichter *Pindar (ca. 520 - ca. 445 v. Chr.;* ebd.). Kleine Kinder spielen mit Klappern, Tonfiguren, treiben Reifen, reiten auf Steckenpferden oder besitzen kleine Sammlungen von alltäglichen Gegenständen wie Küchengeräte. Das Knöchelspiel (aus Tierknochen) ähnlich dem späteren Würfelspiel sowie Rätsel- und Gesellschaftsspiele aller Art sind sehr verbreitet. Bei den älteren Kindern kommen etwa ab dem 7. Lebensjahr Ball- und Laufspiele mit festen Regeln hinzu. Gesang, Tanz und Gymnastik bleiben mindestens in der propädeutischen Stufe wichtige Hilfsmittel der Erziehung (vgl. *Dirx* 1981, S. 56). Weit verbreitet scheint auch das Spiel mit dem "Vogel an der Leine" gewesen zu sein. So ziehen die Kinder in den ersten Märztagen mit lebendigen Vögeln oder hölzernen Nachbildungen von Haus zu Haus und erbitten Geschenke. Dieses Kinderspielzeug ist hier noch Bestandteil eines gemeinschaftlichen Festes mit eher religiösem Inhalt. Zum individuellen Spielzeug wird es erst in dem Maße, wie es sich aus diesen gemeinsamen Zeremonien löst (vgl. *Ariès* [12]1998, S. 134).

Da die griechische Gesellschaft seinerzeit weder eine gesetzliche noch eine moralische Verhinderung der Kindstötung kennt und das Aussetzen und Verkaufen von Kindern sowie der sexuelle Missbrauch keineswegs einhellig abgelehnt werden, kann die Einstellung zur Kindheit insgesamt allerdings nicht mit der modernen gleichgesetzt werden (vgl. *Postman* 1993, S. 16; *DeMause* [10]2000, S. 45ff.). Der griechische Arzt *Soranus von Ephesos* (96 - 138 n. Chr.) verfasst zwar eine Schrift zur Gynäkologie und Kinderheilkunde, die noch von römischen Ärzten aufgegriffen worden ist. Doch ist die Kinder- und insbesondere die Säuglingssterblichkeit noch sehr hoch gewesen, sodass für die griechische Antike nicht von einer engen emotionalen Beziehung zwischen Eltern und Kind als Regelfall ausgegangen werden kann.[2] Die

---

[2] Meist sind Mädchen von der Kindstötung eher betroffen. Gegenüber Kindern mit Behinderungen

alltäglichen Spiele der Kinder dürften von Erwachsenen kaum bewusst wahrgenommen worden sein, allenfalls insofern, als die Kinder selbst zum "Spielzeug" für die Erwachsenen wurden (vgl. *DeMause* [10]2000, S. 71f.; *Ariès* [12]1998, S. 217). Von der Wortbedeutung her ist im Griechischen zwischen Spiel und Wettkampf zu unterscheiden, wie *Johan Huizinga (1872-1945)* zeigt. Der Begriff Spiel (*paidia*) bezeichnet alles, was mit Kindern verbunden wird (vgl. *Huizinga* 1991, S. 39f.). Darüber hinaus steht er aber auch für das Fröhliche und Sorgenlose (ebd.). Demgegenüber sind die Wettkampfspiele eher in den Begriff *agon* eingegangen. Der Sprachgebrauch bringt von daher zum Ausdruck, dass die sportlichen Wettkämpfe im antiken Griechenland zwar im weitesten Sinne in die Sphäre des Spiels gehören, keineswegs jedoch ausschließlich den Kindern vorbehalten bleiben.

Vor diesem Hintergrund hat sich *Platon* an verschiedenen Stellen in der *politeia* (Der Staat, vgl. *Platon* [5]1967a) und den *nomoi* (Die Gesetze, vgl. *Platon* [5]1967b) mit der erzieherischen Bedeutung des Spiels auseinander gesetzt. In beiden Schriften entwirft *Platon* einen idealen Staat und ein Ideal von Erziehung und Bildung. Insofern ist auch seine Spielpädagogik keine Beschreibung der Erziehungswirklichkeit im damaligen Athen, sondern vielmehr eine Reflexion über die Bedeutung des Spiels in seiner Bildungs- und Erziehungskonzeption. Während in der *politeia* die Überlegungen zum Spiel noch eher verstreut und rudimentär bleiben, enthält das 7. Buch der *nomoi* eine prägnante Zusammenfassung der spielpädagogischen Reflexionen von *Platon*. Diese Schrift ist ebenfalls als Dialog zwischen drei Personen angelegt, wobei *Platon* seine Vorstellungen von der Gesetzgebung in der Rolle eines Atheners zwei Fremden vorträgt. Nachdem er zunächst seine Überlegungen zur Erziehung der Kleinkinder durch die Mütter bzw. Ammen und die besondere Bedeutung von Bewegung und Musik dabei entwickelt hat, stellt er für die Gruppe der Kinder ab 3 Jahren das Spiel heraus:

"Dann aber – für den seelischen Charakter eines Dreijährigen, Vierjährigen, Fünfjährigen und auch noch Sechsjährigen – werden Spiele zum Bedürfnis..." (*Platon* [5]1967b, S. 433f.).

Insofern sieht *Platon* zunächst einmal das Spiel für Kinder als Entwicklungsnotwendigkeit, auf die die Erziehung Rücksicht nehmen sollte. Das Spiel hat jedoch gleichzeitig eine eminent religiöse Bedeutung:

"... der Mensch ... ist Gottes kunstvoll eingerichtetes Spielwerk, und in der Tat, dies ist an ihm sein Bestes. Dieser Eigenschaft gemäß sollte nun jeder Mann und jede Frau lebenslang nichts anderes tun, als immer nur die schönsten Spiele feiern, ..." (a.a.O., S. 446).

---

fällt das Urteil noch vernichtender aus. Sogar Philosophen wie *Aristoteles* (384 v. Chr. – 322 n. Chr.) und ebenso *Platon* äußern sich eindeutig dagegen, "deformierte Kinder" überhaupt aufzuziehen (vgl. *DeMause* [10]2000, S. 47).

Hier weitet sich die pädagogische Bedeutung des Spiels auf Jugendliche und Erwachsene aus, werden "Spiel und Bildung" (a.a.O., S. 447) – also *paidia* und *paideia* – zu den erstrebenswerten Zielen eines erfüllten Lebens:

"Man soll seine Lebenszeit hinbringen, indem man gewisse Spiele spielt, Opfer darbringt, singt und tanzt, so daß man imstande ist, einerseits die Götter gnädig zu stimmen, andererseits sich gegen den Feind zu verteidigen und im Kampfe Sieger zu bleiben." (ebd.).

Das Spiel zählt somit auch für Erwachsene im antiken Griechenland zu einer den Göttern gefälligen Lebensweise und bietet gleichzeitig die Möglichkeit, sich mit den Anforderungen der Welt auseinander zu setzen. Aus diesen Gründen sind nach *Platon* auch keineswegs alle Spiele erlaubt. Für ihn haben die Spiele der Kinder bereits eine außerordentliche Bedeutung für das Hineinwachsen in das Gemeinwesen (*polis*). Deshalb plädiert *Platon* für eine genaue Einhaltung der Spielregeln und spricht sich rigoros gegen jede Neuerung im Spielablauf aus. In der Freiheit des Spiels sieht er auch eine Gefahr für den Bestand des Gemeinwesens, da Veränderungen in den Spielen auch Folgen für die Erziehung der Menschen haben. Die Einschränkung der kindlichen Spielbedürfnisse sollten nach *Platon* sogar bis hin zu Strafen, auch unter Einsatz von körperlicher Züchtigung gehen. Deshalb fordert er eine strenge Beaufsichtigung des kindlichen Spiels:

"Manche Art von Spielen ist für Kinder dieses Alters so ganz natürlich, daß sie dieselben nahezu selbst erfinden, wenn sie zusammenkommen. Deswegen sollen aber auch die Kinder dieses Alters von drei bis sechs Jahren, soweit sie dem gleichen Marktflecken angehören, alle miteinander an den Tempeln des Fleckens zusammenkommen. Ihre Ammen sollen dann bei ihnen dafür sorgen, daß es ordentlich und ohne Unarten zugeht." (a.a.O., S. 433f.).

Es ist zu vermuten, dass die Nähe zum Tempel bereits für eine den Göttern angemessene Spielweise sorgen und den Kindern die religiöse Bedeutung ihrer Spiele stets bewusst machen soll. Darüber hinaus sieht *Platon* in der Regelhaftigkeit der Spiele und in den kulturellen Traditionen, die sich in Spielen manifestieren, bereits eine frühe Sozialisationsinstanz. Die Spiele der Kinder haben seiner Auffassung nach unmittelbaren Einfluss auf die Gesetze einer Gesellschaft und wirken sich damit letztlich auf das gesamte Wertesystem der *polis* aus. Die Spiele der Kinder geraten bei *Platon* so zu einem Mittel der kulturellen Tradierung.

Die Anfänge einer pädagogischen Reflexion über das kindliche Spiel im antiken Griechenland stehen demnach zumindest in der Philosophie bei *Platon* im Zeichen der gesellschaftlichen Funktion des Spiels. Die neue Erziehung für den neuen Staat erfordert auch eine Regulierung des kindlichen Spiels. Das Spiel erscheint zwar insgesamt als zentrale Lebensäußerung und fest verankert in Kultur und Religion – also auch im Leben der Erwachsenen, wenn sie denn zu den freien Bürgern gehören. Befreiung und Neuerung als Potenzial des Kinderspiels werden hingegen zur Bedrohung der *polis* und zur Gefahr für die Tradition. Die Idee der *paideia* bleibt allerdings als pädagogisches Grundproblem erhalten und beinflusst auch den erzieherischen Umgang mit dem Spiel im antiken Rom.

### 3.1.2 Spiel und Erziehung im antiken Rom

Auch wenn die Römer Griechenland erobern und besetzt halten, also die politische Vorherrschaft ausüben, ist die griechische Kultur damit nicht untergegangen. Im Gegenteil: Philosophie und Bildungsideal der Griechen beeinflussen das nunmehr entstehende römische Weltreich ganz entscheidend und haben sowohl Wissenschaft als auch Kunst nachhaltig geprägt. So wird etwa *Cicero (106-43 v. Chr.)*, ein bekannter Redner und Schriftsteller im antiken Rom, in Griechenland ausgebildet und rezipiert so in seinen Schriften auch die griechische Idee der *paideia*. Philosophisch gesehen zählt er zu den Eklektikern, die vornehmlich unter pragmatischen Aspekten Elemente verschiedener philosophischer Systeme "auswählen", ohne selbst einen originären Neuentwurf vorzulegen (vgl. *Störig* 1950/1961, S. 135). Das römische System der Erziehung unterscheidet sich prinzipiell auch nicht wesentlich von dem der Griechen (vgl. *Tenorth* [2]1992, S. 48).

Von daher wäre zu vermuten, dass das Verhältnis der Römischen Gesellschaft zum Spiel dem der Griechischen vergleichbar sei. Das öffentliche Leben im antiken Rom ist jedoch ungleich umfänglicher vom Spiel geprägt. Allein die mehr als hundert Feiertage (vgl. *Dirx* 1981, S. 59) bieten zahllose Möglichkeiten für Feste und Feiern. Die öffentlichen Spiele im *Circus Maximus* und im *Colosseum* sind vielfach beschrieben worden und haben mehrere Tausend Zuschauer gefunden. Hier gewinnen die Spiele der Erwachsenen in den Gladiatorenkämpfen aber auch eine unvorstellbar grausame Dimension, die erst im 4. Jahrhundert n. Chr. unter *Konstantin dem Großen (280-337 n. Chr.)* endgültig verboten werden.[3] Erwachsene Römer haben offenbar wie selbstverständlich in der Öffentlichkeit Brettspiele gespielt. So sind auf öffentlichen Plätzen Spielpläne wie z.B. das Mühlespiel in verschiedenen Variationen in Bodenplatten geritzt, damit dort jederzeit eine Partie gespielt werden konnte.

Zur Vorstellung von der Kindheit im antiken Rom lässt sich zunächst auf die zahlreicher werdenden Schriften zur Kinderheilkunde hinweisen, die vielfach von den griechischen Vorarbeiten des *Soranos von Ephesos* profitieren. Die Darstellun-

---

[3] Die Tötung von "gebrechlichen und mißgestalteten" Kindern (v.a. Neugeborenen) halten sogar Philosophen wie *Seneca* (4 v. Chr. – 65 n. Chr.) für selbstverständlich. Auch die Kindstötung wird erst im Jahre 374 n. Chr. im römischen Reich verboten (vgl. *Postman* 1993, S. 20; *DeMause* [10]2000, S. 48) und muss gleichwohl noch für lange Zeit immer wieder öffentlich angeprangert werden.

gen von Kindern in der Dichtung und der bildenden Kunst nehmen an Umfang zu. Es lassen sich nun auch Stimmen vernehmen, die sich gegen die Aussetzung, das Schlagen und die Kindstötung wenden. Vor allem in den Schriften des *Quintilian (um 35 – um 100 n. Chr.)* wird ein Bild des Kindes gezeichnet, das über Intelligenz und Entwicklungsfähigkeit verfügt und deshalb erzogen werden kann. Das alltägliche Leben der Kinder hat sich im antiken Rom sicher sehr deutlich von dieser Idee unterschieden.

Darstellungen des Kinderspiels in der römischen Literatur sind eher fragmentarisch (vgl. die Zusammenstellung bei *Fittà* 1998, S. 182). Durch Funde von Spielmitteln und ikonographische Darstellungen (z.B. auf Vasen, als Wandgemälde oder als Sarkophagrelief) sind Archäologen und Philologen jedoch trotzdem in der Lage, die Spiele der römischen Kinder sehr detailliert zu rekonstruieren (vgl. *Riechel Rheinisches Landesmuseum Bonn* 1981; *Fittà* 1998, S. 10ff.). Zum Problem werden dabei allerdings die Spielregeln, für die teilweise nur Vermutungen oder experimentelle Zugänge existieren. Die eigenen Spiele der Kinder zeichnen sich einmal durch die Spielmittel aus. Puppen, Wägelchen, Puppenstuben und Steckenpferde sowie Nachbildungen von weiteren Haustieren sind nachgewiesen. Ebenso werden Ball- und Nüssespiele, sowie Wettspiele und Rollenspiele bildlich festgehalten. Die Spiele der Kinder gehen nahtlos in den Unterricht insbesondere den Sportunterricht über und werden dabei auch pädagogischen Zwecken unterstellt. Ein typisches Straßenspiel der Kinder ist das Spiel mit Nüssen, das sowohl über bildliche Darstellungen als auch in seiner Spielregel erhalten bleibt. Das lateinische Gedicht "*Nux*" (Nuss) beschreibt einige Spiele, wie das "Nüsse-Kullern" über ein schräg gestelltes Brett, das Treffen eines Gefäßes mit der Nuss, die "Nüsse-Türme" und das "Deltaspiel".

Im Gegensatz zum Griechischen Sprachgebrauch mit der Unterscheidung zwischen Spiel und Kampf gibt es im Lateinischen nur ein Wort für das Spiel: *ludus* bzw. *ludere*. Dieses umfasst "das Kinderspiel, die Erholung, den Wettstreit, die liturgische und im Allgemeinen auch die szenische Darstellung und das Glücksspiel" (*Huizinga* 1991, S. 46). Allerdings hat sich dieser Begriff auf die romanische Sprachen fast gar nicht ausgewirkt. Sowohl im Italienischen als auch im Französischen, Spanischen und Portugiesischen setzt sich eher der Wortursprung *iocus, iocari* durch, was soviel wie Spaß und Scherz heißt (ebd.). Die umfassende Bedeutung von *ludus* bzw. *ludere* zeigt jedoch erneut, dass das Spiel für die römische Gesellschaft eine zentrale Bedeutung hat (*panem et circenses*, "Brot und Spiele", a.a.O., S. 193).

Doch diese spielfreundliche Kultur verschwindet mit dem Untergang des römischen Reiches. In den folgenden Jahrhunderten wird das Spiel vorrangig von der christlichen Kirche misstrauisch beobachtet und sogar mit Verboten belegt. Erst die Humanisten im ausgehenden Mittelalter knüpfen wieder an der antiken Spielfreude an und nehmen das Spiel in ihre Bildungskonzeptionen mit auf.

### 3.1.3 Spiel und Erziehung im Mittelalter und in der Renaissance

Mit der Christianisierung weiter Teile Europas wechselt nicht nur die vorherrschende religiöse Überzeugung. Die christliche Religion durchdringt zunehmend das gesellschaftliche Leben. Die Kirche übt wie selbstverständlich politische Macht aus. So kann es nicht verwundern, wenn die Bildungseinrichtungen des Mittelalters vom Klerus geprägt sind. Latein- und Domschulen gehören zu den Anfängen des modernen Schulwesens, und vielfach obliegt den Pfarrern – besonders auf dem Lande – auch die Aufsicht über das regionale Bildungswesen. Allerdings dominieren noch starke soziale und regionale Unterschiede in der Bildungsversorgung. Von einer allgemeinen Volksschule ist man weit entfernt. Die Literalität – also die Schriftsprachkompetenz – ist sogar im Vergleich zu den Griechen und Römern eher rückläufig (vgl. *Tenorth* ²1992, S. 52f.). Seit der Erfindung des Buchdrucks mit beweglichen Metalllettern durch *Johannes Gutenberg (1397/1400-1468)* etwa ab 1448 erhält die Literalität eine enorme Aufwertung (vgl. *Postman* 1993, S. 35f.). Die Entwicklung der Städte seit der Jahrtausendwende bietet neue Chancen für Bildung und Erziehung. Begleitend zu den Universitätsgründungen (*Bologna* 1119, *Paris* ca. 1150, *Oxford* 1163, *Prag* 1348, *Heidelberg* 1386 usf.) entstehen die ersten städtischen Schulangebote für die Kinder der Handwerker und Händler. Daneben dürfte jedoch das "Hofmeister- bzw. Hofmeisterinnnen-Modell" einer privaten Erziehung vorherrschend gewesen sein.

In der stark hierarchisch gegliederten Ständegesellschaft des Mittelalters (Adel, Klerus, Händler, Handwerker, Bettler) kann sich eine eigenständige Kindheitsphase erst spät herausbilden. Unter dem Einfluss der Kirche wird der Kindermord und der Verkauf von Kindern im frühen Mittelalter immer stärker juristisch verfolgt. Es entstehen erste Heime, in denen Findelkinder aufgenommen werden (so z.B. im Jahre 787 durch *Dateus*, den Erzbischof von Mailand, vgl. *Lyman* 2000, S. 132). Die Liebe der Eltern zu Kindern wird zunehmend gesellschaftlich anerkannt, auch wenn das noch nicht bedeuten muss, dass sich das Alltagsleben der Kinder nachhaltig verändert. In den ersten Lebensjahren haben Frauen den größten Einfluss auf die Kinder. Säugammen (in Italien *balia*) sind für bis zu zweijährige Kinder reicher Adels- und Bürgerfamilien aus den Städten in dieser Zeit selbstverständlich. Meist werden die Kinder in der Stillzeit bis zur Entwöhnung ganz aus dem Haus gegeben. In den ersten Lebensmonaten sind die Kinder in der Regel bis zu den Armen gewickelt, sodass ihre Bewegungsfreiheit und die Entwicklung ihrer Motorik nachhaltig eingeschränkt ist. Nach der Stillzeit kehren sie bis zum Schuleintritt wieder in das Elternhaus zurück. Der Besuch der Grammatik- oder Lateinschulen in den Städten ist in der Regel den Jungen vorbehalten, die Mädchen bleiben bei der Mutter und werden in die Hausarbeit sowie in Ausnahmefällen in das Lesen und Schreiben eingeführt. Die Jungen lernen Lesen, Schreiben und Rechnen und wechseln im Alter von etwa 12 Jahren in eine Lehre bei einer Bank oder in ein Geschäft bzw. einen Handwerksbetrieb. Gegenüber diesen Mittelklassekindern, für die beispielsweise aus den italienischen Städten des *Quattrocento* bereits reichhaltigere, teils autobiographisch aber auch ikonographische Quellen vorliegen, bleibt das Leben der Kinder auf dem Lande oder bei armen Familien meist im Dunkel (vgl. *Ross* 2000). Seit dem 14. Jahrhundert häuft sich die Darstellung von Kindern (z.B. als Engel bzw. *putti*) in der bildenden Kunst und eröffnet so eher den Zugang zur Spielwelt im Mittelalter im Vergleich zu früheren historischen Epochen. Es dominieren dabei zwar religiös eingekleidete Szenen (z.b. Jesus und Johannes beim Spiel), dabei werden jedoch ebenso die zeitgenössischen Spiele abgebildet. Aber auch Genreszenen der zeitgenössischen Malerei belegen immer wieder die bekannten Spiele der Kinder mit Steckenpferd, Reifen, Windmühle oder dem lebendigen Vogel an der Leine (vgl. *Ariès* [12]1998, S. 133). In den Abhandlungen über Kinderpflege und Erziehung nimmt nun auch das Spiel seinen Platz ein. Spontane Spiele werden mehr und mehr als natürliche Lebensäußerung und wichtiger Bestandteil der kindlichen Entwicklung angesehen (vgl. *Ross* 2000, S. 290f.). Allerdings deuten viele Zeugnisse darauf hin, dass die Spiele von Kindern und Erwachsenen sich noch nicht stark unterscheiden. Etwa ab dem dritten bzw. vierten Lebensjahr teilen die Kinder mit den Erwachsenen ebenso die Spiele. Das gilt sowohl für Glücksspiele, bei denen um hohe Geldbeträge gespielt wird, als auch für die zahlreichen Gesellschafts- und Sportspiele (wie Karten- und Ratespiele, Schlagball, Hockey, Federball usf., vgl. *Ariès* [12]1998, S. 126f.).

Die Kinderkleidung wirkt lange Zeit als Miniaturnachbildung der Erwachsenenkleidung. Diese Nachbildung im verkleinerten Maßstab hält nun auch Einzug in die Gestaltung von Spielzeug. So setzt im 15./16. Jahrhundert allmählich die Spielzeugproduktion im größeren Maßstab ein. Die Anfänge der *Spielzeugindustrie* liegen bei einfachen Puppen aus Holz (den sog. "Docken"), die von Drechslern vermutlich zunächst nur für ihre eigenen Kinder angefertigt werden. Die geschnitzten Spielzeugkabinette sind Anfang des 17. Jahrhunderts jedoch schon europaweit verbreitet und entwickeln sich dann zum umfangreichen Angebot der großen Zentren der Spielzeugindustrie in *Nürnberg, Oberammergau, Berchtesgaden,* im *Grödener Tal* (bei Bozen) sowie im thüringischen *Sonneberg* und im *Erzgebirge* (vgl. *Fritzsch/ Bachmann* [2]1977, S. 16f.).

Darüber hinaus haben allerdings Kinder wohl auch ihre eigene Spielwelt gestaltet (vgl. *Weber-Kellermann* 1989, S. 83f.). So zeigt das berühmte Kinderspielbild von *Pieter Brueghel d. Ä. (1525-1569)* aus dem Jahre 1560 über 70 verschiedene Straßenspiele. Sicher ist dieses Bild nicht mit einer alltäglichen Straßenszene der damaligen Zeit zu vergleichen. Gleichwohl gibt es einen Überblick über die Vielfalt der Kinderspiele – gleichsam eine "Enzyklopädie des Spiels" zur damaligen Zeit (vgl. *Hills* 1957). Im Vordergrund stehen Bewegungs- und Geschicklichkeitsspiele aller Art sowie Gruppen- und Rollenspiele (z.B. ein Hochzeitszug). An dieser alltäglichen Dynamik des Kinderspiels werden nicht einmal die zahlreichen und strengen Spielverbote im Mittelalter etwas geändert haben. Besonders die Kirche setzt sich vehement für ein fast vollständiges Verbot jeglichen Spiels auch in den Schulen ein. Sie musste jedoch bald dessen Wirkungslosigkeit erkennen (vgl. *Ariès* [12]1998, S. 156f.).

Die Erziehung hat sich nun endgültig des kindlichen Spiels angenommen. Da alle Spielverbote weitgehend ungehört bleiben, bemüht man sich jetzt, die Spiele auszuwählen, mit Regeln zu versehen und zu beaufsichtigen. Ein frühes Beispiel einer solchen erzieherischen Indienstnahme des Spiels liegt in der "*casa giocosa*" des italienischen Humanisten *Vittorino da Feltre* (bzw. Rambaldoni) aus dem 15. Jahrhundert vor.

• **Vittorino da Feltre (1378-1446) – Leben und Werk:**

*Vittorino Rambaldoni* wird vermutlich im Jahre 1378 in *Feltre* (Norditalien) als Sohn eines Notars geboren. Die ärmlichen Familienverhältnisse ermöglichen allerdings kaum eine umfassende Schulbildung. *Vittorino* wechselt nach *Padua* und besucht ab 1396 die dortige, humanistisch geprägte Universität. Seinen Unterhalt muss er hier bereits als Lehrer verdienen, legt im Jahre 1406 die Prüfungen zum *magister artium* ab und gründet seine erste eigene Heimschule. Neben Theologie und Mathematik studiert er ab 1415/16 Griechisch in *Venedig*, kehrt jedoch kurze Zeit später wieder nach *Padua* zurück. 1421 wird *Vittorino* auf einen Rhetorik-Lehrstuhl der Universität *Padua* berufen, verzichtet aber bereits nach einem Jahr auf diese Tätigkeit und nimmt im Jahre 1423 eine Einladung des *Capitano* und späteren *Marquese Gianfresco Gonzaga* nach *Mantua* an, um dort als Hauslehrer für die sechs Kinder des Stadtoberhaupts tätig zu sein. Allerdings stellt *Vittorino* die Bedingung, dass die Kinder zusammen mit anderen, auch armen Kindern aus der Stadt sowie Jungen und Mädchen gemeinsam in einer Schule unterrichtet werden. Für dieses Vorhaben stellt ihm *Gonzaga* ein eigenes Gebäude, die *Zoiosa* sowie umfangreiche Geldmittel und nahezu uneingeschränkte Handlungsfreiheit zur Verfügung. *Vittorino* nennt seine Schule *Casa giocosa* (fröhliche Schule )[4] und lässt sie mit Fresken ausstatten, auf denen spielende Kinder abgebildet sind. Er leitet diese Schule 23 Jahre bis zu seinem Tod im Jahre 1446. Da kaum Aufzeichnungen von ihm selbst überliefert sind, kann die Arbeit in der *Casa giocosa* nur durch die Lebensbilder seiner Schüler erschlossen werden (vgl. zur quellenkritischen Einschätzung die Arbeit von *Anja-Silvia Göing* 1999, S. 128ff.). Es handelt sich um eine "Mittelschule", die zwischen Elementarschule und Universität angesiedelt ist. Zum Lehrplan gehört in Anlehnung an die griechische Klassik das Studium der Sprachen und der Literatur (*Trivium*), die realwissenschaftlichen Fächer (*Quadrivium*) wie Arithmetik, Geometrie usf. und die philosophischen Fächer (Dialektik, Ethik) (vgl.

---

[4] Wie bereits bei *Huizinga* (1991, S. 46) gezeigt wurde, bedeutet *giocosa* auch Spiel (Wortursprung für die romanischen Sprachen: *iocosa*). Es könnte also ebenso von einer "Schule des Spiels" bzw. einer "Spielschule" (vgl. *Müller* 1984, S. 265) die Rede sein.

*Müller* 1984, S. 73ff.). Durch das gesamte Schulleben ziehen sich die Musik, die Leibesübungen und die Spiele. Insofern steht *Vittorino* bereits im 15. Jahrhundert mit seiner europaweit bekannt gewordenen *Casa giocosa*, in der zwischenzeitlich bis zu 500 Schülerinnen und Schüler lernen, für eine völlig neue Schulkonzeption. An seiner langjährigen schulpädagogischen Praxis wird denn auch der Übergang vom Hauslehrer zum modernen Schulmeister festgemacht (vgl. *Sünkel* 1994, S. 18ff.).

Zweifellos hat *Vittorino* nicht im Sinn, die Schulbildung seiner Zöglinge nur über das Spiel zu erreichen. Für eine Schulkonzeption des 15. Jahrhunderts muss es trotzdem überraschen, welchen bedeutenden Stellenwert das Spiel hier in Ergänzung zum Unterricht einnimmt (vgl. *Scheuerl* 1988, S. 8). Am ehesten vergleichbar dürfte die *Casa giocosa* mit den Landerziehungsheimen sein, da sie eine Integration von Lebens- und Lerngemeinschaft darstellt. Der Bildungsgang ähnelt hingegen einem "Gymnasium" mit Internat (vgl. *Müller* 1984, S. 125). Neben den zentralen Fächern des Lehrplans gibt es auch Lehrer für "Malerei, Zeichnen, Musik, Tanzen, Reiten, Fechten und Ballspiel" (a.a.O., S. 88). Besonders im Vergleich zu den Klosterschulen seiner Zeit wird sichtbar, dass "Spiele, Leibeserziehung und Bewegung in freier Natur" (a.a.O., S. 139) zum wichtigen Bestandteil des Erziehungskonzepts von *Vittorino* zählen. Dahinter steht das ganzheitliche Bildungsverständnis der griechischen und römischen Antike, das von den Renaissance-Humanisten besonders in Italien wieder entdeckt wird. Danach ist auch der Leib in die Bildungsbemühungen aufzunehmen, nicht nur Geist und Seele. In der *Casa giocosa* gibt es deshalb regelmäßige Spaziergänge und tägliche Spiele sowie sportliche Übungen und Wettkämpfe. *Vittorino* hat diese Spiele auch selbst beaufsichtigt. Es werden alle Kinder zugelassen. Das ist insofern untypisch, als öffentliche Ritter-, Jagd- und auch die Ballspiele zu dieser Zeit ausschließlich dem Adel vorbehalten sind, während Bauern und Arme allenfalls Zuschauer sein durften (vgl. a.a.O., S. 243).[5] Dabei geht es *Vittorino* nicht nur um Zerstreuung oder körperliche Übung. Der Titel seiner Schule – *Casa giocosa* – ist vielmehr eine programmatische Aussage, die am ehesten mit dem Begriff der "Spielfreude" zum Ausdruck gebracht werden kann (vgl. a.a.O., S. 262ff.). Die heitere Atmosphäre der *Casa giocosa* wird wesentlich über das spielerische Element der Bildungskonzeption erreicht. Insofern haben die Abbildungen der spielenden Kinder im gesamten Schulgebäude eben nicht nur einen dekorativen Zweck.

*Vittorino da Feltre* steht als Erziehungspraktiker für die Entdeckung, dass das Spiel von Kindern und Jugendlichen nicht nur einem Bildungszweck dient, son-

---

[5] Das Ballspiel oder der *calcio*, wie es noch heute in Italien heißt, ist seinerzeit in den Stadtstaaten der Renaissance, insbesondere in *Florenz*, als öffentliches Vergnügen des Adels entstanden. Zwei Mannschaften von etwa 25 Spielern treffen sich in prachtvollen Kostümen auf öffentlichen Plätzen und versuchen den Ball in das gegnerische Tor zu befördern. Dazu sind ähnlich dem heutigen *Rugby* so ziemlich alle Mittel erlaubt (vgl. *Brüggemeier/ Borsdorf/ Steiner* 2000, S. 61ff.).

dern vielmehr einen Bildungswert in sich hat. "Lernen mit Freude" wird hier erstmals über die vielfältigen Formen des Spiels in Bildung und Erziehung aufgenommen.

Bereits vor der Zeit der Aufklärung ist das Spiel also für die Erziehung entdeckt. Die ersten reflektierenden Aussagen über Erziehungsfragen in der Antike und in der Renaissance zeigen mehrere grundlegende Motive des erzieherischen Umgangs mit dem Spiel von Kindern und Jugendlichen, die bis in die Gegenwart immer wiederkehren. Das Spiel wird in der Erziehung zunächst einmal als Zugeständnis an die Bedürfnisse von Kindern und Jugendlichen *nolens volens* akzeptiert. Auch wenn sich die Versuche, Spiele zu verbieten oder einzuschränken bis in das Mittelalter hinein erstrecken, wird beim Nachdenken über Erziehung bereits frühzeitig erkannt, dass dieses Unterfangen aussichtslos ist. Aus dieser Erkenntnis entsteht unmittelbar ein weiteres zentrales Motiv einer beginnenden Spielpädagogik. Das Spiel wird in den Dienst von Erziehungszielen gestellt. So kommt den Spielregeln bei *Platon* und deren Einhaltung eine *quasi* staatstragende Funktion zu. In dem Maße, wie Leibesübungen in die Bildungskonzeptionen einbezogen werden, gewinnt das Spiel hier ebenfalls eine bedeutende methodische Rolle. Dass das Spiel auch einen Eigenwert in Bildungs- und Erziehungskonzeptionen hat, deutet sich bei den humanistischen Pädagogen der Renaissance zwar als weiteres spielpädagogisches Motiv durchaus an. Vollends zur Wiege der Spielpädagogik wird gleichwohl erst die Zeit der Aufklärung.

## 3.2 Spielpädagogik am Beginn der Moderne

Das 17. Jahrhundert ist in Europa vom dreißigjährigen Krieg überschattet. Er endet mit großen Verwüstungen, einer weit reichenden Verarmung breiter Bevölkerungsschichten (*Pauperisierung*) und der politischen Zersplitterung des ehemaligen Deutschen Reiches. Auf der anderen Seiten gewinnen die Fürstenhäuser an politischem Einfluss (*Absolutismus*) und es setzt ein Prozess der Säkularisierung ein, in dessen Folge die kulturelle Vormachtstellung der Kirchen zurückgedrängt wird. Zahlreiche Erfindungen (*Newton, Galilei, Kepler*) und Entdeckungen (Arktis, Stiller Ozean) künden von einem Vordringen wissenschaftlicher Denkweisen und ergänzen das religiöse Weltbild zunehmend. Das Zeitalter der Aufklärung beginnt vom Ende des 17. Jahrhunderts ausgehend das sozialkulturelle Leben in Europa nachhaltig umzuwälzen. Damit ist ebenfalls der Aufstieg des Bürgertums als neue soziale Gruppe verbunden (vgl. *Schmid* 1997, S. 18f.).

## 3.2.1 Kindheit am Beginn der Moderne

Der Alltag von Kindern und Jugendlichen ist in dieser Epoche durch extreme soziale Unterschiede geprägt. Während der Adel der Erziehung des Nachwuchses neueste Erkenntnisse der Säuglings- und Kinderpflege zu Grunde legt und private Erzieher einstellt, herrschen auf dem Lande eher mittelalterliche Zustände. Die Säuglingssterblichkeit ist weiterhin sehr hoch. Nicht immer ist sichergestellt, dass die Kinder eines natürlichen Todes sterben. Die Erziehung vollzieht sich im Alltag in der Regel über Schläge. Die selbstverständliche Einbindung der Kinder in Arbeitstätigkeiten dürfte besonders auf dem Lande die Regel gewesen sein. Allenfalls die Kinder der Patrizierfamilien in den Städten können eine gewisse Schulbildung erreichen. Aber bereits bei den Handwerker- ebenso wie bei den Bauernfamilien vollzieht sich die Erziehung weitgehend in der Produktions- und Lebensstätte des "ganzen Hauses". Die bürgerliche Kleinfamilie bildet sich erst allmählich heraus. Sie ist allerdings im Wesentlichen Ausgangspunkt einer veränderten Sichtweise des Kindes. Die Eltern-Kind-Bindung wird nun sehr viel emotionaler, und eine gute Schulbildung gilt mehr und mehr als Statusmerkmal. Kinder erhalten ein eigenes Zimmer, das nicht nur Schlafraum ist, sondern vor allem Gelegenheit zum Spielen, Basteln usf. bieten soll (vgl. *Weber-Kellermann* 1991). Die reiche Spielzeugproduktion zeigt ebenfalls dieses neue Interesse an der Kindheit, auch wenn seinerzeit allenfalls 20% der Kinder mit kommerziellem Spielzeug spielen. Für die überwiegende Mehrheit der Kinder enthält der Tagesablauf noch in der zweiten Hälfte des 19. Jahrhunderts kaum freie Zeiten für das Spiel (vgl. *Weber-Kellermann* 1989, S. 192). Erst im Jahre 1853 wird in Preußen das Mindestalter für die Kinderarbeit auf 12 Jahre angehoben, wenn auch damit noch längst kein Verbot der Kinderarbeit durchgesetzt ist (vgl. *Tenorth* [2]1992, S. 168). Die beginnende private Wohltätigkeit bringt allerdings auch zum Ausdruck, dass die moderne Gesellschaft insgesamt ihre Fürsorgepflicht für die nachwachsende Generation ernst nimmt (vgl. *Robertson* 2000).

Das Zeitalter der Aufklärung bringt ein völlig neues Weltbild mit sich. Der "Ausgang des Menschen aus seiner selbstverschuldeten Unmündigkeit" und damit "Aufklärung" – wie *Immanuel Kant (1724-1804)* die Kernaussage der europäischen Geistesbewegung dieser Zeit formuliert – ist nur über den Gebrauch des "eigenen Verstandes" zu erreichen. Emanzipation und Toleranz werden zu zentralen Erziehungszielen und begründen gleichzeitig die pädagogische Aufgabe neu. Bildung und Erziehung kann im Menschenbild der europäischen Aufklärung nicht länger nur bestimmten sozialen Gruppen (Adel, Klerus) vorbehalten bleiben. Die Ausbildung des Verstandes bei allen Menschen wird nunmehr nicht nur als möglich sondern auch als unabdingbar notwendig angesehen (vgl. *Tenorth* [2]1992, S. 74f.).[6] Zugleich soll die Erziehungsreform die Reform der Gesellschaft vorantreiben.

Im Bildungswesen setzt sich die Erkenntnis durch, dass Erziehung öffentlich und rational zu organisieren ist. So wird im Jahre 1717 in Preußen die Schulpflicht per Dekret verkündet (vgl. *Tenorth* [2]1992, S. 82). Auch wenn deren Durchsetzung noch fast zwei Jahrhunderte auf sich warten lässt, so liefert die Aufklärungspädagogik doch die Ursprünge des neuzeitlichen Erziehungswesens. Der englische Philosoph *John Locke (1632-1704)* richtet sich in seiner Schrift "*Some thouhts concerning education* (dt: Gedanken über Erziehung)" (1693) bereits an ein breites Publikum und stößt mit seinem Erziehungskonzept in ganz Europa auf reges Interesse. Er entwirft das Programm einer Gentleman-Erziehung, hält allerdings noch an dem Hofmeister-Modell der häuslichen Erziehung fest. Nach *Locke* ist der Neugeborene mit einem leeren Blatt (*Tabula rasa*) vergleichbar. Erst Erziehung formt über Sinneseindrücke, Erfahrungen und Reflexion den Menschen. Die Prügelstrafe lehnt er ab. Zu den wichtigsten Kenntnissen, die über Erziehung zu erwerben sind, zählt er neben den Sprachen und den Naturwissenschaften auch die Rechtsprechung, die Landwirtschaft, das Handwerk und den Sport (Tanzen, Fechten, Reiten). *Locke* spricht sich für spielerische Elemente in der Erziehung aus und empfiehlt beispielsweise Würfel als Spielmittel für das Lesenlernen. Kommerzielle Spielmittel werden kritisiert. Von ihm stammt einer der ersten pädagogischen Hinweise auf die Bedeutung des selbstgeschaffenen Spielzeugs in der Geschichte der Erziehung:

"Ein glatter Stein, ein Stück Papier, Mutters Schlüsselbund oder jedes andere Ding, mit dem sie sich nicht verletzen können, dient kleinen Kindern ebenso sehr zur Ergötzung wie jene kostbaren und kurioseren Spielzeuge aus den Läden, die sogleich verdorben und zerbrochen sind." (zit. n. *Scheuerl* [11]1991, S. 18).

In Frankreich erregt der Literat *Jean-Jacques Rousseau (1712-1778)* am Vorabend der französischen Revolution mit seinem Erziehungsroman "*Emile ou De l'éducation*" (1762) Aufsehen. Darin fordert er eine radikal "natürliche" Erziehung, die die Selbstentwicklung des Kindes respektiert. Wenn der Mensch und vor allem das Kind "von Natur aus gut ist", dann hat Erziehung solche Lernsituationen zu gestalten, die das Interesse des Kindes wecken und selbsttätige Lernprozesse in Gang setzen. *Rousseau* spricht sich gegen das immer noch praktizierte Wickeln der Kinder aus und plädiert stattdessen für die Bewegung in freier Natur. Besonders in der frühen Kindheit nimmt das Spiel einen bedeutenden Platz in diesem Erziehungskonzept ein:

---

[6] Es kann von daher nicht überraschen, dass die Anfänge einer modernen Heilpädagogik und das Eintreten für das Bildungsrecht von Kindern und Jugendlichen mit Behinderungen ebenfalls eine Errungenschaft dieser Epoche ist (vgl. *Möckel* 1988).

"Übrigens muß man immer bedenken, daß dies alles nichts anderes ist und sein soll als Spiel, leichte und freiwillige Leitung der Bewegungen, die die Natur von ihnen fordert, eine Kunst, ihre Vergnügungen zu variieren, um sie ihnen angenehmer zu machen, ohne daß jemals der mindeste Zwang sie in Arbeit verkehre: Denn schließlich, welches ihrer Vergnügen könnte ich nicht auch zum Gegenstand des Unterrichts für sie machen?" (zit. n. *Scheuerl* [11]1991, S. 23).

Seine eigenen Kinder gibt er zwar ins Findelhaus, seine Wirkung auf die weitere Entwicklung der Pädagogik als Wissenschaft und Praxis ist jedoch unzweifelhaft. So hat er *Johann Heinrich Pestalozzi (1746-1827)* und die *Philantropen* (Menschenfreude) nachhaltig beeinflusst, die in Deutschland für eine Verbreitung der Aufklärungspädagogik sorgen. Unter ihnen setzt sich besonders *Johann Christoph Friedrich Guts Muths (1759-1839)* für eine Pädagogik des Spiels ein. Er akzeptiert zwar auch den Erholungscharakter des Spiels und die Lust an der Tätigkeit selbst. Allerdings sieht er den Bildungswert eher in der Spielregel:

"Allein der Grund des Vergnügens bei dem Spiele liegt doch nicht allein in unserer Tätigkeit, sondern auch in der Anschauung der Form des Spieles, d.i. in der verabredeten systematischen Ordnung unserer Tätigkeit." (zit. n. *Scheuerl* [11]1991, S. 26).

Ähnlich wie *Platon* erkennt *Guts Muths* einen Zusammenhang zwischen dem Spiel und dem "Charakter eines Volkes" (ebd.). Insofern wird der Bildungswert des Spiels nicht mehr bestritten. Das Spiel als Ausdruck der Entwicklung von Kindern und Jugendlichen wird durch die Aufklärungspädagogen in Europa Ende des Jahrhunderts weitgehend anerkannt.

Eine eigenständige Theorie oder gar Philosophie des Spiels erscheint jedoch erst in den *"Briefen über die ästhetische Erziehung des Menschen"* von *Friedrich Schiller (1759-1805)*. Spiel gehört bei *Schiller* zur Menschwerdung des Menschen. So heißt es im *Fünfzehnten Brief*:

"..., der Mensch spielt nur, wo er in voller Bedeutung des Worts Mensch ist, und er ist nur da ganz Mensch, wo er spielt." (zit. n. *Scheuerl* [11]1991, S. 37).

Menschen benötigen also das Spiel zur Vervollkommnung ihres Mensch-Seins. Zugleich erweitert *Schiller* an dieser Stelle das Sprachverständnis des Wortes Spiel auf Naturphänomene und löst es damit von der Tätigkeit ab.

Erste Ansätze einer spielpädagogischen Systematik lassen sich schließlich bei *Jean Paul Friedrich Richter (1763-1825)* entdecken. In seiner Schrift *"Levana oder Erziehlehre"*[7] unterscheidet er Spiele der empfangenden und der gestaltenden Kraft und sieht damit das Verhältnis von Kind und Welt als ein wechselseitiges an. Die Spielentwicklung verläuft nach *Jean Paul* von den Selbstspielen über die Spielsachen zu den Spiel-Menschen. Für das wichtigste Merkmal des kindlichen Spiels, die

Phantasie, erscheint es ihm notwendig, bestimmte Umweltbedingungen bereit zu halten:

"Aber an reicher Wirklichkeit verwelkt und verarmt die Phantasie; mithin sei jede Spielpuppe und Spielwelt nur ein Flachsrocken, von welchem die Seele ein buntes Gewand abspinnt ..." (*Paul* ²1814/ 1963, S. 77).

Hier deuten sich konkrete Reflexionen über einen angemessenen pädagogischen Umgang mit dem Spiel an, die über das Spielen-Lassen als Zugeständnis an die kindlichen Entwicklungs- und Bewegungsbedürfnisse hinausgehen. Das reicht bis hin zu der Empfehlung an die Lehrer, "nicht nach den Arbeiten wieder auch die Spiele" (a.a.O., S. 83) zu ordnen.

### 3.2.2 Spielpädagogik bei Friedrich Fröbel

Vollends als eigenständige Spielpädagogik (bzw. "Spielpflege", wie es zunächst wörtlich heißt) begegnet uns das Verhältnis von Spiel und Erziehung wieder im Werk des Pfarrersohns und Kindergartengründers *Friedrich Wilhelm August Fröbel*. Er hinterlässt nicht nur mehrere erfolgreiche Versuche zur Gründung von Bildungs- und Erziehungsinstitutionen, sondern auch ein eigenständiges Spielzeugverbundsystem sowie eine – wenn auch an keiner Stelle systematisch durchgearbeitete – Spielpädagogik. *Fröbels* spielpädagogisches Konzept soll deshalb an dieser Stelle auch etwas ausführlicher zu Worte kommen.

• **Friedrich Wilhelm August Fröbel (1782-1852) – Leben und Werk:**

Am 21. April 1782 kommt *Fröbel* als Sohn des Pfarrers Johann Jacob Fröbel in Oberweißbach bei Rudolstadt (Thüringen) zur Welt. Nach dem Besuch der Elementarschule tritt *Fröbel* mit 15 Jahren eine Lehre als Feldmesser bei einem Förster an. Doch er schließt die Lehrzeit erfolglos ab und entscheidet sich für ein Studium in Jena (Naturwissenschaften). Das Studium muss aus finanziellen Gründen abgebrochen werden. Es folgen mehrere vorübergehende Erwerbstätigkeiten und schließlich ein erneuter Anlauf zum Studium (Architektur) in Frankfurt. Hier entscheidet er sich endgültig für den Erzieherberuf und wandert im Jahre 1805 zu *Pestalozzi* nach Iferten. Ab 1806 ist er Hauslehrer bei der Familie von Holzhausen und zieht zwei Jahre später mit den Kindern der Familie erneut zu *Pestalozzi*. 1811 kündigt er seine Stellung als Hauslehrer und vollendet seine Studien in Göttingen und Berlin. In dieser Zeit kämpft er bei den Lützower Jägern gegen Napoleon. Nach einer kurzen Tätigkeit als Assistent am Mineralogischen Institut der Universität – das Angebot einer Professur lehnt er ab – gründet

---

[7] Von *Jean Paul* gehen ebenfalls Einflüsse auf die Anfänge der Heilpädagogik bei *Jan Daniel Georgens* und *Heinrich Marianus Deinhardt* (1891/ 1863) aus, deren Wiener "Heilpflege und Erziehanstalt für geistes- und körperschwache Kinder" ebenfalls den Titel der römischen Göttin "Levana" trägt (vgl. *Möckel* 1988, S. 156).

*Fröbel* im Jahre 1816 die "Allgemeine deutsche Erziehungsanstalt", die 1817 nach Keilhau bei Rudolstadt übersiedelt. 1826 erscheint sein Hauptwerk *"Die Menschenerziehung"*, in dem das Programm der Keilhauer Anstalt niedergelegt ist. *Fröbel* entwirft dort begleitend zur Entwicklung des Kindes (bzw. des Knaben) insbesondere seine Schulpädagogik, die er bis in die detaillierte Darstellung der einzelnen Unterrichtsgegenstände ausdifferenziert. Im Mittelpunkt des Unterrichts steht die Tätigkeit der Schülerinnen und Schüler, bei der gemeinsamen Gartenarbeit, beim Sport und auf Wanderungen, deren Ergebnisse den Unterricht bereichern. Zunehmende finanzielle Schwierigkeiten in Keilhau führen zu einem Aufenthalt in der Schweiz (1831-1836), wo er die Erziehungsanstalten auf Schloss Wartensee und in Willisau sowie das Waisenhaus in Burgdorf leitet. 1837 kehrt er nach Blankenburg in Thüringen zurück. Im Jahre 1840 ruft er zur Gründung des Kindesgartens auf. Die Kindergartengründung ist von Beginn an nicht nur als Bildungseinrichtung für die Zeit vor dem Schuleintritt gedacht, sondern zugleich als Versand- und Produktionsbetrieb für die Spielgaben und als Ausbildungsstätte für Kindergärtnerinnen. *Fröbel* strebt damit so etwas wie eine Professionalisierung der Mutterrolle an (vgl. *Giel* 1979, S. 254). 1844 gibt er die *Mutter- Kose- und Spiellieder* heraus, in denen eine Kombination aus Liedern und Hand- bzw. Fingerspielen als Hilfestellung für die mütterliche Erziehung des Kleinkindes angeboten werden. Im Gefolge der Revolution von 1848 werden die Kindergärten im Jahre 1851 allerdings verboten. Die Aufhebung des Verbots im Jahre 1860 erlebt *Fröbel* nicht mehr. *Fröbel* stirbt am 21. Juni 1852 in Marienthal bei Bad Liebenstein in Thüringen (vgl. *Heiland* 1982).[8]

Auch wenn die Fröbelforschung zu dem Ergebnis kommt, dass *Fröbel* selbst keinen systematischen Grundriss zu seiner Spielpädagogik im Sinne eines Handbuchs oder Leitfadens liefert (vgl. *Heiland* 1998a, S. 187f. u. 280f.; 1998b), so kann doch auf der Basis des undatierten Briefes "Eine vollständige briefliche Darstellung der Beschäftigungsmittel des Kindergartens" (vgl. *Fröbel* ²1982a, S. 162-182) ein Überblick zur Spielpädagogik *Fröbels* angestrebt werden. Dabei ist *Erika Hoffmanns* Versuch einer Systembildung mit einzubeziehen (vgl. *Hoffmann* 1968).

Bereits sein Aufenthalt bei *Pestalozzi* hat *Fröbel* zum Nachdenken über eine Pädagogik des Spiels angeregt. Nach Gründung der Erziehungsanstalt in Keilhau schafft er in den folgenden Jahren ein umfassendes spielpädagogisches Konzept. Dieses begleitet die Kinder vom Säuglingsalter bis in die Schule. Spiel wird bei *Fröbel* anthropologisch definiert als spezifischer Zugang zur Welt:

"Das Spiel ist ein Spiegel des Lebens, des eignen und des Fremdlebens, des Innen- und Umlebens; aber in Freiheit der Darstellung und doch getragen vom inneren Gesetze und deshalb das Leben ... verschönt und geklärt zurückgebend." (*Fröbel* 1838/ ²1982a, S. 35).

---

[8] Ein Videofilm des Fröbel-Vereins (Bezugsadresse: Johannisgasse 4, 07422 Bad Blankenburg) zeigt Leben und Werk *Fröbels* sowie die gegenwärtigen Bemühungen um die Aktualität der Spielpädagogik von *Fröbel* in Thüringen.

- **Mutter-, Kose- und Spiellieder**

*Fröbel* geht ähnlich wie *Pestalozzi* von der Mutter-Kind-Bindung und der Bedeutung der Familie für die Erziehung aus. Die *Mutter- Kose- und Spiellieder* (*Fröbel* 1844/ 1984)[9] erhalten deshalb eine Anleitung der Mütter und angehenden Kindergärtnerinnen zum erziehenden Umgang mit ihren Kleinkindern für die Zeit nach "Ablauf des sogenannten Schlummervierteljahres" (vgl. *Fröbel* 1931, S. 41). In der Originalausgabe sind sieben Mutter- und Koselieder enthalten, zu denen auch das berühmte "Patsche-Kuchen" (später: "Backe, backe, Kuchen") zählt. Zusätzlich werden fünfzig Spiellieder aufgenommen und durch jeweils eine Bildtafel mit Hinweisen auf Spielaktivitäten versehen. Die Mutter soll in ihre Beziehung zum Kind erzieherische Anregungen einbeziehen, indem sie das Kleinkind zu ersten Fingerspielen bzw. Spielen mit der Hand anregt und dazu singt oder spricht. Dabei werden beispielsweise die Bewegungen von Tieren oder Handwerkern nachgeahmt. Die Illustrationen zu den Liedern und Spielen bieten einen Einblick in das soziale Leben und die natürliche Umwelt in Thüringen um das Jahr 1840. So sind die Mutter-, Kose- und Spiellieder nicht nur ein Anleitungs- sondern ebenfalls ein Familien- und Bilderbuch (vgl. *Knechtel* 1999, S. 103). Letztlich geht es *Fröbel* an dieser Stelle – modern ausgedrückt – vornehmlich um eine Förderung von Wahrnehmung und Motorik, stets allerdings eingebettet in sein Gesamtkonzept von Erziehung und Bildung.

*Fröbel* setzt gleichzeitig voraus, dass alle Kinder einen ursprünglichen Drang zur Aktivität, einen "Tätigkeitstrieb" mitbringen. Das Spiel ist für ihn deshalb auch Ausdruck dieses Bedürfnisses, tätig zu sein, sich die Welt gleichsam tätig anzueignen. Aber er versucht dem Kind auf diesem Weg zur Erschließung dieser Welt entgegenzukommen. Dazu führt er die Mannigfaltigkeit der äußeren Erscheinungen auf die ‚Urformen der Welt' (vgl. *Fröbel* ²1962a, S. 14f.) wie Kugel und Würfel zurück und konstruiert daraus seine *Spielgaben* und Beschäftigungsmittel. Die Idee zu den Spielgaben entsteht vermutlich bereits in seiner Zeit als Assistent am Mineralogischen Institut der Universität in Berlin. Die seinerzeit ausgeformte Systematik der Kristallographie, die wesentlich durch den akademischen Lehrer Fröbels, *Christian Samuel Weiß*, entwickelt worden ist, dient *Fröbel* als Konstruktionsprinzip seiner Spielgaben. Bereits im naturwissenschaftlichen und mathematischen Unterricht der Erziehungsanstalt in Keilhau wirken sich *Fröbels* mineralogischen Kenntnisse aus (vgl. *Fröbel* 1826/ 1973, S. 144f.). Dort wird über die Bedeutung von Kugel

---

[9] Das Fröbel-Museum in Blankenburg hat eine kleine Auswahl der Spiellieder mit Noten und Vertonung (auf Musiccassette) herausgebracht (*Rockstein*, M. u.a.: Spiel-Lieder. Kassel: AMU-Verlag, o. J.).

und Würfel für das selbsttätige Lernen der Kinder reflektiert. Auch liegen in Keilhau die Anfänge der Spielzeugproduktion (vgl. *Heiland* 1982, S. 62). Ebenfalls beeinflusst wird die Systematik der Spielgaben – wie sein gesamtes pädagogisches Werk – durch die romantisch bestimmte und in der Göttinger Zeit ausgeprägte "Philosophie der Sphäre" (vgl. *Heiland* 1982, S. 35ff.). Danach baut sich die gesamte Welt aus dem dreieinigen Prinzip des Entgegengesetzt-Gleichen, der ursprünglichen Einheit in der Mannigfaltigkeit auf:

"... daß der Mensch zum Bewußtwerden, zur Vernunft seines Wesens durch Tun und Denken, Darstellen und Erkennen nach dem Grundgesetz aller Entwickelung – der Entwicklung der Einheit zur Mannigfaltigkeit, oder der Mannigfaltigkeit aus der Einheit – ... kommen soll." (*Fröbel* 1820/ 1965, S. 11).

Aus diesem "Grundgesetz" spricht die romantische Sehnsucht nach der "Lebenseinigung" mit der Natur und mit den Menschen im Sinne vollkommener Harmonie, die *Fröbel* mit der romantischen Literatur (z.B. *Jean Paul*) und Philosophie (z.B. *Fichte* und *Schelling*) teilt. Kinder können das Gesetz zwar noch nicht kognitiv nachvollziehen, aber doch intuitiv erschließen (sog. "Ahnung").

- **Spielgaben und Beschäftigungsmittel**

Diese ideale Einheit soll nach *Fröbel* für das Kind zunächst der *Ball* (1. Gabe) bzw. die Kugelform repräsentieren. Sie bildet deshalb den Ausgangspunkt der Spielgaben und das erste Spielmittel, das dem Kind zur Verfügung gestellt wird. Von der Welt aus gesehen stellt die Kugelform nach *Fröbel* eine der Urformen dar, die häufig in der Natur vorkommt, vielfältige Eigenschaften vereint und alle anderen Formen einschließt. Vom Kind her betrachtet bietet der Ball zahllose Möglichkeiten der taktilen Erprobung (Be-hand-eln) sowie der Erfahrung von Raum und Zeit (Wegrollen – Zurückrollen, Dasein – Verschwinden). Sodann wird das Spiel mit dem Ball an einer Schnur fortgesetzt (Ziehen, Pendeln, Kreiseln usf.) und die Mutter spricht und singt dazu. *Fröbel* selbst entwickelt in seiner Begleitschrift zur ersten Gabe noch die Vorstellung von unterschiedlichen Ballgrößen, die auch auf dem Spielplatz oder im Garten genutzt werden können. Kommerziell vertrieben wird die erste Gabe jedoch als Holzkästchen mit einem farbigen Wollball von 4-5 cm Durchmesser (vgl. *Fröbel* 1931; gegenwärtig mit mehreren farbigen Wollbällen).[10]

Bei der zweiten Gabe werden *Kugel und Würfel* (später zusätzlich *Walze* und zumindest als Planung der kreisende *Kegel* bzw. der *Körperkasten* mit 14 sog. "Festgestalten" oder Kristallformen hinzu) aus Holz als Spielmittel angeboten. Der Wür-

---

[10] Vgl. das Angebot der Fa. Dusyma

fel repräsentiert nun im Gegensatz zur Beweglichkeit der Kugel das Prinzip des Begrenzten und Feststehenden. Kugel und Würfel werden vom Kind in Begleitung der Mutter erprobt und in ihren Eigenschaften miteinander verglichen. Als Vermittlung zwischen diesen beiden Körpern wird von *Fröbel* später die *Walze* hinzugefügt, die das Rollende der Kugel mit dem Feststehenden des Würfels verbindet. Auch diese Gabe wird in einem Holzkasten präsentiert. Kugel, Walze und Würfel können an Messingösen mit Schnüren verbunden werden, sodass in Verbindung mit Holzstäbchen die Holzkörper auch aufgehängt, gedreht oder hin- und hergependelt werden können (vgl. *Fröbel* ²1962a).

Die weiteren Gaben entstehen nun als Teilung der so eingeführten Grundformen. Der *geteilte Würfel* (3. Gabe), aus dem sich 8 kleine Würfel ergeben, bietet Aufschluss über das beabsichtigte Gesamtsystem. Diese noch ausgeführte Gabe erlaubt die vielfältige Nachgestaltung von Umwelteindrücken des Kindes. *Fröbel* gruppiert die möglichen Darstellungsweisen mit Hilfe der Würfel in "drei große Ganze" (*Fröbel* ³1962b, S. 92): Lebens-, Schönheits- und Erkenntnisformen. Die Lebensformen beziehen sich auf "Gegenstände des umgebenden Lebens" (ebd.). Schönheitsformen stehen für die Schönheit des Zusammenhangs von innerer Einheit und äußerer Mannigfaltigkeit. "Raum-, Zahl-, Zeit- und Bewegungsverhältnisse" (ebd.) werden als Erkenntnisformen zusammengefasst. Zusätzlich zum Baukasten legt *Fröbel* im Begleitheft zur dritten Gabe, das erstmals 1844 erscheint, zahlreiche Beispiele für die genannten Darstellungsformen als Lithographien vor.

Das Gesamtsystem der Spielgaben und Beschäftigungsmittel ist von *Fröbel* nicht komplett durchgearbeitet worden. Aufbauend auf *Hoffmann* (1968) und *Schmutzler* (1982) wird hier gleichwohl der besseren Übersicht halber eine solche Gesamtdarstellung der Spielpädagogik *Fröbels* versucht. Dabei liegt die "vollständige briefliche Darstellung der Beschäftigungsmittel …" (undatiert) zu Grunde, wie sie von *Wichard Lange* im Jahre 1862 publiziert wird (zit. n. *Hoof* 1977, S. 78-95; s. Abb. 6).

Die Spielmittel als Zentrum der *Fröbel*schen Spielpädagogik sind nach zwei "entgegengesetzt-gleichen" Strukturprinzipien geordnet: Zerteilung und Vereinigung (a.a.O., S. 88). In der zerteilenden Reihe führen die fertigen Spielmittel von den Körpern, über die Flächen und Linien zum Punkt. In der vereinigenden Reihe sollen die Kindern selbst mit Hilfe verschiedener Tätigkeiten ausgehend vom Punkt über die Linie und Fläche wieder zu den Körpern gelangen, in dem sie diese jeweils selbst herstellen. Wieder bei den Körpern angelangt sollen die Kinder durch Zerschneiden und Zerteilen der Kugel, der Walze und des Kegels die weiteren Körperformen erneut selbst entwickeln (geplant: das geteilte Runde, a.a.O., S. 93). Das Gesamtsystem der Spielgaben und Beschäftigungsmittel erschließt sich also erneut aus dem "sphärischen Gesetz" von der Einheit in der Mannigfaltigkeit:

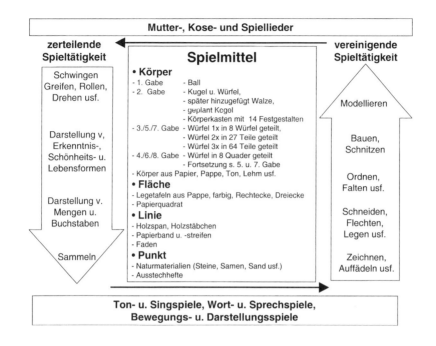

Abb. 7: Das Gesamtsystem der Fröbelschen Spielpädagogik

"Durch alles dies nun liegt das ganze *Leben* der Natur und des Menschen, das *Wesen* aller Dinge, und vor allem das des Menschen, dem Kinde als *ein Ganzes* und *Einiges*, alle Entgegensetzung und Widersprüche *Lösendes*, somit als ein *Ausgesöhntes*, in dem Spiegel seiner Spiele vor ihm da." (a.a.O., S. 95, kursive Hervorhebung bei *Hoof*).

• Bewegungsspiele

Zu den Mutter-Kind-Spielen der Mutter-, Kose- und Spiellieder und den Spielgaben treten die Spiele in der Kindergruppe hinzu, die von *Fröbel* als "Ton- und Singspiele, ... Wort- und Sprechspiele, ... Bewegungs- und Darstellungsspiele" (a.a.O., S. 94) bezeichnet werden. Von der Systematik her klingen hier die Überlegungen von *Jean Paul* erneut an: vom Spielen mit dem eigenen Körper über das Spielen mit Sachen bis hin zum Spiel mit Menschen. Die Bewegungsspiele umfassen schließlich ausgehend von den Ballspielen in der Kindergruppe einerseits mehr motorisch ausgerichtete Kreisspiele (Wander-, Lauf- und Gehspiele). Zum anderen zählt *Fröbel* zu diesem Bereich aber auch "darstellende Bewegungsspiele", in denen Tiere, Gegenstände oder Menschen nachgeahmt werden (also eher Rollenspiel). In diesem Zusammenhang entwickelt *Fröbel* ebenfalls Vorstellungen zur Spielraumgestaltung (vgl. *Fröbel* 1840/ ²1982a, S. 83ff.), in denen er spätere ökologisch orientierte Spieltheorien vorwegnimmt (s. Kap. 2).

• **Spielpflege**

Begleitet wird das Spiel des Kindes (sei es mit sich oder mit den Spielmitteln oder mit anderen Kindern) stets durch die Erwachsenen. Sie bieten Anregungen, machen Vorschläge zur Weiterentwicklung der Spiele, verbalisieren Dargestelltes oder begleiten die Spiele durch Gesang. Diese *Spielpflege* ergänzt *Fröbel* sowohl zu den Mutter-, Kose- und Spielliedern als auch zu den ausgeführten Spielgaben, für die Begleithefte erscheinen. In jedem Fall wird von ihm die Selbsttätigkeit und Selbstbestimmung der Kinder beim Spiel als Ausgangspunkt aller pädagogischen Anregungen betont. Die Kinder selbst sollen beispielsweise mit dem geteilten Würfel oder mit den Flächenformen Darstellungsformen legen, bevor die Eltern oder die Kinderpflegerinnen ihnen bewusst machen, dass hier Schönheits-, Lebens- oder Erkenntnisformen gefunden worden sind. Insofern zeichnet sich das spielpädagogische Konzept *Fröbels* durch einen stark autodidaktischen Akzent aus. Das streng mathematische Konstruktionsprinzip der Spielgaben darf deshalb auch nicht mit einer vorgegebenen Spielsystematik verwechselt werden, die die Spieltätigkeiten der Kinder ebenfalls vorstrukturieren würde. Im Gegenteil: *Fröbel* legt als Prinzip seiner Spielpädagogik stets den Schwerpunkt auf die Förderung der eigenen Vorstellungen, das Handeln aus eigenem Antrieb und das selbstständige Tun.

Welche Familien *Fröbel* mit seiner Spielpädagogik zu seiner Zeit ansprechen konnte, ist strittig. Sicher werden dabei die Bürgerfamilien, wie sie in den Farblithographien aus den Achtzigerjahren des 19. Jahrhunderts bekannt geworden sind, dominiert haben (vgl. *Rockstein* 1999, S. 52ff.). Allerdings bezieht sich *Fröbel* selbst in der "vollständigen brieflichen Darstellung" mehrfach auch auf Kinder armer Familien und verweist auf die Möglichkeit der Selbstherstellung seiner Spielgaben aus Abfallholz oder Naturmaterialien. Die Mutter-, Kose- und Spiellieder enthalten überdies eine Darstellung der Köhlerhütte mit durchaus realistischen Aspekten, obwohl die soziale Wirklichkeit der armen Familien vielfach romantisch verklärt erscheint (vgl. *Fröbel* 1984, S. 79).

*Fröbels* Spielpädagogik bleibt in ihren Wirkungen nicht von dogmatischen Erstarrungen verschont. Der Kindergarten als Bezeichnung für die Bildungs- und Erziehungseinrichtung der frühen Kindheit ist zwar international anerkannt. Eine vergleichbare Gründungswelle von Bildungs- und Erziehungseinrichtungen, die nach *Fröbel*schen Prinzipien arbeiten ( etwa wie in der *Montessori*-Pädagogik), kann bis heute nicht festgestellt werden. Allerdings scheint das Echo auf *Fröbel* im Ausland (z.B. in Japan, in der Schweiz) teilweise größer als in Deutschland gewesen zu sein (vgl. *Heiland/ Neumann* 1998). Unbestritten dürfte die unverminderte Aktualität der *Fröbel*schen Bauspielmittel sein, die bis in die Gegenwart hinein die Baukästen weltweit beeinflussen. Seine Spielpädagogik als Gesamtzusammenhang wird sich im Zuge eines umfassenden Zugangs zum Quellenmaterial in absehbarer Zeit noch deutlicher herausbilden lassen (vgl. *Heiland* 1998a).[11] In jedem Fall ist bereits zum jetzigen Zeitpunkt deutlich, dass *Fröbel* eines der umfassendsten spielpädagogischen Konzepte vorgelegt hat. Die "Pflege des Spiels" beinhaltet bei *Fröbel* erstmals in der Hauptsache einen pädagogische Umgang zur Förderung des Spiels und zur Weiterentwicklung der Spielfähigkeit selbst. Die Begründung für die Bedeutung der Spielpädagogik liegt bei *Fröbel* in der Bildungswirkung des Spieles, bleibt auf die Ganzheitlichkeit des Spiels bezogen und vermeidet so jede einseitige Bindung an Lern- und Erziehungsziele, die außerhalb der "Sphäre" des Spiels liegen.

Am Beginn der Moderne liegt somit der erste umfassende spielpädagogische Entwurf im Werk von *Fröbel* vor. Etwa ab 1890 lösen Industrialisierung und wohlfahrtsstaatliche Entwicklung in Deutschland einen weiteren Modernisierungsschub aus. Die reformpädagogischen Versuche einer "neuen Erziehung" und einer "Pädagogik vom Kinde aus" reagieren in den folgenden Jahren mit einer zunehmenden Distanz gegenüber dem sozialen Wandel und bieten die Erziehung gleichzeitig als Weg zu einer "neuen Gesellschaft" an.

### 3.3 Spielpädagogik und Reformpädagogik

Das ausgehende 19. Jahrhundert wird geprägt durch eine umfangreiche Technologisierung der Arbeit und die Konzentration der wachsenden Industrie in den Großstädten. In der Folge kommt es zu großen Wanderungsbewegungen (von Ost nach West), die beispielsweise für Ballungsgebiete wie das Ruhrgebiet und Berlin zu einem raschen Wachstum führen. Dabei dominiert meist der Anteil der jungen Familien. In diesem Zusammenhang rückt die moderne Kernfamilie als Zwei-Genera-

---

[11] Der Einfluss *Fröbels* auf die Heilpädagogik ist bislang kaum untersucht. *Jan D. Georgens* arbeitet zunächst in Worms und dann in Baden-Baden in der Ausbildung von Kindergärtnerinnen nach den Grundsätzen der *Fröbel*schen Pädagogik (vgl. *König* 1990, S. 328, 349), bevor er mit *Heinrich M. Deinhardt* 1856 die "Levana" gründet, eine Erziehungsanstalt für geistig Behinderte. Bei der Entwicklung seiner eigenen Spielpädagogik distanziert er sich später allerdings kritisch von *Fröbel* (vgl. *Georgens* 1883, S. 54f.).

tionen-Familie mit der Trennung von Arbeits- und Wohnort mehr und mehr in den Vordergrund. Lange Zeit hält der Wohnungsbau mit dieser sozialen Dynamik nicht Schritt, sodass noch 1927 nahezu die Hälfte des Wohnungsbestandes im Bereich von 1-3 Räumen liegt (vgl. *Tenorth* ²1992, S. 196). Besonders in den städtischen Arbeiterfamilien gehört eine extreme räumliche Enge zum Kinderalltag. Gleichzeitig werden eher autoritäre und patriarchale Muster der Erziehung begünstigt. Durch die Berufstätigkeit beider Elternteile sind Kinder aus Arbeiterfamilien vielfach auf sich selbst gestellt. Ihr Alltag ist in vielen Zeugnissen der bildenden Kunst – etwa in den Kinderzeichnungen von *Heinrich Zille (1858-1929)* eindrucksvoll festgehalten (vgl. *Neue Gesellschaft für bildende Kunst* 1986; *Weber-Kellermann* 1989).

Der staatlichen Sozialpolitik gelingt es jedoch zunehmend, eine Verbesserung der hygienischen Verhältnisse und der medizinischen Versorgung zu erreichen. In der Folge geht die Säuglingssterblichkeit deutlich zurück (vgl. *Tenorth* ²1992, S. 187). Die Versorgung mit Schulen wird mit der Durchsetzung der Schulpflicht ab 1890 zunehmend sichergestellt (a.a.O., S. 197), während die vorschulischen Bildungs- und Erziehungseinrichtungen auch nach 1918 noch keine allgemeine Bedeutung erringen. Die Pädagogik reagiert überwiegend mit Krisen- und Dekadenzdiagnosen auf die Modernisierung. Besondere Kritik richtet sich gegen des Großstadtleben und die Schule des Kaiserreichs. Die Formulierung und Praktizierung einer alternativen Erziehung nimmt ihren Ausgang von den "Kunsterziehertagen" ab 1901, setzt sich fort im Vorhaben der Erneuerung staatlicher Schulen und führt schließlich auch zur Gründung von privaten Einrichtungen. Zugleich weitet sich das pädagogische Aufgabenfeld über die Schule hinaus auf die Erwachsenenbildung und die Sozialpädagogik aus. Auch wenn die Zeit nach der Jahrhundertwende bis in die Dreißigerjahre hinein immer wieder als Epoche der "Reformpädagogik" ausgewiesen wird, so ist doch festzuhalten, dass diese "soziale Bewegung" in ihren grundlegenden Motiven bis *Rousseau* bzw. *Pestalozzi* oder *Fröbel* zurück reicht und in ihren Folgen bis in die Gegenwart hinein wirkt (vgl. *Oelkers* ³1996).

Mit dem Spiel setzt sich die Reformpädagogik sehr eingehend auseinander. *Hans Scheuerl* (1954/ ¹¹1990) kann in seiner Untersuchung zum "Spiel in der pädagogischen Reformbewegung" zeigen, das nahezu sämtliche Grundphänomene des Spiels, wie sie in einer modernen Spielpädagogik diskutiert werden, bereits in den spielpädagogischen Reflexionen der Reformpädagogik vorgezeichnet sind. Er unterscheidet als Ergebnis seiner Inhaltsanalyse: freies Spielen, gebundenes Spielen, Experimentieren, Lernspiel, spielerische Einkleidung, Spielerei und Spielhaltung (a.a.O., S. 60ff.). Begleitend dazu stellt die beginnende psychologische und soziologische Kindheitsforschung nun auch vermehrt empirische Forschungsbefunde zum Kinderspiel bereit, die einen intensiveren Einblick in die konkrete Spielentwicklung ermöglichen. Das Programm einer pädagogische Begleitung und Unterstützung des

Spiels, wie es *Fröbel* noch eher spekulativ entworfen hat, erhält damit eine psychologische Fundierung.

Im Alltag der Kinder nimmt nun das technische Spielzeug einen größeren Raum ein. Dampfmaschine, Eisenbahn und das Blechspielzeug halten Einzug in die bürgerlichen Kinderstuben. Für die Zeit vor dem Ersten Weltkrieg lässt sich aus den ikonographischen und autobiographische Quellen zeigen, dass Kinder sich in Rollen- und Verkleidungsspielen auch intensiv mit dem Thema Krieg auseinander setzen (vgl. *Weber-Kellermann* 1989, S. 192ff.; *Weber-Kellermann/ Falkenberg* 1981). Mit der vermehrten Produktion von Gesellschaftsspielen insbesondere als Würfel-, Quartett-, Lotto- bzw. Brettspiele wird auf die Möglichkeiten des häuslichen Spiels in den Bürgerfamilien reagiert. Die Spielregeln und Spielgeschichten enthalten das seinerzeit bedeutsame Bildungswissen und sollen über die Spielregeln bestimmte grundlegende Verhaltensweisen der Kinder anbahnen (vgl. *Weber-Kellermann* 1989, S. 218ff.). Für die Kinder der Arbeiter- und Bauernfamilien sind eher die Straßenspiele bzw. Spiele im Freien von Bedeutung, bei denen Gruppenspiele und selbstgeschaffene Spielmittel dominieren.

Aus den zahlreichen reformpädagogischen Beiträgen zur Spielpädagogik sollen nun mit *Maria Montessori* und *Rudolf Steiner* zwei Konzepte etwas eingehender vorgestellt werden, die sowohl einen Beitrag zur Spielzeugkonstruktion als auch eine institutionelle Praxis der Spielpädagogik entwickelt haben.

### 3.3.1 Spielpädagogik bei Maria Montessori

Bis in die Gegenwart hinein ist es umstritten, ob die Montessori-Pädagogik überhaupt als Beitrag zur Spielpädagogik verstanden werden kann. Während die schulpädagogische Relevanz der didaktischen Materialien, der vorbereiteten Umgebung und der Montessori-Ausbildung anerkannt ist, gilt es den Beitrag *Montessoris* zum Verhältnis von Spiel und Erziehung noch zu erschließen. Gerade das reformpädagogische Motiv der Selbsttätigkeit, das *Montessori* betont (vgl. *Böhm* [2]1991), eröffnet wiederum einen pädagogischen Zugang zum Spiel.

• **Maria Montessori (1870-1952) – Leben und Werk:**

*Maria Montessori* wird am 31. August 1870 in Chiaravalle in der Provinz Ascona geboren. Nach einer umfassenden Schulbildung erreicht sie die Hochschulzugangsberechtigung und entscheidet sich für das Studium der Medizin (1890), das sie im Jahre 1898 als erste italienische Ärztin mit der Promotion abschließt. Sie errichtet eine Privatpraxis in Rom und praktiziert gleichzeitig als Assistenzärztin am Universitätskrankenhaus San Giovanni. Bereits ab 1896 – unmittelbar nach Abschluss ihrer Arbeiten an ihrer Dissertation – sammelt *Montessori* Erfahrungen in der Psychiatrie und in der Arbeit mit geistig behinderten Kindern. In diesen Jahren vollzieht sich ein Übergang von der Medizin zur Pädagogik, wobei ihr die Unterstützung von Kindern mit Behinderungen und die Probleme sozial benachteiligter Kinder besonders am Herzen liegen. Sie setzt sich mit den Schriften der französischen Heilpädagogen *Jean Marc Gaspard Itard* (1775-1838) und *Éduard Séguin* (1812-1880) auseinander, deren physiologische Methode der Sinneserziehung bei geistig behinderten Kindern die pädagogische Konzeption von *Montessori* nachhaltig beeinflusst. Nach weiteren pädagogischen Studien und aktiver Mitarbeit in der Liga für die Erziehung behinderter Kinder (ab 1898) öffnet *Montessori* im Jahre 1907 die *Casa dei Bambini* im römischen Stadtteil San Lorenzo. Das Kinderhaus nimmt die verwahrlosten Kinder des Stadtteils im Alter von zwei bis sechs Jahren auf. Hier beobachtet *Montessori* auch das Phänomen der Konzentration und Wiederholung bei Kindern im Umgang mit bestimmten Materialien (Polarisation der Aufmerksamkeit, sog. "Montessori-Phänomen"). 1909 erscheint ihre Schrift *Il methodo*, in der sie das Erziehungsprogramm des Kinderhauses und seine Ausstattung beschreibt. *Montessori* geht von der Möglichkeit zur Selbsttätigkeit bei allen Kindern aus und baut ihr Erziehungsangebot darauf auf. Die Kinder erhalten freien Zugang zu didaktischen Materialien (vorbereitete Umgebung) und werden in ihrer selbst gesteuerten Auseinandersetzung mit den Materialien von der Erzieherin begleitet. Begründet ist die Selbsttätigkeit der Kinder in einem inneren Bauplan, der alle Entwicklungsmöglichkeiten bereits enthält. In den "sensiblen Phasen" der Entwicklung – ein Entwicklungsmodell, das sie von dem holländischen Biologen *Hugo de Vries* übernimmt – sind die Kinder für Umweltanregungen besonders empfänglich. Die Pädagogik enthält bei *Montessori* deshalb stark autodidaktische Züge. Die neue Erziehungsmethode von *Montessori* erregt großes Aufsehen, *Il methodo* wird in viele Sprachen übersetzt und es folgen weitere Kinderhausgründungen. Ab 1911 widmet sich *Montessori* ausschließlich der Verbreitung ihres Erziehungskonzeptes durch Schriften, Vortragsreisen und die Leitung von Ausbildungskursen. Es erscheinen weitere Grundlagenwerke: Mein Handbuch (1914), Schule des Kindes (1916), Kinder sind anders (1946), Das kreative Kind (1949).[12] In verschiedenen Ländern gründen sich Montessori-Gesellschaften, und auf zahlreichen Kongressen zeigt sich die internationale Verbreitung der Montessori-Pädagogik. *Montessori* verbringt ihre letzten Lebensjahre in den Niederlanden und stirbt am 6. Mai 1952 in Nordijk aan Zee (alle Angaben aus: *Heiland* ³1993; vgl. auch *Erlinghagen* 1979).

Der zielgerichtete Umgang mit dem kindlichen Spiel in der Montessori-Pädagogik ist immer wieder kritisch betrachtet worden, bis hin zum Vorwurf der "Perversion des Spiels" (vgl. *Spies* 1976). Dabei darf jedoch nicht übersehen werden, dass hier ein pädagogisches Konzept vorliegt, das konsequent mit einer indirekten Methodik arbeitet und von der Selbsttätigkeit der Kinder ausgeht. Bei der Rekonstruktion des spielpädagogischen Ansatzes der Montessori-Pädagogik wirkt sich allerdings die Vielschichtigkeit der theoretischen Schriften mit ihren zahlreichen Überarbeitungen und Übersetzungen erschwerend aus (vgl. *Schmutzler* 1976). Die Spielpädagogik ergibt sich bei *Montessori* vor allem aus der Erziehungspraxis, wie sie beispielsweise als Beschreibung der Arbeit in der *Casa dei bambini* aus der ersten großen Publikation *Il methodo* (deutsch: Selbsttätige Erziehung im frühen Kindesalter, 1918; Die Entdeckung des Kindes, ⁵1977) hervorgeht. In dieser ersten Zusammenfassung ihrer "neuen" Erziehungsmethode arbeitet sie durchweg mit Bezügen zur kindlichen

---

[12] Titel der letzten deutschsprachigen Ausgabe mit dem Jahr der ersten Publikation der Originalausgabe (zur Bibliographie vgl. *Böhm* 1999)

Spieltätigkeit. Allerdings idealisiert sie das kindliche Spiel keineswegs:

"Spiel und ähnliche Reaktionen zersplittern das Leben des Menschen. ... Der erzieherische Irrtum bestand also darin, Denken und Phantasie leer schweifen zu lassen und so zu erlauben, daß die Sinne erschöpft und die Muskeln träge blieben, während doch Sinne, Nervenzentrum und Muskeln ein Ganzes bilden." (*Montessori* ⁵1977, S. 89f.).

*Montessori* sucht also nach Wegen, die Ganzheitlichkeit der Spieltätigkeit pädagogisch zu gewährleisten und eine bloße Spielerei (bzw. das gedankenlose Spiel; a.a.O., S. 108) zu verhindern. Spiel und Arbeit sind allerdings beim Kind – ähnlich wie *Fröbel* das beschrieben hat – auch für *Montessori* noch nicht zu trennen. Spiel ist demnach nicht frei von Zwecken, aber diese Zwecke ergeben sich durch das Spiel selbst. Auch zum kommerziellen Spielzeug ihrer Zeit nimmt *Montessori* kritisch Stellung:

"Ein wunderschönes Spielzeug, ein anziehender Anblick, eine(r) erstaunliche Erzählung können zweifellos das kindliche Interesse *auf sich lenken*, doch wenn das Kind einen unveränderlichen Gegenstand nur "sehen" oder "hören" oder "anfassen" darf, ist sein Interesse oberflächlich und springt von einer Sache zur anderen über." (*Montessori* ⁵1977, S. 118, kursiv im Original, Fehler im Original).

Hier liegt nun ebenfalls eine erste Begründung für die Bereitstellung anderer Spielmaterialien. In der *Casa dei bambini* werden die nach den Anregungen von *Itard* und *Séguin* konstruierten didaktischen Materialien erstmals praktisch erprobt.

• **Didaktische Materialien und vorbereitete Umgebung**

Ausgehend von der kindlichen Entwicklung stellt *Montessori* die Bewegung und die Sinne an den Anfang ihres Erziehungskonzeptes. Die Voraussetzung für die indirekte Anregung der sensomotorischen Entwicklung in den ersten Lebensjahren ist nach *Montessori* eine entsprechend gestaltete ("vorbereitete") Umgebung.

"Wenn wir von "Umgebung" sprechen, so verstehen wir darunter die Gesamtheit all der Dinge, die das Kind frei in ihr auswählen und so lange nutzen kann, wie es will, also gemäß seinen Neigungen und seinem Bedürfnis nach Tätigkeit." (*Montessori* ⁵1977, S. 72).

Dazu werden die Kinderhäuser zunächst einmal mit Mobiliar ausgestattet, dass den Proportionen der Kinder entspricht (vgl. *Montessori* ⁵1977, S. 55f.): Tische, Stühle, offene Regale und Teppiche. Dies mag aus heutiger Sicht selbstverständlich klingen, *Montessori* musste dieses Mobiliar allerdings noch speziell anfertigen lassen. Zusätzlich steht den Kindern zur freien Auswahl ein System an didaktischen Materialien zur Verfügung: 1. Übungen des praktischen Lebens, 2. Sinnesmaterialien, 3.

Sprachmaterialien, 4. Mathematikmaterialien, 5. Materialien zur kosmischen Erziehung (vom Kinderhaus bis in die Sekundarstufe).

Die *Übungen des praktischen Lebens* beinhalten ganz alltägliche Tätigkeiten, die den Kindern aus der Familie bekannt sind und die sie häufig in ihre Spiele einbeziehen. Im Kinderhaus gehören Aufräumen, Reinigen, das gemeinsame Essen und die Gartenarbeit mit zum Erziehungsprogramm. Kinder sollen hier nach *Montessori* zu organisierten Bewegungsabläufen gelangen, ihre Bewegungen besser kontrollieren lernen. Gymnastik und Spiele im Freien ergänzen diese Übungen, die sich durch die gesamte Zeit des Kinderhauses ziehen. Das Spiel wird hier jedoch nicht zu den Übungen des praktischen Lebens gezählt:

"Was sollten Gymnastik ... und Spiele im Freien sein? Ein Mittel, überströmende Energie, also den "Überschuß" an Energie, zu verausgaben. Es sollte die sorglose Verschwendung der Kräfte sein, welche die planmäßig gestaltete tägliche Arbeit nicht verbraucht hat." (a.a.O., S. 108).

Die Förderung der sensomotorischen Entwicklung ist in den *Sinnesmaterialien* (bzw. beim "Entwicklungsmaterial", a.a.O., S. 112) betont. Es handelt sich dabei um ein System von gegenständlichen Spielmitteln, die sich durch verschiedene Merkmale (Form, Material, Maße, Klang, Gewicht usf.) unterscheiden. Diese Materialien sind nach übereinstimmenden Kriterien konstruiert worden (a.a.O., S. 115ff.):

– *Isolierung der Schwierigkeit*
(Die Gegenstände variieren in den verschiedenen Gruppen nur jeweils durch ein Merkmal. Die äußerlich gleich gestalteten Glocken unterscheiden sich z.B. nur durch den jeweiligen Ton.)

– *Fehlerkontrolle*
(Alle Materialien sollen nach Möglichkeit eine Rückmeldung über ihren richtigen Gebrauch enthalten. Die Holzblöcke etwa passen jeweils nur in einen Einsatzzylinder.)

– *Ästhetik*
(Durch farblich ansprechende Gestaltung und eine harmonische Formgebung sollen die Materialien einen hohen Aufforderungscharakter haben. Die farbigen Holztäfelchen mit ihren 64 Farbabstufungen laden beispielsweise zum Legespiel förmlich ein.)

– *Aktivität*
(Im Umgang mit den Materialien sollen die Kinder aktiviert werden und sich die Gegenstände handelnd erschließen. Die Holzklötze der braunen Treppe können z.B. immer wieder unterschiedlich zusammengestellt werden.)

– *Begrenzung*
(Alle Materialien sind nur in begrenztem Umfang vorhanden. Die Kinder müssen sich auf diese Weise untereinander absprechen oder gemeinsam tätig werden, in jedem Fall aber sich ganz auf den jeweiligen Gegenstand konzentrieren und die im Gegenstand enthaltene Übung erschließen.)

Die Übungen mit den Materialien werden von *Montessori* auch als "Spiele für die Sinne" (a.a.O., S. 136) eingeführt. So gibt es zwar eine klar strukturierte Methodik zur Einführung der Materialien mit den Kindern (sog. "Lektionen"). Aber auch dabei bilden die "freie Wahl" der Kinder und ihr selbstständiges Tätigsein die Grundlage der Methode. Insofern ist bei *Montessori* selbst das freie Spiel im Umgang mit den Sinnesmaterialien durchaus beabsichtigt. Dabei wird keineswegs nur der vorgezeichnete Weg der Materialien für das Spiel der Kinder relevant. Vielmehr beschreibt *Montessori* selbst an vielen Stellen, wie die Kinder selbst aktiv mit den Materialien umgehen, auch nachdem sie in den vorgesehenen Gebrauch eingeführt worden sind (a.a.O., S. 133ff.). Zum Bau mit den zehn rosafarbenen Würfeln berichtet sie beispielsweise:

"Dieses Spiel macht auch Zweieinhalbjärigen schon sehr großen Spaß, die den Turm, kaum ist er aufgebaut, wieder umwerfen, die rosa Formen auf dem dunklen Grund des Teppichs bewundern und unzählige Male vor vorne mit dem Bau beginnen." (a.a.O., S. 204).

Das System der didaktischen Materialien muss deshalb stets im Kontext des Prinzips der Selbsttätigkeit gesehen werden, das erst den Zugang zum Spielen eröffnet (vgl. *Montessori* $^2$1928, S. 32ff.; *Heiland* $^3$1993, S. 65). Die Systematik der *Montessori*-Materialien kann leicht zu dem Missverständnis führen, dass spontane und phantasievolle Tätigkeiten der Kinder mit diesen Materialien ausgeschlossen sind. In der Beschreibung der pädagogischer Praxis der *Casa dei Bambini* ist jedoch das Gegenteil der Fall. Die Übungen mit den Materialien werden immer wieder in Spiele eingekleidet und gehen in das freie Spiel der Kinder über. Die "Übungen der Stille", bei denen die Kinder lernen, unbeweglich und geräuschlos an einem Platz zu verharren, werden als Spiel eingeführt (a.a.O., S. 156ff.). Selbst in der Vorbereitung auf das Lesen hat das Spiel seinen festen Platz (a.a.O., S. 256ff.). Allerdings nimmt das Spiel bei *Montessori* nicht einen ähnlichen dominierenden Rang ein, wie etwa bei *Fröbel*. In einer Art "curricularen" Übersicht zum Bildungsgang im Kinderhaus jedenfalls wird das Spiel nur noch als ergänzende Übung zum Lesenlernen erwähnt (a.a.O., S. 360f.). Insofern stellt sich die Frage, inwieweit *Montessori* eine Erziehung des Spiels intendiert hat oder Erziehung nur mit Hilfe des Spiels realisieren wollte.

| Materialien/ Übungen | Entwicklungs-schwerpunkte |
|---|---|
| **1. Übungen des praktischen Lebens**<br>– Garten<br>– Gymnastik und Spiel im Freien<br>– Alltagsgegenstände (Besen, Staubwedel ...)<br>– Knüpfrahmen (Knöpfe, Haken, Schnürsenkel...) | – Bewegung<br>– Koordination<br>– Gleichgewicht |
| **2. Sinnesmaterial (bzw. Entwicklungsmaterial)**<br>– Zylinderblöcke<br>– rosa Würfel, braune Prismen, grüne u.blau/ rote Stäbe<br>– geometrische Körper (Pyramide ...)<br>– Holztafeln mit rauer und glatter Oberfläche<br>– verschiedene Stoffe<br>– Holztafeln von verschiedenem Gewicht<br>– 64 farbige Täfelchen<br>– Kommode mit Schubfächern f. flache Einsatzkörper<br>– Karten mit geometrischen Formen aus Papier<br>– zylindrische Schachteln (Töne)<br>– tönende Glocken, Bretter mit Notenlinien, Holzscheiben für die Noten | – Tastsinn<br>– Temperaturempfindungen<br>– Gewichtsempfindungen<br>– Geschmacks- und Geruchssinn<br>– visuelle Wahrnehmung<br>– auditive Wahrnehmung<br>– Stille und Konzentration |
| **3. Lehrmittel zur Vorbereitung von Schreiben und Rechnen**<br>– Zwei schräge Platten und verschiedene Einsätze<br>– Mappe mit Zeichnungen und Farbstifte<br>– Karten mit aufgeklebten Buchstaben (Sandpapier)<br>– Zwei Alphabete aus bunter Pappe<br>– Karten mit aufgeklebten Ziffern aus Sandpapier<br>– Karten mit Ziffern in glattem Papier<br>– Zwei Kästen mit Rechenstäbchen<br>– Perlenmaterial | – Handhabung des Schreibgerätes<br>– visuelle und sensorische Erfassung der Buchstaben und Ziffern |

Tab. 1: Das System der didaktischen Materialien bei Maria Montessori

- **Spielerziehung**

Die indirekte Methode der *Montessori*-Pädagogik bedingt eine vollkommene Veränderung der Rolle der pädagogisch Tätigen. Während in der herkömmlichen Pädagogik seinerzeit die Aktivität fast ausschließlich bei den Lehrerinnen und Lehrern liegt, geht sie in den Kinderhäusern auf die Kinder über. Die Funktion der pädagogisch Tätigen bezieht sich vor allem auf die vorbereitete Umgebung:

"Die Lehrerin soll den Gebrauch des Materials erklären. Sie dient hauptsächlich als Mittler zwischen dem Material (den Gegenständen) und den Kindern." (a.a.O., S. 167).

Um diese Mittlerfunktion auszuüben, müssen die pädagogisch Tätigen mehrere Grundaufgaben erfüllen:
– *Kenntnis des Materials*
(Die didaktischen Materialien sollten in ihrer Systematik, dem praktischen Gebrauch und ihrer Eignung für verschiedene Entwicklungsaufgaben bekannt sein.)
– *Pflege der Ordnung*
(Die Materialien werden stets an einem bestimmten Platz aufbewahrt und nach Gebrauch an diesen Platz zurückgestellt, da nur so die freie Wahl gewährleistet werden kann.)
– *Überwachung*
(Störungen der Kinder untereinander sollten vermieden werden.)
– *Lektionen*
(Der "richtige" Gebrauch der Materialien wird durch Einführung und Anleitung sichergestellt.)

Dabei geht es allerdings nicht darum, die Kinder zu bevormunden oder zu "bedienen", sondern vielmehr darum, ihnen zur Selbstständigkeit zu verhelfen:

"Ihnen helfen zu lernen, ohne Hilfe zu gehen, zu laufen ... zu sprechen, um klar und deutlich ihr Bedürfnisse auszudrücken, sich um die Befriedigung ihrer Wünsche zu bemühen, das ist die Erziehung zur Unabhängigkeit." (a.a.O., S. 65).

Das aktive Eingreifen der pädagogische Tätigen und ihre Hilfe wechselt deshalb stets mit der mehr beobachtenden Rolle ab (a.a.O., S. 57), die den spontanen kindlichen Aktivitäten wieder genügend Raum lässt. Das pädagogische Handlungsmuster, das *Montessori* hier beschreibt, ist zwar nicht explizit als Spielpädagogik ausgewiesen. Aber es bietet mindestens günstige Voraussetzungen für spontane kindliche Spielaktivitäten, die von Zeit zu Zeit auch Anregungen durch die Einführung in didaktische Materialien erhalten. Die Förderung von Spiel und Phantasie stehen bei *Montessori* dennoch nicht im Vordergrund. Die Übungen mit den Materialien und das Spiel werden von *Montessori* klar voneinander getrennt (vgl. *Helming*[13] 1977, S. 75). Auch die Vereinzelung der Kinder bei den Übungen mit den Materialien ist unter dem Aspekt des sozialen Lernens vielfach kritisiert worden. In der Praxis scheint sich allerdings seit geraumer Zeit ein weniger orthodoxer Umgang mit den Materialien durchzusetzen (vgl. *Böhm* 1979; *Scheuerl*[11] 1990, S. 40).

Völlig im Gegensatz zur kritischen Haltung der Montessori-Pädagogik gegenüber den Äußerungen der kindlichen Phantasie im Spiel steht die Waldorfpädagogik im Anschluss an *Rudolf Steiner*.

### 3.3.2 Spielpädagogik bei Rudolf Steiner

*Rudolf Steiner* hat sich in seinem umfangreichen Werk nur an wenigen Stellen mit der Spielpädagogik beschäftigt. In der Waldorfpädagogik nimmt das Spiel hingegen nicht nur im Kindergarten sondern auch in der Schule einen bedeutenden Platz ein. Im Gegensatz zu *Montessori* betont *Steiner* das Moment der Phantasie im Spiel. Bis zum ersten Zahnwechsel (also im Alter von 7 Jahren) dominiert die Nachahmung im Spiel. Kinder verarbeiten nach *Steiner* im Spiel ihre Beobachtungen, ahmen die Tätigkeiten der Erwachsenen also nach (vgl. *Steiner* 1979, S. 374). Die Bedeutung des kindlichen Spiels in der Waldorfpädagogik ergibt sich letztlich aus der anthroposophischen Entwicklungstheorie von *Rudolf Steiner*.

- **Rudolf Steiner (1861-1925) – Leben und Werk:**

*Rudolf Steiner* wird am 27. Februar 1861 in Kraljevic im heutigen Jugoslawien geboren. Der Vater ist Bahnbeamter. Nach dem Besuch der Realschule legt *Steiner* im Jahre 1879 die Abiturprüfung mit Auszeichnung ab. Er entschließt sich zum Studium der Naturwissenschaften in Wien und wird bereits als 21-jähriger mit der Herausgabe der "Naturwissenschaftlichen Schriften Goethes" beauftragt. Ab 1884 ist er Hauslehrer bei der Familie Specht. Er unterrichtet den schwer behinderten Sohn Otto (Hydrocephalus) und begleitet ihn bis in das Gymnasium hinein. Hier wird *Steiners* späterer Beitrag zur Heilpädagogik grundgelegt (Heilpädagogischer Kurs). 1890 übersiedelt er nach Weimar, wo er als Mitarbeiter am Goethe- und Schiller-Archiv tätig ist. Ein Jahr später erfolgt seine Promotion an der Universität Rostock. In den Weimarer Jahren entwickelt *Steiner* die Grundlagen zu seiner Anthroposophie, die er in dem Band *Philosophie der Freiheit* (1894) erstmals formuliert. Er wendet sich klar gegen jeden Materialismus und grenzt die geistige Welt des Erkennens gegenüber der Sinnenwelt der Wahrnehmung ab. Sein Ziel ist die Aufhebung der Erkenntnisgrenzen, die erst zur Freiheit im geistigen Sinne führen kann. Im Alter von 36 Jahren beendet *Steiner* seine Tätigkeit in Weimar und wechselt nach Berlin. Dort gibt er das "Magazin für Literatur" sowie die "Dramaturgischen Blätter" heraus und lehrt an der Arbeiter-Bildungsschule. 1899 heiratet er *Anna Eunike*. In Berlin beginnt auch seine intensive und langjährige Vortragstätigkeit. Ab 1902 arbeitet er seine "Geisteswissenschaft" in mehreren Entwicklungsphasen aus. 1904 erscheint die "Theosophie"[13], in der *Steiner* den Menschen als Leib-Seele-Geist-Einheit darstellt und seine Entwicklungstheorie entfaltet. Der Mensch entwickelt sich nach *Steiner* vom physischen Leib in seiner mineralischen Struktur über den Aether-Leib der rein biologischen Prozesse und den Astral-Leib der Lust und des Begehrens zum rein geistigen Ich. Die genaue Begründung und Entstehung der Philosophie *Steiners* gerät in den folgenden Jahren immer mehr zur "Geheimwissenschaft", die rationaler Überprüfung nicht mehr zugänglich ist, sondern nur noch dem subjektiven geistigen Erleben. In der Zeit von 1910 bis 1913 entstehen die Mysterien-Dramen, die in München unter Leitung von *Steiner* aufgeführt werden. 1914 wird in Dornbach bei Basel das erste *Goethenaum* als ständige Spielstätte für seine Aufführungen errichtet. 1911 stirbt seine erste Frau. Im Jahr 1914 heiratet *Steiner* Marie von Sievers. Nach dem Ersten Weltkrieg erhält die pädagogische Bewe-

---

[13] *Steiner* gebraucht den Begriff "Theosophie" weitgehend gleich bedeutend mit dem späteren Begriff der "Anthroposophie" (vgl. *Hemleben* 1988, S. 82ff.).

gung im Anschluss an *Rudolf Steiner* die ersten Anstöße. In Stuttgart wird 1919 die erste "Waldorfschule" gegründet (als Betriebsschule der "Waldorf-Astoria-Zigarettenfabrik"). *Steiner* selbst leitet die Schule und setzt ein Einheitsschulkonzept durch (Koedukation, kein Sitzenbleiben, Epochenunterricht, Klassenlehrerprinzip). Er widmet sich nun auch in mehreren Vortraggszyklen der Verbreitung seiner pädagogischen Ideen. Am 30. März 1925 stirbt *Rudolf Steiner* in Dornach/ Basel (vgl. *Hemleben* 1963; *Lindenberg* 1979). Er hinterlässt ein umfangreiches publizistisches Werk, das gegenwärtig in einer ca. 340 Bände umfassenden Gesamtausgabe verfügbar ist.

Bei *Steiner* wird das Spiel vor allem in seiner geistig-seelischen Funktion verstanden. Das Spiel eröffnet Kindern einen Freiraum, in dem sie ihre eigenen Vorstellungen ausbilden können, so wie sie durch die "innere Anlage" vorherbestimmt sind.

"Das Spiel unterscheidet sich von der in feste Formen geprägten Tätigkeit dadurch, daß man in einem gewissen Grade doch machen kann, was man will, wenn man spielt, daß man nicht von vornherein scharfe Konturen in den Gedanken und Beweglichkeiten der Organe hat. Dadurch wird wieder in einer freien, bestimmbaren Weise auf die geistig-seelische Organisation des Menschen zurückgewirkt. Spiel und die eben charakterisierte geistig-seelische Betätigung für das Kind in den ersten Jahren entspringen einem tiefen Bewußtsein dessen, was die Natur und Wesenheit des Menschen eigentlich ist." (*Steiner* 1911/ 1985, S. 90).

Damit eröffnet das Spiel den Kindern die Welt der Phantasie, auch wenn diese in den ersten Lebensjahren eher nachahmenden Charakter hat. *Steiner* knüpft hier auch implizit an der Spieltheorie von *Jean Paul* an. Im Spiel können sich Kinder auf eine selbstbestimmte Art und Weise mit dem Leben auseinander setzen ("Eigentätigkeit") und "die menschliche Betätigung ins kindliche Spiel umsetzen" (*Steiner* 1979, S. 376). *Steiner* sieht deshalb im Spiel auch eine für das Kind ernsthafte Tätigkeit, die noch nicht von Arbeiten und Lernen getrennt werden kann. *Freya Jaffke* (1971, S. 283ff.) hat aufbauend auf diesem Spielverständnis von *Steiner* einige Schlussfolgerungen für die Spielentwicklung während der ersten sieben Lebensjahre abgeleitet:
– *Spielstufe 1 bis zum 3. Lebensjahr*
  (In den ersten Lebensjahren setzen sich Kinder im Spiel vor allem mit ihrer eigenen Leiblichkeit auseinander und versuchen z.B. Bewegungsabläufe und Sprache zunehmend zu beherrschen. Ihre Spieltätigkeiten sind überwiegend nachahmender Natur. So werden z.B. häufig Tätigkeiten der Erwachsenen im unmittelbaren Kontakt wiederholt.)
– *Spielstufe 2 vom 3. bis zum 5. Lebensjahr*
  (Ab dem dritten Lebensjahr nehmen die Phantasieanteile im Spiel zu und Kinder sind nun in der Lage, reale Gegenstände durch einfache Spielmaterialien zu ersetzen. Eine Kastanie wird erst als Waschpulver benutzt, dann als Seife und schließlich als Kohlestück.)

– *Spielstufe 3 vom 5. bis zum 7. Lebensjahr*
(Vom fünften Lebensjahr an sind Kinder in der Lage, bereits vor Beginn der Spieltätigkeit eine Vorstellung vom weiteren Spielverlauf zu entwickeln und diesen dann in die Tat umzusetzen. Dabei beziehen sie zunehmend auch andere Kinder wie etwa im Mutter-Kind-Spiel mit ein.)

Wenn im Waldorfkindergarten Eigentätigkeit und Nachahmung für die Spielentwicklung besonders gefördert werden sollen, so sind dazu bestimmte Spielmaterialien erforderlich.

• **Waldorfspielzeug**

*Steiner* richtet sich strikt gegen konstruiertes und mechanisches Spielzeug. So lehnt er auch das "Stäbchenlegen" und die "Papierflechtarbeiten" für den Kindergarten ab, kritisiert damit die *Fröbel*schen Spielmaterialien, ohne allerdings *Fröbel* selbst zu erwähnen.

"Nichts Schlimmeres für den Geist, als aus fertigen geometrischen Gegenständen Formen zusammenstellen und -setzen zu lassen. Darum soll das Kind nicht mit dem Baukasten bauen, sondern von Grund auf alles selbst aufbauen." (*Steiner* 1906/ 1985, S. 27).

Demgegenüber fordert *Steiner*, den Kindern im Alter bis zu 7 Jahren in ihrer Umgebung Dinge bereitzustellen, die "durch die Sinnesorgane bildend auf dasselbe wirken" (a.a.O., S. 21f.). Diese Aufgabe können allerdings fertige Spielsachen wie Puppen oder Baukästen nicht übernehmen. Vielmehr werden solche Spieldinge benötigt, die das Kind zu eigenen (nachahmenden) Phantasieleistungen anregen. *Steiner* empfiehlt für die Arbeit im Kindergarten:

"Geben Sie dem Kinde ein Taschentuch oder einen Lappen, und knüpfen Sie diesen so, daß er oben einen Kopf hat, unten ein paar Beine, dann haben Sie ihm einen Bajazzo oder eine Puppe gemacht. Sie können dann noch mit Tintenklecksen Augen und Nase und Mund daranmachen, oder besser das Kind selber machen lassen, und Sie werden sehen: ein gesundes Kind hat mit dieser Puppe seine große Freude. Denn dann kann es das, was sonst an der Puppe dran sein soll, ergänzen durch bildhaft nachahmende Seelentätigkeit." (*Steiner* 1979, S. 376).

Spielzeug sollte also für Kinder noch gestaltungsfähig sein, möglichst unfertig, sodass sie die unterschiedlichsten Erfahrungen und Wahrnehmungen in den jeweiligen Gegenstand hineinlegen können. Während *Steiner* selbst beim Spiel immer wieder von einer spezifischen Auseinandersetzung mit dem Leben spricht, ist das Waldorfspielzeug aufbauend auf *Steiner* vornehmlich auf Naturmaterialien konzentriert worden. Andere Zeugnisse des Lebens, vor allem technische und mechanische oder solche aus Plastik, werden in der Nachfolge von *Steiner* nicht aus dem Leben in das Spiel einbezogen. Für den Waldorfkindergarten schlägt *Freya Jaffke* besonders einfache Spielmittel aus Naturmaterialien vor (s. Tab. 2). Auch im Elternhaus sollen diese Spielmittel vorgezogen werden. Allerdings ist damit wohl nicht ein Spielraum gemeint, der völlig unabhängig von gesellschaftlichen Einflüssen gestaltet wird:

"Die Erwachsenenarbeit oder auch Lebenssituation im Spiel mehr und mehr nachvollziehen können heißt, lernend sich ins Leben hineinzufinden." (*Jaffke* 1971, S. 291).

Dies müsste eigentlich zur Folge haben, dass auch die gegenständliche Fülle dieser Erwachsenenwelt für das phantasievolle und eigentätige Spiel der Kinder zur Verfügung steht. Moderne Medien oder technisches Spielzeug wird man im Waldorfkindergarten jedoch in der Regel vergeblich suchen (vgl. *Barz* 1984).

| Altersstufen | Spielzeug |
|---|---|
| 1. bis zum dritten Lebensjahr | – Aststücke als Bauklötze in einem Korb<br>– weicher Ball<br>– Körbe u. Holzschüsseln<br>– Korbpuppenwagen<br>– Puppenkind aus Stoff geknotet<br>– einfarbige Tücher<br>– offene Regale |
| 2. ab dem dritten Lebensjahr | – kleine Tische mit Stühlen<br>– Schaukelpferd<br>– Holzständer (für Kaufladen usf.)<br>– Körbe mit Naturmaterialien<br>– Ball, Hüpfseil, Holzreifen<br>– Schubkarre, Spaten, Rechen<br>– Bilderbücher |
| 3. ab dem fünften Lebensjahr | – Holzspielzeug mit plastischen Formen, naturbelassen, farblos (Tier- und Menschenfiguren)<br>– bewegliches Holzspielzeug (z.B. im Kreis pickende Hühner) |

Tab. 2: Waldorfspielzeug (n. *Jaffke* 1971, S. 287-290)

Inwieweit allerdings *Steiner* selbst eine ausschließliche Reduzierung der kindlichen Spielumwelt auf Naturmaterialien beabsichtigt, kann aus seinen eigenen Aussagen zum Spielzeug nicht zweifelsfrei abgeleitet werden. Wenn sich Kinder im Spiel nachahmend mit dem Leben auseinander setzen, wie *Steiner* sagt, dann liegt die Vermutung nahe, dass sich Kinder auch mit allen Umwelteinflüssen ihrer jeweiligen Kultur beschäftigen, keineswegs nur mit den natürlichen Bestandteilen. Insofern wäre z. B. eine spielerische Auseinandersetzung mit den modernen Fernsehgeschichten und Computerspielen auch von den spielpädagogischen Überlegungen *Steiners* her gesehen nicht ohne weiteres auszuschließen.

- **Spielerziehung**

Trotz Betonung der Eigentätigkeit und der kindlichen Phantasie sieht *Steiner* die Notwendigkeit, Kinder beim Spiel pädagogisch zu begleiten. Pädagogisch Tätige haben dabei die Aufgabe, zwischen den Kindern und dem Leben zu vermitteln.

> "Aber die Arbeit, unser kompliziertes Leben nun wirklich so zu gestalten, wie das Kind es schon selbst macht, indem der Knabe mit irgendwelchen Spaten oder dergleichen spielt und das Mädchen mit der Puppe spielt, - richtig die menschliche Betätigung ins kindliche Spiel umsetzen, und dies auch für die komplizierteren Betätigungen des Lebens zu finden: das ist es, was geleistet werden muß ..." (*Steiner* 1979, S. 376).

Abgesehen von der unreflektierten Darstellung geschlechtsspezifischer Spieltätigkeiten umschreibt *Steiner* hier die spielpädagogische Grundaufgabe, die sich im Zusammenhang von Spiel und Lebenssituation des Kindes stellt. Spieltätigkeiten sind eine kindgemäße Weise der Einverleibung von Dingen und Tätigkeiten im Leben des Kindes. Erwachsene können diesen Prozess lediglich begleiten, anregen und unterstützen: durch die Auswahl und Gestaltung von Spielmitteln und durch ihre eigene Vorbildwirkung. *Ulrich Heyder* (1984, S. 423 ff.) beschreibt für den Waldorfkindergarten einige Prinzipien einer solchen Spielerziehung im Sinne von *Rudolf Steiner*. Neben der radikalen Hinwendung zum Kind, zu seiner Wirklichkeit, seiner Eigentätigkeit und Phantasie sind Erwachsene insofern Vorbilder, als sie die Kinder nicht von grundlegenden handwerklichen Tätigkeiten beispielsweise im Haushalt ausschließen (Nähen, Hämmern, Schrauben, Backen usf.) und auf diese Weise selbst Möglichkeiten zur spielerischen Nachahmung anbieten. Diese reichen bis hin zur eigenen produktiven und künstlerischen Gestaltung von Materialien (selbstgeschaffenes Spielzeug). Speziell im Waldorfkindergarten kommt die "rhythmische Gestaltung des Kinderlebens" (a.a.O., S. 425) hinzu, wenn die Spiele in den Tages-, Wochen- und Jahresrhythmus eingebettet werden und sich beispielsweise an der Natur im Lauf der Jahreszeiten und den Festen und Feiern im Jahresablauf ausrichten. Vor diesem Hintergrund gerät die Spielpädagogik im Anschluss an *Steiner* zum Bestandteil einer "ganzheitlichen Menschenbildung" (a.a.O., S. 426).

Eine Spielpädagogik, die sich derart radikal von der modernen Gesellschaft abwendet, wie das zumindest durch die Waldorfpädagogik in der Nachfolge von *Rudolf Steiner* vollzogen wird, kann nicht unumstritten bleiben. Offenbar lassen sich die Errungenschaften der modernen Technik immer weniger von den Kindern fern halten, sodass in der Praxis der Waldorfpädagogik eine vorsichtige Öffnung für die modernen Medien im kindlichen Spiel zu verzeichnen ist. Zum grundlegenden Problem im Umgang mit der Waldorfpädagogik gerät allerdings die weit gehende Deklarierung der anthroposophischen Grundlagen als "Geheimwissenschaft", ohne dass eine rationale Überprüfung möglich wäre (vgl. *Prange* [2]1987).

Mit der Montessori-Pädagogik teilt die Waldorfpädagogik das Schicksal des Verbots ihrer Bildungs- und Erziehungseinrichtungen durch eine faschistische Diktatur. In Deutschland macht der Nationalsozialismus nach 1933 deutlich, dass das kindliche Spiel erzieherisch auch den Zwecken totalitärer Regimes unterstellt werden kann.

## 3.4 Spiel und Erziehung in der Zeit des Nationalsozialismus

Das Interesse der nationalsozialistischen Diktatur an der erzieherischen Indienstnahme des kindlichen Spiels mag auf den ersten Blick überraschen. Zu weit entfernt scheint das Spiel der Kinder von den menschenverachtenden politischen und militärischen Plänen der Nationalsozialisten zu sein. Eines der wesentlichen Merkmale nationalsozialistischer "Pädagogik" und Erziehungspolitik ist jedoch der Versuch, gerade Kinder und Jugendliche in ihrer Entwicklung möglichst vollständig zu kontrollieren und dabei gleichzeitig mit rassistischen Ideologien zu indoktrinieren (vgl. *Dudek* 1997, S. 102ff.; *Tenorth* [2]1992, S. 231f.). Ein solches Vorhaben macht auch vor dem kindlichen Spiel nicht Halt.

Der Kinderalltag ist nach der Machtergreifung der Nationalsozialisten im Jahre 1933 zunehmend durch Militarisierung und Uniformierung geprägt (vgl. *Weber-Kellermann* 1989, S. 232ff.). Sind beispielsweise bereits im Ersten Weltkrieg die Käthe-Kruse-Puppen auch im sog. "Feldgrau" der Soldaten zu erwerben, so werden ab 1933 ebenfalls Ausführungen in den Uniformen der SA, der Hitlerjugend und des Jungvolkes angeboten (vgl. *Retter* 1979, S. 196). Besonders Kriegsspielzeug mit den Emblemen der Nationalsozialisten gelangt nun also in die Kinderzimmer und erfüllt so die Propagandazwecke eines totalitären Regimes. In der Familie herrscht zumindest nach den "Blut-und-Boden"-Grundsätzen der nationalsozialistischen Familienpolitik eine klare Trennung der Geschlechterrollen. Die Rolle der Frau wird besonders in ihrer biologischen Funktion und bezogen auf die Gestaltung des Heimes sowie der Kindererziehung gesehen. Die Berufstätigkeit, die Übernahme politischer und militärischer Aufgaben ist ausschließlich dem Mann vorbehalten – auch wenn der Krieg später wieder Korrekturen an diesem konservativen Ideal erforderlich macht (z.B. Frauenarbeit in der Rüstungsindustrie). Entsprechend werden auch Mädchen und Jungen bereits in der Familie auf diese Rollenteilung vorbereitet (vgl. *Weber-Kellermann* ²1975, S. 182f.). Abzulesen ist das beispielsweise an den bevorzugten Spielmitteln, die deutlich nach Geschlechtern getrennt werden. In den Spielen selbst dominieren ebenso die unterschiedlichen Rollen: die Jungen spielen Krieg, die Mädchen spielen mit Puppen und Küchengeräten.

Dieses Grundmuster setzt sich in den Kindertageseinrichtungen konsequent fort. Das gut erhaltene Bildmaterial eines Münchener Kindergartens aus der Zeit nach 1933 dokumentiert Soldatenspiele mit Hakenkreuz-Fahne, einen Stellungskrieg im Sandkasten und die Spiele "Flakabwehr" sowie "Luftschutzbunker" (vgl. *Erning* 1987, S. 139ff.). Für die Betriebskindergärten in Nordrhein-Westfalen zeigt *Dieter Höltershinken* anhand der Berichte in Werkszeitungen, wie stark das Spiel der Kinder in den Einrichtungen durch Nationalsozialisten und Krieg geprägt wird:

" "... am Geburtstag des Führers wird gemeinsam das Bild geschmückt. Zum Frühstück sind alle Tische mit Blumen versehen. Die Kinder bekommen einen Festtrank, und wir erzählen einander, was wir vom Führer wissen, sehen uns begeistert die Bilder an im Bilderbuch: Hitler und die Kinder." (...)
"Das Spiel unserer Kleinsten hat sich in den Kriegsmonaten gründlich verändert. Wo früher vom ersten Konditor feinste Kuchen und Torten hergestellt wurden, entstehen jetzt Schützengräben und Bunker. Ein besonders ausgebildeter Trupp versteckt sich hinter Sträuchern und imitiert so fabelhaft das Warnungszeichen für Fliegeralarm, daß man annehmen kann, es wäre Mitternacht ... Taucht nun wirklich ein Krieger am Himmel auf, und man steht zufällig vor der ‚Stellung', wird man erst von allen Seiten mit Sand beworfen und danach liebevoll wieder abgeklopft mit der guten Ermahnung: Du mußt auch aus dem Flakfeuer bleiben." (...)" (*Höltershinken* 1987, S. 62).

Inwieweit sich die Kinder bis zum Alter von 10 Jahren der nationalsozialistischen Ideologie in ihren Spielen außerhalb von Familie und Kindergärten entziehen konnten, liegt bislang noch weitgehend im Dunkel.

Durch das Gesetz zur Hitlerjugend von 1936 ergibt sich jedoch für die Kinder und Jugendlichen ab 10 Jahren eine Situation der nahezu vollständigen Kontrolle. Hitlerjugend (HJ) und Bund Deutscher Mädels (BDM) nehmen weit reichenden Einfluss auf das Alltagsleben von Kindern und Jugendlichen sowie die Bildungs- und Erziehungseinrichtungen. Gemeinsame Fahrten und Wanderungen sowie die Durchführung von Lagern sind willkommene Gelegenheiten, die Spiele und Lieder der Kinder und Jugendlichen den nationalsozialistischen Zwecken unterzuordnen. Die Uniformen von HJ und BDM – eine Premiere in der Geschichte der Kinderkleidung – sollen gleichzeitig jeglichen Hang nach Individualität und persönlichem

Freiraum unterdrücken. Die Hauptintention liegt bei der Unterordnung unter eine strikte Befehls-Gehorsams-Hierarchie.

Demgegenüber steht der bedrückende Alltag der Kinder und Jugendlichen aus Bevölkerungsgruppen, die von den Nationalsozialisten zunächst ausgegrenzt und schließlich millionenfach in den Vernichtungslagern umgebracht worden sind. Es gehört zu den unvorstellbaren und schwer verstehbaren Kapiteln einer Geschichte der Spielpädagogik, dass Kinder und Jugendliche auch unter den Bedingungen des Holocaust gespielt haben. *Georg Eisen*, ein Soziologe aus den USA, hat für diese Kinder und ihre Spiele in seiner Studie "Spielen im Schatten des Todes" ein Zeichen der Erinnerung gesetzt. So unglaublich es klingen mag: Selbst unter der lebensverachtenden Bedingungen der jüdischen Ghettos etwa in Warschau oder Lodz und noch im Angesicht der Gaskammern von Auschwitz-Birkenau haben Kinder gespielt:

"Die Kinder des Ghettos spielten und lachten, und die ganze Tragödie spiegelte sich in ihren Spielen. Sie spielten zum Beispiel Totengräber: Sie hoben eine Grube aus, legten ein Kind hinein und nannten es Hitler. In einem ihrer Spiele waren sie die Torwächter des Ghettos. Einige spielten die Rolle der Deutschen, andere die der Juden, und die Deutschen waren wütend und schlugen die anderen Kinder, die Juden waren. Und immer wieder spielten sie Beerdigung ..." (*Eisen* 1993, S. 161).

Kaum eine Spieltheorie ist bislang auf diese Extremsituation eingegangen. So fällt uns besonders aus heutiger Sicht der Versuch schwer, den Sinn der Spiele der jüdischen Kinder in Ghetto und Konzentrationslager nachzuvollziehen. Zu nahe scheint die Diagnose der "moralischen Verrohung" der Kinder zu liegen. Angesichts einer permanenten Bedrohung mit dem Tod, mit Hunger und mangelnder Hygiene bei gleichzeitigem Verlust von Verwandten und Angehörigen auf dem Weg der Kinder in die Vernichtungslager mag diese Abstumpfung nicht einmal verwundern. So beschreibt auch *Janusz Korczak (1878-1942)*, der polnische Arzt und Pädagoge, der das Waisenhaus "Dom Sierot" im Warschauer Ghetto leitet (vgl. *Dauzenroth*[3] 1992), in seinem "Tagebuch aus dem Warschauer Ghetto" eine Straßenszene aus dem Jahre 1942:

"Neben dem Gehsteig liegt ein halbwüchsiger Bub, vielleicht lebt er noch, vielleicht ist er schon tot. Und gleich daneben sind drei Buben beim Pferdchenspielen die Zügel durcheinandergeraten. Sie halten Rat, probieren, werden ungeduldig und stoßen dabei mit den Füßen an den Daliegenden. Endlich meint einer:
"Laßt uns hier weggehen, der ist uns im Weg."
Sie gehen ein paar Schritte weiter und machen sich wieder über ihre Leine her." (*Korczak* 1992, S. 65).

Gleichwohl ist für *Korczak* das Spiel einer der wichtigsten Zugänge zum Verständnis der Kinder und der Art und Weise, wie sie ihren bedrückenden Alltag zu bewältigen versuchen. Nach *Eisen* können die Kinder des Holocausts gar nicht anders, als die grausame und für sie übermächtige Wirklichkeit, der sie ohnmächtig und ohne Schutz ausgeliefert sind, im Spiel für sich handhabbar zu machen, sich ihrer gleichsam zu bemächtigen. Das Spiel hat für sie Überlebensfunktionen, sie spielen, um zu *iberlebn*, wie es im Jiddischen heißt (vgl. *Eisen* 1993, S. 139). Damit wird ein unbedingter Überlebenswille und ein Wille zum Widerstand zum Ausdruck gebracht. Die Spiele der Kinder beinhalten eine letzte Hoffnung, der Vernichtung doch noch zu entgehen – wie irrational dieser Wunsch auch immer gewesen sein mag. Genau dies müssen die Erwachsenen in Ghetto und Konzentrationslager auch erkannt haben. Sie richten mit einfachsten Mitteln Spielecken, private Spielgruppen und Spielplätze ein, basteln Spielmittel oder ermöglichen den Kindern, sich selbst Spielmittel anzufertigen. Für einen Moment kann so die elende Lebenssituation in Vergessenheit geraten.

Zugleich kommt in diesen spielpädagogischen Arrangements wohl auch die Erkenntnis der Erwachsenen zum Ausdruck, wie sehr Kinder auf das Spiel zur Förderung ihrer Entwicklung angewiesen sind. Im Spiel haben sie die Möglichkeit, ein Verhältnis zur Wirklichkeit zu konstruieren, dass ihren jeweiligen Fähigkeiten und Bedürfnissen entspricht. Dabei setzen sie sich selbstverständlich mit der jeweiligen Umgebung und ihren darauf bezogenen Erlebnissen auseinander. Auf diese Weise entstehen zwangsläufig Spiele wie "Bunkersprengen", "Durch das Tor (des Ghettos) gehen" und "Gaskammer" (vgl. *Eisen* 1993, S. 116ff.). Die Phantasie ermöglicht ihnen zusätzlich, sich an andere Orte zu träumen und sich von der Realität zu distanzieren. Ein beredtes Zeugnis dafür liefern die Zeichnungen und Gedichte der Kinder und Jugendlichen aus Theresienstadt (vgl. *Vovlakova* 1996). Die Tagebücher und Bilder der Kinder des Holocaust sind bis heute mahnende Erinnerung. Die wenigen überlebenden Kinder und Jugendlichen können sich jedenfalls von den Erinnerungen an die Gräueltaten der Nationalsozialisten ihr Leben lang nicht mehr befreien, und nicht wenige sind bis in die Gegenwart hinein nicht in der Lage, mit ihren Kindern oder Enkelkindern zu spielen. Aus diesem Grunde gilt auch für die Spielpädagogik nach 1945 die Maxime, die *Theodor W. Adorno* für die Erziehung formuliert: "... dass Auschwitz nicht mehr sei!".

### 3.5 Spiel und Erziehung nach 1945

Der Zusammenbruch des sog. "Dritten Reiches" und das Ende des Zweiten Weltkrieges im Jahre 1945 hinterlässt in Europa in mehrfacher Bedeutung einen Trümmerhaufen. Nicht nur die Städte liegen in Schutt und Asche, auch die familialen und nachbarschaftlichen Beziehungen müssen erst allmählich wieder entstehen. Für eine Weile werden die Ruinen zur Kulisse der Kinderspiele. Auch in Friedenszeiten spielen sie noch lange Krieg und Schießen. Gewaltspiele gehen in den Fünfzigerjahren nahtlos in das Cowboy-Indianer-Spiel über. Durch die Unvollständigkeit der Familien und die Anforderungen des Wiederaufbaus bleiben Kinder vielfach auf sich gestellt. Besonders die Schlüsselkinder verlegen ihr Spiel auf die Straße und entwickeln dort nicht nur eine eigene Kindergemeinschaft sondern auch eigenständige Spielkulturen (vgl. *Weber-Kellermann* 1989, S. 253ff.). Einer Untersuchung von *Reinhard Peesch* zu den Berliner Straßenspielen der Fünfzigerjahre zufolge (zit. n. *Weber-Kellermann* 1989, S. 256) steht bei den Jungen das Fußballspiel unangefochten an der Spitze. Bei den Mädchen wird eher Hopse, Versteck oder Völkerball gespielt. Das Straßenspiel richtet sich sehr deutlich nach den Jahreszeiten aus, sodass es bevorzugte Saisonspiele gibt: Murmeln bzw. "Knicker" im Frühjahr, Spiel mit Kastanien im Herbst usf. Ein interessantes Phänomen dieser Jahre ist "Gummi-Twist", das besonders von Mädchen gespielt wird. Ein einfaches Gummiband, wie es auch für die Wäsche Verwendung findet, wird zusammengeknotet. Zwei Spielerinnen führen das Gummiband um ihre Waden herum, sodass auf einer Länge von etwa zwei Metern zwei parallel laufende Stränge entstehen. Mit unterschiedlichen Schwierigkeitsgraden (Höhe des Gummis über dem Boden, Abstand zwischen den Gummis) können nun andere Mitspielerinnen allein oder mit mehreren in diese Gummistränge hineinhüpfen und dabei zahlreiche Geschicklichkeitsübungen ausführen, die in festen Abläufen geregelt sind. Bei einem Fehler wechseln die Spielerinnen ihren Platz. Dieses Spiel hat sich seinerzeit in Windeseile weltweit verbreitet, ohne dass bekannt wäre, wer es entdeckt hat und wer die Regeln dazu verfasst hat. Gummi-Twist ist ein Ausdruck dieser eigenständigen Spielkultur der Nachkriegskinder, die gegen zahlreiche Spielverbote und fehlende Spielräume bzw. nicht vorhandene Spielmaterialien behauptet werden musste. Auf Fotodokumenten aus dieser Zeit wird deutlich, dass die Kinder mit allen Gegenständen ihrer Umgebung gespielt haben und auch Müll oder Baustellenschutt mit einbezogen (vgl. für das Ruhrgebiet: *Borrmann* 1996). Die Spielerfahrungen der Nachkriegskinder sind jedenfalls unmittelbar durch die Straßenspiele in den nachbarschaftlichen Spielgruppen geprägt. Erst allmählich wird die Forderung "Mehr Platz für Kinder" in eigens gestaltete Spielplätze umgesetzt, auf Grund ihres monotonen Angebotes (Rutsche, Sandkasten, Klettergerüst) nicht immer mit der entsprechenden Akzeptanz bei den Kindern. Bis weit in die Siebzigerjahre werden Fehlbestand und Ausstattung von Spielplätzen öffentlich kritisiert (vgl. beispielsweise den Rückblick bei *Forsch* 1980, S. 120f.).

Die Zeit des Wiederaufbaus und sog. "Wirtschaftswunders" in der BRD wird allerdings auch durch einen gravierenden Wandel der familialen Lebenswelten von Kindern geprägt. In der Nachkriegszeit setzt sich die Zwei-Generationen-Familie nahezu vollständig durch. Gleichzeitig sinkt die Familiengröße durch eine geringere Anzahl der Kinder pro Familie: von 2,4 Kindern pro Familie im Jahre 1950 auf 1,45 Kinder pro Familie im Jahre 1974 (vgl. *Tenorth* ²1992, S. 286). Die Wohnsituation verbessert sich allerdings zusehends, sodass sich die verfügbare Wohnfläche je Einwohner zwischen 1950 und 1982 von 15 auf 30 Quadratmeter verdoppelt (a.a.O., S. 187). Ein grundlegender Wandel setzt ebenfalls in den innerfamilialen Beziehungen ein. Während noch 1950 körperliche Strafen als Erziehungsmittel nach eigenen Aussagen bei der überwiegenden Mehrzahl der Kinder angewendet wird, setzt sich in den Sechzigerjahren allmählich ein partnerschaftlicher Erziehungsstil durch. Auch die Väter werden nun stärker in die Familienarbeit eingebunden. Der Anteil der Väter, die mit ihren Kindern spielen, steigt von 27% im Jahre 1950 auf 66% im Jahre 1980 (a.a.O., S. 286).

Im Zuge der Bildungsexpansion weitet sich die Verweildauer der Kinder und Jugendlichen in schulischen Bildungs- und Erziehungseinrichtungen aus (vgl. *Tenorth* ²1992, S. 291). Zwischen 1960 und 1978 verdoppelt sich die Zahl der Kindergärten von 12.300 auf 23.400, sodass die Versorgungsquote mit Kindergartenplätzen seit den Siebzigerjahren kontinuierlich höher als 80% liegt (a.a.O., S. 288). In diesem Zusammenhang erhält die Spielpädagogik zunehmend institutionelle Rahmenbedingungen, die die Anwesenheit Erwachsener in der Begleitung kindlicher Spieltätigkeiten begünstigen. Im Zuge dieser Institutionalisierung des Spiels werden die autodidaktischen Aspekte einer Spielerziehung, wie sie noch bei *Fröbel*, *Montessori* und *Steiner* nachzulesen sind, von zunehmenden Erwachseneneinflüssen auf das kindliche Spiel abgelöst. Dabei gehen allerdings die beiden deutschen Staaten unterschiedliche Wege.

- **Spielpädagogik in der DDR**

In dem grundlegenden Werk zur DDR-Spielpädagogik von *Netti Christensen* und *Irmgard Launer* (1979, ⁶1989) wird die kindliche Spieltätigkeit als Widerspiegelung der sozialen Wirklichkeit dargestellt. Kinder gestalten im Spiel (und besonders im Rollenspiel) ihre Umgebung allenfalls nach, indem sie Personen und Gegenstände in ihre Spieltätigkeit einbeziehen.

"Die Wiedergabe und Nachgestaltung der Erscheinungen ihrer gesellschaftlichen Umwelt erfolgt durch die Einwirkung auf Stoffe, die die Kinder vorfinden." (*Christensen/ Launer* ⁶1989, S. 9).

Die Betonung liegt hier auf der Nachahmung, während der Aspekt der Kreativität und der Neuschöpfung in den Hintergrund gerät. Das Spiel wird den Kindern im Kindergarten der DDR also durchaus zugestanden. Der Widerspiegelungsaspekt führt allerdings unter Rückbezug auf den sowjetischen Spielforscher *Daniil Elkonin*

(1980) zu einer Bevorzugung des Rollenspiels. Im Rollenspiel versuchen Kinder Erwachsene zu imitieren. Auch hier überwiegt erneut der Aspekt der Nachgestaltung. Kreative und schöpferische Aspekte des Rollenspiels z.b. durch die Erfindung neuer Rollen und eigener Geschichten treten dagegen zurück (vgl. *Christensen/ Launer* 1989, S. 77f.). Der Aspekt der Selbsttätigkeit, der bei *Lev S. Vygotskij* (1977) in seiner Theorie der "fiktiven Spielsituation" noch zum zentralen Merkmal der kindlichen Spieltätigkeit zählt (vgl. Kap. 1.1.2), ist hier stark zurückgedrängt.

Aus diesen Grundannahmen zur Spieltätigkeit leitet sich auch die "führende" Rolle der Erzieherin bei der Gestaltung des kindlichen Spiels ab. Nicht die Kinder entwickeln sich in ihrer Spieltätigkeit, vielmehr führt die Erzieherin die Kinder im Spiel auf neue Entwicklungsniveaus. Das Spiel wird so als "Mittel der Erziehung" (*Christensen/ Launer* 1989, S. 7) gesehen, mit dessen Hilfe weiterführende Erziehungsziele angestrebt werden können.

"Die Erzieherin richtet sich nach den im "Erziehungsprogramm für den Kindergarten" enthaltenen Forderungen, wählt den Inhalt aus, den sich die Kinder in den Spielen aneignen sollen, und bestimmt genau die didaktischen Aufgaben und die Spielaufgaben, -handlungen und -regeln, sowie das Ergebnis, das erreicht werden soll." (*Jadeschko/ Sochin* 1989, S. 304).

Insofern trifft auf große Teile der spielpädagogischen Praxis in der DDR die Kennzeichnung als "spielerische Einkleidung" (*Hans Scheuerl*) zu. Es dominiert eine "... Pädagogik des Spieleingriffs und der Spielkorrektur" (*Heinsohn/ Knieper* 1975, S. 35). Im Zweifelsfall ist die Erzieherin zur Stelle:

"Nimmt das Spiel eine Richtung an, die den pädagogischen Absichten widerspricht, sind die Kinder abzulenken, und wenn dies nicht gelingt, muß auch einmal ein Spiel abgebrochen werden." (*Christensen/Launer* 1989, S. 89).

Damit dominiert in der DDR-Spielpädagogik das direkte pädagogische Handlungsmuster. Inwieweit das Spiel der Kinder als spontane, phantasievolle und selbst kontrollierte Tätigkeit hier noch zur Geltung kommen kann, muss bezweifelt werden (vgl. auch *Trautmann* 1997). Seit der Vereinigung der beiden deutschen Staaten im Jahre 1989 ergeben sich von daher auch die weitreichendsten Neuerungen im pädagogischen Umgang zwischen Erzieherinnen und Kindern bezogen auf die Spieltätigkeit.

- **Spielpädagogik in der BRD**

Im Anschluss an die Reformpädagogik herrscht in der BRD nach 1945 zunächst große Zurückhaltung bei der Bestimmung des Verhältnisses von Spiel und Pädagogik. *Wolfgang Einsiedler* ($^3$1999, S. 149f.) hat besonders am Werk der Psychologin und Spielforscherin *Hildegard Hetzer* gezeigt, wie stark dabei reifungsorientierte Entwicklungstheorien zugrundeliegen. In den Schriften von *Hetzer* entsteht seit den Dreißigerjahren ausgehend von Untersuchungen des Bau- und Konstruktionsspiels in Kooperation mit *Charlotte* und *Karl Bühler* (vgl. Kap. 1.3.2.1) ein Konzept der Spielförderung, das die Nachkriegsdebatte zur Spielpädagogik in Westdeutschland stark beeinflusst. Im ihrem mehrfach aufgelegten Band "Spiel und Spielzeug für jedes Alter" (*Hetzer* $^9$1967) unterscheidet sie die spielpädagogischen Grundmuster der "mittelbaren und unmittelbaren Spielführung" (a.a.O., S. 41ff.). Sie betont zunächst die "Freiheit des Spiels" (ebd.). Gleichzeitig sieht *Hetzer* als Aufgabe der Erwachsenen die Sicherung der Voraussetzungen des Spiels. Kinder benötigen Raum und Zeit für das Spiel. Außerdem sollte ihnen geeignetes Spielzeug zur Verfügung stehen und ausreichend Gelegenheit zum Spiel mit anderen Kindern bestehen. Erwachsene bleiben bei der "indirekten" Spielführung allerdings im Hintergrund und greifen nicht aktiv in das Spielgeschehen ein.

Im Ergänzung dazu ist es in manchen Fällen erforderlich, dass Erwachsene auch aktiv am Spiel der Kinder teilnehmen. Immer wenn das Spiel zu scheitern droht oder es an neuen Einfällen mangelt, machen Erwachsene Vorschläge oder spielen auch selbst mit den Kindern. Diese "unmittelbare (direkte) Spielführung" (a.a.O., S. 46ff.) ist allerdings nach *Hetzer* nicht zu verwechseln mit Vorschriften, in die das Spiel gezwängt werden soll. Direkte Formen der Unterstützung des kindlichen Spiels sind immer dann erforderlich, wenn das Spiel nicht ohne Hilfestellung weitergehen kann. *Hetzer* weist z.B. auf kreative Techniken hin, die sich Kinder mit Hilfe Erwachsener aneignen, um bestimmte Spielideen in die Tat umsetzen zu können (a.a.O., S. 48). Die Erwachsenen ziehen sich nach erfolgter Hilfestellung aber aus der direkten Spielführung zurück, um die "Freiheit des Spiels" wieder möglich zu machen.

In den Kindergärten der BRD werden dem "freien Spielen" deshalb im Anschluss an die Reformpädagogik feste Zeiten im Tagesablauf einer Tageseinrichtung zugestanden. Damit dominiert die indirekte Spielführung im Sinne *Hetzers*, die sich besonders in der Gestaltung einer bestimmten Kindergartenumgebung (z.B. Bauecke, Puppenecke, Bastelecke) manifestiert. Zum Problem gerät allerdings dabei zusehends die Frage der Planung und Vorbereitung. Um Erstarrungen in der Spielumgebung zu vermeiden, werden deshalb thematische Anregungen erforderlich, die beispielsweise bei Spielprojekten mit Kindern gemeinsam entwickelt werden (z.B. zum Thema Steinzeit, Ritter usf.).

Als nach fast 45 Jahren getrennter Geschichte die beiden deutschen Staaten im Jahre 1989 wieder vereinigt werden, treffen demnach auch zwei recht unterschiedliche spielpädagogische Traditionen aufeinander. Weitere 10 Jahre nach diesem historischen Ereignis ist ein Ost-West-Dialog zur Spielpädagogik im Gange, in den zwischenzeitlich beide Traditionslinien eingehen und so für die Zukunft hoffen lassen, dass aus dem gemeinsamen historischen Rückblick auch ein gemeinsamer Blick nach vorn wird (vgl. *Retter* 1991).

## 3.6 Spiel und Bildung (Zusammenfassung)

Im Überblick zu diesem Abriss einer Geschichte der Spielpädagogik von den Anfängen bis zur Gegenwart kann festgehalten werden, dass sich ausgehend von *Platon* die Erkenntnis von der Bildungsbedeutsamkeit des Spiels durchgesetzt hat. Spiel hat deshalb bildenden Charakter, weil es Kinder in die Lage versetzt, sich selbstständig mit der kulturellen Umgebung auseinander zu setzen. Von *Platon* über *Vittorino da Feltre* und *Fröbel* bis zu *Montessori* und *Steiner* wird deshalb im Laufe einer historiographischen Betrachtung zur Spielpädagogik zunehmend deutlich, dass die "Reaktion der Gesellschaft auf die Entwicklungstatsache" (*Siegfried Bernfeld*) nicht umhin kommt, vom kindlichen Spiel als spontaner, phantasievoller und selbst kontrollierter Interaktion mit der soziokulturellen und natürlichen Umwelt auszugehen. Die pädagogische Begleitung des Spiels wird so zu einer Grundfrage der Pädagogik überhaupt. Zugleich macht der historische Rückblick deutlich, dass das Spiel von Kindern und Jugendlichen keineswegs auf einer romantischen Insel stattfindet. Es unterliegt stets den jeweiligen historischen Einflüssen einer Epoche und ist auch bis zur Unkenntlichmachung in den Dienst von totalitären Ideologien gestellt worden. Vor diesem Hintergrund kann eine moderne Spielpädagogik, wie sie nunmehr entwickelt werden soll, nur von einer Analyse der je aktuellen Zeitumstände ihren Ausgang nehmen. Aus dieser Analyse werden erst die Spielthemen der Kinder hervorgehen. Als Handlungsmaxime bleibt allerdings gleichwohl die Aufgabe erhalten, gemeinsam mit Kindern und Jugendlichen den spezifischen Charakter des Spiels im Zweifelsfall auch gegen alle gesellschaftlichen Einflüsse zu behaupten.

### Literaturempfehlungen:

*Ariès, Philippe*: Geschichte der Kindheit. München: dtv, [12]1998
*Dirx, Ruth*: Das Buch vom Spiel. Das Spiel einst und jetzt. Gelnhausen: Burckhardthaus-Laetare Verlag, 1981 (Erstausgabe: 1968)
*Fittà, Marco*: Spiele und Spielzeug in der Antike. Unterhaltung und Vergnügen im Altertum. Stuttgart: Theiss, 1998 (italienische Originalausgabe: 1997)
*Glonegger, Erwin*: Das Spiele-Buch. Brett- und Legespiele aus aller Welt. Herkunft, Regeln und Geschichte. Uehlfeld: Drei Magier Verlag, [2]1999
*Huizinga, Johan*: Homo Ludens. Vom Ursprung der Kultur im Spiel. Reinbek b. Hamburg: Rowohlt, 1987
*Retter, Hein*: Spielzeug: Hb. zur Geschichte und Pädagogik der Spielmittel. Weinheim u. Basel: Beltz, 1979

*Scheuerl, Hans*: Das Spiel. Untersuchungen über sein Wesen, seine pädagogischen Möglichkeiten und Grenzen. Bd. 1. Weinheim u. Basel: Beltz, [11]1990
*Scheuerl, Hans* (Hrsg.): Das Spiel. Theorien des Spiels. Bd. 2. Weinheim u. Basel: Beltz, [11]1991
*Weber-Kellermann, Ingeborg*: Die Kindheit. Eine Kulturgeschichte. Frankfurt a.M.: Insel, 1989 (Erstausgabe: 1979)

# 4.0 Pädagogik der Spielsituation – eine arbeitsfeldübergreifende Konzeption

> *"Die heutigen Kinder sind ganz offensichtlich die Kinder ihrer Zeit und ihrer Umwelt, sie sind ihr entlarvendster Spiegel."*
> Hartmut von Hentig 1975, S. 32

Lange Zeit schienen Spiel und Pädagogik nicht miteinander vereinbar zu sein. Zu groß erwies sich auf den ersten Blick der Unterschied zwischen einer spontanen Tätigkeit auf der einen Seite und deren pädagogischer Anleitung durch Erwachsene auf der anderen Seite. Inzwischen hat sich jedoch die Einsicht durchgesetzt, dass eine pädagogische Anregung und Unterstützung des Spiels nicht nur sinnvoll und möglich ist. Vielmehr gerät eine Pädagogik des Spiels in moderner Gesellschaft zur Notwendigkeit, soll sich das Spiel von Kindern und Jugendlichen in seiner gesamten Qualität weiterhin behaupten können. Zugleich muss dabei die Gefahr einer Pädagogisierung und Verzweckung des Spiels gesehen werden. Spielpädagogik hat deshalb zu einem guten Teil zunächst einmal die Aufgabe, die Freiheit zum Spiel zu sichern.

Für das Anknüpfen an alltäglichen Spielerfahrungen von Kindern und die Gestaltung von Spielsituationen als offene Situationen sollen nun einige Orientierungshilfen bereitgestellt werden. Die Empfehlungen gruppieren sich um die wichtigsten Elemente von Spielsituationen und thematisieren jeweils eines dieser Elemente (4.1: Spielmittel, 4.2: Spielpartner, 4.3: Spielräume, 4.4: Spielzeit) vorrangig. Diese Schwerpunkte werden jeweils im Spannungsfeld zwischen Lebens- und Spielsituationen betrachtet. Auf der Basis exemplarischer Befunde aus der empirischen Spielforschung erfolgt die Ableitung praxisrelevanter Anregungen. Geschlechtsspezifische und interkulturelle Aspekte werden gegebenenfalls bezogen auf das entsprechende Element der Spielsituation einbezogen. Der spielpädagogische Alltag kann abweichend von dieser Darstellung andere Verbindungen zwischen den Situationselementen erforderlich machen. Grundlage dieser Darstellung sind jeweils spielpädagogische Praxisprojekte in verschiedenen pädagogischen Arbeitsfeldern (Tageseinrichtungen für Kinder, Schulen und Jugendarbeit). Im Vordergrund steht also hier weniger das Interesse an einer umfassenden Forschungsübersicht als vielmehr die Frage nach der Vermittlung von Ergebnissen der empirischen Spielforschung mit der spielpädagogischen Praxis.

Dahinter steht ein phänomenologisches Grundverständnis des Verhältnisses von Spiel- und Lebenssituationen. In der Auseinandersetzung mit Alltagserfahrungen

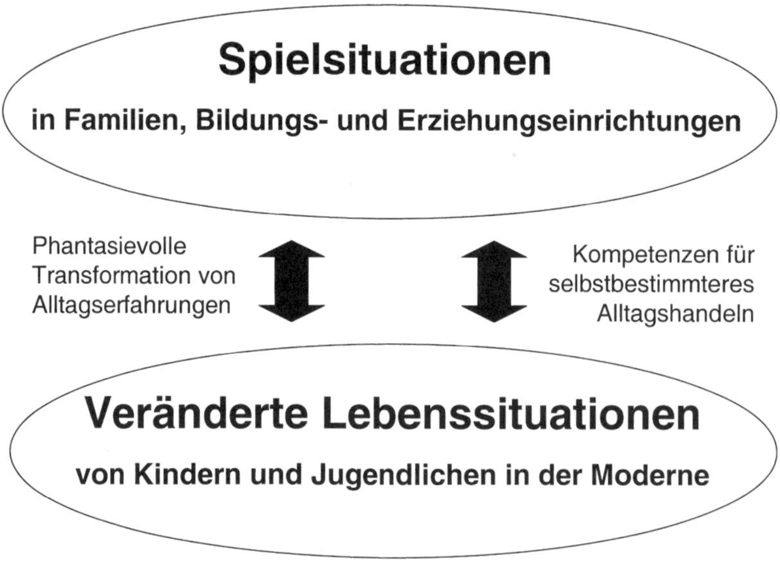

## Spielsituationen
in Familien, Bildungs- und Erziehungseinrichtungen

Phantasievolle
Transformation von
Alltagserfahrungen   Kompetenzen für
selbstbestimmteres
Alltagshandeln

## Veränderte Lebenssituationen
von Kindern und Jugendlichen in der Moderne

**Abb. 8:** Das Verhältnis von Spiel- und Lebenssituationen

im kindlichen Spiel transformieren Kinder Lebenssituationen in eine fiktive Wirklichkeit, die es ihnen ermöglicht, sich lernend auf die Potenzialitäten dieser Situationen und ihre vielfältigen Aspekte einzustellen. In diesem Spielprozess findet insofern Lernen statt, als in der Erprobung von möglichen Bewältigungsstrategien für Lebenssituationen Kompetenzen erworben werden, die zu einem selbstbestimmteren Umgang von Kindern mit ihren Alltagserfahrungen und ihrer Lebenssituation beitragen.

Die Alltagserfahrungen von Kindern und Jugendlichen werden über den Weg der phantasievollen Transformation im Spiel für die Kinder handhabbar und einer Bearbeitung zugänglich. Dieses Verständnis der Spieltätigkeit als spezifische Form der Auseinandersetzung mit Lebenssituationen unter den Bedingungen moderner Gesellschaften liegt auch den folgenden pädagogischen Reflexionen zu den materiellen, sozialen, räumlichen und zeitlichen Aspekten von Spielsituationen zu Grunde.

## 4.1 Pädagogik der Spielmittel

Der gegenständliche Bereich des Spiels von Kindern hat in der Gegenwart eine wichtige Funktion übernommen. Oftmals wird bereits ein Überangebot an Spielmitteln beklagt, das Kinder heute offenbar vor gänzlich neue Anforderungen stellt. Sie müssen häufig mit dem Überfluss umgehen lernen und werden mit einem unüberschaubaren Markt konfrontiert, in dem es sich zu orientieren gilt. Der *Arbeitsausschuss Kinderspiel+Spielzeug e.V.* ([22]1998) gibt in Verbindung mit dem Gütesiegel "spiel gut" einen jeweils aktualisierten Ratgeber zu empfehlenswerten Spielmitteln begleitend zur kindlichen Entwicklung. Die genannten Spielzeuggruppen sind nach "Spielfunktionen" geordnet und ergeben so eine nach wie vor gut handhabbare Systematik der Spielmittel:

| Nr. | Spielfunktionen | Spielzeuggruppen |
|---|---|---|
| 1 | *Spielzeug für das erste Lebensjahr*[1] | • Spielzeug zum Schauen und Horchen<br>• Greifspielzeug, Beißring, Greifketten<br>• Badewannenspielzeug<br>• Werftiere, Werfpuppen<br>• Stoffbälle, Kuller-Spielzeug |
| 2 | *Soziales Verhalten* | • Tiere aus Plüsch und ähnlichen Stoffen<br>• Puppen, Puppen zum Selbermachen, Zubehör usf.<br>• Geschirr, Haushaltsgeräte<br>• Aufstellspielzeug<br>• Kaufladen, Kinderpost, Zubehör<br>• Puppentheater, Marionetten, Kostüme |
| 3 | *Bewegung – Geschicklichkeit* | • Nachzieh- und Schiebespielzeug<br>• Spielen mit Wasser, Sand und Erde<br>• Hämmern für Kleinkinder<br>• Bälle<br>• Wurfspiele mit Ringen, Scheiben, Bällen<br>• Springseile<br>• Kreisel, Jo-Jo<br>• Stelzen, Balanciergeräte, Rollschuhe<br>• Steckenpferde, Schaukelpferd, Bodenschaukel<br>• Schaukeln, Turngeräte, Spielgeräte<br>• Flugzeuge[2] (Segler), Drachen<br>• Rutscher, Dreirad, Roller, Holländer, Go-Cart<br>• Wagen zum Schieben und Ziehen<br>• Schubkarren, Sackkarren, Sulky |

| Nr. | Spielfunktionen | Spielzeuggruppen |
|---|---|---|
| 4 | Transport + Verkehr | • Fahrzeuge mit und ohne Antrieb<br>• Garage, Parkhaus, Waschanlage, Tankstelle<br>• Bagger, Kran, Förderband<br>• Eisenbahnen und Eisenbahnanlagen<br>• Gespanne<br>• Schiffe[2], Segelboote<br>• Flugzeuge, Hubschrauber<br>• Verkehrsanlagen |
| 5 | Gestalten mit Material | • Farben zum Malen und Zeichnen, Wasserfarben<br>• Drucktechniken<br>• Material zum Formen<br>• Schneiden, Kleben, Bemalen, Falten, Flechten<br>• Fädeln, Nähen, Schlauchstricken<br>• Weben<br>• Bauen und Konstruieren<br>• Steckbausteine und Konstruktionsmaterial<br>• Spielmöbel, Großbauelemente<br>• Werken, Basteln, Handarbeiten<br>• Werkzeugmaschinen für Kinder |
| 6 | Probieren – Experimentieren – Forschen | • Spielzeug zum Beobachten, Staunen, Nachahmen<br>• Kugelbahn, Laufbahn, Rollbahn<br>• Kletterfiguren, Spiegelspiele<br>• Klangspiele<br>• Lernuhren<br>• Naturwissenschaft und Technik |
| 7 | Denkspiele – Geduldspiel | • Formen-Steckspiel<br>• Puzzles<br>• Mathematische Legespiel<br>• Geduldspiele zum Zerlegen und Zusammenfügen<br>• Geschicklichkeitsspiele |
| 8 | Gesellschaftsspiele | • Lottospiele<br>• Domino<br>• Kartenspiele<br>• Würfelspiele<br>• Buchstabenspiele – Wortspiele – Zahlenspiele<br>• Brettspiele |

*Bemerkungen*:
1. Eine Zuordnung der Spielmittel im ersten Lebensjahr zu einzelnen Spielfunktionen ist nicht sinnvoll, da Kinder Gegenstände besonders in diesem Entwicklungsabschnitt auf unterschiedliche Weise benutzen.
2. Auf Grund der Einteilung nach Spielfunktionen können Spielzeuggruppen mehrfach zugeordnet sein.

Tab. 3: Systematik der Spielmittel (n. *Arbeitsschuss Kinderspiel+Spielzeug* [22] 1998)

Das hier zugrundeliegende Modell der Entwicklung von Spielfunktionen beginnt bei den Spielmitteln bezogen auf den eigenen Körper und die Erprobung der eigenen Sinne, um dann die sozialen und gegenständlichen Umweltbereiche nach und nach über Spielmittel zu erschließen. Angesichts der verwirrenden Fülle auf dem Spielzeugmarkt wird jede Systematik früher oder später revisionsbedürftig sein. Schon die Einfügung der Kategorie "Transport+Verkehr" in die Systematik des *Arbeitsausschusses* ist eher dem immer umfangreicheren Spielmittelangebot in diesem Bereich geschuldet als der Entstehung eines neuen Entwicklungsschwerpunktes. Transport- und Verkehrsmittel haben allerdings in der modernen Lebenswelt von Kindern eine derart dominante Bedeutung erhalten, dass es möglicherweise eine eigenständige "Spielfunktion" darstellt, sich als Kind spielerisch auf diese Welt der Mobilität vorzubereiten. Eine moderne Pädagogik der Spielmittel steht allerdings besonders vor der Aufgabe, die Qualität der Spielerfahrungen angesichts eines expandierenden Spielzeugmarktes zu erhalten. Insbesondere muss gefragt werden, wie angesichts dieser, in ihrer Dinglichkeit veränderten Lebenssituation noch eine schöpferische und offene Spielsituation gewährleistet sein kann.

### 4.1.1 Spielzeugkonsum und kreatives Spiel

Im kindlichen Alltag haben immer kurzlebigere Spielzeugmoden enorme Bedeutung gewonnen, jedenfalls aus der Sicht der Kinder. "He-Man, Skeletor und Co." sind durch "Pokémons", "Tele-Tubbies" und "Power Rangers" abgelöst worden. Die "Kids" sind längst unterwegs im All und mischen im "Krieg der Sterne" mit. Andererseits können wir bereits auf Kinderflohmärkten Beispiele aus solchen Spielensembles billig erwerben, ein Zeichen, dass das Interesse an den kaum noch überschaubaren Spielzeugverbundsystem (mit zahlreichen weiteren Figuren, Büchern, Cassetten, Comic-Heften und großformatigen Elementen) anscheinend mit der Nutzungsdauer abnimmt. Aber die Nachfolgemodelle lassen nicht lange auf sich warten. Der neue Zeichentrickfilm im Kino oder die Comic-Serie im Fernsehen bringen unweigerlich ein neues Arsenal von Spielfiguren hervor. Es geht wohl auch schlicht um einen Riesenmarkt. Allein mit dem Verkauf der "Power Rangers" wurden 60 Millionen Mark umgesetzt (vgl. *Grefe* 1997, S. 91).

Meist handelt es sich um variabel gestaltete Plastikfiguren mit Zubehörteilen, die vorzugsweise in Rollenspielen Verwendung finden, untereinander getauscht werden und häufig auch den Anlass zur Vereinbarung eines Spielnachmittags bieten. Diese Figuren übernehmen also durchaus eine bestimmte soziale Funktion im kindlichen Alltag, und es ist fast aussichtslos – wie Eltern immer wieder bestätigen – die Kinder vom Kauf oder andersartigen Erwerb dieser Figuren abzubringen. Sie gehören zur kindlichen Spielwelt der Gegenwart, auch wenn wir Erwachsenen die "Plastik-monster" lieber aus dem Spiel ausschließen würden (vgl. *Rogge* 1991). Wir müssen offenbar akzeptieren lernen, dass auch von anderer Seite Einfluss auf das kindliche Spiel genommen wird. Gezielte Marketingstrategien und Werbeetats in Millionenhöhe (vgl. *Hopf* 1991) sind in hohem Maße in der Lage, Kinderwünsche aufzuspüren und auch zu wecken. Offenbar befriedigen diese Spielzeugensembles mit ihren Gestaltungselementen grundlegende Bedürfnisse von Kindern, die sich aus ihrer modernen Lebenssituation ergeben. *Arnulf Hopf* (1990, S. 129f.) behauptet, dass die Faszination der Plastik-Monster vor allem Kontrasterfahrungen zum Alltag erlauben. Der Einschränkung des kindlichen Erfahrungsraumes, der Tabuisierung von Aggression oder dem Gefühl der Ohnmacht wird die Unendlichkeit des Weltraums, die Möglichkeit zu gespielter Aggression (s. Kap. 4.2.4) und der allmächtige Held gegenüber gestellt. Verbote von Action-Spielzeug helfen deshalb wohl nicht weiter, sondern vermitteln eher eine höchst zweifelhafte Botschaft: "Wer die Macht hat, kann bestimmen!" (a.a.O., S. 132).

Die Bedeutung des Action-Spielzeuges ist allerdings für Mädchen und Jungen nicht gleich. Nach wie vor wird deutlich getrennt: He-Man und Co. für die Jungen, Barbie und Co. für die Mädchen. Ein Blick in die einschlägigen Spielzeugkataloge oder auch ein Streifzug durch die bekannten Spielzeugmuseen zeigt die ungebrochene geschlechtsspezifische Ausrichtung der Spielzeugproduktion. In einer Langzeitstudie hat *Waltraut Hartmann* (2000, S. 91ff.) über 9 Schuljahre hinweg Daten zum Spielmittelbesitz von Wiener Schülerinnen und Schülern erhoben. Danach besitzen Mädchen in den ersten 4 Schuljahren mehr Puppen und mehr Plüschtiere als Jungen. Jungen bevorzugen in diesem Zeitraum hingegen mehr Fahrzeuge, Eisenbahnen, Konstruktionsbaukästen, elektronische Spiele und Kriegsspielzeug. Die geschlechtsspezifischen Unterschiede bleiben in den Folgejahren bestehen. Jungen besitzen im 9. Schuljahr mehr Computer- und Videospiele als Mädchen, Mädchen bevorzugen demgegenüber mehr Quiz- und Kartenspiele (a.a.O., S 93). Diese Geschlechterdifferenz in den bevorzugten Spielmitteln liegt relativ frühzeitig in der kindlichen Entwicklung fest. Geschlechtsspezifische Präferenzen in der Spielzeugwahl lassen sich bereits im zweiten Lebensjahr nachweisen (a.a.O., S. 101).

Eine unterstützende Funktion für die Verbreitung der hier exemplarisch beschriebenen Spielzeugverbundsysteme übernehmen die elektronischen Massenmedien, insbesondere das Fernsehen als Leitmedium. Ein Blick in das Frühprogramm der Kabel-Sender zeigt die deutliche Ausrichtung der Programminhalte an dieser Altersgruppe. So kann es nicht mehr verwundern, wenn die heutigen Helden der Kinder zum großen Teil aus dem Fernsehen bezogen werden. Spielzeugverbundsysteme werden sogar direkt in Verbindung mit Fernsehserien konzipiert und meist in den Zusammenhang einer gezielten Werbekampagne gestellt (das sog. "*merchandising*", vgl. *Fuchs* 1991). Filme wie "Batman", "Tarzan", "Jurassic-Parc" oder "Episode 1" aus dem "Krieg der Sterne" haben gezeigt, dass bereits Monate vor Sendebeginn (inzwischen auch durch das Internet unterstützt) eine ganze Produktpalette angepriesen wird, zu der sowohl Seifenschalen mit passendem Handtuch als auch die Plastikspielfigur zählt. Der Zweck auch dieser Produkte ist letztlich wieder die Werbung für das Ursprungsprodukt (also z.B. den Film). Anfänge des "merchandising" lassen sich vor allem im Umfeld von Comic-Figuren wie "Little Nemo in Slumberland" oder "Mickey Mouse" bereits in den Dreißigerjahren entdecken. Diese Strategie ist in den Siebzigerjahren von der Musikbranche mit dem Ziel der Vermarktung von Pop-Gruppen wieder belebt worden. Während sich seinerzeit die Zeichentrickserien "Heidi" und "Biene Maja" mit ihrer reichhaltigen Produktpalette noch gemächlich ablösten, fegen die neuen Spielzeugmodewellen der Neunzigerjahre in immer kürzeren Abständen durch die Kinderzimmer. Gerade hat man sich mit ungläubigem Staunen daran gewöhnt, dass Kinder im Grundschulalter in der Lage sind, 150 kleine bunte "Pokèmon"-Monster mit den absurdesten Namen zu benennen und Entwicklungsverläufe sowie Kampfqualitäten auseinander zu halten. Schon hält mit den "Digimons" die nächste Generation Einzug (Sammelkarten- und Plüschtier-Garantie inklusive).

Aus spielpädagogischer Sicht gilt es angesichts dieser Situationsanalyse zu fragen, wo denn die Fähigkeit der Kinder bleibt, sich etwas selbst auszudenken, eigene Phantasien zu produzieren und ihre Bilder selbst hervorzubringen. Zunächst fällt auf, dass die Bedeutung des Phantasiespiels seit langem bekannt ist und immer wieder Anlass zu pädagogischen Betrachtungen gegeben hat. Schon *John Locke, Jean Paul, Jean-Jacques Rousseau* (vgl. *Retter* 1979, 100ff. ) und andere namhafte Pädagoginnen und Pädagogen wussten um den Zusammenhang zwischen der Spielzeugstruktur und dem Phantasiespiel. Gewichtigen Beistand erhält die Skepsis der Spielpädagoginnen und -pädagogen aus einer historisch-vergleichenden Untersuchung von *Rimmert Van der Kooij* (1989a). Er setzt eigene Untersuchungsergebnisse zur Entwicklung verschiedener Spielformen aus dem Jahre 1973 mit einer Untersuchung von *Margret Van Wylick* aus dem Jahre 1935 in Beziehung. Über einen Zeitraum von knapp 40 Jahren ergibt sich hier eine deutliche Abnahme des Phantasiespiels (bzw. Imitationsspiels) von Kindern bei gleichzeitiger Zunahme des Wiederholungsspiels. Konkret bedeutet dies, dass Kinder heute weniger phantasievoll spielen und häufig im wiederholenden Hantieren mit Spielzeug stecken bleiben, ohne auf die Ebene des schöpferischen Spiels überzugehen. Eine mögliche Erklärung für diesen Befund liegt in einem Überangebot an Spielzeug, mit dem solche einfachen Spieltätigkeiten ständig wiederholt werden, bis der Gegenstand wieder einem neuen weicht. Der Selbstmach-Gedanke in Bezug auf das kindliche Phantasiespiel gewinnt in dieser Perspektive die Bedeutung einer spielpädagogischen Kontrastforderung zum kindlichen Spielzeugkonsum. Dazu soll nun insbesondere nach den Einflüssen der Spielmittel auf das Phantasiespiel gefragt werden.

### 4.1.2 Spielzeugstruktur und Phantasiespiel

In mehreren Studien hat *Wolfgang Einsiedler* (*Einsiedler/ Bosch/ Treinies* 1985; *Einsiedler/ Bosch* 1986) diesen Zusammenhang aufbauend auf einer fast schon als eigenständige Tradition zu bezeichnenden Thematik der empirischen Spielforschung genauer untersucht. Bis dato war es nicht gelungen, die alte Pädagogen-Weisheit ("Einfaches Spielzeug fördert das Phantasiespiel.") empirisch abzusichern. *Einsiedler* schlägt nun vor, die Spielzeugstruktur als Einflussfaktor des Phantasiespiels zu betrachten und weiter auszudifferenzieren. Er unterscheidet zwischen Komplexitätsgrad und Realitätsgrad von Spielzeug. Die Untersuchungsbedingungen werden durch zwei Spiel-Bauernhöfe repräsentiert. Als Beispiel für einen hohen Realitätsgrad dient der Playmobil-Bauernhof, dessen Elemente detailliert gestaltet sind und mit der Realität sehr weitgehend übereinstimmen. Ein Holz-Bauernhof von Habermaß stellt die niedrig-realistische Spielzeugbedingung dar, deren Elemente unspezifischer gestaltet sind und nicht direkt mit der Realität übereinstimmen. Der Komplexitätsgrad der Spielzeugbedingungen wird über die Zubehörteile differenziert. Eine größere Anzahl an Zubehörteilen bedeutet eine höhere Komplexität und umgekehrt.

In mehreren Studien mit diesen Spielzeugbedingungen kann nun gezeigt werden, dass weniger der Komplexitätsgrad sondern vielmehr der Realitätsgrad eines Spielzeugs über das Maß des Phantasiespiels entscheidet. Als Hauptergebnis kann festgehalten werden, dass niedrig realistisches Spielzeug häufiger zu sog. "Objekttransformationen" führt. Kinder verwenden dieses Spielzeug eher unabhängig von seinem ursprünglichen Zweck, passen es ihren eigenen Ideen an und transformieren so z.B. einen Turm in ein Flugzeug oder legen aus kleinen Wandquadern einen Flusslauf. Diese Objekttransformationen werden im Anschluss an *Jean Piaget* (1975) als Kern des Phantasiespiels angesehen. Demgegenüber führen hoch-realistische Spielmittel überwiegend zu nachahmenden Tätigkeiten, ein Spaten bleibt ein Spaten und ein Zaun ebenfalls, und es kommt nicht zu neuen Ideen. Eine Unterscheidung nach dem Alter der Kinder zeigt darüber hinaus, dass jüngere Kinder (mit etwa 3 Jahren) mehr realistisches Zusatzmaterial (z.B. Puppengeschirr, Miniatur-Haushaltsgegenstände) benötigen, um auf die Phantasieebene des Spiels zu gelangen.

Was aber bedeutet nun dieser Forschungsbefund von *Einsiedler* für die spielpädagogische Praxis? Es lassen sich am Beispiel der Fantasy-Figuren einige Konsequenzen verdeutlichen. Auch "Barbie" oder "He-Man, Skeletor und Co." und ihre zahlreichen Nachfolgemodelle schneiden in Bezug auf die Phantasiespielförderung schlecht ab. Sie fördern nach diesen Forschungsergebnissen eher nachahmende Tätigkeiten, da sie als hoch-realistisches Spielzeug einzustufen sind. Sie wären demnach kaum in der Lage, Phantasiespiel im eigentlichen Sinne als Objekttransformation anzuregen. Dieses Spielzeugverbundsystem müsste also spielpädagogisch ergänzt werden, wenn die kindliche Fähigkeit zum Phantasiespiel auf der Basis ihrer eigenen Perspektiven gefördert werden soll. Mit sich allein gelassen, würden Kinder trotz aller Liebe zu Barbie und He-Man nicht über das imitative Phantasiespiel hinausgelangen.

---

Spielmittel, die Kreativität und Phantasie von Kindern anregen, sollten
- einfache Grundformen von Alltagsgegenständen repräsentieren (z.B. Papp-röhre als Fernrohr),
- veränderbar sein (z.B. Karton als Auto, Flugzeug, Raumschiff),
- mehr als eine Spielmöglichkeit enthalten (z.B. Luftballons) und
- Verformungen, Umgestaltungen und Kombinationen zulassen.

---

Auf der Basis dieser Kriterien wird hier als spielpädagogischer Praxisansatz vorgeschlagen, in der jeweiligen Spielgruppe eine Spielkartei zu entwickeln, die entsprechende Materialien enthält. Als Materialbereiche bieten sich Eierkartons, Papprollen, Holzabfälle, Zeitungspapier, Wellpappe und viele andere sog. "Abfälle" an, die auch schon einmal kaputt gehen dürfen und dem kindlichen Gestaltungswillen weniger Grenzen setzen als kommerzielles Spielzeug. Die spielpädagogische Umsetzung einer solchen Materialsammlung in Form einer Spielkartei kann einmal mehr in *materialbezogener Weise* erfolgen und z.B. die Pappkartons zu einer größeren Spielaktion heranziehen. Zum anderen bieten sich jedoch noch eher *themenbezogene Umgangsweisen* mit solchen Materialkarteien an, die aus der Beobachtung von Kindern heraus mögliche thematische Bezugspunkte für die Kombination verschiedener Materialien aus der Spielkartei ableiten (vgl. *Heimlich* 1994). Als Beispiel für einen solchen themenbezogenen Ansatz soll nun die Spielaktion "Gespensterstunde" vorgestellt werden.

### 4.1.3 Spielaktion "Gespensterstunde"

Die Vorbereitung auf die Spielaktion erfolgt nach dem Modell der Planungsbausteine, die flexibel in die spontane Spieltätigkeit der Kinder in einer Kindergartengruppe eingebunden werden können.

In der "Gespensterstunde" stehen den Kindern folgende Bausteine zur Verfügung:
- ein *"Gespensterlied"* ("Gespenster gespenstern ...")[1], das gemeinsam gesungen und mit Geräuschen ausgestaltet werden kann,
- ein *"Gespensterspiel"*, bei dem sich zwei Kinder unter einem Bettlaken verstecken und zwei weitere Kinder raten müssen, wer sich unter dem Laken versteckt hat und
- eine *"Gespensterbaustelle"*, an der die Kinder mit vielfältigen Materialien selbst Gespenster herstellen können.
- ein *"Gespenstertreff"*, bei dem sich die Kinder unter Einschluss von Geräuschen und gruseligen Geschichten noch einmal alle ihre selbst gemachten Monster vorstellen und
- das *"Gespensterfreispiel"* als Möglichkeit zum ausführlichen spielenden Umgang mit den selbst gefertigten Spielmitteln.

Diese Elemente stellen keine Reihenfolge dar und können immer wieder je nach Interesse der Kinder in spontane Spielaktivitäten oder sonstige feste Bestandteile im Tagesablauf (wie z.B. Stuhlkreis, Freispiel oder Angebot während des Kindergartenvormittags) eingebracht werden.

Eine Erprobung dieser Bausteine erfolgte an einem Vormittag in einer Kindergartengruppe mit 20 Kindern im Alter von 5-6 Jahren. Die Spielaktion beginnt mit dem *"Gespensterlied"*.

- *Spielsituation Nr. 6:*

*"Die Kinder sitzen im Stuhlkreis. Das Gespensterlied wird einmal von den Erwachsenen vorgesungen. Peter ergänzt das Lied durch Schilderung eigener Erlebnisse mit Gespenstern, die sich v.a. auf Medienerfahrungen beziehen. Danach wird der Text des Liedes einmal vorgesprochen und noch mehrmals gesungen. Die Kinder versuchen alle mitzusingen. Schließlich werden die Kinder aufgefordert, gespenstische Geräusche zu machen. Vereinzelt ist ein "Huhu!" und "Uarrgh!" zu hören. Marita schlägt vor, mit den Füßen zu stampfen. Nach einigen Wiederholungen des Liedes wird der Stuhlkreis durch lautes Gespenstergeheul abgeschlossen..."*

Es zeigt sich, dass die Kinder zur Thematik des Liedes sehr schnell Verbindungen herstellen können und sich unmittelbar angesprochen fühlen. Beim Mitsingen gibt es zwar erwartungsgemäß noch einige Schwierigkeiten. Die unterschiedlichen Be-

---

[1] *Krenzer, R./Lotz, I.*: Gespensterlied. Aus: Wir sind die Musikanten. München/Lahr: E. Kaufmann/ Kösel. (auch in: *Blank, K.-D.* (Hg.): Liedercircus. Köln: Bund, 1982. Lied Nr. 7)

teiligungsmöglichkeiten (ganze Zeilen mitsingen, Satzanfänge oder Reimwörter mitsingen, körpereigene Geräusche erzeugen, zum Lied erzählen) ergeben jedoch sehr schnell ein buntes Klangbild. Während der *"Gespensterbaustelle",* bei der die Kinder durch ein reichhaltiges Materialangebot selbst Gespenster herstellen und damit spielen sollen, sind schließlich alle aktiv beteiligt.

*Die meisten Kinder wollen ein Luftballon-Springgespenst[2] basteln, bestehend aus einem aufgeblasenen und verknoteten Luftballon, auf den ein Gesicht aufgemalt wird. Der Knoten muss zwischen zwei Pappfüße eingeklemmt werden, die dafür sorgen, dass das Springgespenst immer, wenn es in die Luft geworfen wird, auch wieder auf den Füßen landet. Als die ersten Gespenster fertig sind, beginnen die Kinder sie sofort mit lautem Gekreische und Geheule auszuprobieren. Dabei entwickeln sich kleine Gruppen, die auch den Kleingruppenraum und die Eingangshalle in ihr Spiel einbeziehen. Der Kleingruppenraum wird schließlich mit Rollläden verdunkelt. Eine Taschenlampe ermöglicht das Weiterspielen im Dunkeln. Schließlich entsteht mit Bauklötzen ein Gespensterhaus, in dem sich das Gespenst verstecken kann.*

Einzelbeobachtungen beim Bastelvorgang zeigen, dass die Kinder teilweise noch sehr unselbstständig sind und Erwachsene mehrfach zur Hilfestellung auffordern. Als bedeutsamste Erfahrung dieser Spielaktion gilt es jedoch festzuhalten, dass die Kinder die Möglichkeit zur Bewegung in ihrem Phantasiespiel als besonders attraktiv empfinden und ausgiebig nutzen. Damit rufen sie uns in Erinnerung, dass kindliches Spiel und auch der Umgang mit Spielzeug keineswegs ruhig und von anderen getrennt abläuft. Die aktive, leibliche Bewegung haftet diesem Element von Spielsituationen ebenso an. Auch Phantasiespiel ist Spiel in Bewegung. Aus der Sicht der beteiligten Erzieherinnen wird in der Nachbesprechung zu dieser Spielaktion herausgestellt, dass sich die ängstlichen und zurückhaltenden Kinder überraschenderweise sehr aktiv beteiligten. Als Fazit der Aktion kann insgesamt festgehalten werden, dass selbst hergestellte und nach den Bedürfnissen und Vorstellungen der Kinder gestaltete Spielmittel durchaus in der Lage sind, gegen die Konkurrenz von Gameboy oder Fernsehen bestehen zu können und von Kindern sogar als Möglichkeit zur selbsttätigen Bewältigung von Medienerfahrungen genutzt werden.

### 4.1.4 Spielen und neue Medien

Moderne Kindheit ist zugleich Medienkindheit. Vor allem die neuen Medien wie Fernsehen, Video, Walkman, Computer und Internet sind aus dem Alltag von Kindern nicht mehr wegzudenken. Kinder treffen kaum noch auf medienfreie Räume in ihrem Alltag. Sicher ist es weiterhin erforderlich, "Gegengewichte" zur Medien-

---

[2] aus: *Beermann, M./ Bort, W.*: Mini-Spielkartei. Essen: Verlag W. Bort, o.J. (zu beziehen über die Rhinozeros-Spielwerkstatt, s. Kontaktadressen)

nutzung zu schaffen, um sinnliche und bewegungsorientierte Spielerfahrungen zu ermöglichen und auf diesem Weg das "allmähliche Verschwinden der Wirklichkeit" im Kinderalltag (vgl. *von Hentig* ³1987) zu verhindern. Ebenso gilt es jedoch, zu einem bewussten Umgang mit Medien zu erziehen, damit Kinder in der Lage sind, sich von unkritischem Medienkonsum zu distanzieren. Ein kompetenter Umgang mit neuen Medien kann jedoch nur in der pädagogisch begleiteten Auseinandersetzung mit diesen Medien erlernt werden (vgl. *Baacke* 1997). Es spricht einiges dafür, dass die Medienkompetenzen der Zukunft (vgl. *Schorb* 2000) zu einem guten Teil auch Spielkompetenzen beinhalten, von diesen ausgehen und diese erfordern. Das Fernsehen gibt längst auch die Spielthemen mit vor. Ähnliches gilt mittlerweile auch für Computerspiele und zukünftig wohl auch für das Internet. Ob allerdings mit der Medienkindheit gleichzeitig das "Verschwinden der Kindheit" eingeläutet wird, wie *Neil Postman* (1993) anfang der Achtzigerjahre postulierte, muss inzwischen mit gutem Grund bezweifelt werden.

• **Fernsehspiele**

Fast alle Haushalte in West- und Ostdeutschland besitzen einen Fernsehapparat, immerhin ein Viertel sogar ein Zweitgerät mit steigender Tendenz. Zusätzlich sind etwa drei Viertel der Haushalte mit einem Kabelanschluss ausgestattet. Kinder im Kindergartenalter erreichen Mitte der Neunzigerjahre durchschnittliche Sehzeiten von 74 Minuten täglich. Im Grundschulalter steigt die Sehzeit auf 92 Minuten an (alle Angaben aus: *Lukesch* 2000, S. 107). Das Spielen steht zwar in der Beliebtheitsskala kindlicher Tätigkeiten nach wie vor klar vor dem Fernsehen. Aber mit dem Altersverlauf gehen die Spielzeiten zu Gunsten der Zeiten für Mediennutzung bereits zurück (vgl. *Klingler/ Groebel* 1994).

Das Fernsehen erfüllt rein quantitativ nach wie vor die Funktion eines Leitmediums. Allerdings wird es von den Kindern zunehmend mit anderen Medien und auch mit Spieltätigkeiten vernetzt (vgl. *Spanhel* ²1990, S. 158). Neuere Studien zeigen insbesondere, dass die bisherige Gegenüberstellung von passivem Medienkonsum und aktiver Spieltätigkeit zu kurz greift. *Siegfried Hoppe-Graff* und *Rolf Oerter* (2000) formulieren sogar die provokante Gegenthese, dass Spielen und Fernsehen gleichermaßen als Phantasietätigkeiten gekennzeichnet werden können. Sowohl beim Fernsehen als auch beim Phantasiespiel müssen Kinder zwischen verschiedenen Wirklichkeitsebenen hin- und herpendeln. Und auch innerhalb des Fernsehangebotes sind diffizile Unterscheidungen zwischen Nachrichtensendungen bzw. Dokumentarfilmen auf der einen und Trickfilmen oder Phantasiegeschichten auf der anderen Seite zu treffen. Die Differenz zwischen Fersehtätigkeiten und Spieltätigkeiten liegt nicht so sehr auf der Seite des Mediums, sondern vielmehr in der Qualität das Umgangs mit verschiedenen Themen.

- *Spielsituation 7:*

*Für Maximilian (6 Jahre) dreht sich im Moment alles um den "Krieg der Sterne". Die Videofilme hat er bei einem Freund alle gesehen. Von seinem Großvater bekommt er das passende Raumschiff (einen X-Wing-Fighter aus LEGO®) geschenkt. Der ist gemeinsam schnell zusammengebaut. Aber dann geht es erst richtig los. Mit dem Opa bastelt er aus alten Pappen einen Raumbahnhof auf einem fernen Planeten, der ganz mit Eis bedeckt ist (für Eingeweihte: Mos Eisley). Dort können die Raumschiffe repariert werden, die Piloten ruhen sich aus und starten dann wieder zum nächsten Flug ins All. Aus dem Internet werden die Konstruktionspläne für die Raumschiffe heruntergeladen und ausgedruckt. Auch die Rollen des jungen Helden und des bösen Gegenspielers sind besetzt. Und so wird das Spielthema über mehrere Tage hinweg intensiv ausgebaut.*

Kinder, die Fernseherlebnisse nachspielen und dabei nach ihrem Gutdünken Spielfiguren und Phantasiehelden in ihre Version der Geschichte einbinden, beschäftigen sich ganz offensichtlich mit Phantasiespiel (vgl. auch *Barthelmes/ Feil/ Furtner/ Kallmünzer* u.a. 1991, S. 59ff.). Gleichwohl dürfte weiterhin ein Unterschied zwischen dem Phantasiespiel auf der Basis von Textmedien im Vergleich zum Phantasiespiel mit Bildmedien bestehen. Die Begeisterung vieler Kinder und Jugendlichen für die *"Harry Potter"*-Bücher von *Joanne K. Rowling* drückt sich beispielsweise gegenwärtig in ausgesprochen kreativen Phantasiespielen mit Verkleidungen, gemeinsamen Spieltreffs bzw. Festen und selbst organisierten Internet-Angeboten aus. Zunächst stellen die Leserinnen und Leser ihre Vorstellungen von *Harry Potter* und seinen Mitzauberinnen und -zauberern in einem konstruktiven Akt selbst her. Sobald allerdings der Kinofilm zum Roman auf dem Markt ist und damit unweigerlich die nächste Vermarktungswelle einsetzt, werden die Vorstellungen von den Schauspielerinnen und Schauspielern des Films sowie der gesamten Ausstattung beeinflusst sein.[3] Damit ist zugleich der grundlegende Unterschied zwischen Spielen und Fernsehen gekennzeichnet. In beiden Fällen setzen sich Kinder mit einer "Realitätsverdopplung" (*Niklas Luhmann*) auseinander. Aber:

"Beim Spielen werden beide Realitäten vom Kind hervorgebracht. ... Weil Kinder beim Fernsehen die "Realitätsverdopplung" nicht selbst hervorbringen, verstehen sie die Dopplung der Realitäten möglicherweise noch nicht. Kleinkinder sind darin überfordert (...), und Fernsehen lernen heißt unter anderem, diese Unterscheidung zu lernen. Andererseits: Kinder können diese Unterscheidung deshalb so

---

[3] Noch deutlicher wird die Notwendigkeit zur Unterscheidung zwischen verschiedenen Konstruktionsleistungen in Abhängigkeit von der jeweiligen Medienstruktur, wenn man an Spielgeschichten denkt, die aus mündlichen Erzählungen (also z.B. vor Erfindung der Schriftkultur) entstehen (vgl. *von Hentig* [3]1987, S. 70).

leicht erwerben, weil sie schon im Alter von zwei bis drei Jahren im Bereich des Spielens über die entsprechende Kompetenz verfügen." *(Hoppe-Graff* 2000, S. 186).

Studien zur Medienrezeption von Kindern zeigen überdies, dass die Übergänge zwischen Spielen und Mediennutzung fließend geworden sind (*Charlton* 2000, S. 197ff.). Es kommt immer häufiger zu "Parallelhandlungen", in denen Kinder die Mediennutzung durch Spieltätigkeiten begleiten. Inhaltlich lässt sich zeigen, dass sich zwar die Themen des Phantasiespiels etwa im Vergleich zu Grimms Märchen gewandelt haben. Die Grundstruktur der Spielgeschichten bleibt jedoch im Wesentlichen erhalten und deutet so auf die Entwicklungsfunktion von speziellen Spielthemen hin. *Gudrun Spitta* (1996, S. 21) hat in den Texten von Grundschulkindern, in denen sie Spielsituationen schildern sollten, Grundschritte einer "archetypischen Erzählstruktur" entdeckt. In den Texten steht in der Regel eine "Bedrohung von außen" (1) am Anfang, gefolgt von einer "Auftragserteilung zur Rettung" (2). Dies mündet in eine "Kampfhandlung zur Rettung" (3) und wird im "Rückzug nach Erfolg" (4) abgeschlossen. Insofern gilt offenbar auch für die modernen Weltraum- oder Zaubermärchen heutiger Kinder die Erkenntnis von *Bruno Bettelheim*: "Kinder brauchen Märchen." ([19]1996). So erklärt sich vermutlich auch die Attraktivität des Weltraums oder der Erfolg von *"Harry Potter"* aus dem dringenden Wunsch von Kindern, angesichts der Bedrohungen in ihrer alltäglichen Umwelt, sich in eine eigene Welt zu "beamen" oder zu "verzaubern".

- **Computer- und Videospiele**

Anfang des Jahres 2000 werden etwa 16 Millionen Personalcomputer (PC) in Privathaushalten gezählt. Mehr als die Hälfte der Haushalte mit Kindern zwischen 13 und 17 Jahren besitzen einen PC. Der Trend der letzten Jahre ging eindeutig in Richtung "Multimedia", also der Verknüpfung von Text, Bild, Film und Ton auf dem PC (vgl. *Schorb* 2000). Meist wird auf dem PC gespielt oder es werden Hausaufgaben angefertigt. In den Neunzigerjahren ist der Spielsoftwaremarkt regelrecht explodiert. Allein 1999 beträgt das Umsatzvolumen 1,5 Milliarden DM. In deutschen Privathaushalten befinden sich derzeit etwa 12,5 Millionen Videospielkonsolen und tragbare Spielcomputer. Auch wenn das Einstiegsalter bezogen auf Computer- und Videospiele weiter sinkt und der "Game Boy" schon im Kindergarten Einzug hält, so beschäftigt sich doch die Altersgruppe der 10 – 14-jährigen am häufigsten mit Computerspielen (alle Angaben aus: *BMFSFJ* [5]2000). Umfangreiche Studien von *Jürgen Fritz* (1995) bestätigen, dass Computerspiele für Kinder und Jugendliche eine hohe Faszination ausstrahlen und positive Emotionen vermitteln können.

Das *Hardware-Angebot* für Computer- und Videospiele umfasst sowohl Automatenspielgeräte (z.B. in Spielsalons) und Home- bzw. Personal-Computer (mit Spielen auf Diskette oder CD-ROM) als auch Tele- bzw. Videospielkonsolen (in Verbindung mit dem Fernsehbildschirm) sowie Handspielcomputer (z.B. der Game Boy) (vgl. auch *Decker* 1998). Ein "Game Boy" kommt übrigens selten allein. Er ist eingebettet in ein Medienverbundsystem, zu dem der Zeichentrickfilm, das Videospiel und der Klub einschließlich Zeitschrift und Telefonservice ebenfalls gehört. Obwohl erst im Sommer 1990 im Markt eingeführt, hat der "Game Boy" in erstaunlich kurzer Zeit weite Verbreitung gefunden. 1991 sind in Europa 11 Millionen Geräte und 40 Millionen Spielkassetten verkauft worden. Der Gesamtumsatz beträgt in der BRD zu diesem Zeitpunkt allein 500 Millionen DM (vgl. *Fromme* 1993, S. 413f.).

Die *Software* für Computer- und Videospiele bietet neben Abenteuer- und Labyrinth-Spielen, Autofahrer- und Pilotenspiele, Sportspiele, Kriegs- und Science Fictionspiele, Strategie- und Logikspiele sowie Simulationen herkömmlicher Spiele, Lernspiele und zahlreiche Mischformen (vgl. *Fromme* 1993, S. 414 und die Übersicht bei *Decker* 1998, S. 39ff.). In jedem Jahr erscheinen mehr als 1000 neue Programme für Computer- und Videospiele, sodass der systematische Überblick und erst recht die Kontrolle immer schwerer fällt. Spiele mit kriegerischen, rechtsextremistischen oder pornographischen Inhalten werden von der Bundesprüfstelle für jugendgefährdende Schriften (BPjS) indiziert und mit Beschränkungen bezüglich ihrer Verbreitung belegt. Dort wo die Bestimmungen des Strafgesetzbuches missachtet werden, kommt auch ein Verbot in Betracht. In der Unterhaltungssoftware-Selbstkontrolle (USK) wird ähnlich der Freiwilligen Selbstkontrolle der Filmwirtschaft (FSK) vor der Markteinführung eines Computerspieles eine Prüfung und Bewertung vorgenommen. Durch den weiter fortschreitenden Vertrieb von Computerspielen über das Internet zum Downloaden auf jeden beliebigen PC sind den Kontrollmöglichkeiten jedoch immer neue Grenzen gesetzt worden.

Neben diesen negativen Auswüchsen eines schnell wachsenden Computerspielmarktes liegen allerdings inzwischen auch viele empfehlenswerte Beispiele für eine ansprechende und abwechslungsreiche Gestaltung von Spielesoftware vor. Spiele-CDs wie die zu Geschichten von *Janosch* (z.B. "Ich mach dich gesund, sagte der Bär") bieten neben der hervorragenden Grafik vielfältige Spielmöglichkeiten und kreative Aufgaben, die ohne die multimediale Verknüpfung nicht möglich wäre. In leicht verständlichen sprachlichen Anweisungen werden die Kinder durch das Programm geführt, das sie spätestens im Grundschulalter rasch selbstständig bewältigen können. Einige PC-Versionen bekannter Spielideen (wie die "Siedler von Catan") dürften ähnlich attraktiv sein, wie das Original (vgl. den Überblick zu den empfehlenswerten Computerspielen in der Broschüre des *BMFSFJ* 2000).

• *Spielsituation 8:*

*"Wer ist hier der Letzte?" fragt ein etwa Zwölfjähriger in der Spielzeugabteilung eines großen Kaufhauses. Aus einer Gruppe von ca. 20 Kindern und Jugendlichen im Alter von 8 bis 14 Jahren meldet sich ein Junge kurz und schaut dann wieder gebannt auf den Bildschirm. Der Neuankömmling stellt sich in die Schlange der Wartenden und harrt geduldig und diszipliniert aus, bis er an der Reihe ist. Alle interessieren sich ausschließlich für die Bildschirmgeräte (Nintendo 64, Sony Playstation und andere).*

Trotz alledem bleibt die Frage: Was spielen Kinder mit Computerspielen? Im Unterschied zum Zeichentrickfilm im Fernsehen ist es zwar möglich, beim Computerspiel in das Geschehen einzugreifen. Die sichtbaren Tätigkeiten der Kinder dabei reduzieren sich jedoch häufig auf das Drücken von kleinen bunten Knöpfen oder das Betätigen des Joysticks. Eine gewisse motorische Geschicklichkeit und Reaktionsschnelligkeit ist dabei zweifellos erforderlich. Ansätze zum Rollen- und Phantasiespiel sind durch die Identifikation mit den jeweiligen Protagonisten der Spielgeschichte und die zahllosen Welten bzw. Spiellevels ebenfalls nicht zu leugnen. Zu ausführlichen Spieltätigkeiten, wie das etwa beim Fernsehen beobachtet werden kann, scheinen Computerspiele jedoch nicht anzuregen (vgl. *Fromme* 1993, S. 416). Ohne Zweifel sind auch mit dem Computer intrinsisch motivierte, selbst kontrollierte und phantasievolle Tätigkeiten (die wir hier als Spiel bezeichnet haben) möglich. Offen bleibt allerdings die sensomotorische Qualität dieser Spieltätigkeiten. Der Computer bietet hier zumindest eingeschränkte Spielerfahrungen an, insofern sollte er nicht allein die Spieltätigkeiten von Kindern und Jugendlichen dominieren (vgl. *Fritz* 1995, S. 239).

• **Internetspiele**

Für immer mehr Kinder und vor allem Jugendliche erlangt das Internet eine steigende Bedeutung bei der Weiterentwicklung des Spielens mit dem Computer. Etwa 30% der privaten Haushalte besitzen Ende 2000 Presseberichten zufolge einen Internetzugang. Nur ein geringer Teil der Kinder nutzt diesen Zugang (ca. 6%). Angesichts der Entwicklungsgeschwindigkeit des Internets, die in den letzten Jahre schon für Furore auf dem Arbeitsmarkt gesorgt hat, fällt es nicht schwer, auch für den Spielemarkt ähnliche Prognosen zu stellen. In Verbindung mit Produktwerbung können beispielsweise Computerspiele kostenlos aus dem Internet per Download auf dem heimischen PC landen (Moorhuhn, Ede Kowalski). Zahlreiche Computerspielversionen können direkt vom Hersteller über das Netz käuflich erworben werden. Über das Internet findet hier auch eine ständige Aktualisierung sowie ein reger Austausch zwischen verschiedenen Spielgruppen statt. Das Werbespiel "Moorhuhn" hat z.B. zu einer nationalen Meisterschaft im Internet geführt. Kontrollmöglichkeiten dieses neuen virtuellen Spielemarktes sind bislang kaum möglich, da praktisch jeder "user" auch eigene Spielideen ins Netz stellen kann. Das Problem der gewaltverherrlichenden, pornographischen und auch rechtsradikalen Spielinhalte stellt sich im Internet deshalb gegenwärtig in verschärftem Maße (vgl. *Dittler* 1997, S. 151ff.).

Unter Kindern und Jugendlichen kursieren jedoch anscheinend längst Tipps zu den interessantesten "links". Eine spezielle Linksammlung für Kinder bietet beispielsweise der Kinderkanal (www.kinderkanal.de). Und auch die allseits beliebte "Sendung mit der Maus" hat bereits ihren vielbeachteten Internet-Auftritt hinter sich, der zu tagelangen Blockaden der Homepage des Haussenders führte (www.wdrmaus.de). *Raymond Wiseman* (1999, S. 161ff.) bietet unter der Überschrift "Hilfe, mein Kind surft" Empfehlungen für den sinnvollen Umgang von Eltern und Kinder mit diesem Medium und eine differenzierte Liste mit wichtigen Internet-Adressen (z.B. www.blindekuh.de, www.geolino.de).

Spielpädagogisch begleitete Internetangebote für Kinder und Jugendliche entstehen gegenwärtig in zahlreichen Kommunen mit Unterstützung durch kommerzielle Homepage-Gestalter (vgl. *Zacharias* 2000, S. 165ff.). Ein Beispiel ist das Projekt "3DIMENcity" aus Bielefeld (vgl. *Hildebrandt/ Huchler/ Schrottka* 2000), eine virtuelle Mitmachstadt im Internet für Mädchen und Jungen (www.3dimencity.de). Die entsprechende Homepage bietet eine durchgehende Navigationsstruktur, die Kinder über bestimmte Symbole zu den unterschiedlichen Angeboten der Kinderstadt weiterleiten soll. Im Bereich "Dein Haus" soll die eigene Internetpräsentation der Kinder entstehen und zur Kommunikation untereinander genutzt werden. Im "Cafe Creativ" können eigene Bilder, Gedichte und Geschichten gezeigt werden. Die "Internautenschule" soll Kinder mit den Möglichkeiten und Gefahren des Internet vertraut machen und bietet ein "Internet-Zertifikat" an. Die "Zauberburg" lädt zum Zaubern, in eine Geisterbahn und zu zahlreichen Spielmöglichkeiten ein. Mit der "Linkrakete" werden Zugänge zu anderen Internetangeboten eröffnet. Das "Mulitkultihaus" schließlich liefert zahlreiche Anregungen zu Küche, Reisen und Sprachen im "globalen Dorf". Und schließlich gibt es auch einen "Erwachsenenbereich", in dem die Eltern gezielt zum Konzept von "3DIMENcity" informiert werden und über das Internet aufgeklärt werden sollen. Als Maskottchen dient "Formi Formica", eine kleine Ameise, die durch die verschiedenen Bereiche der virtuellen Stadt führt. Die neue Qualität eines solchen Spielangebotes besteht insbesondere darin, dass hier nicht eine bestimmte Version angeboten wird, die nach einer gewissen Zeit vom Anbieter durch eine neue ersetzt wird. Ein Internetspielangebot bietet vor allem die Chance, im direkten Kontakt zwischen "provider" und "user" die Benutzeroberfläche ständig weiterzuentwickeln. Das Internet eröffnet von daher zukünftig wohl zumindest die Möglichkeit zu mehr Partizipation bei der Gestaltung von Spielangeboten. Dies setzt allerdings voraus, dass sowohl das Internet als auch die weiteren neuen Medien als Teile der kindlichen Lebenswelt verstanden werden. Insofern zählt für die nachwachsenden Generationen das Beherrschen der neuen Medien, ihre kritische aber auch lustvolle Nutzung wohl zukünftig zur "Lebenskompetenz" (*H. v. Hentig*) dazu.

**Für die Praxis:**

*Arbeitsausschuss Kinderspiel+Spielzeug* (Hrsg.): Das Spielzeugbuch. 22. Verzeichnis des spiel gut ausgezeichneten Spielzeugs. Ulm: Spiel gut Arbeitsausschuss, [22]1998

*Bücken, Hajo*: Das große Spielebuch. Freiburg i. Br.: Herder, 1989

*Einon, Dorothy*: Kreative Spiele, kreative Kinder. Berlin: Ullstein, 1986

*Fritz, Jürgen*: Spielzeugwelten. Eine Einführung in die Pädagogik der Spielmittel. Weinheim u. München: Juventa, 1989

*Gollwitz, Giselher*: Mit Krimskrams spielend sprechen lernen. Regensburg: G. Gollwitz 1989 (S. Persen Kopiervorlagen)

*Hoffmann, Achim*: Kreatives Spielen. Ein Leitfaden für Familien, Schulen und Erfinderschulen. Leipzig, Jena, Berlin: Urania, 1990

*Hoffmann-Pieper, Kristina*: Basteln zum Nulltarif. Spiel und Spaß mit Haushaltsdingen. Reinbek b. Hamburg: Rowohlt, 1988

*Laudowitz, Edith*: Computerspiele. Eine Herausforderung für Eltern und Lehrer. Köln: Papyrossa, 1998

*Rogge, Jan-Uwe*: Kinder können Fernsehen. Vom Umgang mit der Flimmerkiste. Reinbek b. Hamburg: Rowohlt, 1999 (Neuausgabe)

## 4.2 Pädagogik des Interaktionsspiels [4]

Soziales Lernen in Kindertageseinrichtungen und Schulen hat angesichts rapide sich wandelnder Lebensbedingungen von Kindern erneut Konjunktur. Inwieweit jedoch Lernprogramme zur Sozialerziehung noch den Bedürfnissen heutiger Kinder entsprechen, muss nach vorliegenden Erfahrungen bezweifelt werden. In dieser Situation bietet das spontane Spiel der Kinder Anknüpfungspunkte für pädagogische Zukunftsentwürfe, die kooperative Zielsetzungen aus der Lebenswelt von Kindern ableiten.

---

[4] vgl. auch *Heimlich, Ulrich/ Städtler, Petra*: Beurteilung und Erprobung kooperativer Brettspiele. In: Spielmittel. 12 (1993) 1, S. 75-84

### 4.2.1 Soziale Spieltätigkeit im Wandel

Die sozialen Beziehungen von Kindern unterliegen gegenwärtig einem entscheidenden Wandel. Die traditionelle Nachbarschaftsgruppe und der gewachsene Spielraum in der unmittelbaren Nähe der Wohnung werden immer weiter an den Rand gedrängt. Großstädte melden bereits in einzelnen Innenstadtbereichen die ersten "kinderfreien Zonen" (vgl. *Bertram* 1991). Kinder unterliegen ebenfalls gesamtgesellschaftlichen Tendenzen zur Individualisierung und Pluralisierung ihrer Lebenssituationen (vgl. *BMJFFG* 1990). Sie sehen sich mit einer zunehmenden Vereinzelung und Unverbindlichkeit der sozialen Kontakte konfrontiert. Treffen mit anderen Kindern können immer weniger spontan entstehen. Es ergibt sich mehr und mehr die Notwendigkeit zu gezielten Verabredungen über teilweise für sie nicht mehr überschaubare Zeiträume hinweg. Zusätzlich müssen sie große räumliche Distanzen zwischen Wohnung und Treffpunkten mit Gleichaltrigen (Spielplatz, Kursveranstaltungen, Kindergarteneinrichtungen usf.) überbrücken.

Auch die "Organisationsmuster für das Miteinander-Spiel" (vgl. *Zeiher* 1990a) haben sich in der Folge gewandelt. Die nachbarschaftliche Spielgruppe, die v.a. in den fünfziger und sechziger Jahren für spontane Spieltreffs in großen Gruppen mit Kindern unterschiedlichen Alters zur Verfügung stand, bildet heute in den Städten bereits eine Ausnahmesituation. Kinder sind auf verabredete Spielkontakte angewiesen, die von Erwachsenen arrangiert werden. Sie benötigen pädagogisch inszenierte Spielangebote, um soziale Spieltätigkeit erfahren zu können. Damit verbunden ist allerdings auch eine erhöhte Abhängigkeit der Kinder von Erwachsenen und Institutionen. Kinder haben heute zunehmend Probleme, ihre Eigenwelten zu entwickeln und zu behaupten.

Kinder finden allerdings zunehmend auch kreative Antworten auf diese veränderten Anforderungen zur Gestaltung ihrer sozialen Beziehungen. Sie entwickeln im Grundschulalter beispielsweise kleine Beziehungsgeflechte mit etwa 6 bis 8 Kindern, die sich mehr oder weniger regelmäßig treffen. Dabei bilden sie allerdings keine feste Gruppenstruktur aus. Vielmehr wechseln Freundschaften und Kontakte in dieser Gruppe. Auch die Verabredungen können sich über alle Mitglieder eines solchen Netzwerkes verteilen (vgl. *Krappmann/ Oswald* 1989, S. 100). Darin drückt sich trotz zurückgehender Kinderzahl und vielfältigen pädagogischen Angeboten am Nachmittag der Wunsch aus, eine eigene Kinderwelt gegen die Erwachsenen zu behaupten. Erst in dieser Gleichaltrigenbeziehung haben Kinder die Möglichkeit – so *Lothar Krappmann* (1993, S. 136f.) – ihrer soziale Realität selbst hervorzubringen (sog. "Ko-Konstruktion" im Anschluss an *Youniss*, 1994). Gerade das gemeinsame Spiel bietet die vielfältigen Möglichkeiten zum Aushandeln von unterschiedlichen Wünschen und Interessen sowie zur Entwicklung eigenständiger Regeln der

Interaktion. Die Fähigkeit, andere von Spielvorschlägen zu überzeugen oder sich in ein Spielthema einzufädeln, erfordert reziproke soziale Beziehungen, Beziehungen auf Gegenseitigkeit, wie sie unter Gleichaltrigen möglich sind (vgl. *Krappmann* 1993; *Krappmann/ Oswald* 1995).

Spielpädagoginnen und -pädagogen sehen sich angesichts solch fundamentaler Wandlungsprozesse in kindlichen und familiären Lebenswelten vor die Aufgabe gestellt, im Spielen einen Raum für die Erprobung von sozialen Beziehungen bereit zu stellen. Die besondere Schwierigkeit besteht allerdings darin zu vermeiden, dass dieser Freiraum erneut durch Erwachsenenkontrolle eingeschränkt wird.

### 4.2.2 Kooperation im Spiel

Das Thema "Sozialerziehung" gehört zu den Grundfragen der Pädagogik und beinhaltet bereits eine eigenständige Diskussionsgeschichte. Konzepte zum sozialen Lernen aus den Siebzigerjahren lassen sich jedoch nicht linear fortschreiben, da sie zu sehr den Charakter von Lernprogrammen hatten und für die veränderten Lebensbedingungen von Kindern heute in jedem Fall transformiert werden müssen (vgl. *Colberg-Schrader/ Krug/ Pelzer* 1991). Gerade unter dem Eindruck der Kritik an der Überpädagogisierung der Kindheit erhält die Spielpädagogik eine wachsende Bedeutung für die Zukunft der Pädagogik (vgl. *Wegener-Spöhring/ Zacharias* 1990). Gleichzeitig müssen die Grenzen pädagogischer Handlungsformen angesichts kinderpolitischer Aufgaben Berücksichtigung finden, wie sie sich durch die zerstörten Spielräume der Kinder stellen. Erforderlich ist eine Neubesinnung auf die soziale Dimension der Spielpädagogik. Dabei wird inzwischen allgemein anerkannt, dass im Spiel ein Entwicklungspotenzial von bisher vernachlässigten Ausmaßen schlummert, welches im Sinne spielpädagogischer Maßnahmen, die sich auf die Entwicklung der Spielfähigkeit selbst beziehen, genutzt werden kann. Es geht also nicht um Sozialerziehung mit spielerischen Mitteln, sondern um die Unterstützung von sozialen Tendenzen in spontanen Spielaktivitäten.

Kooperative Spiele sind ein solcher Versuch der Förderung des sozialen Entwicklungspotenzials im kindlichen Spiel durch den Einsatz spezifisch konzipierter Spielmittel und Gruppenspiele (vgl. *Schmidt-Denter* 1988). Im Unterschied zu Konkurrenzspielen wie "Mensch ärgere Dicht nicht" und sportlichen Wettkampfspielen enthalten kooperative Spiele bekanntlich eine gemeinsame Zielsetzung, die nur im Zusammenwirken aller Spielteilnehmer erreicht werden kann (vgl. *Klippstein/ Klippstein* 1978). Das entscheidende Kriterium für diese besondere Spielform wird in der helfenden Interaktion gesehen, in der Fähigkeit also, auf einen eigenen Vorteil zu verzichten und etwas an die Mitspieler zu verschenken. *Hein Retter* (1988) hat mit Recht darauf verwiesen, dass eine Förderung prosozialen Verhaltens durch die Methode des kooperativen Spiels beim gegenwärtigen Stand der Forschung nicht selbstverständlich vorausgesetzt werden kann. Darüber hinaus stellt sich ebenfalls die Frage, inwieweit eine Sozialerziehung mit Hilfe spielerischer Formen noch in das Gegenstandsgebiet von Spielpädagogik fällt. Auch die Förderung kooperativen Verhaltens durch Spiel muss kritisch daraufhin betrachtet werden, ob hier nicht erneut das kindliche Spiel für eine Pädagogik missbraucht wird, die eher auf subtile Formen der Fremdbestimmung setzt, als im Gegensatz dazu das Freiheitspotenzial kindlicher Spielaktivitäten im Sinne eines "Spielraums" für selbstbestimmtes Tun zu entfalten.

Unter spielpädagogischem Aspekt kommt es von daher darauf an, Spielsituationen zu schaffen, in denen Kinder in erhöhtem Maße die Chance haben, kooperative Verhaltensweisen auszuprägen. Spielpädagogik, die kooperative Verhaltensweisen im kindlichen Spiel unterstützen und anregen will, muss sich indirekter Formen der pädagogischen Förderung bedienen, um den Spielcharakter nicht zu zerstören. Dieses pädagogische Konzept wird realisiert durch Variationen im Bereich der Spielumwelt von Kindern.

Konkrete Maßnahmen zur Förderung sozialer Spieltätigkeiten können sein:
• der Einsatz kooperativer Brettspiele,
• die Durchführung von thematischen Spielketten mit kooperativen Gruppenspielen und
• die Gestaltung von Raumzonen, die kooperative Tätigkeiten zulassen.

Eine kooperativ ausgerichtete Spielpädagogik bezieht sich also auf die Gestaltung von Rahmenbedingungen des kindlichen Spiels. Soziales Lernen im Spiel findet nicht nur unter der Aufsicht von Erwachsenen statt, sondern ebenso auf der Ebene kindlicher Eigenwelten. Kinder sind zwar darauf angewiesen, dass wir ihnen geeignete Bedingungen zur Verfügung stellen. Dazu gehören auch stabile Beziehungen zu Erwachsenen. Wir sollten uns jedoch von der Illusion befreien, dass sie nur durch uns Erwachsene sozial lernen können. Die Bedeutung der *peer-group* für diese Lernprozesse ist mindestens gleichwertig. Eine Spielpädagogik, die die Anregung kooperativer Verhaltensweisen intendiert, wäre als erwachsenenkontrollierte Verordnungsmaßnahme *ad absurdum* geführt.

Kooperative Brettspiele enthalten auf diesem Hintergrund zwar die Möglichkeit, kooperative Verhaltensweisen zu entwickeln. Wer Kinder im Umgang mit Brettspielen beobachtet, wird jedoch feststellen, dass dieser Zusammenhang nicht selbstverständlich ist. Auch kooperative Brettspiele werden auf eine kindspezifische Weise angeeignet. Kinder erfinden ihre eigenen Regeln oder ändern den Spielverlauf nach ihren Bedürfnissen, spielen im Extremfall sogar Konkurrenzspiele mit diesen

Brettspielen, weil sie das Bedürfnis haben, Gewinner und Verlierer zu personifizieren. Eine kooperativ ausgerichtete Spielpädagogik führt nicht zu einer Verurteilung dieser Verhaltensweisen. Sie bietet nur daneben auch andere Verhaltensdimensionen an – und zwar nicht mittels entsprechend konstruierter Materialien (wie kooperative Brettspiele), sondern auch durch Verhaltensmodelle und Hervorhebung erfolgreicher Kooperation in kindorientierten Interaktionen.

### 4.2.3 "Affenparty" – oder: Wie Kindergartenkinder mit kooperativen Spielregeln umgehen

Im Rahmen eines dreiwöchigen Praktikums wurde das kooperative Brettspiel "Affenparty" in einem Kindergarten erprobt, bei dem mehrere Affen die Aufgabe haben, das Obst für ein gemeinsames Festmahl zusammenzutragen. Das Spiel war den Kindern noch nicht bekannt. Die Einführung des Spielmaterials erfolgte in einer 30minütigen Spielphase in 2 Gruppen mit 4 bzw. 5 Kindern, die unterschiedliche Vorerfahrungen mit Brettspielen mitbrachten. Die Kinder waren 4 bis 6 Jahre alt, Jungen und Mädchen zu etwa gleichen Teilen vertreten. Diese Gruppenzusammensetzung spiegelt also recht gut den Alltag der Kindergartengruppe wieder. Die Erprobungsphase wurde per Videokamera aufgezeichnet, um eine nachträgliche Auswertung zu ermöglichen.

• *Spielsituation 9:*

*Die Spielleiterin sitzt mit den Kindern an einem Tisch in einem Kleingruppenraum und beginnt die Spielgeschichte vorzulesen. Nach kurzer Zeit fangen die Kinder an, das Spielmaterial zu untersuchen, obwohl die Spielgeschichte noch gar nicht ganz vorgetragen ist. Die Erklärung der Spielregel geht in den ersten Spielversuchen der Kinder unter. Besonders die jüngeren Kinder wollen sich selbst die Geschichte ausdenken und eigene Regeln erfinden. Sabine (4 Jahre alt) beginnt nach einer längeren Spielphase z.B. lächelnd damit, die Spielfiguren auf dem Spielplan zu verteilen und ihre Position, ohne sich an die Spielregel zu halten, ständig zu verändern. Murrat (ein türkischer Junge, 5 Jahre alt) singt zur Spielgeschichte das Lied "Wer hat die Kokosnuss geklaut?". Die Kinder halten sich im Verlauf der Spielphase erst in Teilbereichen an die kooperative Spielregel. Murrat sagt: "Ich will meinen eigenen Affen!".*

Diese Einführungsphase zeigt recht anschaulich, dass Erfolge bei der Gestaltung kooperativer Spielsituationen nicht von heute auf morgen zu erzielen sind. Offensichtlich benötigen Kinder bei Brettspielen eine längere Phase des Explorationsspiels, in der sie das Spielmaterial eingehend untersuchen können, Spielmöglichkeiten ausprobieren müssen und ihre Einfälle zur Spielgeschichte loswerden wollen. Bei der Einführung von neuen kooperativen Brettspielen sollte also darauf geachtet werden, dass Kinder ausreichend Gelegenheit haben, das Material kennen zu lernen und mit ihm vertraut zu werden. Besondere Sorgfalt erfordert sodann die Vermittlung der Spielregel. Sie sollte auf jeden Fall bei der Erklärung auch demonstriert werden, möglichst mit Wiederholungen seitens der Kindern. Erst dann können erste Spielversuche begonnen werden, die von Erwachsenen zu begleiten sind. Trotzdem wird sich die Einführungsphase eines kooperativen Brettspiels nach vorliegenden Erfahrungen noch durch ein geringes Maß an Kooperation auszeichnen. Überraschend war jedoch nach der oben dargestellten Einführungsphase, dass die Kinder der Einführungsgruppe im Laufe der folgenden Tage das Spiel "Affenparty" in der Freispielphase selbst wählten, andere Kinder mit einbezogen und sich interessanterweise sogar an die Spielregel hielten, sodass sich schließlich auch kooperative Spielprozesse einstellten. Offensichtlich dürfen wir in unseren spielpädagogischen Bemühungen nicht unmittelbare und sofortige Effekte erwarten. Vielmehr gilt es, konsequent die Persepktive der Kinder einzunehmen. Das ist insbesondere dann von Bedeutung, wenn das Interaktionsspiel immer wieder zu scheitern droht oder Kinder sich mit Spielinhalten auseinander setzen, die aus Erwachsenensicht eher abzulehnen sind.

### 4.2.4 Spielen mit Aggression und Gewalt[5]

Erwachsene beklagen immer häufiger, dass kindliche Spiele sich gegenwärtig durch eine Zunahme aggressiver und gewalttätiger Spielinhalte bzw. -handlungen auszeichnen. Schnell wird der Ruf nach Intervention laut oder gar die passende Therapie eingefordert. Damit würde die Aggression und die Gewalt im Spiel allerdings vorschnell am einzelnen Kind festgemacht. Auch in dieser Hinsicht sind die Kinderspiele der Spiegel einer Erwachsenenwelt, die sich in nicht geringem Maße durch Aggression und Gewalt auszeichnet. Bei genauerem Hinsehen zeigt sich bereits, dass zwischen aggressiven und gewalttätigen Spielen zu unterscheiden ist. Nicht jede aggressive Spieltätigkeit bedeutet auch, dass eine feindselige Stimmung herrscht oder gar Personen bzw. Gegenstände zu Schaden kommen. *Gisela Wegener-Spöhring* (1989a) hat die Aggression im Spiel untersucht und nennt die folgenden Formen:

---

[5] Vgl. auch *Heimlich, Ulrich*: "Aggression im Spiel – Spiel mit der Aggression. Spielpädagogische Reflexionen zu aggressiven Spielinhalten angesichts des Wandels kindlicher Spielwelten". In: Pädagogikunterricht 15 (1995) 1, S. 3-19

| Aggressionen im Spiel | konkrete Tätigkeiten |
|---|---|
| 1. verbal | • aus-/beschimpfen, anschreien<br>• drohen, bedrohen<br>• anderes Kind/ Produkt des anderen Kindes schlecht machen<br>• abwerten, auslachen |
| 2. körperlich | • treten<br>• schlagen, kneifen, stoßen ...<br>• aggressive Gesten (z.b. Fäuste ballen, Vogel zeigen ...) |
| 3. gegenstandsbezogen | • anderem Kind etwas wegnehmen<br>• etwas kaputtmachen |
| 4. ungerichtet | |
| 5. gegenüber der eigenen Person | |

Tab. 4: Formen von Aggressionen im Kinderspiel

Spielerische Aggression kommt am häufigsten im körperbetonten und dynamischen Spiel der Jungen vor, verbunden mit aggressiven Spielinhalten und der Übernahme von Stärkerollen (vgl. auch *Krappmann* 1995, S. 50). Mädchen hingegen bevorzugen ruhige Spiele, übernehmen kaum Stärkerollen, wählen beängstigende Spielinhalte allerdings in gleicher Häufigkeit wie Jungen (vgl. *Wegener-Spöhring* 1991, S. 32).

Zweifellos kann aus der Erwachsenenperspektive heraus festgehalten werden, dass Aggressionen im Kinderspiel nachzuweisen sind. Bevor wir jedoch diese Spielinhalte und -handlungen vorschnell verurteilen, sollten wir uns um die kindliche Perspektive bemühen. Aus der Sicht der Kinder wird nämlich sehr schnell deutlich, dass sie auch mit Aggressionen spielerisch umgehen. Kinder können sehr genau zwischen gespielter Aggressivität und realer Aggressivität unterscheiden. Die Aggressionen bewegen sich im Spiel – so betont *Wegener-Spöhring* (1995) – auf einer fiktiven Ebene. Sie sind gleichsam "So-tun-als-ob-Aggressionen". Im Spiel wird die Aggression von den Kinder nach ihren Wünschen bis zu dem für sie gerade noch erträglichen Maß gesteuert. *Wegener-Spöhring* spricht in diesem Fall von "balancierter Aggressivität" (2000, S. 63f.). Kinder steigen auch wieder aus einer Spielsituation aus, die ihnen zu bedrohlich wird.

Vor diesem Hintergrund muss die Bedeutung von Kriegsspielzeug und Kriegsspielen ebenfalls neu bewertet werden. Kinder unterscheiden auch hier zwischen der Ebene des Spiels, auf der sie gern spielerisch kämpfen. Dabei benutzen sie Spielzeugwaffen oder ahmen diese mit ihren Händen und mit Geräuschen nach. Den Krieg in der Erwachsenenwelt lehnen sie gleichzeitig ab. In einer Studie zum Umgang mit Kriegsspielzeug bei Grundschulkindern kommt Wegener-Spöhring (2000, S. 65f.) zu dem Ergebnis, dass die Spiele mit diesem Spielzeug nicht unbedingt in reale Aggressivität umschlagen müssen. Auch wenn die langfristigen Effekte des Kriegsspiels damit noch nicht überschaut werden können, so bleibt doch festzuhalten, dass Kriegsspielzeug für sich genommen noch nicht zwangsläufig Aggressivität nach sich zieht. Gerade im historischen Rückblick wurde jedoch bereits deutlich (s. Kap. 3.4), dass Spielzeug ebenso zur ideologischen Indoktrination verwendet werden kann. Realitätsgetreue Nachbildungen von Panzern, Waffen oder Soldaten – also "Kriegsspielzeug" im engeren Sinne – oder auch realitätsbezogene Kriegsszenen sollten weiter keinen Platz im Kinderzimmer haben. Und es macht einen Unterschied, ob Kinder Frieden oder Krieg spielen.

Bei Erwachseneneingriffen schlägt die gespielte Aggression übrigens häufig in reale Aggression um. Eine erste Möglichkeit der spielpädagogischen Begleitung von aggressiven Spielsituationen besteht also einfach darin, dass Spielpädagoginnen und -pädagogen versuchen zu verstehen, wie Kinder mit der Aggression spielen. Darüber hinaus lassen sich einige spielpädagogische Prinzipien des Umgangs mit Aggressionsspielen anführen. Auf der Basis der vorliegenden Forschungsergebnisse und unter Berücksichtigung spielpädagogischer Erfahrungen aus dem Erziehungsalltag hat es sich als sinnvoll herausgestellt, dass

- Kinder besonders in institutionellen Zusammenhängen ein *ausreichendes und reichhaltiges Spielmittelangebot* vorfinden, besonders bei großen Gruppen in vergleichsweise kleinen Räumen (zu wenig Spielmittel in zu kleinen Räumen fördern Aggressionsspiel),
- die *vorhandenen Raumstrukturen in einer flexiblen Weise genutzt werden* können, mindestens verschiedene Funktionsbereiche klar strukturiert sind, wenn nicht sogar durch die Einbeziehung einer zweiten Spielebene (insbesondere bei kleinen Räumen) ein verändertes Raumangebot zu schaffen,
- *Regeln für die Interaktion der Kinder* im Sinne der Herausbildung eines eigenen Wertesystems mit den Kindern ausgehandelt werden und so auch an der Bewertung von aggressiven Verhaltensweisen mit den Kindern gemeinsam gearbeitet wird,
- *Modelle aggressionsarmen und gewaltfreien Erziehungsverhaltens* bereitzustellen.

In spielpädagogischer Hinsicht geht es beim Umgang mit aggressiven Spielen vorrangig um die Gestaltung einer aggressionsmindernden Umwelt, nicht schon primär um direkte Interaktion mit Kindern. Dabei sollte allerdings die kindliche Eigenwelt des Spiels in jedem Fall erhalten bleiben, so wie *Lothar Krappmann* (1993, S. 141) das einmal zum Ausdruck gebracht hat:

"Hoffentlich spielen sie noch lange ihre lärmenden, zerstrittenen, vergnüglichen, schmuddeligen, aufregenden Spiele und lassen sich die eigene Anstrengung nicht abnehmen, dieser rätselhaften, heillosen und doch faszinierenden Welt Sinn und Regel abzugewinnen."

### Für die Praxis:

*Baer, Ulrich* (Hrsg.): 666 Spiele. Für jede Gruppe und alle Situationen. Seelze: Kallmeyersche Verlagsbuchhandlung, ²1995
*Breucker, Annette/ Szesny, Susanne*: Wir machen was im Kindergarten. Das Spiele-Handbuch für Kindergarten, Hort, Familie. Münster: Ökotopia, 1999
*Büttner, Christian*: Mit aggressiven Kindern leben. Weinheim u. Basel: Beltz, ²1994
*Gudjons, Herbert*: Spielbuch Interaktionserziehung. Bad Heilbrunn: Klinkhardt, ⁴1990
*Hielscher, Hans*: Du und ich – ihr und wir. Konkrete Arbeitshilfen für die soziale Entwicklung. Heinsberg: Agentur Dieck, 1987, S. 49-93
*Portmann, Rosemarie*: Spiele zum Umgang mit Aggressionen. München: Don Bosco, 1995
*Smith, Charles H.*: Hauen ist doof. 162 Spiele gegen Aggression in Kindergruppen. Mülheim: Verlag die Schulpraxis, 1994
*Sommer, Jörg*: Ox Mox Ox Mollox. Kinder spielen Indianer. Münster: Ökotopia, 1992
*Thiesen, Peter*: Drauflospieltheater. Ein Spiel- und Ideenbuch für Kindergruppen, Hort, Schule, Jugendarbeit und Erwachsenenbildung - mit über 350 Spielanregungen. Weinheim u. Basel: Beltz, 1990
*Ulich, Michaela u.a.* (Hrsg.): Der Fuchs geht um ... auch anderswo... Ein multikulturelles Spiel- und Arbeitsbuch. Weinheim u.Basel: Beltz, 1987
*Vopel, Klaus W.*: Interaktionsspiele 1-6. Hamburg: iskopress, 1996

## 4.3 Pädagogik des Spielraums[6]

Es häufen sich Meldungen in der Öffentlichkeit, nach denen Kinder gegenwärtig immer weniger in der Lage sind, ihre sensomotorischen Fähigkeiten in allseitiger Weise zu entwickeln. Von Bewegungsdefiziten und einem "Schwinden der Sinne"[7] ist da die Rede. Pädagoginnen und Pädagogen in Tageseinrichtungen und Schulen reagieren alarmiert und weisen darauf hin, dass Kinder immer häufiger bestimmte

---

[6] vgl. auch *Heimlich, Ulrich*: Spielraumgestaltung als exemplarische Unterrichtsthematik in der Erzieherinnenausbildung. In: *Heitzer, M./ Spies, W. E.* (Hrsg.): LehrerInnen im Europa der 90er Jahre. Bochum: Brockmeyer, 1993, S. 177-187
[7] Titel eines Fernsehfilms in der Reihe "Kindheit heute" vom NDR aus dem Jahr 1992 (Redaktion: *Michael Krey*)

Bewegungskompetenzen wie das Rückwärtsgehen oder -laufen im Alltag überhaupt nicht mehr erwerben würden. Die Folgen dieses Phänomens reichen bis hinein in den Mathematikunterricht der Grundschule, wo sich Schwierigkeiten im Rechnen (z.b. bei Umkehroperationen) in ihrer Verknüpfung mit der Unfähigkeit sich rückwärts zu bewegen zeigen. Folglich beginnt der Mathematikunterricht in einer Hamburger Grundschule bereits bei den Hüpfspielen auf dem Pausenhof oder in den psychomotorischen Übungsstunden in der Turnhalle. Als Ursachen für dieses Phänomen werden in der Regel Einschränkungen im Bewegungsraum der Kinder genannt.

### 4.3.1 Alltägliche Spielräume

Die bekanntesten Untersuchungen zu den Veränderungen in den räumlichen Lebensbedingungen von Kindern in der BRD stammen von *Helga* und *Harmut J. Zeiher* (1983, 1990b, 1994). *Zeiher/ Zeiher* haben in sehr differenzierten Einzelfallstudien aufzeigen können, dass sich die räumlichen Strukturen des Alltags von Großstadtkindern in den letzten 40 Jahren in radikaler Weise gewandelt haben. Die unmittelbare Nachkriegsgeneration stand noch einem *einheitlichen Lebensraum* gegenüber, der sich gleichsam in konzentrischen Kreisen (auch als Nah- und Streifraum bezeichnet) um die elterliche Wohnung gruppiert und von den damaligen Kindern (und heutigen Erwachsenen) im Laufe ihrer Entwicklung nach und nach erschlossen werden kann. Dieser Lebensraum zeichnet sich aus der Sicht der Kinder durch eine hohe Funktionsvielfalt aus, die zahlreiche unterschiedliche Spielmöglichkeiten in der unmittelbaren Nähe zur Wohnung bietet. Meist gehören naturnahe Spielräume dazu, ausgedehnte Brachflächen oder Waldgebiete, die heute allenfalls noch an den Rändern der Großstädte oder in ländlichen Regionen vorgefunden werden können. Bewegungsanlässe ergeben sich hier schon ohne den gestaltenden Eingriff von Erwachsenen innerhalb eines ausgedehnten Aktionskreises der Kinder.

Demgegenüber steht heute die Vorstellung von einem kindlichen Lebensraum, der durch Funktionsentmischung und Spezialisierung gekennzeichnet ist. Kinder sind gegenwärtig vor allem in Großstädten mit vielen verschiedenen für sie speziell geplanten Räumen konfrontiert, die nicht mehr in unmittelbarer Nähe der elterlichen Wohnung verfügbar sind. Damit stehen sie vor der Aufgabe, große räumliche Distanzen zu überwinden, um speziell für sie gestaltete Kinderräume aufzusuchen. Dieses *Modell des verinselten Lebensraumes* führt letztlich zu einer erhöhten Erwachsenenabhängigkeit der Kinder, die Transport- und Terminprobleme nicht mehr selbständig lösen können. Die Kontrolle ist allgegenwärtig, Kinder und Kinderräume werden verplant, und die Chance zur Ausbildung kindlicher Eigenwelten mit kleinen Geheimnissen und Verstecken wird entsprechend geringer. Die Spiel-

und Bewegungsmöglichkeiten von Kindern vor allem in städtischen Lebensräumen nehmen weiter ab. Kinder bewegen sich nicht mehr selbst. Sie werden von den Erwachsenen bewegt. Und auch in den speziell für sie konzipierten Kinderräumen sind sie häufig von den Bewegungsmöglichkeiten abgeschlossen. Wir stehen heute tatsächlich vor der Gefahr, die Lebensräume an den kindlichen Bedürfnissen vorbei in einer Weise zu verändern, die höchst bedeutsame Entwicklungsanreize vor allem in sensomotorischer und sozialer Hinsicht nicht mehr bietet.

Damit in Zusammenhang steht eine zunehmende *"Verhäuslichung"* der Kindheit, wie *Imbke Behnken* und *Jürgen Zinnecker* im historischen Vergleich zwischen 1900 und 1980 zeigen konnten (1987, S. 91). "Straßenkindheit" bzw. "Straßensozialisation" und damit auch die vielfältigen Straßenspiele scheinen zu verschwinden. Die Kinder werden mehr und mehr auf Innenräume zurückgedrängt – verbunden mit mehr Erwachsenenkontrolle und größerem pädagogischen Einfluss. Erschwerend wirkt die weit reichende Pädagogisierung und Verplanung von Kinderräumen insbesondere für die Entwicklung der Persönlichkeit. Wenn Kinder keine für sie "signifikanten Orte" mehr schaffen können, denen sie ein unverwechselbares und von Erwachsenen unabhängiges Gepräge im Range einer Eigenwelt verleihen können, so schließen wir sie auch von wichtigen Möglichkeiten ihrer sozialen Entwicklung aus.

Weitere Untersuchungen ermöglichen allerdings inzwischen eine Differenzierung der räumlichen Lebenssituation in der modernen Kindheit. Auf der Basis einer Befragung von etwa 1000 Kindern im Alter von 8 bis 12 Jahren bezüglich der Freizeitgestaltung nach der Schule berichtet *Ursula Nissen* (1993, S. 244f.), dass weder in großstädtischen noch in ländlichen Regionen oder in stadtnahen Wohndörfern von einer durchgängigen Verinselung des Lebensraumes auszugehen ist. Die Spielorte und Treffpunkte werden von den Kindern im unmittelbaren Wohnumfeld entweder zu Fuß oder mit dem Fahrrad aufgesucht. Öffentliche Verkehrsmittel werden für Verabredungen kaum benutzt. Auch die Eltern sind in dieser Altersgruppe kaum mit dem Transport der Kinder beschäftigt. Verinselung ist deshalb allenfalls *ein* Merkmal der modernen Lebensbedingungen von Kindern, von dem Kinder der oberen sozialen Schichten (und hier vor allem Mädchen) besonders betroffen sind. Auch die "Verhäuslichungsthese" muss laut der Untersuchung von *Nissen* präzisiert werden. Zwar haben 99% der befragten Haushalte Kinderzimmer (vgl. *Nissen* 1993, S. 242f.). Kinder spielen jedoch mehrheitlich und mehrfach in der Woche regelmäßig auf der Straße. Allerdings nutzen Jungen aus den unteren sozialen Schichten öffentliche Räume deutlich häufiger als Mädchen aus der oberen Mittelschicht. Die Modernisierung der Kindheit folgt von daher vermutlich einer Entwicklung die von den oberen zu den unteren sozialen Schichten verläuft, wie *Zinnecker* vorgeschlagen hat. Spielpädagoginnen und -pädagogen, die sich dem Wandel der räumlichen Lebensbedingungen heutiger Kinder bewusst sind, kommen allerdings nicht umhin, die räumliche Qualität ihrer Spielangebote entsprechend umzugestalten.

### 4.3.2 Innenspielräume

Sicher sind angesichts solcher substanzieller Veränderungen in den räumlichen Lebensbedingungen von Kindern auch kinderpolitische Maßnahmen angezeigt mit dem Ziel, den allgemein eingeschränkten und spezialisierten Lebensraum von Kindern wieder zu öffnen und mit Aktivitäts- und Erfahrungsmöglichkeiten erneut anzureichern. Aber auch in Kindertageseinrichtungen und Schulen wird die Notwendigkeit zur Revision traditioneller Raumgestaltungskonzepte inzwischen gesehen. Es gibt erste Initiativen von Erzieherinnen, Lehrerinnen und Lehrern sowie Eltern, die Räume umgestalten, Eingangsbereiche von Kindertageseinrichtungen mit einbeziehen, selbst eine zweite Spielebene bzw. sog. "Einbauten" installieren oder die Gruppenräume für alle Kinder der Einrichtung öffnen bzw. einen Pausenspielraum in der Schule einrichten. Die konventionelle Kindergartenausstattung mit Gruppentischen, Puppenecke und Bauteppich wird mehr und mehr hinterfragt. Der bereits seit den Zwanzigerjahren noch aus dem Pestalozzi-Fröbel-Haus bekannten Flächengliederung (vgl. *Erning* 1987) als Raumgestaltungsprinzip wird heute die Eroberung der Raumhöhe als Leitprinzip gegenübergestellt (vgl. *Mahlke/ Schwarte* [4]1997). Damit ist sicher eine notwendige Ergänzung des "Kindergartens von der Stange", wie er aus einschlägigen Katalogen zusammengestellt werden kann angesprochen. Die kindlichen Spielmöglichkeiten in Kindertageseinrichtungen werden durch diese Variante zweifellos um interessante Aktivitäten erweitert. Anfängliche Befürchtungen, dass Kinder auch hier einem fertigen, für sie geplanten Raum gegenüber stehen, haben sich nicht bestätigt. Wichtig ist jedoch, dass nicht für sie sondern mit ihnen geplant wird, ein Problem, das sich bereits seit den Anfängen einer Raumgestaltung für Kinder in der Geschichte der Kinderstube aufzeigen lässt (vgl. *Weber-Kellermann* 1991). Wenn es allerdings gelingt, die Raumgestaltung zu einer gemeinsamen Aufgabe von Erzieherinnen, Eltern und Kindern zu machen, dann erfahren Kinder gleichzeitig etwas von der Veränderbarkeit der Räume.

Spielräume für Kinder in Kindertageseinrichtungen und Schulen, die den gewandelten Bedürfnissen heutiger Kinder entsprechen sollen, müssen sich durch ein deutlich höheres Maß an Offenheit auszeichnen und Ansatzpunkte für die Realisierung kindlicher Veränderungswünsche anbieten. Besonders unter personalem Aspekt haben Erzieherinnen sowie Lehrerinnen und Lehrer die Aufgabe, den Kindern Wege zu eröffnen, wie sie etwas in ihrer Umwelt bewirken können. Kinder wollen selbst jemand sein und ihre Spuren im Raum hinterlassen können. Sie möchten ihre Umwelt aktiv erkunden und sie nach ihren Bedürfnissen umgestalten können. Auf der Basis dieses an den kindlichen Entwicklungsbedürfnissen orientierten pädagogisch-anthropologischen Konzeptes und unter Einbeziehung der Analysen der räumlichen Lebensbedingungen im kindlichen Alltag lassen sich eine Reihe von Prinzipien einer spielpädagogischen Raumgestaltung in Kindertageseinrichtungen und Schulen unterscheiden:

1. Die *Gestaltbarkeit* von Spielräumen ist bereits auf der Planungsebene zu berücksichtigen, da Kinder sich heute in ihrer Lebenswelt nicht mehr selbst als Ausgangspunkt von Veränderungen in ihrer räumlichen Umwelt erleben können (*Beispiel*: Materialien wie Papier, Stoffe, Seile, mit denen Kinder Räume selbst abgrenzen oder verändern).
2. Spielräume für heutige Kinder sollten sich durch *Multifunktionalität* im Sinne von Ganzheitlichkeit der sinnlichen Erfahrung auszeichnen, da sich in den räumlichen Lebensbedingungen von Kindern funktionsentmischte Zonen durchgesetzt haben (*Beispiel*: Vielfalt der Oberflächenerfahrung an Tastwänden, Trockenduschen und unterschiedlichen Bodenflächen).
3. Im Gegensatz zu determinierten räumlichen Strukturen müssen Spielräume ein hohes Maß an *Offenheit* gegenüber wechselnden kindlichen Interessen und Bedürfnissen repräsentieren. Diese offene Raumkonzeption wirkt sich vor allem im Bereich der Raumnutzungsregeln aus. Der Regelbereich sollte mit den Kindern immer wieder ausgehandelt werden und nicht weiterhin von Erwachsenen wie selbstverständlich vorgegeben werden (*Beispiel*: Öffnung von Raumzonen für das kindliche Spiel wie Eingangs- und Pausenhallen).
4. Gute Spielräume zeichnen sich durch beziehunsstiftende Valenzen aus. Es müssen Raumzonen vorhanden sein, in denen *Kooperation* gefördert und nicht der Vereinzelung von Kindern weiter Vorschub geleistet wird (*Beispiel*: ein "Kooperationsteppich", der als soziale Verkehrsfläche für das gemeinsame Spiel von behinderten und nichtbehinderten Kindern dient).
5. Kinder nehmen Räume vorwiegend über Aktivitäten wahr. Spielräume sollten daher die *Bewegungs- und Handlungsorientierung*, die Orientierung auf die Tätigkeitsbedürfnisse von Kindern beinhalten (*Beispiel*: genügend freie Bewegungsflächen bereithalten).
6. Räume haben für Kinder überwiegend emotionale Qualitäten. Sie wollen Räume nach ihren je spezifischen gefühlsmäßigen Situationen nutzen und verändern. Spielräume müssen aus diesem Grund auch *Rückzugsmöglichkeiten* anbieten, mit deren Hilfe Kinder räumliche Distanzen selbst regeln können bis hin zu der Chance, angstbesetzte Räume auch wieder verlassen zu können (*Beispiel*: nichteinsehbare Höhlen).

7. Spielräume sollten den komplexen Ansprüchen von Kindergruppen und Schulklassen entsprechen und nach dem Prinzip der *Altersmischung* für Kinder in unterschiedlichen Entwicklungsphasen zugänglich sein (*Beispiel*: in der Größe und Kombination variable Elemente).

Bei der Spielraumgestaltung gilt nach bisherigen Praxiserfahrungen offenbar das Prinzip *"Aller Anfang ist schwer und manchmal auch kaum vorstellbar!"*. Doch aus vielen Umgestaltungsprojekten wird immer wieder berichtet, dass nach ersten, auch noch so kleinen Anfängen der Stein der Spielraumreform ins Rollen und nicht mehr zum Stillstand gekommen ist. So wird z.B. von den Erfahrungen im Umgang mit dem Einbau einer zweiten Spielebene in einem integrativen Kindergarten für behinderte und nichtbehinderte Kinder in Lünen-Wethmar (bei Dortmund) berichtet (vgl. *Heimlich/ Höltershinken* 1994):

- *Spielsituation 10:*

*"Die Kinder lieben ihre kleinen Zimmer und die Höhlen mit verborgenen Ecken, die vor den Blicken der Erzieherinnen schützen. Ständig veranstalten sie Umzüge, räumen Matratzen, Kissen und Regale aus dem einen Zimmer aus und richten das nächste ein. ... Und die Erzieherinnen im Kindergarten Dorfstraße sind erleichtert, dass sich ihre Befürchtung, die ohnehin schon kleinen Räume würden durch die Einbauten erschlagen, nicht bewahrheitet hat. Ganz im Gegenteil. Alle haben das Gefühl, auf einmal mehr Luft zu bekommen."*[8]

Anfangen heißt also die Devise, wenn wir Spielräume für kindliche Spielbedürfnisse zur Verfügung stellen wollen. Wenn die Kreativität von spielenden Kindern und Erwachsenen erst einmal auf die vorhandenen Räume gerichtet ist, dann setzt meist auch ein längerfristiger Prozess der Umgestaltung ein, der immer wieder neue Ideen zutage fördert. Solche Prozesse sind nicht mehr vollkommen überschaubar, aber dafür sicher umso interessanter – auch für Erwachsene.

**Für die Praxis:**
*Dreisbach-Olsen, Jutta*: Nischen, Höhlen, Hängematten. Kita-Räume verändern sich. Berlin u.a.: Luchterhand, 1998
*Falkenberg, Gabriele*: Gefühl bis in die Fingerspitzen. Offenbach, M.: Burckardthaus-Laetare, [3]1993
*Fthenakis, Wassilios E.* (Hrsg.): Hb. d. Elementarerziehung. Seelze-Velbert: Kallmeyer. Oktober 1991 (1.15 Die räumlichen Bedingungen des Kindergartens (I) 1.16 Die räumlichen Bedingungen des Kindergartens (II) 2.14 Wir wollen hoch hinaus (I) 2.14 Wir wollen hoch hinaus (II)
*Geißler, Uli*: Tausendfüßlers Taschentuch. Spiele mit Seilen und Tüchern. Münster: Ökotopia, 1999
*Mahlke, Wolfgang/ Schwarte, Norbert*: Raum für Kinder. Ein Arbeitsbuch zur Raumgestaltung in Kindergärten. Weinheim u. Basel: Beltz, [4]1997

---

[8] Aus: *Steinbach, Oliver*: Räume für Räuber und Träumer. In: Eltern. Nr. 11/1992, S. 151

### 4.3.3 Außenspielräume

Nicht nur in Bildungs- und Erziehungseinrichtungen oder der elterlichen Wohnung gilt es Spielräume für Kinder im doppelten Sinne des Wortes als räumlich-materielle Bereiche zum Spielen und als Handlungsspielräume im Sinne von möglichst freizügiger Nutzung wieder herzustellen. Gelingendes Spielleben von Kindern in unterschiedlichen Regionen muss auch und gerade in Außenräumen, auf der verkehrsberuhigten Straße oder dem Abenteuerspielplatz, in naturnahen Kinderräumen auf Brachflächen oder bespielbaren Hinterhöfen stattfinden können. Bei näherer Betrachtung zeigt sich nämlich das erstaunliche Phänomen, dass Kinder sich keinesfalls in Spielreservaten isolieren lassen, die in eintöniger Monotonie nach wie vor für sie bereitgestellt werden und mit einem Schild "Spielplatz" versehen werden.

Befragungen und Beobachtungen von Kindern in städtischen Lebensräumen können jedem Interessierten ohne weiteres zeigen, dass Kinder am häufigsten außerhalb der Spielflächen zusammenkommen, die wir für sie vorgesehen haben. In einem *Videoprojekt der Stadt Herne* gibt eine Gruppe von Kindern mit einem selbsterstellten Videofilm einen Einblick in ihre städtische Spielwelt. Die Kinder spielen im Supermarkt mit den Einkaufswagen, die sich wunderbar für ein kleines Wettrennen eignen. Oder sie sitzen oben auf dem Handlaufband der Rolltreppe und lassen sich so in das nächste Stockwerk tragen. Auf einer nahe gelegenen Industriebrache zeigen uns die Kinder versteckt hinter Büschen eine kleine Feuerstelle, an der sie sich manchmal treffen. Im Stadtpark klettern sie von einer Böschung aus auf eine Holzbrücke, obwohl der Weg über die Brücke viel bequemer wäre.[9]

Aus der Perspektive der Kinder gewinnen auch so kinderfeindliche Lebensräume wie Einkaufsstraßen und Industriegebiete einen Spielwert, der allerdings häufig gegen die Raumnutzungsregeln und Raumwächter der Erwachsenen erobert werden muss. Offenbar stehen wir Erwachsene vor der Aufgabe, uns in die Perspektiven von Kindern bei der Wahrnehmung von Außenspielräumen hineinzuversetzen und v.a. städtische Lebensräume einmal mit ihren Augen zu betrachten. Auch bei diesem Versuch, kindliches Spiel in seiner räumlichen Dimension zu verstehen, können uns die genannten Kriterien der Gestaltbarkeit und Multifunktionalität als Beurteilungsgrundlage dienen.

In einigen Praxisprojekten werden bereits Lösungen für diese Aufgabenstellung sichtbar. Die *Stadt Dortmund* lädt anlässlich der Bundesgartenschau Spielplatzgeräte-

---

[9] Begleittext zum Videofilm "Kinder in Wanne" v. Stadtkinder-Projekt (Gesellschaft für Freie Sozialarbeit e.V., Herne)
[10] *Büro Bundesgartenschau* (Hrsg.): Spielbogen. Dortmund, 1991

hersteller zur Gestaltung eines *Spielbogens*[10] ein. Es entsteht schließlich ein breites Angebot an Spielmöglichkeiten vom Traumschloss über eine Baustelle (Holz, Ton, Erde, Lehm), Klangräder, eine Wasserspielanlage bis zu einem vielfältig ausgestatteten Bewegungsbereich (Innenlauftrommel, Wipper, Balancierklötze usf.). Mobile Spielwagen ergänzen diese stationären Außenspielanlagen. Außerdem finden in und um das Regenbogenhaus fortlaufend Spielaktionen, Projekte und Workshops statt. *Manfred Scholle* (1989) stellt diese alternativen Spielplatzausstattungen in den Gesamtzusammenhang eines Konzeptes "Spiellandschaft Stadt". Danach kann es nicht nur um die Verbesserung vorhandener zentraler Spielorte für Kinder gehen. Vielmehr müssen dezentrale Spielorte geschaffen werden, die auch wieder im unmittelbaren Nahbereich der Wohnung zur Verfügung stehen.

Voraussetzung für ein solches Angebot, das unter sozialräumlichen Aspekten ausdifferenziert wird, ist u.a. eine Bestandsaufnahme des vorhandenen Angebotes. Die *Stadt Bochum* hat diese Bilanz des vorhandenen Angebotes an Spielmöglichkeiten von Kindern in der Stadt (wie mehrere andere Städte auch) in einem *Kinderstadtplan*[11] zusammengefasst. Neben einer Übersichtskarte vom gesamten Stadtgebiet einschließlich der zentralen Attraktionen (Kemnader See oder Eisenbahnmuseum) enthalten stadtteilbezogene Ausschnittkarten Freizeitangebote für Kinder. Mit Hilfe einfacher Symbole sind die jeweils möglichen Aktivitäten ("geheimer" Spielplatz, Bolzplatz, Skateboard-Möglichkeit usf.) aufgeführt. Angaben über öffentliche Verkehrsmittel, Öffnungszeiten und Telefonnummern ergänzen diese Übersicht. Es mag eingewendet werden, dass die Städte sich von solchen Aktionen auch einen beträchtlichen Werbeeffekt versprechen. Trotzdem muss der Kinderstadtplan als wichtiger Schritt gewertet werden, um auch Versorgungsdefizite auf Stadtteilebene bewusst zu machen und hier zu gezielten Ergänzungsmaßnahmen zu gelangen.

Eine kurzfristige Reaktionsmöglichkeit muss in der Arbeit der *Spielmobile* gesehen werden. Spielmobile können z.B. für Kinder-, Schul-, Nachbarschafts-, Pfarrund ähnliche Feste gemietet werden. Es handelt sich meist um bunt bemalte Möbelwagen, Autobusse oder z.B. einen ausgedienten Feuerwehrwagen (wie im Stadtgebiet *Essen* vom *Deutschen Kinderschutzbund* bereitgestellt), die mit Bubbleplast, Torwand, Rollenrutsche, Pedalos usf. ausgestattet sind, Geräten also, die z.B. das Bewegungsspiel unterstützen sollen. Die Einsätze werden tageweise geplant, manchmal auch für ein Wochenende. Einige Spielmobile bieten darüber hinaus längerfristige Angebote, bei denen an einem Standort z.B. ein größeres Projekt zum Thema

---

[11] *Stadt Bochum* (Hg.): Kinderstadtplan. Bochum, 1989
[12] Gute praktische Anregungen dazu liefern z.B.: *Dachale, H./Bleckmann, D.*: Manege frei - wir sind dabei. Offenbach, M.: Burckhardthaus-Laetare, 1988 (weitere Hinweise im Programm des Verlages an der Ruhr, s. Adressenverzeichnis).

"Kinderzirkus"[12] durchgeführt wird. Kritisch wird zum Spielmobil häufig angemerkt, dass diese kurzfristigen Maßnahmen an der Versorgungssituation von Kindern mit Spielmöglichkeiten im Außenbereich nur wenig verändern können. Insofern muss in dieser Form der offenen Kinderarbeit auch ein Übergangsmodell gesehen werden, dass durch ein gut ausgebautes Netzwerk an dezentralen Spielorten allmählich zu ergänzen ist.
Langfristige Veränderungen in der städtischen Spielumwelt von Kindern erfordern gegenwärtig noch ein hohes Maß an Initiative der betroffenen Eltern.

- *Spielsituation 11:*

*Ausgehend von einem Elterninitiativ-Kindergarten in Hünxe wird z.B. eine 2000 qm große Wiese zu einer Bewegungsbaustelle nach dem Modell von Klaus Miedzinski (⁹2000) umfunktioniert. Aus Brettern, LKW-Schläuchen, Drainagerohren und weiteren Werkstoffen, die auch von Kindern noch verändert werden können, entstehen von den Kindern selbst geschaffene Bewegungslandschaften, auf denen sie nach Herzenslust herumtoben können. Der nächste Schritt war ein Aktionstag mit Eltern und Kindern. Hier wurde der Bauwagen gemeinsam bemalt, LKW-Schläuche gesäubert und bemalt, Stegel (Böcke) gebaut und ein Schlauchtrampolin hergestellt. Wichtig war, dass schon bei der Herstellung die Kinder beteiligt sind. So konnten sie von Anfang an Einfluss auf die Gestaltung nehmen und bereits die ersten Erfahrungen beim Ausprobieren sammeln. Es entsteht schließlich ein ganzer Spielplatz mit Sandkasten und einem Hügel mit Kriechtunnel. Im Bauwagen liegen die übrigen Materialien und Geräte bereit, mit denen auf dem freien Gelände in der Mitte der Wiese jeweils neue Kombinationen von Bewegungsbaustellen von Eltern und Kindern hergestellt werden können.*

Neben Ansätzen zu einer kommunalen Politik für Kinder, in denen sicher auch spielpolitische Maßnahmen enthalten sind (z.B. Kinderstadtplan, Spielplatzausbau, Konzept Stadt als Spiellandschaft), sind kurzfristig auch die Eltern selbst gefordert, auf die Spielbedürfnisse von Kindern in großstädtischen Lebensräumen aufmerksam zu machen und für unmittelbare Verbesserungen in Eigeninitiative zu sorgen, wie es das Beispiel aus Hünxe zeigt.

**Für die Praxis:**

*Binger, Lothar/ Hellmann, Susann/ Lorenz, Christa*: Kinderspielräume. Berlin: Transit, 1993 (historischer Abriss zum Spielen im Freien vom Mittelalter bis zur Gegenwart)
*Kleeberg, Jürgen*: Spielräume für Kinder planen und realisieren. Stuttgart: Ulmer, 1999
*Miedzinski, Klaus*: Die Bewegungsbaustelle. Kinder bauen ihre Bewegungsanlässe selbst. Dortmund: modernes lernen, ⁹2000
*Opp, Günther*: Ein Spielplatz für alle. Zur Gestaltung barrierefreier Spielbereiche. München u. Basel: E. Reinhardt, 1992
*Wagner, Richard*: Naturspielräume gestalten und erleben. Münster: Ökotopia, ⁴1998

## 4.4 Pädagogik der Spielzeit

Kinder benötigen zunächst einmal neben dem Umgang mit Gleichaltrigen und Erwachsenen und den räumlichen sowie gegenständlichen Bedingungen Zeit zum Spielen. Erwachsene haben die Aufgabe, Kindern Zeiten zur Verfügung zu stellen, die von diesen selbst und phantasievoll (und d.h. spielerisch) ausgefüllt werden. Schon *Adolf Portmann* (1976, 58) bezeichnet das Spiel als "gestaltete Zeit" und definiert das Spiel sogar aus seinem eigentümlichen Verhältnis zur Zeit.

"Suchen wir nach dem Besonderen dieser Lebensform Spiel – so sehe ich sie in der Eigenart ihres Umgangs mit der Zeit, in der Möglichkeit ihrer Zeitgestaltung: "Spiel" ist die lustvolle, von Erhaltungssorge freie, also zweckfreie, aber sinnerfüllte Zeit." (a.a.O., 68)

Das Spiel erinnert uns also daran, dass letztlich wir es sind, die Zeitstrukturen schaffen, Intervalle festlegen und uns von der selbstkonstruierten Uhrzeit etwas diktieren lassen. Im Spiel haben Kinder offenbar die Chance eines selbstbestimmten Umgangs mit der Zeit. *Hans Mogel* ($^2$1994) verweist auf die damit entstehende spielpädagogische Aufgabe und die hohe Bedeutung von ausgedehnten Spielzeiten für die kindliche Entwicklung. Von Interesse ist jedoch mit Blick auf die Lebenswelt von Kindern, welche alltäglichen Zeitstrukturen sich auf das kindliche Spiel gegenwärtig auswirken, wie Kinder diese Anforderungen bewältigen und welche Hilfen sie in diesem Prozess benötigen.

### 4.4.1 Kinderzeit – Spielzeit ?

Im historischen Vergleich bezogen auf die Periode nach 1945 wird erneut der fundamentale Wandel im Prozess des Aufwachsens von Kindern sichtbar. Wir müssen gegenwärtig feststellen, dass Kinder sich heute immer häufiger und immer länger in Institutionen der Erziehung und Bildung aufhalten. Die Versorgungsquoten mit Plätzen in Tageseinrichtungen sind von etwa 30 % in den sechziger Jahren auf annähernd 80% gestiegen. Eine weitere Ausweitung dieses Platzangebotes ist geplant und angesichts einer völlig veränderten Familiensituation von Kindern auch unabdingbar notwendig. Als Schlaglichter seien hier nur die Zunahme der Ein-Eltern-Familien, eine steigende Zahl von Familien mit berufstätigen Eltern sowie die sinkende Kinderzahl pro Familie genannt (vgl. *Nave-Herz/ Markefka* 1989). Der Bedarf an Plätzen für Kinder in Tageseinrichtungen (v.a. Kinderkrippe und Hort) oder Ganztagsschulen ist folglich deutlich erhöht, und es steht zu erwarten, dass die Zahl der Kinder, die ganztägig eine Bildungs- und Erziehungsinstitution besuchen, sich weiter nach oben entwickelt. Kinderzeit besteht demnach heute zu einem immer größeren Teil aus institutionell bestimmter Zeit ("Institutionalisierungsthese"). Auch das kindliche Spiel gerät in diesem Prozess immer mehr zu einer beaufsichtigten Tätigkeit. Spielzeiten sind immer weniger selbstbestimmte Zeiten, sondern mehr und mehr von den Erwachsenen gewährte und begrenzte Zeitintervalle. Die Gefahren einer auf diese Weise "vermauerten Kindheit" ( vgl. *Zimmer* 1986) sind kritisch daraufhin zu betrachten, wie auch freie Zeiten und selbstständiger Umgang mit der Zeit in diesen institutionalisierten Zusammenhängen wieder möglich gemacht werden können.

In Verbindung mit dem bereits angesprochenen Wandel der räumlichen Lebensbedingungen sehen sich Kinder gegenwärtig aber auch mit veränderten Anforderungen in der Planung von Zeitstrukturen konfrontiert. Wenn immer weniger Kinder ihre Spielpartner spontan auf der Straße treffen können, so stellt sich die Frage, wie sie den Kontakt zu anderen Kindern herstellen können, völlig neu. Kinder reagieren auf diese Anforderung mit verabredeten Spielkontakten (vgl. *Zeiher* 1989, S. 105). "Wollen wir nicht für die nächste Woche mal einen Termin zum Spielen ausmachen?", fragt die Mutter eines dreijährigen Jungen die Mutter seines Kindergartenfreundes, und sie verhandeln die weiteren organisatorischen Details. Insbesondere bei jüngeren Kindern werden die Kontakte meist von den Eltern geplant. Sie überschauen den Zeitraum, der zwischen der Verabredung und dem Spielkontakt liegt. In der Regel müssen die Kinder zu der weiter entfernten Familie hintransportiert werden, um dort auch wieder in der Wohnung zu spielen. Kinder befinden sich bei diesen geplanten Spielterminen also erneut unter elterlicher Aufsicht. Damit unterliegen Kinder heute sowohl in Bildungs- und Erziehungsinstitutionen als auch in der Familie einer erwachsenenkontrollierten Zeitplanung, die von den Zeitstrukturen im Alltag der Erwachsenen geprägt wird. Kinderzeit spaltet sich heute immer mehr in kleinste Intervalle auf, die den kindlichen Zeitbedürfnissen nachweisbar widersprechen. Kinder müssen die Gelegenheit haben, in ihr Spiel zu versinken, Zeit und Raum um sich herum vergessen zu können, um die ganze Intensität des Spiels erfahren zu können. Dazu sind Zeitintervalle und entsprechende Grenzziehungen meist nicht erforderlich. *Barbara Sichtermann* (1981, 5ff.) stellt die grundlegenden Konflikte zwischen dem "archaischen" Zeiterleben von Kindern, das vor allem im Spiel zu Tage tritt und dem durch rationale Planung und klare Strukturierung geprägten Zeiterleben der Erwachsenen. Am Beispiel der familialen Erziehung zeigt *Sichtermann*, dass regelrechte "Zeitkämpfe" mit Kindern ausgetragen werden, in denen das Verhältnis zwischen den verschiedenen Zeiterlebnisweisen jeweils neu auszuhandeln ist. Kindliche Spielzeit, bei der die subjektive Bestimmtheit unserer Zeiterfahrung im Vordergrund steht, tritt von daher gegenwärtig in Konflikt mit einem durch Beschleunigung und dem Zwang zum ökonomischen Umgang mit der Zeit bestimmten Alltag von Erwachsenen. Es ist die

Rede von einer "Zeitfalle", in die wir (und zugleich unsere Kinder) hineintappen, da die fortschreitende Technisierung und Elektronisierung unseres Alltags Schnelligkeit verspricht und das Gegenteil erreicht. "Please answer by return", so heißt es auf Geschäftsbriefen, die per Fax verschickt werden meist und der gesamte Briefwechsel beschleunigt sich weiter, ohne dass ein Zeit sparender Effekt eintreten würde. Im Internet werden Reaktionszeiten auf elektronische Briefe (e-mails) weiter auf ein Minimum reduziert. Auch Kinder sind von dieser Technisierung betroffen und nutzen z.B. das Telefon, um die großen Raumdistanzen zu ihren gleichaltrigen Spielpartnern zu überbrücken. Es verwundert von daher nicht, wenn Kinder heute teilweise schon im Kindergartenalter lernen, per Telefon ihre Spielkontakte zu verabreden (vgl. *Zeiher* 1989, 109f.). Ebenso sind sie häufig gezwungen, ihre Bedürfnisse nach gemeinsamem Spiel aufzuschieben und erst zu einem späteren Termin zu befriedigen. Diese veränderten Zeitstrukturen des kindlichen Alltags bringen also nicht nur Gefahren mit sich, sondern gleichzeitig auch Herausforderungen, die Kinder kreativ beantworten. Überdies gilt, dass sich Kinder nicht nahtlos in fremdbestimmte Zeitmuster hineinpressen lassen. Gerade an der Fluktuation in den Kursangeboten von Spielgruppen und Jugendfreizeitheimen wird deutlich, dass Kinder erneut trotz widriger Umstände ihre Bedürfnisse nach selbstbestimmter Zeit und nach erwachsenenunabhängigen Spielkontakten am Nachmittag realisieren. Schwer wiegende Probleme ergeben sich allerdings bei der Ablösung der Kinder von institutionell bestimmter Zeiteinteilung, wenn sie z.B. im Alter von 8 bis 10 Jahren den Hort verlassen und plötzlich vor der Aufgabe stehen, Zeit wieder selbst zu verplanen, Kontakte zu anderen Kindern eigenständig herzustellen oder auch mit Zeiten des Alleinseins fertig zu werden.

In der bereits angeführten Studie von *Ursula Nissen* (1993) haben die Kinder in den Befragungen erneut zur Konkretisierung der veränderten Zeitstrukturen in der modernen Kindheit beigetragen. Mädchen sind demnach von den institutionalisierten Angeboten besonders betroffen, auch wenn die insgesamt aufgewendete Zeit für kursförmige Freizeitangebote bei Jungen und Mädchen annähernd gleich ist. Es macht allerdings einen Unterschied, ob Mädchen beispielsweise mehrere unterschiedliche Kurse (vor allem im musisch-kulturellen Bereich) während der Woche besuchen oder Jungen mehrere Termine in der Woche bei einem Verein wahrnehmen (z.B. für Fußballtraining und Spiel am Wochenende). Mädchen müssen vergleichsweise mehr planen und sich auf mehr neue Situationen einstellen. Beide Geschlechter berichten allerdings, dass sie nach wie vor genügend Zeit zum Spielen mit Freundinnen und Freunden haben (vgl. *Nissen* 1993, S. 243f.).

Fraglich bleibt angesichts dieser alltäglichen Struktur von Kinderzeit, wie Pädagogen in Bildungs- und Erziehungsinstitutionen auf diese veränderte Lebenssituation von Kindern angemessen reagieren können. Es gilt Kinder in diesen Lebenssituationen möglichst kompetent und selbstbestimmt handlungsfähig zu machen. Spielzeiten bieten Kindern die Gelegenheit einen selbstständigeren Umgang mit der Zeit in einer Situation zu erproben, die noch ohne ernsthafte Folgen bleibt. Hier wäre also der Handlungsspielraum zu suchen, den Kinder offenbar gegenwärtig benötigen, um überhaupt noch selbst gestaltete Zeiten realisieren zu können. Die Spielpädagogik erhielte angesichts dieser Alltagswirklichkeit von Kindern die Aufgabe, Spielzeiten wieder in die Disposition von Kindern zu stellen. Ein erster Anwendungsfall einer solchen Pädagogik der Spielzeit wäre in der Gestaltung von Tagesabläufen zu suchen.

### 4.4.2 Tagesabläufe in Tageseinrichtungen für Kinder und Familien

Die Struktur von Tagesabläufen in Tageseinrichtungen sagt bereits etwas aus, über das zu Grunde liegende pädagogische Konzept der pädagogisch Tätigen. Eine detaillierte Planung der Zeitintervalle des Kindergartenvormittags in 15-Minuten- oder 30-Minuten-Einheiten erfordert z.b. eine sehr erwachsenenorientierte Kontrolle dieser Zeitabschnitte und eine Gestaltung der Übergänge zwischen zwei Zeitintervallen durch einen Erwachsenen. Die Gewährung von freien Spielzeiten kann dagegen als besonders bedeutsamer Prüfstein für eine kindgemäße Zeitgestaltung gewertet werden, da sie viele Möglichkeiten zur selbstbestimmten Zeiteinteilung bietet. Ebenso wenig darf jedoch gänzlich auf Orientierungspunkte im Tagesablauf verzichtet werden, an denen Kinder die Verlässlichkeit von Erwachsenen überprüfen können und die ihnen die Strukturierung des Tagesgeschehens erleichtert. Unter spielpädagogischem Aspekt stellt sich also die Aufgabe, zwischen den kindlichen Bedürfnissen nach selbstbestimmter Spielzeitgestaltung (z.B. der Spieltreff mit Freunden am Nachmittag) und nach vertrauensbildenden Fixpunkten im Tagesablauf (z.B. das Versteckspiel mit der Mutter am Abend) auszubalancieren.

Auf dem Hintergrund des Situationsansatzes im Rahmen einer Pädagogik der frühen Kindheit (vgl. *Krenz* 1992) wird beispielsweise deutlich, dass ein großer Teil des Tagesablaufes in einer Tageseinrichtung für Kinder aus flexiblen Zeitstrukturen und längeren Zeitintervallen besteht. Hier wird den wechselnden Zeitbedürfnissen von Kindern in Abhängigkeit von ihrer Lebenssituation Rechnung getragen. Im Zuge der Ausweitung der Öffnungszeiten von Tageseinrichtungen (so etwa im Gesetz über Tageseinrichtungen für Kinder in Nordrhein-Westfalen, vgl. *Krause* 1991, S. 68ff.) ergeben sich z.B. gleitende Anfangszeiten und gleitende Frühstückszeiten, in denen die Kinder weit gehend selbstständig über ihr Tun bestimmen. So werden sie in die Lage versetzt, in der morgendlichen Eingewöhnungsphase selbsttätig über die Sozialform ihres Spiels (Allein-, Partner- oder Gruppenspiel) zu entscheiden und ihr Frühstück dann in ihren Spielprozess einzubauen, wenn es ihnen am geeignetsten erscheint. Im Gegensatz zu dieser Flexibilisierung sollten jedoch ebenfalls gemeinsame Bezugspunkte (wie der Stuhlkreis vor der Mittagspause oder auch ein Frühstück mit allen Kindern an einem bestimmten Tag in der Woche) beibehalten werden, um Rituale und Wiederkehrendes in den Wochenablauf einzubinden. Gerade unter der Voraussetzung eines Spielens und Lernens an und in Lebenssituationen von Kindern wird jedoch eine Schwerpunktsetzung im Bereich der freien und spontanen Spielaktivitäten von Kindern im Kindergarten notwendig. Allenfalls gemeinsame Projekte mit allen Kindern, die ein Thema über einen längeren Zeitraum behandeln, ergänzen diesen, von den Kindern selbst bestimmten Bereich im Tagesablauf. Gegenüber der angeleiteten Beschäftigung und den erzieherinnenorientierten Angeboten nimmt dieses Intervall den größten Anteil an der Gesamtzeit ein. Etwa die Hälfte des Tagesgeschehens in einer Tageseinrichtung, in der nach dem Situationsansatz gearbeitet wird, sollte vom freien Spiel der Kinder ausgefüllt werden. Hier bieten sich die Gelegenheiten, um kindliche Interessen und Bedürfnisse aufzuspüren, Kinder unter bestimmten Fragestellungen zu beobachten und sie in einer Weise in ihrer Entwicklung zu begleiten, die sie nicht bevormundet und unkritisch einer Erwachsenenkontrolle unterwirft. Aus der Perspektive der Kinder enthält das freie Spiel die Chance, selbstbestimmt Erfahrungen mit Gegenständen und Raumzonen sowie sozialen Beziehungen zu sammeln.

Besondere Anforderungsstrukturen ergeben sich bei der spielorientierten Gestaltung des Tagesablaufes im Hort. An einem fiktiven Tagesablauf eines Hortkindes, in dem die Zeitprobleme einer ganzen Woche zusammengefasst sind, sollen die spezifischen Zeitstrukturen in diesem Handlungsfeld exemplarisch verdeutlicht werden.

*"6.40 Uhr - Dorthe sitzt auf dem Rücksitz von Mamas Auto - auf dem Weg zum Hort. Sie hat in der Eile ihr Etui vergessen. Das gibt bestimmt wieder Ärger mit der Lehrerin. - 6.50 Uhr - Mama verabschiedet sich vor dem Hort. Dorthe sucht zusammen mit Lena nach Regenwürmern, bis die Erzieherin kommt, die Frühdienst hat. - 7.00 Uhr - Sabine, Erzieherin aus dem Kindergarten, schließt auf. Zehn Regenwürmer haben sie gefunden, müssen sie aber wieder freilassen. Auf dem dunklen Flur spielen sie Geisterbahn, bis Sabine überall das Licht anmacht. - 7.15 Uhr - Sabine deckt den Tisch für die, die noch nicht gefrühstückt haben. Sie möchte Dorthes David-Haselhoff-Kassette morgens noch nicht hören. - 7.45 Uhr - Die Schulkinder müssen los. - 12.00 Uhr - Schulschluss. Auf dem Weg zum Hort machen die Mädchen noch einen Zwischenstop am Kiosk. Um die letzten beiden Ecken müssen sie rennen, damit sie mit den anderen gemeinsam ankommen und niemand ihren Abstecher bemerkt. - 12.15 Uhr - Dorthes Magen meldet sich. Wann gibt's Essen? Wie immer in zwei Etappen, die Ersten um 13.00, die Nächsten um 14.00 Uhr. Hanna in der Küche lässt sie schon einmal vom Quark naschen. - 12.35 Uhr - Silke und Dorthe spielen Tischtennis, nach fünf Minuten müssen sie abwechseln. Dann will Dorthe lieber gar nicht mehr weiterspielen. - 13.30 Uhr - Elf Kinder im Hausaufgabenraum, Monika kümmert sich nur um die I-Männchen, und Dorthe hat erst ein Päckchen geschafft. Sie spielt mit dem Anspitzer und streut Lena ein paar Schnitzel ins Heft. Die lacht und rächt sich. Jetzt hat Monika Zeit für sie, und sie kommen*

> *weiter. - 15.40 Uhr - Dorthe überredet Monika, dass sie den Rest der Hausaufgaben zu Hause machen darf und kann nun mit der Praktikantin Zaubertricks einüben. - 16.50 Uhr - Mama kommt. Was jetzt schon?"*

Die Spielzeit von Dorthe kommt in diesem Tagesablauf fast nur als gestohlene Zeit vor, die sie sich abseits von einem verplanten Tagesablauf schaffen muss, um überhaupt noch spontane Aktivitäten realisieren zu können. Hortpädagoginnen und -pädagogen stehen angesichts dieser zeitlichen Strukturen vor der Aufgabe, der Tendenz einer Parzellierung des Tagesablaufes in kleine und kleinste Sequenzen so weit es möglich ist entgegenzuwirken, um auch Hortkindern die Voraussetzungen für das Erlebnis selbstbestimmter Zeitgestaltung zu bieten. Die Spielzeit von Hortkindern, die Zeit also, die ihnen für selbstbestimmte, phantasievolle und selbstkontrollierte Aktivitäten in selbstgeschaffenen Situationen verbleibt, vermag hier als Prüfstein zu fungieren, um einen Tagesablauf noch auf seine Kindgemäßheit zu prüfen. Angesichts einer wachsenden Überformung kindlichen Zeiterlebens durch die rationale und sequenzielle Zeitplanung der Erwachsenen sollten Spielpädagoginnen und -pädagogen versuchen, freie Zeiten für das kindliche Spiel zu garantieren und den Kindern Zeitabschnitte zu sichern, in denen sie unabhängig von Termindruck ihre "Eigenzeiten" finden können. Spiele der Stille und Entspannung können zu diesem Zeiterleben beitragen. Rückblicke in die eigene Spielbiographie vermögen uns Erwachsenen darüber hinaus einen Zugang zu kindgemäßen Umgangsweisen mit der Zeit zu vermitteln. Eine allmählich verschwindende Spielkultur von Kindern zeugt von ausgedehnten Spielabschnitten in der nachbarschaftlichen Kindergruppe, die fast ohne Erwachsenenkontrolle zustandekamen. Die Spielkultur von heutigen Kindern ist unter dem Aspekt einer ausgefüllten und selbst gestalteten Spielzeit wieder durch bewusst inszenierte Anreicherungen aus einem traditionellen Spielrepertoire zu bereichern (z.B. bei Spielfesten, Spielplatzaktionen usf.), auch wenn diese Provokationen zur selbstbestimmten Spielzeit erneut der Gefahr einer Pädagogisierung des Spiels unterliegen und immer wieder auf ihre Notwendigkeit hin zu überprüfen sind.

### Für die Praxis:

*Grefe, Christiane*: Ende der Spielzeit. Wie wir unsere Kinder verplanen. Reinbek b. Hamburg: Rowohlt, 1997

*Lendner-Fischer, Sylvia*: Bewegte Stille. Wie Kinder ihre Lebendigkeit ausdrücken und zur Ruhe finden. Ein Praxisbuch. München: Kösel, [2]1998

*Schneider, Monika/ Schneider, Ralph/ Wolters, Dorothee*: Bewegen und Entspannen im Jahreskreis. Rhythmisierungen, Bewegung und Ausgleich in Kindergarten und Unterricht. Mülheim a.d.R.: Verlag die Schulpraxis, 1996

*Seyffert, Sabine*: Auf sanften Pfoten schleicht die Katze. Übungen und Geschichten zum Bewegen und Entspannen. München: Kösel, 2000

## 4.5 Spielen in der Schule

Aber auch über die Kindertageseinrichtungen hinaus hat das Spiel eine wachsende Bedeutung für Bildung und Erziehung. Kinder kommen heute mit veränderten Lernbedürfnissen in die Schule. Herkömmliche Konzepte eines Klassen- und Fachunterrichts entsprechen diesen veränderten Voraussetzungen immer weniger. Das Konzept des spielorientierten Lernens gewinnt auf diesem Hintergrund einen immer größeren Stellenwert im Rahmen einer Didaktik des offenen Unterrichts, in dem selbsttätige Lernprozesse im Mittelpunkt stehen. Die Unterrichtsinhalte werden ausgehend von den Lebenssituationen der Kinder gemeinsam ausgehandelt. Spielorientiertes Lernen ist eine Antwortmöglichkeit auf individualisierte Lernbedürfnisse in heterogenen Lerngruppen und kann zwischen Lebens- und Lernsituationen vermitteln.[13]

### 4.5.1 Spielorientiertes Lernen in der Schule

In diese Aufgabenstellung hinein vermag das kindliche Spiel eine vermittelnde Rolle einzunehmen. Spieltätigkeit als selbstgewählte und -kontrollierte, mit Phantasie angereicherte Aktivität kann auch als Auseinandersetzung mit einer veränderten Lebenssituation im Sinne selbsttätiger Lernprozesse interpretiert werden (vgl. *Retter* 1991). Dabei eröffnet das kindliche Spiel dem erwachsenen Zuschauer zum einen die Möglichkeit, etwas über den Kinderalltag in Erfahrung zu bringen. Zum anderen versuchen Kinder bereits aktiv, in ihrem Spiel ihrer veränderten Lebenswelt einen Sinn zu geben bzw. an und mit ihr zu lernen.

Spielorientiertes Lernen in selbst gestalteten Spielsituationen ist bereits vorhanden im Kinderalltag, hat gleichsam eine entwicklungsnotwendige Funktion. Es gilt, diesem Lernkonzept Einlass in schulische Lernprozesse zu gewähren, um veränderten Lernbedürfnissen gerecht zu werden. Spielsituationen in der Schule bieten dann die Chance, Verbindungslinien zwischen veränderter Lebenssituation und den neu zu gestaltenden Lernsituationen herzustellen. Ihnen kommt deshalb eine zentrale Funktion bei der Entwicklung einer lebensweltorientierten Didaktik zu (vgl. *Walter* 1993).

---

[13] vgl. auch *Heimlich, Ulrich*: Spiel im Unterricht – Unterricht als Spiel. Konzept und Praxis eines spielorientierten Lernens in der Schule. In: Pädagogische Welt 49 (1995) 7, S. 320-323

Gleichzeitig beinhaltet das Spielen in der Schule auch Antworten auf die vielfach geforderte wohnortnahe Schule. Besonders bei der Entwicklung von Modellen des "gemeinsamen Unterrichts für Kinder mit und ohne Behinderung" wird die Relevanz des kindlichen Spiels deutlich. Das gemeinsame Spielen im Unterricht eröffnet zahlreiche, sinnlich unterschiedliche Zugangsweisen für Kinder mit den verschiedensten Lernvoraussetzungen. Das Spiel lebt gleichsam von der Unterschiedlichkeit der Lernenden und ist darauf angewiesen, dass personal stark differierende Kompetenzen (in kultureller, sensorischer, motorischer und altersbezogener Hinsicht) in die gemeinsame Spielsituation eingebracht werden. Insofern vermag das Spiel im Unterricht auch eine "Gemeinsamkeit in der Verschiedenheit" zu stiften. Jeder versucht, im Spiel nach seinen Fähigkeiten teilzunehmen und wird im Spiel mit seinen Fähigkeiten akzeptiert.

"Spiel im Unterricht" stößt auch im Rahmen eines reformpädagogisch orientierten Unterrichts in vielen Schulen gegenwärtig wieder auf ein größeres Interesse (vgl. *Petillon/ Valtin* 1999). Insbesondere im Zusammenhang mit dem Problem aggressiver und gewalttätiger Verhaltensweisen in der Schule werden mit dem Spiel Hoffnungen auf eine Veränderung belastender Konfliktsituationen verbunden (vgl. *Jürgens* 1994). Allerdings steht das Spiel im schulischen Zusammenhang auch stets in der Gefahr, für "spielfremde" Zwecke benutzt zu werden, ohne dass auf die mögliche Intensität der Spieltätigkeit und die erforderliche Selbstbestimmtheit der Spielsituation Rücksicht genommen würde. "Spiel" und "Unterricht" stehen nach wie vor in einem nahezu unversöhnlichen Gegensatz.

Während mit Spielen eine Tätigkeit bezeichnet wird, die als intrinsisch motiviert, selbst kontrolliert und phantasievoll zu definieren ist, hält der herkömmliche Frontalunterricht nahezu gegenteilige Tätigkeitsmuster für Kinder bereit: extrinsische Motivation, Fremdkontrolle, reproduktives Lernen. Bereits in den Siebzigerjahren hat *Benita Daublebsky* (1973) jedoch praxisbezogene Modelle von Spielstunden und Veränderungsmöglichkeiten von Interaktionsspielen aufgezeigt, die die Freiheit des Spielen-Könnens auch im Unterricht zu realisieren helfen. *Wolfgang Einsiedler* ($^3$1999, S. 160f.) weist in einer Forschungsübersicht auf Projekte hin, in denen spielorientiertes Lernen in der Grundschule erprobt wurde. Besonders hervorzuheben sind die groß angelegten und empirisch fundierten Studien von *Waltraut Hartmann* und ihren Mitarbeitern (vgl. *Hartmann/ Neugebauer/ Rieß* 1988), die in Wiener Grundschulen mit Spielecken und Spielmitteln im Unterricht experimentierten. Es zeigten sich positiven Effekte in diesen Versuchsklasssen im Bereich des Rückgangs aggressiver Verhaltensweisen, auf dem Gebiet sozialer Kompetenzen und in der Arbeitshaltung bei gleichzeitig gestiegener Schulzufriedenheit. Auch im engeren Sinne unterrichtsbezogene Effekte lassen sich mit dem Spielen in der Schule in Verbindung bringen. Lerngruppen, die mit Lernspielen umgehen können, schneiden im

Vergleich zu herkömmlichen Unterrichtsmethoden beispielsweise in einem Lesetest am besten ab. Offenbar wirkt sich die Gelegenheit zum Spielen positiv auf die Motivationshaltung aus. Für den Sekundarbereich konnten diese Ergebnisse jedoch nicht in gleichem Umfang bestätigt werden.

So sehr wir also aus spielpädagogischer Perspektive dem Spielen im Unterricht mit Skepsis begegnen werden, so sehr müssen wir auf der Basis der vorliegenden empirischen Befunde davon ausgehen, dass "Spielen" und "Lernen" nicht in völligem Widerspruch zueinander stehen. Aber welches Lernen ermöglicht das Spielen nun? *Jürgen Fritz* (1991, S. 129) findet die Antwort auf diese Grundfrage des schulpädagogischen Umgangs mit Spielen in der Betonung der kreativen Anteile im kindlichen Spiel:

"Im Spiel bestätigt das Kind nicht die Erwachsenenwelt (wie dies von den Pädagogen gewünscht wird), sondern schafft sich seine eigene, indem es die Objekte der Umwelt so verwendet und wahrnimmt, dass sie zu einem Spiel taugen. Dahinter steckt nicht der Erwerb angesonnener Fähigkeiten und Kenntnisse, sondern das Erlernen von Potenzialitäten: von möglichen Fähigkeiten für mögliche Situationen."

Sehen wir also das besondere Lernpotenzial des kindliche Spiels in der Gelegenheit zu kreativen und phantasievollen Lerntätigkeiten, die von den Kindern selbst bestimmt und selbst kontrolliert werden, so eröffnen sich uns auch Zugänge zu einem Konzept des spielorientierten Lernens in der Schule. Dabei werden die spezifischen Merkmale der Spieltätigkeit zwar beibehalten, aber gleichzeitig höchst anspruchsvolle Lernprozesse ermöglicht. Spielorientiertes Lernen in der Schule erfordert demnach ein Unterrichtskonzept, das seine Inhalte nicht per Deduktion aus den höher angelegten Fachwissenschaften wie Biologie, Physik, Geographie, Geschichte usf. bezieht. Unterrichtsinhalte im Konzept des spielorientierten Lernens entstammen der veränderten Lebenssituation von Kindern.

Im Rahmen einer weit gehenden Öffnung des Unterrichts für selbst gesteuertes Lernen, wie es nicht nur für die Grundschule immer deutlicher gefordert wird (vgl. *von Hentig* 1993), hat die Gestaltung von Spielsituationen als spielpädagogische Methode ihre Berechtigung. Der pädagogische und didaktische Umgang mit kindlichen Spieltätigkeiten richtet sich weniger auf die unmittelbare Interaktion zwischen Erwachsenen und spielenden Kindern. Vielmehr beginnt die spielpädagogische Methodik mit der Gestaltung einer anregungsreichen Spielumwelt in der Schule. Spielzonen in der Schulklasse und ein reichhaltiges Angebot an Spielmitteln, das frei zugänglich ist, sind im spielpädagogischen Sinne als methodische Handlungsmuster zur Ermöglichung eines Spielens im Unterricht anzusehen. Das Konzept "spielorientiertes Lernen" beinhaltet von daher vorrangig unterstützende und indirekte Handlungen der pädagogischen Tätigen, zu denen auch die Beobachtung der

Spieltätigkeit zählt. Insofern erfordert die Ermöglichung des spielorientierten Lernens in der Schule auch einen Wandel in der Rolle der Lehrenden hin zu mehr passiv-beobachtenden Handlungsmustern. Spielpädagogisch handelnde Lehrerinnen und Lehrer versuchen phantasievolle Spielsituationen zu verstehen und ihren Anteil an der aktiven Gestaltung dieser Spielsituationen ständig zu variieren. Sie begeben sich im Bedarfsfall in die Spielsituation und auf die Phantasieebene der Kinder und können sich ebenso aus laufenden Spielprozessen zurückziehen, um selbstbestimmteres Spielen für Kinder wieder möglich zu machen. *Hilbert Meyer* sieht vor allem für Interaktions- und Simulationsspiele sowie das szenische Spiel gute Möglichkeiten der Integration in den Unterricht und entwickelt darauf aufbauend methodische Ansätze für Spielstunden und Spielphasen (vgl. $^5$1993, S. 350ff.). Als hilfreich erweist sich dabei das methodische Basisschema "Vorbereitung", "Durchführung" und "Auswertung", das mit leichten Variationen sowohl für Plan- als auch für Rollenspiele angewandt werden kann.

### 4.5.2 Spielorientiertes Schulprogramm

Ein solches Konzept spielorientierten Lernens hat seine Berechtigung sicher nicht nur in den ersten Schulwochen im Rahmen einer kindgemäßen Gestaltung des Schulanfangs beispielsweise in der Grundschule (vgl. *Faust-Siehl/ Portmann* 1992). Auch eine ausschließlich fachdidaktische Indienstnahme des Spiels etwa im Sportunterricht erscheint zwar berechtigt, weist jedoch zugleich über die engen Fächergrenzen hinaus (vgl. *Polzin* 1992). Spielorientiertes Lernen fordert in letzter Konsequenz das Konzept der jeweiligen Schule insgesamt (vgl. *Petillon/ Valtin* 1999).[14]

Die sich immer weiter verbreitenden Schulprogramme könnten z.B. solche spielorientierten Akzente für eine gesamte Schule setzen. Über Spielphasen, Spielstunden und Spielprojekte im Unterricht einer Schulklasse hinaus gehören zu einem solchen spielorientierten Schulprogramm dann auch Pausenspiele, Spielhofgestaltung und Spielfeste für alle Schülerinnen und Schüler.

- **Spielphasen**

Schüler haben meist ein sehr dominantes Bedürfnis, sich in der Lerngruppe zu präsentieren und durch besondere Fähigkeiten, ihre Person in Szene zu setzen. Interaktionsspiele, in denen die Chance gegeben ist, etwas pantomimisch darzustel-

---

[14] Mit dem Thema "Mit allen Sinnen lernen. Die Lern- und Spielschule" ist ein Videofilm zu einem Modellversuch in Rheinland-Pfalz (Wiss. Begleitung: Universität Koblenz-Landau) erschienen (zu beziehen über das Landesmedienzentrum Rheinland-Pfalz, Hofstr. 257, 56077 Koblenz).

len, anderen eine Rätselaufgabe zu stellen oder Kontaktwünsche im spielerischen Rahmen diskret zu äußern, eignen sich in besonderer Weise, diesem *Inszenierungsbedürfnis und Bedürfnis nach sozialen Kontakt*en von heutigen Kindern zu entsprechen. Kleine Rollenspiele, Verkleidungs- und Schmink- bzw. Maskenspielen oder auch Singspiele, in denen Kinderlieder begleitend verbal oder nonverbal dargestellt werden, gehören in jeden Schulvormittag.

• **Spielstunden**

Auf Grund eines gesteigerten Bewegungsdranges von Schülerinnen und Schülern sollten im Sportunterricht vermehrt Anlässe für selbst gestaltete Bewegungsaufgaben geschaffen werden. Haben Schüler Gelegenheit, sich selbst im Rahmen spielorientierten Lernens Bewegungsspielstationen zu bauen, so entwickeln sie erfahrungsgemäß entlang ihrer unbefriedigt gebliebenen *Bewegungsbedürfnisse* Spielanlässe, in denen fehlende alltägliche Bewegungserfahrungen durch Sprung-, Balancier-, Schwung- und Kletterspiele rekonstruiert werden. Auch alle Formen von regelorientierten Bewegungsspielen werden von Schülerinnen und Schülern favorisiert, um soziale Interaktionen im selbstgesetzten Rahmen eines Mannschaftsspieles zu erproben. Häufig sind Schülerinnen und Schüler gegenwärtig bereits mit der Bildung von Gruppen und der Ausbildung einer Gruppenidentität sehr stark gefordert. Gleichwohl gilt es in dieser Hinsicht immer wieder implizite soziale Lernanlässe, die sich besonders leicht im Sportunterricht ergeben, aufzugreifen und im Sinne kooperativer und prosozialer Erfahrungen zu nutzen. Selbstverständlich können Spiele zum sozialen Lernen auch in weiteren Fächern sowie in eigenständigen Spielstunden eingesetzt werden.

• **Spielprojekte**

Bestimmte Spielthemen interessieren Schülerinnen und Schüler auch über längere Zeiträume. Aus alltäglichen Beobachtungen können sich langfristige Phasen einer intensiven Auseinandersetzung mit einem spontanen *Bedürfnis und Interesse nach handlungsbezogenen Lernerfahrungen* als projektbezogene Arbeitsform eines spielorientierten Lernens entwickeln. Immer wieder erproben Schülerinnen und Schüler z.B. Möglichkeiten, Flugeigenschaften eines Blattes Papier zu verbessern. Aus dieser Pausenspieltätigkeit "Papierschwalben bauen" kann sich ein Projekt zum Thema "Luft und Flug" ergeben, in dem in spielorientierter Weise verschiedene Flugkörper gebaut und erprobt werden und deren Flugeigenschaften durch Beschwerung oder Veränderung von Tragflächen systematisch variiert werden. Durch spielorientierte Experimente können jene Eigenschaften der Luft untersucht werden, die von Menschen als Antriebskräfte genutzt werden. Mit Hilfe von Luftballons entsteht so Luftspielzeug in Form von Autos, Raketen und Luftkissenfahrzeugen. Weitere Zugangsweisen zu dieser Thematik unter Ausnutzung unterschiedlichster Lernwege werden sich mit einer gewissen Eigendynamik gemeinsam mit den Schülern entwickeln.

- Pausenspiele

Statt die Schülerinnen und Schüler in der Hofpause lediglich zu beaufsichtigen und allenfalls in den schlimmsten Konflikten vermittelnd einzugreifen, bietet es sich an, gezielt Spielmaterialien für ein spielorientiertes Lernen auf dem Schulhof bereitzustellen. Mit einfachsten Mitteln sind hier häufig verblüffende Erfolge zu verzeichnen. Bereits der Einsatz von einigen "Stelzen" oder eines "Springseiles" kann das Bedürfnis nach Bewegungsausgleich und sozialen Erfahrungen in eine gemeinsame Spieltätigkeit einbinden. Weitere Spielmöglichkeiten können beispielsweise in einer "Spieltonne" für die selbst organisierte Nutzung durch Schülerinnen und Schüler bereitgestellt werden.

- Spielhofgestaltung

Durch die Nähe zu natürlichen Lebensräumen bieten viele Schulhöfe bereits jetzt vielfältige Gelegenheiten, dem *Bedürfnis nach Naturerfahrungen* auf Seiten der Schülerinnen und Schüler zu entsprechen. Abgesehen von einem pfleglichen Umgang mit der Natur als bedeutsames Lernziel benötigen Kinder gegenwärtig Gelegenheiten zu einer spielorientierten Auseinandersetzung mit der Natur. Vielerorts werden zu diesem Zweck bereits naturnahe Spielräume erprobt, an denen Kinder auch kreativ gestaltend mit Naturmaterialien umgehen können. Dieses Konzept sollte auf die Schulhofgestaltung übertragen werden, um Spielaktivitäten wie Baumhausbauen, Verstecke suchen usf. in den Pausen anbieten zu können.

- Spielfeste

Schulfeste werden immer häufiger unter ein gemeinsames Spielthema gestellt. Eine integrative Grundschule in Gelsenkirchen wählte z. B. das Motto "Spielen mit allen Sinnen" als Spielfestthema , um das Bedürfnis der Schülerinnen und Schüler nach allseitigen sinnlichen Erfahrungen einmal auf besonders umfängliche Weise zu beantworten. Zwischen Fußerfahrungsfeldern, Tastsäcken, Geräuschdosen, einem Rollstuhlparcour und vielen anderen Spielen für die Sinne konnten Kinder, Eltern und Lehrerinnen bzw. Lehrer Erfahrungen mit unterschiedlichen sinnlichen Fähigkeiten sammeln. Auf diese Weise war es möglich, alle Kinder auch mit den unterschiedlichsten Lernvoraussetzungen an diesem Spielfest teilnehmen zu lassen. Behinderungen ergaben sich immer dort, wo bemerkt wurde, dass unsere sensomotorischen Möglichkeiten häufig ungenutzt bleiben. Vor allem Erwachsene sind Kindern gegenüber in dieser Hinsicht meist im Nachteil.

### 4.5.3 Spielen und Üben

Spiele können darüber hinaus ebenfalls zur Erreichung von themenzentrierten Lernzielen in den Schulfächern genutzt werden. Das zeigt sich besonders bei der Gestaltung von abwechslungsreichen Übungsphasen. Spielen und Üben müssen dabei keine unversöhnlichen Widersprüche darstellen.[15]

- *Spielsituation 12:*

  *Die 2. Klasse soll in Gruppen Rechenspiele selbst herstellen. Dabei geht es vor allem um Übungen zum Rechnen in den Grundrechenarten. Jede Gruppe erhält 20 kleine Spielsteine und 10 größere Spielsteine aus Holz sowie einen nicht beschrifteten Spielplan aus Pappe und zwei Würfel. Die Aufgabe lautet nun eine Spielregel zu erfinden, die möglichst viele unterschiedliche Rechenaufgaben ermöglicht. In einem zweiten Schritt sollen die Materialien und der Spielplan entsprechend gestaltet werden. Später sollen die Spiele auch in der Freiarbeit eingesetzt werden können. Für Gruppen, die nicht auf Anhieb eigene Ideen entwickeln, hält die Lehrerin einige Anregungen für eine mögliche Spielregel bereit (z.B. Aufteilung der kleinen Spielsteine in zwei Gruppen mit jeweils unterschiedlichen Farben, Beschriftung der großen Spielsteine mit den Zahlen von 1 bis 10, Spiel mit zwei Würfeln) (vgl. Faßbender 1987, S. 8f.).*

Auch wenn in diesem Übungsbeispiel noch offen bleibt, was die Schülerinnen und Schüler tatsächlich üben, so wird doch deutlich, dass hier ein anderer Zugang zur Methode des Übens vorliegt. Die Schülerinnen und Schüler sollen selbst ihre Übungsaufgaben mit festlegen und erhalten dabei allenfalls Anregungen und Tipps (jedoch keine vollständigen Lösungen der Aufgabe), falls sie selbst spontan keine Ideen entwickeln. Die Chance dieser spielerischen Übungsphase liegt eher auf dem Gebiet kreativer Aufgabenentwicklung und der darauf aufbauenden handlungsorientierten Gestaltung sowie Umsetzung der gefundenen Aufgaben. Das Üben findet hier nicht nur als Nachbereitung von bereits erarbeiteten Lerninhalten statt. Die Schülerinnen und Schüler erhalten eher Gelegenheit, sich mit Hilfe einer Übung auf die kommenden Lernanforderungen vorzubereiten. Gerade spielerische Übungen eröffnen in dieser Perspektive – gleichsam als "Vorübung", wie es bereits *Karl Groos* in

---

[15] Vgl. auch *Heimlich, Ulrich*: Mehr als Memory. Spielen und Üben im Unterricht. In: Üben und Wiederholen. Sinn schaffen – Können entwickeln. Jahresheft XVIII/ 2000 des Friedrich Verlages, S. 60-62

seiner Theorie des Spiels zum Ausdruck gebracht hat (1922) – ein vielfach ungenutztes Potenzial von Übungssequenzen in der Schule.

Spielen und Üben bezeichnen nur dann echte Gegensätze, wenn die Übung auf ihre reproduktiven Funktion reduziert wird. Übernimmt die Übung jedoch produktive Funktionen im Sinne von selbsttätigen und multisensorischen Lernprozessen, so werden spielerische Umgangsweisen mit Lerngegenständen möglich. Ein solches didaktisch-methodisches Konzept spielerischer Übungen soll nun im Rahmen eines Stufenmodells vorgestellt werden (vgl. *Rabenstein* 1977). Jede Übungsstufe wird mit konkreten Anregungen zu spielerischen Übungen veranschaulicht.

- **Stufe 1: Üben der Reproduktion von Kenntnissen und Fertigkeiten**

Zunächst einmal besteht der grundlegende Sinn des Übens im Unterricht darin, bereits erarbeitete Lerninhalte zu wiederholen und sie so im Langzeitgedächtnis abzuspeichern. Doch schon ein Blick auf die hirnbiologischen Vorgänge im Langzeitgedächtnis zeigt, dass es auch auf diesem einfachen Übungsniveau nicht um stures "Auswendiglernen" gehen kann. Die Abspeicherung im Langzeitgedächtnis erfordert die Aktivierung von ganzen Erinnerungsnetzen und hängt sehr deutlich von der emotionalen Qualität der über die verschiedenen Sinneskanäle eingegangenen Informationen ab. Spiele haben hier die Funktion, Übungsaufgaben in Form bekannter Spielregeln anzubieten und so ein emotional positives Lernklima zu schaffen. Spielerische Übungen sind auf dieser Niveaustufe eher geschlossene Aufgabenstellungen mit überschaubaren Lösungsvarianten.

- *Spielerische Übungen (Stufe 1):*

1. Domino-, Lotto-, Memory- und Puzzle-Spiele zu Aufgaben aus den verschiedenen Lernbereichen wie "Deutsch", "Mathematik", "Sachunterricht" usf. für die Freiarbeit
2. Regelmäßige Kreisspiele zur Förderung spezifischer sozialer Kompetenzen (z.B. Lernen in Gruppen, Fremd- und Selbstwahrnehmung, Kommunikation usf.)

- **Stufe 2: Üben der Reorganisation von Kenntnissen und Fertigkeiten**

Ob ein Lerninhalt oder eine bestimmte Kompetenz tatsächlich von den Schülerinnen und Schülern sicher beherrscht wird und im Langzeitgedächtnis gespeichert ist, entscheidet sich erst bei der Variation der Aufgabenlösung. Immer wenn bereits bekannte Lerninhalte in einem neuen Zusammenhang stehen bzw. eine andere Präsentationsform erhalten, müssen diese umorganisiert werden. Spielerische Übungen haben hier den Sinn, mit Hilfe offener Aufgabenstellungen alternative Lösungswege gleichsam "durchzuspielen". In die Aufgabenstellung gehen zwar bestimmte Ausgangsmaterialien mit ein (z.b. Anfertigen eines Einmaleins-Spiels für die Fünfer-Reihe). In welcher Form die Schülerinnen und Schüler die Aufgabenlösungen darstellen, bleibt jedoch offen (z.b. Domino-Spiel oder Memory).

- *Spielerische Übungen (Stufe 2):*

1. Brettspiele selbst entwickeln (nach dem Prinzip "Mensch ärgere dich nicht" verbunden mit Aufgaben-, Ereignis- oder Aktionskarten)
2. Pantomine- und Rollenspiele zu verschiedenen Unterrichtsthemen (z.B. Berufe ohne Worte darstellen)

- **Stufe 3: Üben von Transferleistungen**

Sollen hingegen vorhandene Fertigkeiten und Kenntnisse auf neue Lerninhalte angewendet werden, so geht es vornehmlich um den Transfer von bereits Geübtem. Auf dieser Niveaustufe werden hohe Anforderungen an die Selbstständigkeit der Schülerinnen und Schüler gestellt. Die Bewältigung von neuen unbekannten Aufgaben setzt die Beherrschung einer komplexen Lösungsstrategie voraus. Wichtig ist hier, dass der Lösungsweg von den Schülerinnen und Schülern selbstständig gefunden wird und sie selbst Vorschläge für Spielaufgaben machen. Spielerische Übungen bieten gerade zu dieser Niveaustufe eine Fülle von Möglichkeiten an, da sich in der Spieldynamik selbst bereits häufig eine Übertragung von Gelerntem auf neue Probleme ergibt. Besonders schöne Beispiele finden sich in den Zeichen- und Malspielen von *Mario Grassos* (1989, S. 56ff.), bei denen es darum geht, Bedeutungsvarianten von Begriffen zeichnerisch darzustellen (Beispielaufgabe aus einem Montagsmalerspieler am Tageslichtprojektor: "Augapfel" zeichnen – ohne Buchstaben zu verwenden, ohne zu sprechen und ohne auf Gegenstände zu zeigen!).

- *Spielerische Übungen (Stufe 3):*

1. Spielaufgaben für die Freiarbeit selbst entwickeln (z.B. Sprech-, Zeichen- und Mal-, Schreib- sowie Ratespiele zum Umgang mit dem Wörterbuch erfinden)
2. Simulations- und Planspiele als Einstieg zu neuen Unterrichtsthemen (z.B. Vater ist arbeitslos – was nun?)

• **Stufe 4: Übungen zur Förderung der Kreativität**

Bleibt hingegen die Aufgabenlösung völlig offen und wird lediglich das Ausgangsmaterial bestimmt, so können in Übungsphasen durchaus auch kreative Kompetenzen bei Kindern gefördert werden. Bezogen auf den Sachunterricht bieten sich z.B. Baukästen mit technischem Schwerpunkt an, mit deren Hilfe aus vorhandenen Basiselementen immer wieder neue Gebilde entstehen können. Selbst das Spielen mit LEGO®-Steinen eröffnet zahlreiche Variationsmöglichkeiten und wird gegenwärtig gerade im technischen und elektronischen Bereich so weit entwickelt, dass sich sogar kleine Maschinen mit Mikroprozessoren selbst programmieren lassen.

• *Spielerische Übungen (Stufe 4):*

1. Technikbaukästen aller Art bis hin zur computergestützten Herstellung von Elektronik-Spielzeug
2. Theaterspielen (z.B. zu einem Lesetext oder einer längeren Lektüre)

Sollen diese verschiedenen Stufen spielerischer Übungen in der Schulpraxis realisiert werden, so ist eine Beschränkung auf Übungssequenzen und Übungsstunden nicht ausreichend. Bei diesem weiten Übungsverständnis wird unmittelbar deutlich, dass die Übung als Prinzip in vielfältigen Lernsituationen verankert werden sollte.

**Für die Praxis:**

*Faßbender, Kurt*: Spiele erfinden. Unterrichtshilfen und Planungsvorgaben zum kreativen Gestalten in der Primarstufe. Frankfurt a.M.: ALS, 1987
*Flemming, Irene/ Fritz, Jürgen*: Ruhige Spiele. Entspannungs- und Konzentrationsspiele für die Grundschule. Mainz: Matthias-Grünewald, ³1996
*Geißler, Uli*: Jolly Joggers und Lilly Lindes großes graugrünes Umwelt-, Spiel- und Spaßbuch. Münster: Ökotopia, ²1995
*Grassos, Mario*: Wörterschatz. Spiele und Bilder mit Wörtern von A-Z. Weinheim u. Basel: Beltz, 1989
*Heimlich, Rudi*: Soziales und emotionales Lernen in der Schule. Ein Beitrag zum Arbeiten mit Interaktion. Weinheim u. Basel: Beltz, 1988
*Petillon, Hanns/ Valtin, Renate* (Hrsg.): Spielen in der Grundschule. Grundlagen – Anregungen – Beispiele. Frankfurt a.M.: Ak Grundschule, 1999

## 4.6 Spielen in der Moderne (Zusammenfassung)

Der Blick in den kindlichen Alltag in der Gegenwart und dessen Einfluss auf das kindliche Spiel macht deutlich, dass Kinder gegenwärtig nicht allein gelassen werden dürfen bei der Bewältigung des Wandels ihrer Lebenssituationen. Sie bedürfen der Unterstützung durch inszenierte Spielangebote und einer verantwortlichen Begleitung durch Erwachsene und spielpädagogisch Qualifizierte, um die entwicklungsbedeutsame Funktion von Spieltätigkeiten und Spielsituationen noch erfahren zu können. Das Spielen in seiner räumlich-materiellen, seiner personal-sozialen und seiner temporalen Dimension angesichts einer veränderten Lebenswelt weiterhin zu ermöglichen, muss als Grundproblem einer Pädagogik der Gegenwart betrachtet werden, die eine Anwaltschaft für Kinder beinhalten soll. Diese Aufgabe stellt sich quer zu pädagogischen Arbeitsfeldern von den Tageseinrichtungen für Kinder bis hin zu den Schulen.

# 5.0 Spiel und Methodik –
## pädagogische Handlungsmöglichkeiten

*"Deine Kinder sind nicht dein Besitz.
Du kannst versuchen, ihnen gleich zu sein,
aber versuche nicht, sie dir gleich zu machen."*
Kalil Ghibran

Nachdem wir nun das kindliche Spiel theoretisch distanziert betrachtet haben und verschiedene Inhalte spielpädagogischen Handelns kennen gelernt haben, stehen wir vor der Frage, wie wir aus dieser analytischen Haltung heraus auch zur spielpädagogischen Tätigkeit, zur Unterstützung und Anregung des kindlichen Spiels übergehen können. Über die Notwendigkeit zur Begleitung des kindlichen Spiels in der Gegenwart dürfte kein Zweifel bestehen. Offen bleibt bisher jedoch die Frage nach der Möglichkeit von Spielpädagogik. Wir müssen angesichts einer kindlichen Tätigkeit, die sich durch ein hohes Maß an Selbstbestimmung, Phantasie und Selbstkontrolle auszeichnet, den Nachweis führen, dass Einwirkungen Erwachsener in das kindliche Spiel überhaupt Effekte nach sich ziehen (vgl. *Hellendoorn/ Van der Kooij/ Sutton-Smith* 1994). Auf der Basis der vorgestellten spielpädagogischen Praxiserfahrungen und in Verbindung mit den Ergebnissen der empirischen Spielinterventionsforschung sollen nun angemessene methodische Handlungsformen der Spielpädagogik im Einzelnen vorgestellt werden. Dabei wird der Anspruch erhoben, dass diese Methoden quer zu den o.g. Inhalten spielpädagogischen Handelns einsetzbar sind. *Spielpädagogische Methoden* werden im weiteren mit *spielpädagogischen Handlungsformen* gleichgesetzt, also *Tätigkeiten von Spielpädagoginnen und -pädagogen, die zu einer Ermöglichung, Anregung und Unterstützung des kindlichen Spiels beitragen, ohne dass dessen spontaner, phantasiebezogener und selbst kontrollierter Charakter verloren ginge* (vgl. *Heimlich* 1991).

Dem liegt ein handlungstheoretisches Methodenverständnis zu Grunde, wie es sich in der erziehungswissenschaftlichen Methodenreflexion durchgesetzt hat. Für die Schulpädagogik schlägt *Hilbert Meyer* ([6]1994, S. 20f.) vor, die zielgerichtet organisierte, soziale und auf Sinnverständigung angelegte Interaktion von Lehrern und Schülern im Unterricht als methodisches Handeln zu bezeichnen. Ausgehend von dieser Handlungsebene werden unterschiedliche Ebenen der didaktisch-methodischen Reflexion angeführt: von den Unterrichts- und Methodenkonzepten über die didaktischen Modelle (s. Kap. 6) bis hin zu den erziehungswissenschaftlichen Theorien und den dahinterliegenden wissenschaftstheoretischen Positionen (vgl. a.a.O., S. 23ff.). Spielpädagogisches Handeln wäre in diesem Modell auf der praxisorientierten Ebene der Methodenkonzepte zuzuordnen, die dazu beitragen sollen, Interaktionssituationen (in diesem Fall Spielsituationen) zu ermöglichen, aufrechtzuerhalten und weiterzuentwickeln.

Während die Rede von Unterrichtsmethoden weitgehend anerkannt wird, ist die sozialpädagogische Methodendiskussion in die Krise geraten. Die klassischen "Methoden" der Sozialpädagogik/ Sozialen Arbeit wie Einzelfallhilfe, Gruppenarbeit und Gemeinwesenarbeit erweisen sich bei genauerer Analyse als komplexe Konzepte mit einer Fülle von Handlungsmodalitäten. Unter den Bedingungen der Risikogesellschaft (*Ulrich Beck*) kann von einem klassischen sozialpädagogischen Methodenrepertoire im engeren Sinne nicht mehr die Rede sein (vgl. *Rauschenbach/ Ortmann/ Karsten* 1993, S. 8). An seine Stelle tritt ein Methodenverständnis, das Handeln und Reflektieren in einen systematischen Zusammenhang hineinstellt. Im Rahmen des Konzeptes einer lebensweltorientierten Sozialen Arbeit (vgl. *Thiersch* 1993) umfasst das sozialpädagogische Handeln eine immer größere Bandbreite, die sich aus den unmittelbaren und stets wechselnden Erfordernissen eines je individuellen Alltags ihrer Klientel ergibt. Spielpädagogisches Handeln rückt im Lichte der Lebensweltorientierung näher an die alltäglichen Spielerfahrungen von Kindern und Jugendlichen heran und stellt sich auf eine "strukturierte Offenheit" (a.a.O., S. 11ff.) ihrer Angebotsformen ein.

Im heilpädagogischen Zusammenhang war die Methodenfrage hingegen stets von konstitutiver Bedeutung. Im historischen Rückblick auf die Anfänge eines pädagogischen Umgangs mit Kindern, Jugendlichen und Erwachsenen in erschwerten Lebens- und Lernsituationen musste eine "spezielle Erziehung" (im Sinne von *Paul Moor*, s. Kap. 8) zunächst einmal den Nachweis antreten, dass Bildungs- und Erziehungsangebote bei dieser Klientel überhaupt sinnvoll und effektiv seien. Erst die Zeit der Aufklärung und zahlreiche erziehungspraktische Versuche erbrachten den Beweis von der Möglichkeit des heilpädagogischen Handelns. Die Geschichte der Heilpädagogik wird von daher auch nicht selten als Geschichte ihrer Methoden verstanden (vgl. *Möckel* 1988). Das Methodenverständnis der Heilpädagogik zielt eher auf individuelle Entwicklungsförderung und stellt damit den pädagogischen Umgang mit einer einzelnen Person in den Mittelpunkt (vgl. *Gröschke* ²1997, S. 268ff.). Spielpädagogisches Handeln tendiert im heilpädagogischen Zusammenhang zur gezielten Spielförderung und grenzt damit schnell an Spieltherapie, da der pädagogische Umgang konsequent auf einzelne Kinder und Jugendliche mit ihren Lebens- und Lernschwierigkeiten eingestellt werden muss.

Spielpädagogische Methoden haben vor diesem Hintergrund zunächst einmal den Beweis ihrer *Wirksamkeit* anzutreten (5.1), bevor ihre grundlegenden *Prinzipien* beschrieben werden können (5.2). Formen spielpädagogischen Handelns (5.3) ergeben sich schließlich auf der Basis eines situationsorientierten Spielverständnisses als Variation des Eingriffes in die Spielsituation, die grundsätzlich von Kindern und Jugendlichen selbst gestaltet wird.

## 5.1 Wirkungen spielpädagogischen Handelns

*Hildegard Hetzer* (1967, 9f.) stößt mit ihrem Modell der direkten und indirekten Spielführung die spielpädagogische Diskussion der jüngsten Zeit mit an. Die Spielführung – so *Hetzer* – sei in der Hauptsache als mittelbare zu organisieren, die lediglich Spielzeiten und Spielräume gewährleiste (a.a.O., 41f.). Die unmittelbare Spielführung komme hingegen bei auftretenden Problemen im Spiel zum Einsatz und trage für den Fortgang des Spiels Sorge. Auch bei dieser direkten Intervention in das Spielgeschehen sei allerdings die Freiheit des Kindes im Spiel sicherzustellen. Freiheit und Bindung stünden in einem Spannungsverhältnis (a.a.O., 46ff.). Damit liegt bereits am Beginn der spielpädagogischen Diskussionsgeschichte das Grundproblem spielpädagogischen Handelns offen. Die aktive Gestaltung des kindlichen Spiels und seine passive Beobachtung stehen offenbar in einem dialektischen Spannungsverhältnis zueinander, das nicht ohne weiteres in eines dieser Extrempole aufzulösen ist. *Merker/ Rüsing/ Blanke* (1980) haben für dieses flexible Unterstützungsmodell den Begriff "aktive Passivität" geprägt und bringen damit zum Ausdruck, dass spielpädagogisches Handeln sich zwischen Aktivität und Passivität hin- und herbewegt. Unter Rückbezug auf dialektische Denkansätze in der Allgemeinen Pädagogik u.a. bei *Theodor Litt* (1927/ 1995) wird deutlich, dass pädagogisches Handeln immer zwischen "Führen" und "Wachsenlassen" angesiedelt ist, ohne jedoch jemals einem dieser Pole ausschließlich zuzufallen. Damit scheint ein Grundmuster spielpädagogischen Handelns bezeichnet zu sein, dessen dialektische Struktur gegenwärtig einen Minimalkonsens in der spielpädagogischen Diskussion repräsentieren dürfte.

Spieltätigkeit und spielpädagogische Tätigkeit stehen in diesem Modell in einem Verhältnis der Wechselwirkung. Die spielpädagogische Tätigkeit kann sich der kindlichen Spieltätigkeit annähern und versuchen auf sie Einfluss zu gewinnen oder sogar in sie zu intervenieren (aktives Handlungsmuster). Sie kann sich aber ebenso vom Spiel distanzieren und in einer beobachtenden Haltung verharren (passives Handlungsmuster).

Die Problematik spielpädagogischen Handelns liegt auf diesem Hintergrund darin, auf der einen Seite die spontane Spieltätigkeit von Kindern nicht mit der Erwachsenentätigkeit vollkommen zu überdecken und auf der anderen Seite Passivität nicht in Desinteresse umschlagen zu lassen. Spielpädagoginnen und -pädagogen haben somit stets zwischen aktiven und passiven Handlungsmustern bzw. zwischen "Tun" und "Lassen" auszubalancieren sowie situativ flexibel auf wechselnde kindli-

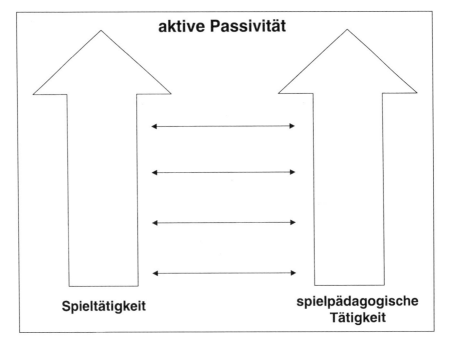

Abb. 9: Die dialektische Struktur spielpädagogischen Handelns

che Spieltätigkeiten einzugehen. Jedes aktive spielpädagogische Handlungsmuster trägt dabei auch seinen passiven Gegensatz in sich, sodass die Fähigkeit des Sich-Einbringens auf das Engste mit der Fähigkeit des Sich-Zurück-Nehmens verbunden bleibt. Das Spannungsverhältnis zwischen Aktivität und Passivität muss aufrechterhalten bleiben.

Auch die Ergebnisse der empirischen Spielinterventionsforschung sind von dieser Grundstruktur spielpädagogischen Handelns aus zu interpretieren. Bedeutende Anregungen zu einer systematischen Erforschung der Beeinflussung des kindlichen Spiels durch Erwachsene gehen von *Johnson/ Christie/ Yawkee* (1987, 23) aus. Sie kommen zu dem Ergebnis, dass Erwachsene durchaus einen förderlichen Einfluss auf das kindliche Spiel haben können. Es sprechen sogar viele Gründe dafür, dass sie auch im Spiel selbst partizipieren sowie insgesamt eine spielfördernde Umgebung für Kinder schaffen (Raum, Zeit, Material für das Spiel usf.). Auf der Basis einer Forschungsübersicht können eine Reihe von typisierten Handlungsweisen Erwachsener abgeleitet werden, die das kindliche Spiel positiv beeinflussen. Zu unterscheiden sind *vier Formen des Einbezogenseins Erwachsener in das kindliche Spiel*, bei denen sich Möglichkeiten der Spielintervention aufzeigen ließen (a.a.O., 30ff.). Im Funktions- und Konstruktionsspiel sei aufgefallen, dass Erwachsene sich häufig über das *Parallelspiel* am kindlichen Spiel zu beteiligen versuchen. Die Kinder spielen dann ausdauernder, fühlen sich in ihrem Spiel ernst genommen und nehmen auch kreative Anregungen aus der Spieltätigkeit der Erwachsenen auf. Beim *Mitspielen* findet dagegen ein unmittelbares Intervenieren statt. Erwachsene begeben sich hier direkt in das Spiel hinein, ordnen sich z.B. über eine Rolle in den Spielprozess ein, lassen sich durch das Spiel der Kinder leiten, versuchen aber gleichzeitig durch Fragen und Anmerkungen das Spiel zu erweitern. In diesem Spielinterventionsmuster gebrauchen Erwachsene in der Regel drei verschiedene Formen von Kommentaren. Sie fragen teilweise nur nach Informationen, um das Spiel besser verstehen zu können (1). Darüber hinaus geben sie aber auch regelrechte Anweisungen, wie ein Spiel weiterlaufen könnte (2). Schließlich beantworten sie beim aktiven Mitspielen häufig Fragen und Kommentare der Kinder (3). Am besten gelangen Erwachsene mit einer spielbezogenen Tätigkeit auf die kindliche Spielebene. Kinder erfahren dieses *Mitspielen* ebenfalls als Anerkennung und Wertschätzung ihres Spiels und reagieren darauf mit größerer Ausdauer. Allerdings bieten sich dem Erwachsenen im Vergleich zum Parallelspiel mehr Interventionsmöglichkeiten.

Sowohl das Parallelspiel wie auch das Mitspielen des Erwachsenen als Spielinterventionsmuster sind auf eine bereits vorhandene Spieltätigkeit angewiesen. Sollen auch Spieltätigkeiten angeregt und initiiert werden, ist nach der Übersicht von *Johnson/ Christie/ Yawkee* das auf *Sara Smilansky* (1968) zurückgehende *Spieltutoring* notwendig. Durch eine dominantere Rolle des Erwachsenen und das Einbringen neuer Spielideen können dabei auch neue Spieltätigkeiten gelehrt werden. Es sind drei verschiedene Typen des Spieltutoring zu unterscheiden. Bei der *Intervention von außen* (1) verharrt der Erwachsene in der Rolle des Außenstehenden und versucht von dort aus durch Kommentare und Vorschläge, das Spiel der Kinder anzuregen. Wenn der Erwachsene eine Rolle im Spiel übernimmt und auch in dieser spielbezogen handelt, um auf das Spiel Einfluss zu gewinnen, so wird das als *Intervention von innen* (2) bezeichnet. Der Grad an Kontrolle, den der Erwachsene auf das Spiel ausübt, entscheidet über eine mehr außen- oder mehr innengeleitete Spielintervention. Als weitreichendste Form des Spieltutoring wird das *"modellieren"* (*modeling*) angesehen, bei dem Erwachsene den Kindern bestimmte Spieltätigkeiten vormachen (3). Als vierten Typus der Partizipation Erwachsener am kindlichen Spiel wird die Rolle eines *Fürsprechers der Realität* betrachtet (4). Hier bleibt der Erwachsene ebenfalls außerhalb des Spiels und richtet sich von dort aus mit Kommentaren und Fragen aus der Realitätsebene an die spielenden Kinder. Diese Form der Erwachsenenpartizipation wird von Lehrern besonders häufig benutzt, sie hat jedoch

keine eindeutigen Effekte. Die Fortsetzung des Spiels oder die Unterbrechung der Phantasiespielebene werden gleichermaßen beobachtet. Eine eindeutige spielfördernde Wirkung kann diesem Handlungsmuster somit nicht zugeschrieben werden. Parallelspiel, Mitspielen und Spieltutoring durch Erwachsene sind dagegen sehr wohl in der Lage, kindliche Spieltätigkeit positiv zu beeinflussen.
Auch schulbezogene Kompetenzen können durch spielpädagogische Intervention gefördert werden, wie *James F. Christie* (1991, S. 107) in seinen Untersuchungen zur Förderung der Schreib- und Lesefähigkeiten (Konzept der frühen Literalität) nachweist. Dabei wird festgestellt, dass bereits geringfügige materielle Änderungen in einem Spielbereich [Hinzufügen von "Requisiten für Mal- und Schreibaktivitäten" (a.a.O., S. 11) und "schreib/lesebezogene, vom Erwachsenen im Haushalt benutzte Alltagsutensilien" (ebd.)] Folgen für die Spieltätigkeit nach sich ziehen. Die Kinder beziehen nach kurzer Zeit die zur Verfügung stehenden Materialien in ihre Spieltätigkeit mit ein und spielen mit deren Hilfe Alltagsszenen nach. Dabei können sie ihre umfangreichen Alltagskenntnisse einbringen und gleichzeitig einen spielerischen Umgang mit der Schriftsprache erreichen.
Im Gegensatz dazu trennt *Rimmert Van der Kooij* deutlich zwischen Spiel und Pädagogik:

"Pädagogik und Spiel sind durch ihre Wesensfremdheit eigentlich nicht miteinander zu vereinen." (*Van der Kooij* 1991, S. 253).

Auf dieser Hintergrundfolie diskutiert *Van der Kooij* eine Reihe von Interventionsstudien, in denen z.B. Mütter und professionelle Erzieherinnen mit zwei- bis dreijährigen Kindern spielen. Dabei lassen sich mehrere Ebenen des erzieherischen Eingriffs in das kindliche Spiel unterscheiden: allgemeine verbale Anweisungen, spezifische verbale Anweisungen, auf Material zeigen, Material reichen und Demonstration von Spieltätigkeiten. Mütter und Erzieherinnen unterscheiden sich nun interessanterweise in ihrer Spielintervention. Mütter richten das Niveau ihrer Interventionen nach den Spielergebnissen ihres Kindes aus, senken es bei Versagen ab und ermuntern Kinder bei Erfolg zu komplexeren Anstrengungen. Bei fremden Kindern reagieren sie jedoch mehr auf Versagen. Erzieherinnen benutzen am häufigsten verbale Anweisungen und kaum die Möglichkeit des Vormachens einer bestimmten Spieltätigkeit, erreichen damit aber ein weniger intensives Spiel. Sie versuchen v.a. Frustrationen zu vermeiden und sind eher an negativen Ergebnissen und Problemen interessiert. Dieses Handlungsmuster der Erzieherinnen stimmt mit den Beobachtungen des Umgangs von Müttern mit fremden Kindern überein. Auch *Catherine Garvey* (1991, S. 124ff.) bestätigt die Kompetenz v.a. der Mütter bei der Unterstützung des Phantasiespiels. Insbesondere für die Gruppe der Kinder mit

Verhaltensstörungen stellt *Van der Kooij* (1989b, S. 370) fest, dass eine Anregung des Imitationsspiels bei diesen Kindern zu einer erhöhten Selbstkontrolle beiträgt und die kognitiven Fähigkeiten ganz allgemein anregt. Um genaueren Aufschluss über die Qualität der Erwachsenen-Kind-Beziehungen im Hinblick auf eine Förderung des Spiels zu erlangen, führen *Van der Kooij/ Neukäter* (1989) eine europaweite Studie (Deutschland, Niederlande, Norwegen) zum Zusammenhang zwischen elterlichen Erziehungsstilen und kindlichem Spiel durch. Überraschenderweise kann in dieser Untersuchung nicht bestätigt werden, dass ein hohes Maß an elterlicher Lenkung negative Auswirkungen auf das Niveau und die Intensität des kindlichen Spiels hat. Allerdings vermag die emotionale Anteilnahme der Eltern am Spiel ihrer Kinder die Intensität des kindlichen Spiels positiv zu beeinflussen, und zwar vor allem bei einem mittleren Niveau der Emotionalität. Auf diesem Hintergrund sieht *Van der Kooij* die Interventionsmöglichkeiten von Erwachsenen zur Förderung des kindlichen Spiels besonders in der dialogischen Struktur von Erwachsenen-Kind-Interaktionen, während lenkende Eingriffe von Erwachsenen in das kindliche Spiel offenkundig nicht geeignet sind, die Intensität des Spiels nachhaltig zu steigern. *Van der Kooij* bevorzugt demzufolge auch den Begriff der "Spielförderung" im Vergleich zur Spielpädagogik. Er fügt allerdings dem Begriffsverständnis von "Förderung" eine neue Variante hinzu, nach der pädagogische Förderkonzepte stets auch "Forderungen" an das Kind stellen und somit das Kind zum Spiel "herausfordern" sollten.

"Eine spielerische Umgebung, in der spielerische Pädagogen anwesend sind und auf spielerische Weise dem Kind entgegentreten, ist die optimale spielfördernde Situation." (*Van der Kooij* 1993, S. 163).

Dieses Konzept von Spielförderung sei folglich nicht als Spielpädagogik zu bezeichnen, sondern allenfalls als "Spiel in der Pädagogik" (*Van der Kooij* 1991, S. 252), um insbesondere deutlich zu machen, dass im Rahmen spielpädagogischer Handlungsmuster nicht *durch* das Spiel erzogen werden, sondern *im* Spiel zu erziehen sei (a.a.O., S. 253).

Somit tritt auf dem Hintergrund der empirischen Spielinterventionsforschung das Dilemma der Intervention Erwachsener in das kindliche Spiel klar zu Tage. Wenn Spieltätigkeiten durch intrinsische Motivation, Phantasie und Selbstkontrolle als Merkmale ausgeprägt sind, so verbietet sich von vornherein eine zu stark lenkende Einwirkung, da sie zwangsläufig zu einer geringeren Realisierung des Eigenanteils der Kinder an ihrem Spiel führen würde und folglich ein niedrigeres Niveau der Spielintensität nach sich zöge. Aus der Umkehrung dieses Zusammenhanges wird jedoch ebenso deutlich, dass ein völliges Desinteresse Erwachsener am kindlichen Spiel und die Ablehnung jeglicher Verantwortung für die Bedingungen des kindlichen Spiels (Raum, Zeit, Material, Interaktion) kindlichen Entwicklungsbedürfnissen kaum entsprechen dürfte. Es gilt also ein mittleres Maß von Intervention zu finden und zwischen diesen Extrempolen auszubalancieren. Neben der *Ebene der kindlichen Spieltätigkeit* ist demnach eine *Ebene der Spielsituation* als Bezugsgröße von Spielinterventionen zu unterscheiden, in die die gesamte Gestaltung des Umfeldes kindlicher Spieltätigkeit in räumlich-materieller, personal-sozialer sowie in temporaler Hinsicht einzubeziehen wäre. Kinder bringen über die spezifische Tätigkeit des Spiels bestimmte Spielsituationen als Bereiche der sozialen Wirklichkeit hervor, die sich vom Alltag abheben. Dieses Verhältnis von *Spieltätigkeit und Spielsituation* ist jedoch kein individuelles Geschehen, sondern stets ein sozial vermitteltes, ein aus dem Umgang zwischen Erwachsenen und Kindern entspringender Prozess der Änderung von Sinn- und Bedeutungsinhalten einer Situation. Die empirische Spielinterventionsforschung zeigt, dass insbesondere die dialogische Struktur der Eltern-Kind-Interaktion eine Fülle von spielpädagogischen Handlungsmustern bereithält, die das Niveau des kindlichen Spiels wirksam zu beeinflussen vermögen. Der spielpädagogische Pessimismus weicht also nunmehr einer bewussteren Reflexion des Einflusses der Lebenswelt auf das kindliche Spiel. Ein methodischer, bewusst intentional kontrollierter Umgang mit dem kindlichen Spiel scheint in diesem Zusammenhang also nicht nur notwendig, sondern auch (in Form spezifischer Interventionsmuster) als möglich und effektiv (vgl. *Einsiedler* [3]1999, S. 149ff.). Es bleibt somit die Frage, wie dieser methodische Umgang mit dem kindlichen Spiel zu gestalten ist, wenn Spielniveau und Spielintensität positiv beeinflusst werden soll.

## 5.2 Prinzipien spielpädagogischen Handelns

Notwendigkeit und Möglichkeit spielpädagogischen Handelns sind bereits begründet worden. Wie steht es aber um die zulässigen Formen spielpädagogischen Handelns, die angesichts der Qualität der kindlichen Spieltätigkeit noch erlaubt sind? Die Einwirkungen Erwachsener auf das kindliche Spiel dürfen trotz aller Dringlichkeit nicht den Charakter des Spiels selbst zerstören, sondern sollten im Gegenteil genau die besondere Eigenart dieser kindlichen Tätigkeit unterstützen und anregen. Spielpädagogisches Handeln muss sich deshalb auf einer prinzipiellen Ebene sehr eng an den Merkmalen der Spieltätigkeit ausrichten. Die spontane, phantasievolle und selbst kontrollierte Tätigkeit des Spiels erfordert spezifische Reaktionen seitens der Erwachsenen, die sich insgesamt durch die spielpädagogischen Prinzipien *Multidimensionalität*, *Akzeptanz* und *Situationsgestaltung* auszeichnen.

### 5.2.1 Multidimensionalität

Spielen vollzieht sich immer unter Beteiligung aller Sinne, unter Beteiligung des ganzen Menschen, kann beim Kind als Synonym für seine Interaktion mit der Umwelt angesehen werden. Beim gegenwärtigen Stand der Spielforschung müssen wir davon ausgehen, dass an einer konkreten Spieltätigkeit zumindestens vier Hauptaspekte zu unterscheiden sind:
- Um in das Spiel zu kommen, müssen Kinder sich in ihre Spielpartner hineinversetzen können, mit unterschiedlichen Spielwünschen in einer Spielgruppe umgehen können und nicht zu sehr an lieb gewordenen Verhaltensweisen festhalten *(sozialer Aspekt)*.
- Kinder bringen meist die belastenden, angstbesetzten und personal bedeutsamen Erlebnisse in das Spiel ein *(emotionaler Aspekt)*.
- Zum Verständnis von Spieltätigkeiten sind Kinder darauf angewiesen, die Regeln des Spielprozesses zu erfassen, ein bestimmtes Grundwissen über Spieltätigkeit zu speichern und über die konkret beobachtbare Tätigkeit hinaus auch die Phantasieebene des Spiels erreichen zu können *(kognitiver Aspekt)*.
- Im Spiel entwickeln Kinder einen großen Teil ihres sinnlichen Kontaktes zur Umwelt durch das Erforschen von Gegenständen (Oberflächenstruktur, Form, Beschaffenheit) und die Bewegung in einem umgrenzten Umweltausschnitt mit spezifischen Erfahrungsmöglichkeiten *(sensomotorischer Aspekt)*.

Spielpädagogische Maßnahmen, die sich auf die kindliche Spieltätigkeit selbst beziehen, stehen folgerichtig vor der Aufgabe, auch alle diese Dimensionen des Spiels miteinzubeziehen. Einseitige Förderansätze verbieten sich in dieser Perspektive von selbst. Eine Fördermaßnahme, die das kindliche Spiel lediglich benutzt, um ein kognitives Lernziel zu erreichen, wäre nicht als spielpädagogische Handlungsform zu bezeichnen. Die Spielpädagogik ist von daher tatsächlich als multidimensionale zu entwickeln. Spielpädagogisches Handeln sollte aus diesem Grunde in idealer Form stets möglichst viele Aspekte der kindlichen Spieltätigkeit anregen und berücksichtigen. Multidimensionalität stellt zugleich einen Prüfstein für die Beurteilung kindlicher Spieltätigkeit dar. In dem Maße, wie im kindlichen Spiel nur noch eine der vier Dimensionen im Vordergrund steht, sind auch Korrekturen notwendig, die die Vielschichtigkeit des Spiels wieder herstellen. Wenn Kinder z.B. überwiegend Brettspiele und Tischspiele bevorzugen, so kann auch eine Anregung bewegungsintensiverer Spielphasen im Freien oder die Anbahnung phantasievoller Spielthemen angezeigt sein.

## 5.2.2 Akzeptanz

Wenn die Spieltätigkeit aus eigenem Antrieb aufgenommen wird *(intrinsische Motivation)*, von den Kindern selbst überschaut und kontrolliert wird *(interne Kontrolle)* und die Tendenz hat, auf eine Phantasieebene auszuweichen *(So-tun-als-ob)*, dann stellt sich allerdings mit Nachdruck das Problem der angemessenen Haltung des Erwachsenen in diesem Prozess. Die Lösung kann nur in einer dialektischen Richtung gesucht werden. Spielpädagoginnen und -pädagogen haben immer wieder neu auszuloten, wie sehr sie sich selbst in diesen Prozess einbringen und wann sie sich wieder zurücknehmen müssen. Erwachsene ordnen sich in jedem Fall dem spontanen Spielprozess der Kinder unter. Die spielpädagogische Haltung sollte durch Akzeptanz gegenüber dem gekennzeichnet sein, was die Kinder in den Spielprozess miteinbringen. Diese akzeptierende Haltung gegenüber den spontanen Bedürfnissen und Interessen von Kindern erfordert ein hohes Maß an Flexibilität und vor allem die Bereitschaft, die spielpädagogische Erziehungsaufgabe selbst als kreative zu begreifen. Der Umgang zwischen Erwachsenem und Kind, der das Merkmal "spielpädagogisch" verdient, wird sich von daher durch ein sehr hohes Maß an Unstetigkeit der Inhalte, Vielfalt der Themen und Konfrontation mit neuen Anforderungen auszeichnen. Erwachsene müssen die Geduld entwickeln, auf die Themen der Kinder warten zu können, die diese aus ihren Alltagserlebnissen heraus in das Spiel hineintragen. Es gilt, sich vorschneller Be- und Verurteilungen zu enthalten und die kindlichen Spielwünsche in ihrer ganzen Vielfalt zunächst einmal zu akzeptieren. Alle weiteren spielpädagogischen Handlungen bauen auf diesen Interessen und Bedürfnissen von Kindern auf und versuchen, dafür einen angemessenen Rahmen bereitzustellen. So sind die klassischen Rollenspielthemen aus der Prinzessinnen-, Ritter- und Indianerwelt für Kinder heute häufig nicht mehr sonderlich attraktiv. Sie bevorzugen dagegen ihre Fernsehhelden aus der Gegenwart und spielen "Krieg der Sterne", "Power Rangers" oder "Teletubbies". Auch aus diesen Spielthemen können phantasievolle, selbstkontrollierte und spontane Spieltätigkeiten entstehen. Spielpädagogische Handlungsformen bestehen in solchen Spielprozessen z.B. in der Anregung zu einem kreativen Umgang mit dem Spielthema und einer selbstbestimmten Ausgestaltung der Spielinhalte, die von den Kindern ausgehen. Diese Vorgehensweise beinhaltet eine extrem offene pädagogische Konzeption und es stellt sich unmittelbar das Problem der Realisierungschancen. Wie also soll der spielpädagogische Anspruch in der Praxis inhaltlich gefüllt werden?

## 5.2.3 Situationsgestaltung

Realisierungsansätze ergeben sich vorwiegend aus dem dritten spielpädagogischen Prinzip: der Situationsgestaltung. Wenn sich angesichts der Struktur und der Qualität kindlicher Spieltätigkeit direkte spielpädagogische Eingriffe verbieten, dann muss aufgezeigt werden, wie die indirekte Lenkung, wie die erzieherische Aufgabe in der Spielsituation bewältigt werden soll. Die Lösung deutet sich in der spielpädagogischen Praxis überall dort an, wo sichtbar wird, dass Erwachsene kindliche Spieltätigkeit ermöglichen müssen. Dies geschieht in der Regel dadurch, dass Erwachsene die erforderliche Freiheit für das Spiel schaffen. Kinder benötigen offenbar freie Zeiten, um sie spielerisch ausgestalten zu können und freie Räume, die sie nach ihren Vorstellungen umgestalten können. Schon in der elterlichen Wohnung stellt sich die Frage, ob das Mobiliar wie z.B. Matratzen und Polsterelemente für ein kindliches Tobespiel freigegeben sind. Gerade Räume werden von Erwachsenen häufig mit Nutzungsregeln belegt, die Kinder ausschließen. Sicher muss die kindliche Spielfreiheit ihre Grenze dort haben, wo berechtigte Bedürfnisse von Erwachsenen beeinträchtigt werden. Ebenso wenig ist aber einzusehen, dass nach wie vor Wohn- und Schlafzimmer der Eltern in der Regel größer bemessen sind als das Kinderzimmer und Kinder nicht selten auf diesen kleinstmöglichen Spielbereich reduziert werden. Besonders angesichts fehlender Spielmöglichkeiten außerhalb der Wohnung (Straßenverkehr, wenige Spielpartner, keine Spielplätze) müssen schon in der Familie Situationen für Kinder gestaltet werden, in denen sie vielfältige Aktivitätsmöglichkeiten vorfinden (z.B. Seile, Minirutsche, Zelt, Spielteppich). Diese von Erwachsenen gestalteten Situationen sollten jedoch ebenso wieder offen sein für die kindlichen Gestaltungs- und Veränderungswünsche. Decken, Tücher und Kartons können Kindern z.B. die Möglichkeit bieten, sich selbst an der Raumgestaltung aktiv zu beteiligen und einen Eigenraum für ein ausgedehntes Familienspiel zu schaffen. Kinder wollen auch selbst gestalten, Spielsituationen sollten von daher gestaltbar bzw. unfertig sein und offen für das, was die Kinder aus ihnen hervorbringen. Zu fordern ist von daher nicht eine für Kinder gestaltete, möglichst perfekte Spielsituation, sondern vielmehr eine von Kindern gestaltbare, möglichst unfertige Spielsituation. Aus diesem Grunde kann auch die Entscheidung, eine städtische Brachlandschaft nicht zu bebauen, sondern für die Inbesitznahme durch Kinder offen zu halten, kindlichen Bedürfnissen in wesentlich umfänglicherer Weise entsprechen als der neue, von Erwachsenen konzipierte und gebaute Spielplatz. Brachlandschaften enthalten neben dem sicher weiterhin unverzichtbaren Spielplatz die Chance, etwas zu entdecken, Geheimnisse zu bewahren und ungestört in der Kindergruppe zu spielen. Diese aus Erwachsenensicht häufig als chaotisch, gefährlich und nicht überschaubar erscheinenden Spiellandschaften bieten gerade aus Kindersicht höchst attraktive Spielgelegenheiten. Situationsgestaltung als spielpädagogisches Prinzip erfordert von daher die Fähigkeit, das Unfertige, Offene und Unperfekte einer Spielsituation mit einzuplanen. In Spielsituationen verbleibt immer noch etwas für die Kinder zu tun.

### 5.3 Formen spielpädagogischen Handelns

Neben dieser prinzipiellen Ausrichtung stehen Spielpädagoginnen und Spielpädagogen auch konkrete Handlungsmuster zur Verfügung, mit denen sie aktiv auf kindliche Spieltätigkeiten und die Gestaltung von Spielsituationen Einfluss nehmen können. Am Beispiel der Spielaktion *"Pappkarton"*[1] sollen nun die Grundformen spielpädagogischen Handelns im Einzelnen erläutert werden. Es handelt sich um eine materialbezogene Spielaktion, in der die Kinder einer Kindergartengruppe ihre Spielideen zum Material "Pappkarton" entwickeln sollten. Die Spielszenen werden dabei zwischen einer indirekten und einer direkten Einwirkung auf das kindliche Spiel systematisch analysiert und auf ihre spielpädagogischen Handlungsmuster hin betrachtet. Darauf aufbauend werden weiterreichende Eingriffe in das kindliche Spiel in schul- und heilpädagogischen Zusammenhängen exemplarisch verdeutlicht.

#### 5.3.1 Unterstützung des Spiels

Kinder sind offensichtlich darauf angewiesen, dass Erwachsene ihnen Entwicklungsmöglichkeiten zur Verfügung stellen. Auch für spielpädagogische Handlungsformen gilt, dass sie aus dem Umgang zwischen Kindern und Erwachsenen entstehen. Erwachsene sind verantwortlich für kindliche "Spielräume" und müssen die Bedingungen für ein "gelingenderes Spielleben" bereitstellen. Gerade angesichts der gewandelten Lebenssituation von Kindern besteht gegenwärtig ein erhöhter Bedarf an spielbegleitenden und spielunterstützenden Maßnahmen. Auch wenn wir davon ausgehen können, dass Einwirkungen auf das kindliche Spiel möglich sind, so müssen wir uns doch die Gefahren einer Pädagogisierung des Spiels bewusst machen. Wir sollten nicht in den Fehler verfallen, nun auch noch das kindliche Spiel vollständig beaufsichtigen und kontrollieren zu wollen. Damit würde sein wichtigstes Elemente, die Chance für Kinder im Spiel selbst etwas aus ihren Ideen und Wünschen zu gestalten, eher gefährdet als gefördert. Spielpädagogische

---

[1] Die Spielaktion wurde mit Studierenden der Universität Dortmund in einem Kindergarten als einmalige Veranstaltung durchgeführt.

Handlungsformen stehen von daher immer vor der Aufgabe, sich selbst wieder abzuschaffen. Sie müssen ihre Aufhebung und ihr Ende gewissermaßen miteinplanen. Im Anschluss an *Friedrich D. Schleiermacher* (1957, 53f.) werden Maßnahmen, die die Einwirkung eines Erwachsenen auf das kindliche Spiel beinhalten der pädagogischen Grundform "*Unterstützung*" zugeordnet. Dabei steht die Anregung und Ermutigung der Kinder, ihre eigenen Themen zu aktivieren, im Vordergrund. Insofern sind spielpädagogische Methoden auf die Alltagserfahrungen der Kinder auszurichten, um aufbauend darauf, die Fähigkeit von Kindern, Spieltätigkeiten und Spielsituationen selbst zu gestalten, weiter zu fördern. Zugleich stehen Spielpädagoginnen und -pädagogen der sozialen Wirklichkeit nicht teilnahmslos gegenüber. Sie beziehen auch Position gegenüber Entwicklungstendenzen im kindlichen Alltag, die in Widerspruch zu kindlichen Bedürfnissen treten. Die Aktion "Kauft kein Kriegsspielzeug" stellt sich z.b. öffentlich gegen die Herstellung und den Verkauf von Spielzeug, das lediglich aus Miniaturnachbildungen von Kriegsgerätschaften aller Art besteht. Sicher wäre es eine Illusion, Spielsituationen vollkommen gewaltfrei zu gestalten. Ebenso muss es jedoch als fragwürdig erscheinen, wenn Kinder durch Kriegsspielzeug unterschwellig einem Gewöhnungsprozess ausgesetzt werden. Ähnliche Aufgaben drängen sich bei der ausschließlichen Herkunft von Spielthemen aus Fernsehsendungen oder Computer- bzw. Videospielen auf. Auch hier sind kreative Anregungen erforderlich, die sich gegen solche einseitigen Einflüsse stellen. Die wachsende und wieder aktuelle Bedeutung einer Sicherung von Spielmöglichkeiten für Kinder in städtischen Lebensräumen sei ebenfalls an dieser Stelle erwähnt. In dieser Hinsicht gilt ebenso, dass eine bloße Unterstützung des kindlichen Spiels nicht ausreicht, um den notwendigen Freiraum und die erforderliche freie Zeit zu gewährleisten. Hier ist die zweite pädagogische Grundform nach *Schleiermacher* (1957, 53f.), die *Gegenwirkung*, angezeigt, die als spielpädagogische Handlungsform insbesondere auf die Abwehr von gesellschaftlichen Einflüssen gerichtet ist, die das kindliche Spiel gefährden. Zwischen diesen Polen einer mehr unterstützenden und einer mehr gegenwirkenden Tätigkeit bewegen sich auch die konkreten Handlungsmuster, die Spielpädagoginnen und -pädagogen zur Verfügung stehen. Stets ist ihr Handeln in einem Spannungsverhältnis zwischen bloßer Intensivierung bereits vorhandener Spielthemen und dem Aufzeigen von Alternativen angesiedelt.

• **Gestaltung von Spielsituationen**

Ausgehend von der spontanen Spieltätigkeit von Kindern beschäftigen sich Spielpädagoginnen und -pädagogen zunächst mit der Frage, was sie zur Ermöglichung des kindlichen Spiels betragen können. Sie werden Überlegungen zur Bereitstel-

lung von Spielumweltbedingungen anstellen, die das Kind spontan nutzen kann. Auf dieser Ebene steht insbesondere die Gestaltung der materiellen Spielumwelt im Vordergrund. Bereits die Entscheidung für oder gegen eine bestimmte Ausstattung von Spiel- und Lernräumen muss als spielpädagogische Handlung im engeren Sinne angesehen werden:
- die *Auswahl von bestimmten Spielmitteln* als Grundausstattung eines Kindergartenraumes oder auch einer Schulklasse bei gleichzeitiger Ablehnung anderer Spielmittel (z.b. kooperative Brettspiele statt Konkurrenzspiele),
- die *Art und Weise der Zugänglichkeit dieser Spielmittel* (z.b. offene Regale, separater Raum oder geschlossener Schrank),
- die *Platzierung des Mobiliars* (z.b. Tische mit Stühlen für alle Kinder oder große Freifläche mit Spielteppich)
- die verbindlichen *Raumnutzungsregeln* (z.b. offene Spiel- und Lernräume, Eingangsbereiche als Spiel- und Bewegungsmöglichkeiten) und
- die *Tagesablaufplanung* (z.b. kleine thematisch begrenzte Zeiteinheiten oder größere Zeitblöcke).

Spielsituationen kommen immer dann wahrscheinlicher zu Stande (vorprogrammieren lässt sich im Spiel bekanntlich nichts!), wenn noch Gestaltungsmöglichkeiten für Kinder offen bleiben. Die Spielaktion "Pappkarton" beginnt z.B. mit einer vorbereiteten Spielumgebung in einem separaten Raum eines Kindergartens:

---

• *Spielsituation 13:*

*Durch lange Holzbänke ist die eine Hälfte eines Kindergartenturnraums in zwei Bereiche abgeteilt. In dem einen Bereich finden die Kinder einen Berg mit beklebten und bemalten Kartons in verschiedenen Größen und Formen vor. Darunter sind Riesenbauklötze, ein Kartonschlitten sowie Roboter und Monster als Kartonriesenmasken. Im zweiten Bereich sind leere und unbemalte Kartons bereitgestellt, die die Kinder mit Hilfe von Fingerfarben, Papier und Klebstoff selbst gestalten können. Die andere Hälfte des Kindergartenraums steht als Freifläche für Bewegungsspiele und Erprobungen des Materials zur Verfügung. Die Kinder haben den ganzen Vormittag Zeit, sich mit dem Spielangebot auseinander zu setzen, ohne dass der Tagesablauf in diesem Zeitabschnitt im Einzelnen aufgeteilt wäre.*

---

Im Vordergrund der räumlich-materiellen Bedingungen dieser Spielsituation steht neben dem separaten Turnraum, der sonst nur an wenigen Tagen in der Woche genutzt wird, der Pappkarton als Spielmaterial. Das vorrangige Interesse ist in dieser Spielsituation darauf gerichtet, ob die Konzentration auf ein bestimmtes Material und die Möglichkeit der Gestaltung dieses Materials für sich genommen bereits phantasievolle, selbst kontrollierte und spontane Tätigkeiten von Kindern hervorruft. Der direkte Umgang zwischen Erwachsenen und Kindern kann folglich hier zunächst weitgehend zurückgenommen werden zu Gunsten einer mehr beobachtenden Haltung. Auch die Spielbeobachtung ist als spielpädagogische Tätigkeit aufzufassen, die die Voraussetzungen für weiterreichende Einwirkungen liefert.[2] In der Spielaktion "Pappkarton" können bezogen auf die Anfangsphase einige interessante Beobachtungen zur Art und Weise gemacht werden, mit der die Kinder die fertigen Pappkartons als für sie neue Spielmittel untersuchen und erproben *(Explorationsspiel)*.

> *Die Kinder betrachten die fertigen Pappkartons zunächst und nehmen sie nach und nach auch in die Hand. Sie bewegen sich dabei kaum und sprechen ebenfalls nur wenig. Auf einige Stellen an den Kartons zeigen sie mit den Fingern und flüstern sich teilweise zu, was der jeweilige Karton wohl darstellen soll. Erst nachdem sie erneut ermutigt werden, mit den Kartons zu spielen, wird es allmählich lebendiger. Ein Turm aus Kartonbausteinen entsteht. Ein Junge streift sich die Roboterkartonmaske über den Körper, steckt seine Arme seitlich durch die Öffnungen und beginnt mit Geräuschen (wie "Grrr!" und "Uaah!") die Mädchen zu erschrecken. Die Mädchen laufen schreiend vor ihm davon.*

Die Spielsituation ist hier besonders geprägt durch den umgestalteten Raum, der für die Kinder eine gewisse Fremdheit beinhaltet. Außerdem sind einige fremde Erwachsene bei dieser Spielaktion anwesend. Dies führt in der Anfangsphase zunächst zu einer großen Zurückhaltung bei den Kindern, die erst durch eindeutige Aufforderungen zum Spielen von Seiten der Erwachsenen zerstreut werden muss. Dies zeigt in exemplarischer Weise, dass räumlich-materielle Bedingungen von Spielsituationen nicht für sich allein betrachtet werden können. Von entscheidender Bedeutung für das spielpädagogische Handeln ist nicht nur die Auswahl von Spielmitteln und die Bereitstellung von Raum und Zeit zum Spielen. Wichtig ist ebenso, dass Erwachsene Kindern eine stabile und verlässliche Beziehung zur Verfügung stellen, innerhalb derer sie sich zum Spielen ermutigt fühlen, ihre Selbsttätigkeit herausgefordert wird und sie die Möglichkeit wahrnehmen können, ihr Bedürfnis nach Bewegung und aktiver Erkundung einer neuen Umgebung auszuleben. Auch die Kindergruppe selbst ist als wichtige Spielbedingung neben den Erwachsenenkontakt zu stellen. Sie ermöglicht mehr unmittelbare Formen der Gemeinsamkeit und des gegenseitigen Verstehens, während der Kontakt zu Erwachsenen eher von Sanktionen und Erwartungshaltungen geprägt ist. Wir können uns keineswegs sicher sein, dass Kinder nicht in der Spieltätigkeit, die sie uns präsentieren, schon eine Auswahl treffen, die nach ihrer Auffassung unseren Erwartungen am ehesten entspricht. Die Gruppe der Gleichaltrigen bietet demgegenüber eher die Gelegenheit, kleine Geheimnisse miteinander zu teilen und auch Verbotenes und Riskantes

---

[2] Eine ausführliche Erörterung der Probleme und Anwendungsbereiche von Spielbeobachtung erfolgt wegen der grundlegenden Bedeutung dieser spielpädagogischen Tätigkeit in Kap. 7.

auszuprobieren. Spielsituationen zu gestalten heißt deshalb in einem grundlegenden Sinne auch, nicht-kontrollierte und nicht-beaufsichtigte Spielprozesse zuzulassen, in der die Kinder eine eigene Spielkultur entwickeln können.

• **Gestaltung von Spieltätigkeiten**

Bereits die ungewohnte Anfangssituation der Spielaktion "Pappkarton" macht deutlich, dass über die Ermöglichung des Spiels hinaus auch intensiver geplantere Angebote notwendig sein können, in denen der Erwachsene eine aktivere Rolle übernimmt. Im Spielraum sind beispielsweise eine Woche lang Materialien und Aktivitäten zu einer bestimmten übergreifenden und von den Kindern vorgeschlagenen Thematik vorhanden, die das Spiel der Kinder in Ergänzung zur normalen Grundausstattung bereichern sollen. Auch hier verhalten sich Spielpädagoginnen und -pädagogen noch überwiegend passiv, initiieren aber Spieltätigkeiten, um sich dann wieder zurückzuziehen oder liefern eine Idee, um das Spiel aufrechtzuerhalten. Gemeinsam ist dieser Gruppe von spielpädagogischen Handlungsformen, dass sie unmittelbar auf die kindliche Spieltätigkeit bezogen sind und in die Interaktion mit spielenden Kindern eingebettet werden. Als wichtigste Formen lassen sich das *Mitspielen* von Erwachsenen und das *Vorspielen* unterscheiden. In der Phase des freien Spiels, die sich nahtlos an das Explorationsspiel der Anfangsphase während der Spielaktion "Pappkarton" anschließt, sind Erwachsene neben den ermunternden sprachlichen Hinweisen auch direkt in das Spiel einbezogen.

> *Ein Junge will einen Kartonturm bis zur Decke bauen. Er sammelt zunächst alle Kartons, die im Moment nicht gebraucht werden und stapelt einige übereinander. Ein Mädchen kommt vorbei gerannt, stößt vor einen Karton und der Turm fällt wieder in sich zusammen. "Hey, kannst du nicht aufpassen," ruft der Junge. Ein Student reicht ihm die heruntergefallenen Kartons an, und gemeinsam bauen sie weiter an dem Turm. Als der Junge auch vom Stuhl aus nicht mehr an die Turmspitze heranreicht, um einen weiteren Karton aufzustapeln, hebt ihn der Student hoch. Auf diese Weise reicht der Turm schließlich wirklich bis zur Decke und fällt kurz nach der Fertigstellung wieder in sich zusammen.*

Kennzeichnend für das *Mitspielen* als Grundform einer Gestaltung der Spieltätigkeit ist die Unterordnung des Spielpädagogen unter das kindliche Spielthema. Der Turmbau in der Spielszene kann als Beispiel für eine spontane Spielidee gelten, die von Kindern selbst initiiert werden. Der Erwachsene übernimmt im vorliegenden Beispiel lediglich assistierende Funktionen, ohne dem Spiel eine neue Richtung zu geben und auf ein neues Thema überzuleiten. In solchen Spielphasen ist also der Erwachsene eher als Spielpartner gefordert, der sich in einen Spielprozess einfügt und ihm zugewiesene Aufgaben und Rollen übernimmt. Bezogen auf die Beobachtung von Kindern kann diese Nähe dann notwendig sein, wenn die distanzierte

Haltung keinen Aufschluss mehr über die Spielsituation bietet. Durch das Mitspielen erhalten wir einen unmittelbaren Zugang zum Spielprozess und können auch die verborgenen Signale der Kinder aufspüren, mit denen sie ihr *Phantasiespiel* ankündigen. Zugleich müssen wir diese geheimen Signale mit den Kindern teilen oder eine zugewiesene Rolle auch tatsächlich im Rahmen des Spiels realisieren, uns also in sehr umfänglicher Weise in das Spiel miteinbringen, wenn wir dazu beitragen wollen, dass das Spiel weiterhin aufrechterhalten bleibt.

*Zwei Mädchen betrachten den Kartonschlitten, der aus einem Pappkarton mit einer Stoffverkleidung besteht, auf der seitlich die Schlittenkufen aufgemalt sind. An der Vorderseite ist eine dicke Stoffkordel befestigt. Eine Studentin sagt zu den Mädchen: "Das ist ein Schlitten. Ihr könnt euch auch hineinsetzen." Ein Mädchen besteigt vorsichtig den Kartonschlitten und achtet darauf, nirgendwo anzustoßen. Die Studentin ergänzt: "Ihr könnt euch auch gegenseitig in dem Schlitten ziehen. So!" und nimmt die Kordel in die Hand, um das Mädchen in dem Karton einmal durch den ganzen Raum zu ziehen. "Ich will auch mal!", ruft das andere Mädchen, das hinterher gelaufen ist. Die Plätze werden getauscht. Nun zieht das Mädchen, das bisher im Karton saß. Andere Kinder schauen zu den Mädchen hinüber und wollen ebenfalls mit dem Kartonschlitten spielen.*

Ein kleiner Abschnitt des *Vorspielens* reicht hier bereits aus, um ein *Bewegungsspiel* in Gang zu setzen und gleich mehrere Kinder zu beteiligen. Das Spiel mit dem Kartonschlitten muss in dieser Szene erst in Gang kommen. Die Mädchen wissen zunächst nicht so recht, was sie mit dem Karton anfangen können. Eine Studentin macht einen Vorschlag und demonstriert diese Spieltätigkeit. Erst danach übernehmen die Mädchen die Initiative und machen damit auch andere Kinder auf das Spiel mit dem Schlitten aufmerksam. Solange Kinder von selbst Ideen ins Spiel bringen, können wir unsere spielpädagogische Tätigkeit auf begleitende und assistierende Funktionen beschränken. Immer wenn das Spiel nicht zu Stande kommt, Kinder uneins über eine Spielidee sind oder keine eigenen Ideen mehr entwickeln, sollten Erwachsene auch mit Vorschlägen und inhaltlichen Anregungen in das Spiel eintreten und durch die eigene Spieltätigkeit den Kindern ein Modell zur Verfügung stellen, von dem diese sich widerum anregen lassen können. Dieses Demonstrieren, Vorspielen oder Modellieren darf allerdings keinesfalls mit einen Zwang zum Nachahmen verbunden sein, da auf diesem Weg kein Spiel zustandekommen könnte. Kinder haben die Möglichkeit, diese vorgespielten Angebote auch abzulehnen und andere Ideen zu bevorzugen. Spieltätigkeit bleibt auch in Verbindung mit den Vorschlägen von Erwachsenen eine selbst kontrollierte und spontane Tätigkeit, die von der Entscheidung der Kinder abhängt. Die Kinder haben also in jedem Fall die Gelegenheit zwischen verschiedenen Spielmöglichkeiten zu wählen. Das Angebot des Erwachsenen erscheint hier nur als eine Möglichkeit, die keinesfalls immer von den Kindern übernommen wird.

Nun ist es sicher so, dass das kindliche Spiel auch von inhaltlichen Anregungen durch Erwachsene profitieren kann. Häufig bieten z.b. von Erwachsenen erzählte oder vorgelesene Geschichten den Anlass für ein Nachspielen dieser Geschichte. Aus der Spielaktion "Pappkarton" heraus lässt sich diese Form der direkten Gestaltung von Spieltätigkeiten in einer kleinen Zwischenphase exemplarisch verdeutlichen.

*Alle Kinder sitzen auf den Holzbänken und betrachten gemeinsam einige Dia.s, die an die Wand projiziert werden. Es handelt sich um die Geschichte "Anika und der Pappkarton". Eine Puppe macht in dieser Geschichte mit Hilfe eines Pappkartons und eines Mädchens eine Phantasiereise, in deren Verlauf der Karton einmal zum Puppenbett, dann wieder mit anderen Kartons zur Ritterburg oder mit Unterstützung des Vaters zum wilden Monster wird. Eine Studentin erzählt zu den Bildern die Geschichte. Einige Kinder spielen danach weiter mit den fertigen Kartons. Andere beginnen nun, selbst Kartons anzumalen. So entstehen im Laufe einer längeren Bastelphase neue Schlittenmodelle, Masken, Puppentheater und ein Fernsehapparat, mit einer Fernsehansagerin aus einer Papprolle.*[3]

Gerade wenn wir Kinder auch einmal auf neue Gedanken bringen wollen oder anregen möchten, mehr ihre eigenen Vorstellungen zu entwickeln und zu realisieren, kann es erforderlich sein, inhaltliche Anregungen in dieser themenbezogenen Form zu präsentieren. Märchen, Kinderbücher oder eben ein selbst gemachtes Bilderbuch liefern solche thematischen Spielanregungen und bereichern die Phantasiewelt von Kindern um neue Elemente. Die handelnden Personen geben die Vorlage für eine Rollenspiel ab, in dem nicht nur Vater, Mutter, Kind als Repertoire zur Verfügung stehen. Immer mehr Kinderbücher enthalten neben Text und Bild auch unmittelbare Angebote zum Spielen durch beigefügte Spielfiguren oder die Beschreibung von Spielphasen, die mit relativ einfachen Mitteln auch in der Wohnung realisiert werden können.[4] Spiellieder eignen sich ebenfalls gut, um das Kinderspiel thematisch zu bereichern, zumal wenn sie mit Bewegungen oder Verkleidungen und einer Spielhandlung verknüpft sind.[5]

### 5.3.2 Spielförderung

Erst wenn das Spiel nicht zu gelingen scheint, zu scheitern droht, in Konfliktfällen oder bei mangelndem Einbezogensein einzelner Kinder in das Gruppengeschehen werden direktere Handlungsweisen der Spielpädagoginnen und -pädagogen not-

---

[3] Vgl. *Höltershinken, D./ Krüger-Hunscher, S.*: Selbst gemachte Bilderbücher I und II. In: *Fthenakis, W. E.* (Hg.): Hb. d. Elementarerziehung. Velbert-Seelze: Kallmeyer, 1992. Nr. 4.7 und 4.8

[4] (z.B. *Inkpen, M.*: "Der blaue Ballon". Münster: Coppenrath, o.J.).

[5] (z.B. *Krenzer, R./ Edelkötter, L.*: Mit Kindern unsere Umwelt schützen. Spiellieder. Drensteinfurt: Impulse, [6]1991)

wird. Manche Kinder sind überfordert mit einer Fülle von Spielmitteln und der Komplexität einer Spielgruppe. Sie benötigen die auswählende Hilfestellung des Erwachsenen, durch die ihnen eine reduzierte Spielsituation zur Verfügung gestellt wird. Als konkrete Maßnahmen lassen sich in dieser Hinsicht unterscheiden
- ein *ausgewähltes Angebot an Spielmitteln*, das dem Kind die Entscheidung für ein bestimmtes Spielmittel erleichtert,
- die *Kleingruppenförderung in einer überschaubaren Gruppe* mit Kindern einer Kindergartengruppe oder Schulklasse, die die sozialen Beziehungen überschaubarer macht,
- ein *separater Raum* neben dem Spiel- oder Lernraum für die ganze Gruppe, in dem die Kleingruppe sich eher von der Großgruppe distanzieren kann und ungestörter bleibt,
- *vorgegebene Zeitspannen*, die als Fixpunkte im Tagesablauf ständig wiederkehren und auf das sich ein Kind innerlich vorbereiten kann.

Im Rahmen der Spielförderung treffen Spielpädagoginnen und -pädagogen sowohl Entscheidungen bezüglich der zur Verfügung stehenden Materialien, wie auch bezüglich des Ortes, der sozialen Beziehungen und der zeitlichen Ausdehnung des Spiels (vgl. *Heimlich* 1988, 1989). Das Kind organisiert hier vorübergehend seine Spielsituation nicht selbst. Spielpädagoginnen und -pädagogen bieten ihm vielmehr eine durchorganisierte und überschaubare Spielsituation mit – zumindest zu Beginn – festliegenden Ding- und Personenbezügen und stellen so ein Stück Sicherheit wieder her, in der das Kind das Spiel wieder lernen soll. Diese gezielte spielpädagogische Handlungsform ist gesondert zu rechtfertigen. In der Regel werden Spielpädagoginnen und -pädagogen sich erst dann für Maßnahmen der Spielförderung entscheiden, wenn sie beim einzelnen Kind bestimmte Lern- und Entwicklungsschwierigkeiten feststellen. Das Spiel dieser Kinder bietet für die Feststellung dieser Probleme erfahrungsgemäß eine Fülle von diagnostischen Informationen. Spielschwierigkeiten von Kindern können sich durch die gesamte Spielsituation ziehen. Systematisch zu unterscheiden sind
- *Schwierigkeiten im Umgang mit Spielmitteln*, die sicherlich nicht stets auch spezifische Spielfördermaßnahmen nach sich ziehen müssen, aber in den meisten Fällen die gezielte Hilfestellung des Erwachsenen nach sich ziehen (*Beispiel*: Peter spielt immer nur für einige Minuten mit einem Spielzeug und wendet sich dann sofort dem Nächsten zu.),
- *Schwierigkeiten im Umgang mit Spielpartnern*, bei denen immer neu zu entscheiden ist, inwieweit die Kinder soziale Konflikte und Missverständnisse noch selbst regeln können oder schon die helfende Unterstützung benötigen (*Beispiel*: Anja lässt

sich von den Jungen immer schnell einschüchtern und zieht sich häufig allein in die Puppenecke zurück.),
- *Schwierigkeiten im Umgang mit Spielräumen*, die sich in Überforderungen bei der Bewegung im Raum, häufigem Zurückgezogensein oder an einen Platz fixierten Stereotypien äußern (*Beispiel*: Stephan sitzt immer an einem Tisch auf dem gleichen Stuhl und spielt sichtlich gelangweilt ein Puzzle, während er den anderen Kindern interessiert beim Toben zusieht.),
- *Schwierigkeiten im Umgang mit der Spielzeit*, die sich als Unfähigkeit, selbständig Zeitabschnitte zu nutzen oder als verlangsamte bzw. überschnelle Bewegungsform äußert (*Beispiel*: Martina rennt immer weg, wenn andere Kinder sie ansprechen oder mit ihr spielen wollen, kommt aber nach kurzer Zeit wieder).

Nicht jede Form dieser Spielschwierigkeiten muss notwendig eine separate Spielförderung nach sich ziehen. Außerdem kann nicht jede konkret beobachtete Spieltätigkeit immer nur einer dieser Situationselemente zugeordnet werden. Schon in den Beispielen zeigen sich die Überschneidungsbereiche zwischen den einzelnen Problemen von Kindern im Umgang mit den Elementen ihrer Spielsituationen. Auftretende Probleme im kindlichen Spiel fordern jedoch den Erwachsenen in erhöhtem Maße als Mitspieler und Organisator von Spielsituationen. Diese Intervention kann kurzfristig angelegt sein und mit der Demonstration der richtigen Handhabung eines Spielmittels, mit der Einbeziehung eines Kindes in ein angeleitetes Gruppenspiel oder mit anderen Spielangeboten bereits wieder beendet sein. Überängstliche oder sehr aggressive, überaktive oder eher verlangsamte Kinder können aber beispielsweise Überlegungen zu einer Spielförderung in der Kleingruppe notwendig machen. Erfahrungen in Zusammenhang mit gemeinsamer Erziehung von behinderten und nichtbehinderten Kindern in Kindergarten und Grundschule haben in diesem Zusammenhang gezeigt (vgl. *Heimlich* 1995c), dass diese Kleingruppenförderung im Rahmen der Spielpädagogik keineswegs als Einzelförderung oder als Förderung in einer leistungs- und altershomogenen Spiel- bzw. Lerngruppe erfolgen muss. Gerade die Kleingruppen, die sich aus Kindern unterschiedlichen Alters und unterschiedlicher Spielfähigkeiten zusammensetzen, sind nach vorliegenden Erfahrungen in der Lage, den Erwachsenen von seiner dominanten Rolle bei der Spielförderung wirksam zu entlasten. Kinder ohne Behinderungen können z.B. durchaus das Spiel von Kindern mit Behinderungen positiv beeinflussen und erfahren gleichzeitig mögliche Umgangsweisen mit unterschiedlichen Kompetenzen bei verschiedenen Kindern. Es ist deshalb davon auszugehen, dass Kinder mit Spielschwierigkeiten nicht in Einzelfördersituationen isoliert werden müssen. Im Gegensatz zu diesem Förderkonzept sollte ein Kind mit Spielschwierigkeiten in eine Kleingruppe mit unterschiedlich kompetenten Kindern einbezogen werden, um auch die Fördereffekte aus den sozialen Beziehungen der Kinder untereinander aufgreifen zu können. Kinder sind untereinander durchaus in der Lage, sich gegenseitig Entwicklungsanreize zu vermitteln und sich zum Spiel herauszufordern. Die Zusammensetzung der Spielfördergruppe wäre somit bereits eine erste Maßnahme der Spielförderung selbst. Schließlich sollten Spielfördermaßnahmen auch gezielt ausgewertet werden im Hinblick auf ihre Effekte, um bei Fördererfolgen auch wieder über die Beendigung der Maßnahme entscheiden zu können. Insgesamt ergibt sich somit ein Phasenablauf von Spielförderung mit den Elementen *Diagnose* (z.B. Spielbeobachtung, s. Kap. 7), *Intervention* (z.B. Vorspielen, Mitspielen) und *Evaluation* (ebenfalls durch Spielbeobachtung oder Fallbesprechungen).[6]

Aber auch diese gezielte Organisation von Spielsituationen durch Erwachsene bildet nur die Ausgangssituation eines Kleingruppenspiels, in dem möglichst frühzeitig wieder die Eigenanteile der Kinder zum Vorschein kommen sollen. Ebenso wie in die Formen der Unterstützung des kindlichen Spiels ihre Beendigung bereits mit eingeplant ist, muss auch die gezielte Spielförderung als eine Maßnahme betrachtet werden, die nur vorübergehenden Charakter hat und wieder in die gemeinsame Spielsituation mit allen Kindern einmündet. Sowohl die Formen der Unterstützung des kindlichen Spiels als auch die Spielförderung stellen spielpädagogischen Handlungsformen dar, die das kindliche Spiel und die kindliche Spielfähigkeit als Ziel der pädagogischen Einwirkungen ansehen und zugleich von diesem Spiel als Mittel, als Basis des spielpädagogischen Handelns ausgehen. Das Spiel ist hier der Gegenstand des pädagogischen Handelns und nicht nur Mittel, um außerhalb des Spiels liegende Zielsetzungen zu erreichen. Das Ziel des spielpädagogischen Handelns besteht in einer Erweiterung, Wiederherstellung oder Anbahnung der Fähigkeit zu spontanen, phantasievollen und selbst kontrollierten Tätigkeiten. Die Unterstützung dieser Spielfähigkeit und die Gegenwirkung gegen Einflüsse, die die Freiheit im Spiel einschränken zeichnet spielpädagogische Maßnahmen im engeren Sinne aus.

### 5.3.3 Spielerische Einkleidungen

Demgegenüber hat sich ein Randbereich von Spielpädagogik herausgebildet, in dem das kindliche Spiel in Lernprozesse eingebunden werden soll. Ein fast unüberschaubarer Markt an didaktisch aufbereiteten Lernspielen verspricht wahlweise die spielerische Förderung von Wahrnehmungs-, Sprach- oder Denkfunktionen. Es kann an dieser Stelle offen bleiben, ob diese Versprechungen einer Effektivitäts-

---

[6] (vgl. zur heil- und sonderpädagogischen Spielförderung in Abgrenzung zur Spieltherapie auch Kap. 8.1)

prüfung standhielten. Zu bezweifeln ist jedoch, dass diese Fördermaterialien in jedem Fall spielerischen Charakter haben. Häufig verbirgt sich hinter dem Etikett "Spiel" ein ausgeklügeltes Förderprogramm, das Kindern wenig Gelegenheiten zum spielerischen Umgang mit dem Material lässt. Es ist also Vorsicht geboten bei sog. "Lernspielen" und ihren Versprechungen. Meist wird in diesen Materialien das Spiel der Kinder allenfalls dazu benutzt, um Förder- und Lernziele spielerisch einzukleiden, wie *Hans Scheuerl* ([11]1990, S. 204ff.) sagt. Das Spiel der Kinder dient hier lediglich als Mittel zur Erreichung eines spielfremden Förderzieles, und wir können hier allenfalls in einem weiteren Sinne noch von spielpädagogischen Handlungsformen sprechen. Spielerische Einkleidungen stellen aber trotzdem eine aus kindlicher Sicht höchst attraktive Form der Begleitung von Lernprozessen dar. Besonders im Bereich der angeleiteten Gruppen- bzw. Interaktionsspiele gilt, dass etwa soziale Lernziele durch solche Spiele in größeren Spiel- und Lerngruppen entscheidende Beiträge zur Förderung der sozialen Wahrnehmung, der Gruppenbildung und der Kommunikation leisten können, die den Kindern zusätzlich noch sehr viel Spaß bereiten und das Lernen sozusagen nebenbei geschehen lassen. Beispiele wären thematische Spielketten mit ausgewählten Gruppenspielen zu bestimmten Bereichen des sozialen Lernens (z.B. eine Schiffsreise auf eine Insel, auf der die Bewohner sich ohne Sprache verständigen).

Im Schulbereich haben sich z.B. einige Rätselspiele bewährt, die aufbauend auf Quiz- und Spielsendungen im Fernsehen Lerninhalte in eine Spielrunde in der Schulklasse einbinden oder mit konventionellen Brettspielregeln für die Kinder relevante Lerninhalte einkleiden.

- *"Der große Preis"* eignet sich hervorragend für ein Quizspiel mit Fragen zu mehreren Wissensgebieten aus dem Unterricht der letzten Schulwochen. Es werden vier oder fünf Wissensgebiete durch ein Stichwort festgelegt (z.B. Wasser, Der Stromkreis, Vögel im Winter, Römer und Germanen). Zu jedem Wissensgebiet müssen vom Lehrenden fünf Fragen ausgesucht werden, die ansteigende Schwierigkeitsgrade enthalten. Diese Fragen erhalten Punktwertungen von 20 bis 100 Punkten, werden auf Karteikarten notiert und verdeckt an die Tafel geheftet. Unter den Fragen können auch noch Joker (mit doppelter Punktzahl) und Risikofragen (bei denen eine Punktzahl als Wetteinsatz gesetzt werden muss) versteckt sein. Die Schülerinnen und Schüler dürfen nun reihum ein Gebiet und die Punktzahl aussuchen, z.B. "Wasser 20". Der Lehrende liest die Frage laut vor. Die Schülerinnen und Schüler dürfen sich beraten und dann die Antwort geben. Bei richtiger Antwort erhalten sie eine Punktgutschrift auf ihrem Konto. Besonders spannend wird es, wenn der Lehrende zu Beginn des Spiels bereits ein Punktekonto mit 1 000 Punkten besitzt (schließlich hatte er die Arbeit mit der Vorbereitung), die ihm von den Schülerinnen und Schülern abgejagt werden müssen. (vgl. *Schaible* 1984).

- Das Pantomimespiel *"Nur keine Hemmungen"* eignet sich besonders zur Herstellung einer lockeren Arbeitsatmosphäre in einer Schulklasse. Erfahrungsgemäß finden auch zurückhaltende Schülerinnen und Schüler schnell den Mut, etwas ohne Worte darzustellen und von den Mitschülerinnen und -schülern raten zu lassen. Auf Karteikarten werden Begriffe notiert, die von einem Schüler pantomimisch darzustellen sind. Dabei kann zur Erleichterung vorher das Gebiet (z.B. Berufe) genannt werden. Es sollte zu Beginn eine Beschränkung auf konkrete Begriffe, anschauliche Sachverhalte und bekannte Tätigkeiten erfolgen. Durch Gruppenbildungen und Punktekonten kann man zusätzlich für Spannung sorgen (z.B. Jungen gegen Mädchen oder die Gruppentische gegeneinander).
- *"Wir spielen Stadtrundfahrt"* (vgl. *Heimlich* 1986) heißt ein Brettspiel, bei dem Schülerinnen und Schüler ihre Stadt würfelnd kennen lernen sollen. Auf der Basis des Stadtplans (z.B. in Form einer einfachen Umrisszeichnung) wird vom Lehrer ein Spielplan erstellt, der für die Kinder besonders bedeutsame Orientierungspunkte enthält (z.B. Zoo, Kindermuseum, Freibad, Fußballstadion usf.). Diese Orte sind durch einen farbigen Klebepunkt auf dem Stadtplan zu markieren und fortlaufend zu nummerieren. Mit Hilfe von andersfarbigen Klebepunkten entsteht die Verbindung zwischen diesen Orten, sodass als Ergebnis ein Spielplan vorliegt, der dem "Mensch-ärger-dich-nicht-Spiel" grundsätzlich ähnelt. Mit Hilfe von Spielpüppchen und Würfel bewegen sich die Spielenden nun auf dem Spielplan. Bei der Spielregel stehen eine Reihe von Varianten zur Verfügung. Es kann einmal die harte Konkurrenzversion gespielt werden (nach dem Motto: *"Wer zuerst am Ziel ist, der hat gewonnen!"*). Ebenso ist auch eine kooperative Fassung denkbar, bei der Würfelpunkte abgegeben werden und die Spielenden gegen einen Spielregelgegner antreten (nach dem Motto: *"Nur gemeinsam können wir gewinnen!"*). Wenn eine Eins gewürfelt wird, ist z.B. bei dieser Spielvariante auf einem Orientierungspunkt ein Schild "Für Kinder Zutritt verboten!" aufzustellen und erst bei einer Sechs wieder zu entfernen. Kinder zeigen besonderes Interesse, wenn das Erreichen der Orientierungspunkte mit bestimmten Aktivitäten verbunden wird (z.B. Tiergeräusche-Raten auf dem Feld "Zoo").

Es ist demnach auch im Rahmen schulischer Lernprozesse möglich, spielerische Umgangsweisen mit Lerninhalten zu realisieren. Dieses spielerische Lernen vermag Schülerinnen und Schüler sicher das Lernen zu erleichtern und für positive Einstellungen zum Lerninhalt zu sorgen. Wir sollten allerdings dabei berücksichtigen, dass erst erweiterte Freiräume für die Kinder und die Möglichkeit, selbst Veränderungen an Spielregeln und -abläufen vorzunehmen, den Spielcharakter von Lernspielen, Gruppenspielen oder Quizspielen im Rahmen von Lernprozessen hervorbringen. Prüfstein zur Beurteilung der spielerischen Anteile an Lernprozessen bleiben die selbst gestalteten Elemente, in denen die Kinder sich selbst für eine Tätigkeit entscheiden. Das Verhältnis von Spielen und Lernen ist aus diesem Grunde auch nur entwicklungsabhängig zu bestimmen. Im Kindergartenalter vermischen sich Spiel- und Lernanteile in der Phantasiespielphase noch weitgehend, während sich mit dem Schuleintritt die Phasen der systematischen und kontrollierten Lerntätigkeit mehr und mehr von der spontanen Spieltätigkeit ablösen und verselbständigen. Spielen und Lernen sind demnach in den frühen Abschnitten der kindlichen Entwicklung nicht voneinander geschieden und treten erst mit dem Beginn des schulischen Lernens auseinander.

Die Abbildung 10 vermittelt nochmals eine Übersicht über die spielpädagogischen Handlungsformen, die sich auf Grund empirischer Forschungsergebnisse und spielpädagogischer Praxiserfahrungen unterscheiden lassen. Sie repräsentieren eine zunehmendes Maß an Einwirkung von Erwachsenen auf das kindliche Spiel zwischen bloßer Unterstützungen durch die Gestaltung von Spielsituationen auf der einen und spielerischen Einkleidungen z.B. mit Lernspielen auf der anderen Seite. Die konkrete spielpädagogische Tätigkeit wird sich jeweils an wechselnden Punk-

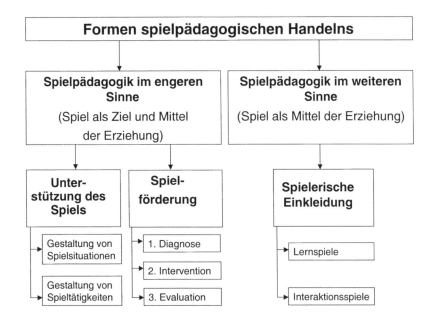

Abb. 10: Formen spielpädagogischen Handelns

ten auf diesem Kontinuum zwischen der indirekten Spielermöglichung und der direkten Spielbeeinflussung befinden. Entscheidend ist die Flexibilität bei der Entscheidung für spielpädagogisches Handeln und bei der gleichzeitigen Infragestellung und Zurücknahme dieser Maßnahmen.

### 5.4 Spiel und Intervention (Zusammenfassung)

Die empirische Erforschung des Einflusses von Erwachsenen auf das Spiel von Kindern zeigt, dass es möglich ist, kindliches Spiel anzuregen und zu unterstützen. Das Grundmuster spielpädagogischen Handelns wird als "aktive Passivität" gekennzeichnet. Spielpädagogische Methoden bewegen sich zwischen den Polen einer aktiven Einflussnahme durch Mitspielen und Vorspielen auf der einen Seite und einer passiven Beoachtung im begleitenden Spiel auf der anderen Seite. Die Formen spielpädagogischen Handelns reichen von der Unterstützung des Spiels über die gezielte Spielförderung bis hin zur spielerischen Einkleidung und repräsentieren eine zunehmende Einwirkung auf das Spiel. Um das Spiel von Kindern und Jugendlichen in seinem spezifischen Charakter zu ermöglichen, ist es erforderlich, ständig zwischen Spielanregung und Spielen-Lassen zu balancieren.

### Literaturempfehlungen:

*Baer, Ulrich*: Spielpraxis. Eine Einführung in die Spielpädagogik. Seelze-Velber: Kallmeyersche Verlagsbuchhandlung, 1995
*Flitner, Andreas*: Spielen - Lernen. Praxis und Deutung des Kinderspiels. München: Piper, [11]1998
*Fritz, Jürgen*: Theorie und Pädagogik des Spiels. Eine praxisorientierte Einführung. München u. Weinheim: Juventa, [2]1993

# 6.0 Spiel und Didaktik –
# Hilfen zur Planung und Reflexion

*"Nur wer erwachsen wird und Kind bleibt,
ist ein Mensch."*
Erich Kästner 1949/1952, S. 54

Schon der Zusammenhang von Spiel und Pädagogik sieht sich mancherlei kritischen Einwänden gegenübergestellt. Als vollends unvereinbar müssen da die Komplexe Didaktik und Spiel erscheinen. *Dieter Höltershinken* (1993, S. 167) spricht etwa bezüglich der Didaktik des Spiels von einem Widerspruch in sich selbst und einer wissenschaftlich verbrämten Perversion des Spiels. Vor aller didaktischen Reflexion zum kindlichen Spiel gilt es also zunächst, sich die Gefahren eines didaktischen Handelns im Hinblick auf Spieltätigkeiten und Spielsituationen bewusst zu machen. Ebenso wenig kann jedoch von einer völligen Ausklammerung planvollen Handelns aus dem spielerischen Umgang zwischen Erwachsenen und Kindern die Rede sein. Allerdings ist zur Realisierung dieser spieldidaktischen Aufgabenstellung auch eine kritische Reflexion in Richtung auf die traditionelle (schulpädagogisch bestimmte) Didaktik (vgl. *Blankertz* 1970) notwendig.

"Die Nichtplanbarkeit des kindlichen Spiels erfordert nun ... sehr wohl ... eine intensive Vorbereitung. Eine Planung zunächst, die in der Situation selbst die erforderliche Offenheit und Sensibilität für das Kind und sein Spiel gewährleistet, ... Die Nichtplanbarkeit des kindlichen Spiels verlangt deshalb eine Didaktik, die vor allem die Voraussetzungen aufzeigt, unter denen kindliches Spiel zu erwarten und zu fördern ist." (*Höltershinken* 1993, S. 169).

Diese im Vergleich zu ihren schulpädagogischen Ursprüngen modifizierte Didaktik lässt sich insbesondere aus sozialpädagogischen Zusammenhängen erschließen. *Ernst Martin* (1989a, S. 41ff.) macht darauf aufmerksam, dass auch in sozialpädagogischen Handlungsfeldern stets Planungselemente nachzuweisen seien und insofern – trotz der Berührungsängste zwischen Sozial- und Schulpädagogik – für eine interdisziplinäre Diskussion zur Didaktik zu plädieren sei. Gerade kommunikative und interaktionsorientierte didaktische Konzepte aus der Schulpädagogik böten vielfältige Orientierungspunkte für die Planung sozialpädagogischen Handelns. Ausführlich rezipiert wird etwa das Strukturmodell der lehr-lerntheoretischen Didaktik nach *Paul Heimann* u.a. (1972) mit seinen Bedingungs- (anthropogene sowie soziokulturelle Voraussetzungen) und Entscheidungsfeldern (Methoden, Medien, Ziele, Inhalte) (a.a.O., S. 26ff.). So hat beispielsweise *Reinhold Weinschenk* ($^2$1981) in seinem Ansatz einer sozialpädaogischen Didaktik und Methodik versucht, die lehrlerntheoretische Didaktik auf das Feld der sozialpädagogischen Bildungsarbeit zu übertragen. *Siegfried Kosubek* (1987, S. 178) zeigt ebenfalls anhand des lerntheoretischen Didaktikmodells die Vereinbarkeit von sozialpädagogischem Handeln und didaktischer Reflexion auf, wenn auch in deutlicher Akzentuierung der Offenheit des Lernprozesses z.b. im Rahmen von Jugendarbeit.

Außerdem ist die Kindergartenreform der Siebzigerjahre und der damit verbundene Situationsansatz als besonders einflussreich auf dem Gebiet der sozialpädagogischen Didaktik zu bewerten. *Martin* (1989a) kommt zu dem Schluss, dass sozialpädagogische Didaktik nach diesem Modell eher von Lebenssituationen ihrer Zielgruppe auszugehen habe, während schulpädagogische Didaktik nach dem lerntheoretischen Modell eher curricular vorstrukturiert sei und von durchschnittlichen Lernzielen ausgehen müsse.

Neuere Entwicklungen auf dem Gebiet einer schulpädagogischen Didaktik zeigen, dass sich die klassischen "didaktischen Modelle" (vgl. *Jank/ Meyer* [3]1994) weiter ausdifferenzieren. Damit ist eine weit reichende Annäherung der bildungstheoretischen (*Wolfgang Klafki*) und lehr-lerntheoretischen Didaktik (*Paul Heimann/ Gunter Otto/ Wolfgang Schulz*) verbunden, die nunmehr sowohl in ihren Bildungszielen (z.b. Kompetenz, Autonomie, Solidarität) als auch in der Anerkennung des Prinzips der Interdependenz von Didaktik und Methodik weitgehend übereinstimmen. Didaktik umfasst im schulpädagogischen Verständnis ganz im Sinne des griechischen Wortursprungs eine Theorie des Lehrens und Lernens, beinhaltet also für das pädagogische Handeln stets eine aktive (belehrende) und eine passive (lernende) Seite. Gerade in der Planung offener und projektorientierter Lernprozesse in Schule und Unterricht dürfte sich darüber hinaus eine gegenseitige Anregung von schulpädagogischen und sozialpädagogischen Didaktik-Entwürfen anbieten. In der Diskussion um "Schlüsselqualifikationen", die in schulischen Bildungszusammenhängen als Antwort auf gesellschaftliche Veränderungen in der Moderne anzustreben sind (vgl. *Klafki* 1985), zeigt sich schließlich sogar, dass die schulpädagogische Didaktik von den situationsorientierten Konzepten in der Sozialpädagogik wesentliche Impulse empfangen hat. Gerade in der Auseinandersetzung mit den Herausforderungen moderner Gesellschaften kommen Schule und Unterricht nicht umhin, von den Lebenssituationen der Kinder und Jugendlichen ausgehend gemeinsam mit ihnen die Bildungsinhalte neu zu definieren.

Eine Didaktik des Spiels wird sich gleichwohl nach vorliegenden Praxiserfahrungen weniger aus schulpädagogischen als vielmehr aus sozialpädagogischen Planungs- und Reflexionsansätzen gewinnen lassen. Auch für das Spiel sieht *Martin* grundsätzlich die Planungsnotwendigkeit als unabdingbar an:

"Die Freispielsituation muß gerade deshalb vorausgehend überlegt und geplant werden, damit der Sozialpädagoge dann in der konkreten Situation weitgehend zurücktreten kann, ohne daß das Spiel der Kinder zerfällt." (*Martin* 1989a, S. 41).

Spielpädagoginnen und -pädagogen sind also darauf verwiesen, selbst Freispielsituationen vorab zu überdenken und verschiedene Spieltätigkeiten von Kindern als Alternativen gedanklich "durchzuspielen", um die Voraussetzungen für "gelingenderes Spiel" in räumlich-materieller, personal-sozialer sowie temporaler Hinsicht zur Verfügung zu stellen. Dabei geht es allerdings weniger um die Festlegung linearer Prozessmodelle des Spiels. Vielmehr ist als grundlegendes Planungsmuster einer Didaktik des Spiels das vorausschauende Denken in Alternativen zu bevorzugen. Planung von und Reflexion über Spieltätigkeiten und Spielsituationen sind somit als Aufgabenbereiche einer Didaktik des Spiels zu begreifen. Zugleich wird damit deutlich, dass sich die didaktische Reflexion über kindliches Spiel auf verschiedenen zeitlichen Ebenen "abspielt". Im Anschluss an den Vorschlag von *Martin* für die sozialpädagogische Didaktik (vgl. 1989b, S. 44) müssen verschiedene Bezugsebenen der spieldidaktischen Reflexion im Sinne unterschiedlicher zeitlicher Reichweiten unterschieden werden (s. Tab. 5).

Eine *Didaktik des Spiels* wird aus diesem sozialpädagogischen Ansatz heraus als *Handlungsmuster von Spielpädagoginnen und -pädagogen* definiert, *das in der Planung von und in der Reflexion über kindliches Spiel auf kurz-, mittel- und langfristigen Bezugsebenen stattfindet*. Didaktisches Handeln dient im Rahmen der Spielpädagogik demnach der Vorbereitung und Auswertung von Spielprozessen. Damit sind weder komplett vorstrukturierte und entsprechend umgesetzte Spielangebote gemeint, noch sollte Spieldidaktik als Aufforderung zu einer Bevormundung von Kindern und Jugendlichen in der Auswahl ihrer Spielthemen und bei der Vereinbarung gemeinsamer Spielaktionen verwendet werden. Gerade an den Anforderungen unterschiedlicher spielpädagogischer Angebotsformen wird jedoch deutlich, dass damit auch die Notwendigkeit zu Planungsvorläufen mit einem je spezifischen Zeitaufwand verbunden sind. Diese verschiedenen Bezugsebenen einer Didaktik des Spiels sollen nun anhand verschiedener fiktiver Planungsaufgaben aus unterschiedlichen Praxiszusammenhängen erläutert werden.

| Planungs- und Reflexionsebene | Planungs- und Reflexionsaufgabe |
|---|---|
| • *langfristig* | ➔ Pädagogische Konzeptionen für Spielorte, Spielgruppen und Spielinstitutionen (z.b. Abenteuerspielplatz, Eltern-Kind-Spielgruppe, Spieliothek) |
| • *mittelfristig* | ➔ Spielaktionen, Spielfeste (z.b. Kinderferienspiele)<br>➔ Spielförderung bei Lern- und Entwicklungsschwierigkeiten (z.b. integrative Spielgruppen für Kinder mit und ohne Behinderungen) |
| • *kurzfristig* | ➔ Spielprojekte (z.b. Zirkusspiel, Singspiel)<br>➔ Spielsituationen und Spieltätigkeiten (z.b. Gruppenspiel, Freispiel, Rollenspiel) |

Tab. 5: Bezugsebenen einer Didaktik des Spiels

## 6.1 Langfristige Planungs- und Reflexionsebene

• *Planungsaufgabe 1: Verbesserung der Spielmöglichkeiten von Kindern im Stadtteil*

*Nachdem das Jugendamt einer Großstadt einen Kinderstadtplan herausgebracht hat, der die Spielmöglichkeiten von Kindern im gesamten Stadtgebiet verzeichnet, sind mehrere Problemzonen mit gravierenden Versorgungsmängeln sichtbar geworden. Besonders schwierig stellt sich die Spielsituation von Kindern im Innenstadtbereich dar. Spielplätze fehlen weitgehend. Die Zahl der Kinder in diesem Bereich ist relativ gering, sodass viele Kinder in der Familienwohnung allein oder mit den Geschwistern spielen müssen. Weitere Untersuchungen sollen genaueren Aufschluss darüber geben, wie die Spielmöglichkeiten in diesem Stadtteil verbessert werden können.*

Die Lösung dieser Aufgabenstellung ist sicher nicht kurzfristig zu erreichen. Ein spielpädagogisches Gesamtkonzept muss erstellt werden, in dem aufbauend auf dem vorhandenen Bestand an offiziellen Spielorten Perspektiven für die Sanierung des kindlichen Spiellebens in diesem Stadtteil entwickelt werden. Da Kinder erfahrungsgemäß nicht nur dort spielen, wo Erwachsene das für sie vorgesehen haben (z.B. auf

Spielplätzen), käme es in einem ersten Schritt in Ergänzung zum Kinderstadtplan darauf an, die Spielmöglichkeiten in diesem Stadtteil aus der Sicht der Kinder zu untersuchen. Mit Hilfe von Video-Kameras, die die Kinder selbst auf ihren Streifzügen durch den Stadtteil benutzen und anderen Untersuchungsmethoden (z.B. Spielmodell vom Stadtteil, Kinderzeichnungen, Interviews) muss zunächst einmal herausgefunden werden, wo Kinder tatsächlich spielen und welche Bedürfnisse sie in ihrer unmittelbaren Umwelt entwickeln. In einem zweiten Schritt können dann nach erfolgreicher Spurensuche um die Pfade und Treffpunkte der Kinder herum Spielangebote nach Möglichkeit mit den Kindern geplant werden. In das so entstehende spielpädagogische Gesamtkonzept für einen Stadtteil werden sowohl ergänzende Ausstattungen an dezentralen Spielorten (z.B. Bewegungsmöglichkeiten für Kinder in der Fußgängerzone wie Gelegenheiten für Inline-Skaten) oder auch Maßnahmen zur Erhaltung von Spielräumen eingehen, die Kinder selbst gestalten können. In diesen Gesamtplan gehört sicher ebenso die Einrichtung von Spielstraßen und verkehrsberuhigten Zonen. In Ergänzung zu diesen langfristigen Aufgaben einer Didaktik des Spiels im Stadtteil sind mittelfristig Spielfeste denkbar, die zu besonderen Anlässen auf einer gesperrten Straße die Vorteile von Spielstraßen aufzeigen und Eltern zu einer Initiative anregen, die sich für die Verbesserung der Spielmöglichkeiten ihrer Kinder im Stadtteil einsetzt. Kurzfristig ist ebenfalls der Einsatz von Spielmobilen in unterversorgten Stadtteilen zu bedenken, die nach Möglichkeit auch mehrtägige Angebote ermöglichen.

---

Als wichtigste Elemente dieser langfristigen Planungs- und Reflexionsebene einer Didaktik des Spiels lassen sich unterscheiden:
- die *Situationsanalyse* der Spielmöglichkeiten von Kindern in einem gegebenen Umfeld unter aktiver Beteiligung der Kinder,
- die *Erstellung des spielpädagogischen Gesamtkonzeptes* einschließlich der langfristigen, mittelfristigen und kurzfristigen Schritte zu seiner Realisierung,
- die *Realisierung der Schwerpunkte des spielpädagogischen Gesamtkonzeptes* durch die Bereitstellung der personellen und sächlichen Ausstattung der spielpädagogischen Handlungsfelder und
- die *prozessbegleitende Reflexion des Realisierungsgrades des spielpädagogischen Gesamtkonzeptes* im Team der beteiligten Personen (einschließlich der betroffenen Kinder).

---

Diese Elemente beziehen sich nicht nur auf die hier zu Grunde gelegte Planungsaufgabe, sondern ebenso auf die Erstellung von spielpädagogischen Gesamtkonzeptionen für Abenteuerspielplätze, Spielgruppen, Tageseinrichtungen für Kinder oder andere spielpädagogische Handlungsfelder.

## 6.2 Mittelfristige Planungs- und Reflexionsebene

- *Planungsaufgabe 2: Kinderferienspiele im Kinder- und Jugendheim*

  *Während der Osterferien soll ein Kinder- und Jugendheim für den Zeitraum von zwei Wochen täglich von 9.00 bis 13.00 Uhr Ferienspiele anbieten. In der Mitarbeiterrunde wird das Rahmenthema "Ritter" festgelegt. Die Vorbereitungsphase soll Angebote für verschiedene Gruppen, Großgruppenangebote und eine Abschlussfeier erbringen. Als Zielgruppe sollen Kinder im Alter von 6-12 Jahren angesprochen werden. Erfahrungen aus Ferienspielangeboten der vergangenen Jahre zeigen, dass Bewegungsangebote sowie kreative und musische Angebote von besonderer Bedeutung sind.* [1]

In der Regel gehen in die Planung von größeren Spielaktionen langjährige Vorerfahrungen von Spielpädagoginnen und -pädagogen ein, die bereits Vorentscheidungen über die Eignung eines Spielangebotes für eine bestimmte Altersgruppe ermöglichen. Von der hier angedeuteten Spielaktion kann aus der Erfahrung heraus schon vorab gesagt werden, dass es auf das Interesse der Zielgruppe stoßen wird. Wesentliche Elemente wie parallele Gruppenangebote, Angebote für Innen- und Außenräume sowie Veranstaltungen mit allen Kindern stehen als feste Bestandteile bereits fest. Zur Realisierung solcher Spielaktionen sind folglich allgemeine *organisatorische Vorbereitungen* bezüglich der materiellen Ausstattung zu treffen (z.B. Bereitstellen von Material, Werkzeug für die kreativen Angebote, Raumaufteilung und Zuordnunge der Mitarbeiterinnnen und Mitarbeiter zu den Gruppenangeboten usf.) und darüberhinaus *themenbezogene Vorbereitungen* (z.B. Geschichten, Lieder, Verkleidungen, Theaterstücke, Bastelanleitungen, Kochrezepte usf.) zur jeweiligen Spielgeschichte. Außerdem sollten Alternativen bei besonderen Problemen im Spielablauf bereitstehen (z.B. gemeinsame themenbezogene Gruppenspiele). Während der Durchführung treten die Spielleiter weitgehend zurück, sodass sie ihre Tätigkeit für diese Phase nur in geringem Umfang vorwegnehmen können. Sie müssen als Schiedsrichter, Mutmacher, Berater und Organisatoren bereitstehen, um bei auftretenden Schwierigkeiten flexibel reagieren zu können. Die Planung der spielpädagogischen Begleitung einer solchen Spielaktion bedarf also umfangreicher Praxiserfahrungen, die über einen Reflexionsprozess bewusst zu machen sind und auf diesem Wege auch an andere weitergegeben werden können. Letztlich gehört die Durchführungsphase von größeren Spielaktionen tatsächlich zum Bereich der nichtplanbaren Spielsituationen, da gerade angesichts der zur Verfügung stehenden

---

[1] Die Ökotopia-Verlag (s. Adressenverzeichnis) bietet unter der Überschrift "Kinder spielen Geschichte" eine interessante Buchreihe mit vielfältigen Praxishilfen an. Für das Thema "Ritter" ist zu empfehlen: *Hoffmann-Pieper, K./ Pieper, H. J./ Schön, B.: Das große Spectaculum – Kinder spielen Mittelalter.* Münster: ökotopia, 2000

Spielzeit von den Spielenden eine hohe Eigendynamik entwickelt wird. Erst zum Abschluss der Spielaktion gewinnen Spielpädagoginnen und -pädagogen wieder eine aktivere Funktion, wenn es gilt, die einzelnen Gruppen erneut in einer Gemeinschaft zusammenzuführen und einen gemeinsamen Abschluss zu erreichen.

Als wichtigste Elemente der mittelfristigen Ebene einer Didaktik des Spiels lassen sich hervorheben:
- die *Entscheidung über Ort, Zeit und Thema von Spielaktionen und Spielfesten* auf der Basis einer Situatiosanalyse der Bedürfnissen und Interessen von betroffenen Kindern und Jugendlichen,
- die *allgemeine organisatorische Vorbereitung der Veranstaltung* durch Bereitstellung von Material, Raum und Zeit sowie öffentliche Bekanntmachung,
- die *spezifisch themenbezogene Vorbereitung der Veranstaltung*, wenn die Spielaktion/ das Spielfest unter ein bestimmtes Motto oder ein Rahmenthema gestellt ist (z.B. spezielle Dekoration und Verkleidung) und
- die *Planung der Begleitung des Spielverlaufes während der Veranstaltung* durch die Bereitstellung von Alternativen, erwachsenen Mitspielerinnen und Mitspielern sowie flexiblen Hilfestellungen.

Im Unterschied zur langfristigen Ebene didaktischer Reflexion im Rahmen spielpädagogischen Handelns finden auf der mittelfristigen Ebene auch sehr viel ausgeprägter Reflexionen über den Umgang mit Kindern und Jugendlichen statt. Zwar enthalten die hier anzusiedelnden Spielveranstaltungen teilweise mehrmonatige Vorlaufphasen, in denen ein Team von Spielpädagoginnen und -pädagogen die vorbereitende Organisation erledigt. Schließlich treten sie aber auch in den unmittelbaren Kontakt zur Gruppe der spielenden Kinder und Jugendlichen und begleiten sie in ihrem Spielprozess, während sie bei der Erstellung eines spielpädagogischen Konzeptes zunächst noch nicht mit der spielpädagogischen Praxis in Berührung kommen. Erst bei der Umsetzung des Konzeptes in einem spielpädagogischen Handlungsfeld treten sie in das konkrete spielpädagogische Handeln ein. Didaktische Reflexionen zum Spiel mit einer mittelfristigen Reichweite werden somit in der Hauptsache notwendig im Rahmen von Vorbereitungstätigkeiten auf größere und materialaufwändigere Spielveranstaltungen, die längere Vorlaufzeiten in Anspruch nehmen. Gerade die Beteiligung von Kindern an solchen Planungsphasen fällt durch den Zeitabschnitt, der überschaut werden muss, naturgemäß schwer. Auf der Ebene der Planung einzelner Elemente solcher Spielveranstaltungen sollte jedoch auch die kindliche Perspektive durch aktive Beteiligung wieder eingebunden werden. Im Rahmen eines solchen "interdisziplinären" Planungsteams mit Eltern, Kindern sowie Spielpädagoginnen und -pädagogen ist auch in höherem Maße gewährleistet, dass die Spielaktion oder das Spielfest tatsächlich kreative Spieltätigkeiten für Kinder und Jugendliche bereithält und die Erwachsenendominanz nicht erneut das Spiel an den Rand drängt.

## 6.3 Kurzfristige Planungs- und Reflexionsebene

• *Planungsaufgabe 3: Spielstunde in der Schulklasse*

*Wenige Wochen nach Schulbeginn hat sich in der ersten Klasse einer Grundschule noch keine Gemeinschaft herausgebildet. Durch Spielstunden mit Interaktionsspielen möchte der Klassenlehrer versuchen, die Kommunikation und die Gruppenbildung in der Klasse zu unterstützen. Es wird eine Spielstunde in den Wochenplan aufgenommen, in der zunächst eine gemeinsamen Spielrunde am Anfang steht und die Kinder in einer zweiten Phase Gelegenheit haben, einander selbstständig in spielerischen Interaktionen mit Brettspielen, Gruppenspielen oder Rollenspielen zu begegnen.*

Das Angebot Spielstunde bedarf seitens des Klassenlehrers zuallererst einer didaktischen Reflexion bezüglich der räumlich-materiellen Bedingungen. Spielstunden erfordern einen entsprechend ausgestatteten Klassenraum, der Spielmittel enthält, zu denen die Kinder ungehindert Zugang haben (z.B. ein offenes Regal mit Brettspielen). Außerdem sind ein Spielteppich für Bodenspiele sowie Möglichkeiten zum Theaterspielen (z.B. Verkleidungskiste, Vorhang, Bühne, Spiegel, Schminke, Masken) erforderlich. Der Klassenlehrer hätte also in der Rolle des Spielpädagogen zunächst einmal bestimmte Spielbedingungen bereitzustellen, die den Kindern vielfältige Spielsituationen ermöglichen. Für die gemeinsame Spielrunde zu Anfang der Spielstunde fordert er alle Schülerinnen und Schüler auf, sich in einen Stuhlkreis zu setzen und führt sie sodann in die vorbereiteten Interaktionsspiele ein. Es hat sich bewährt, die Spielvorschläge in den wesentlichen Aspekten auf Karteikarten zu notieren (mögliche Rubriken: Anzahl der Spielteilnehmer, Spielmaterial, Spielverlauf, Abwandlungen). Die Spielregel des jeweiligen Interaktionsspiels sollte kurz erläutert werden, wobei sich schriftliche Vorformulierungen empfehlen, da gerade die *Einführungsphase* eines neuen Interaktionsspiels nicht zu viel Zeit in Anspruch nehmen sollte. Auf die *Durchführungsphase* können sich Spielpädagoginnen und Spielpädagogen durch Beobachtungsfragen vorbereiten (z.B. "Wer ist im Spiel sehr dominant?", "Wer wird von der Gruppe abgelehnt?", "Wie löst die Klasse soziale Konflikte?"). Nach Möglichkeit sollte die Spielgruppe zahlenmäßig so bestimmt sein, dass Spielpädagoginnen und Spielpädagogen nicht mitspielen müssen, damit Gelegenheit zur Beobachtung der Kinder besteht. In dieser Phase des gemeinsamen Spiels im Stuhlkreis organisieren Spielpädagoginnen und -pädagogen zeitweilig die Spielsituation fast vollständig – zumindest in der Einführungsphase neuer Interaktionsspiele (Entscheidungen über Spielort, Sozialform, Zeitspanne und Spielthemen). Gerade diese Einführungsphase ist besonders sorgfältig zu planen. Bei bekannten Interaktionsspielen können auch Kinder Spielleiterfunktionen übernehmen und so allmählich die Spielsituation wieder selbst gestalten. Hier verändert sich die Planungsaufgabe allmählich in Richtung auf mehr passive Handlungsmuster. Spielpädagoginnen und -pädagogen bleiben zwar während der Spielstunde weiter anwesend, aber sie treten mehr und mehr in den Hintergrund und müssen sich deshalb in der Planungsphase von Spielstunden auch auf eine Phase des flexiblen Eingehens auf wechselnde Bedürfnisse und Interessen von Kindern vorbereiten. Hier gilt es, sich ein weit reichendes Repertoire an Reaktionsmöglichkeiten zu erarbeiten, das nur in einem reflektierten spielpädagogischen Erfahrungsprozess gewonnen werden kann. In der Phase des freien Spiels besteht darüber hinaus die Möglichkeit des Eingehens auf die konkreten Spieltätigkeiten. Planungsüberlegungen in dieser Hinsicht sollten sich auf personale Eigenarten bei einzelnen Kindern, Probleme der sozialen Interaktion von Kindern im Spiel sowie auf die Sicherstellung von bewegungs- und sinnesorientierten Spielmöglichkeiten beziehen. Die *Auswertungsphase* von Interaktionsspielen kann teilweise mit den Kindern gemeinsam gestaltet werden. Meist reagieren sie sehr spontan mit Zustimmung oder Ablehnung auf neue Spielangebote. Diese Rückmeldungen sollten aufgegriffen werden, um eine Lerngruppe allmählich in die Lage zu versetzen, über die eigenen sozialen Erfahrungen in Interaktionsspielen nachzudenken. Darüber hinaus sollten Spielpädagoginnen und -pädagogen anhand ihrer vorher festgelegten Beobachtungsfragen nach Abschluss der Spielstunde gezielt über die beobachteten Spielprozesse reflektieren, um so Anregungen für die weiteren Spielstunden und die Auswahl entsprechender Spielangebote zu erarbeiten.

Im Unterschied zur mittelfristigen Bezugsebene einer Didaktik des Spiels folgen Planungs- und Durchführungsphase auf der kurzfristigen Ebene unmittelbar aufeinander. Entsprechend sind die jeweiligen Vorbereitungen weniger umfangreich. Die Gestaltung von Spielsituationen und Spieltätigkeiten im Rahmen von Spielangeboten hängen zweifellos auch von langfristigen konzeptionellen Entscheidungen ab, oder sie sind eingebettet in eine größere themenbezogene Spielaktion. Von der Planung her gesehen erfordern sie jedoch im Vergleich zu den anderen Ebenen intensivere Reflexionen über den spielpädagogischen Umgang mit Kindern und Jugendlichen und die konkreten Handlungsformen bzw. -alternativen, d.h. letztlich über den nichtplanbaren Bereich von Spieltätigkeiten und Spielsituationen.

> Für die kurzfristige Planungsebenen gilt es herauszustellen, dass die spielpädagogische Planungstätigkeit auf der Basis vorhandener Erfahrungen im Umgang mit Kindern
> - die *Gestaltung von Spielsituationen* zwischen den Polen einer Bereitstellung von Umweltbedingungen auf der einen und einer Organisation von Umweltbedingungen auf der anderen Seite sowie
> - die *Gestaltung von Spieltätigkeiten* in personaler, sozialer und ökologischer Hinsicht beinhaltet.

*Spielsituationen* als Gegenstand der didaktischen Reflexion enthalten die gesamten Umweltbedingungen des kindlichen Spiels, sodass sich die konkrete Planungstätigkit hier sowohl auf Auswahl, Beurteilung und Einsatz von *Spielmitteln* als auch auf die Gestaltung des jeweils zur Verfügung stehenden *Spielraums*, die möglichen sozialen Beziehungen im Spiel (*Spielpartner*) und die zeitlichen Grenzen des Spiels im Tagesverlauf (*Spielzeit*) bezieht. Planung von und Reflexion über *Spieltätigkeiten* wiederum machen Überlegungen zum einzelnen Kind und seinen sozialen und sinnlichen Erfahrungsmöglichkeiten in einer bestimmten Spielsituation erforderlich. Sowohl die Planung von Spielsituationen als auch die Planung von Spieltätigkeiten enthält Reflexionen zur konkreten Beteiligung des Erwachsenen am kindlichen Spiel.

## 6.4 Spielen und Planen (Zusammenfassung)

Insgesamt lässt sich also festhalten, dass die verschiedenen Planungsebenen im Rahmen einer Didaktik des Spiels sich durch das jeweils notwendige Maß an Vorbereitung auf konkretes spielpädagogisches Handeln unterscheiden. Von der Erstellung spielpädagogischer Konzeptionen über die Planung von Spielaktionen, Spielfesten und Spielfördermaßnahmen bis hin zu Spielprojekten und Spielphasen wird eine zunehmende Reflexion des spielerischen Umgangs mit Kindern und Jugendlichen notwendig. Mittel- und langfristige Planungsebenen enthalten demgegenüber wesentlich umfänglichere Anteile einer nicht unmittelbar handlungsbezogenen Reflexion, die gewissermaßen mit zeitlicher Verzögerung konkret werden. Sicher sind die unterschiedlichen Bezugsebenen in ihrer vielfältigen Verflechung untereinander zu betrachten. Es gilt sich jedoch ebenso bewusst zu machen, dass bei aller Skepsis hinsichtlich der Möglichkeit einer Didaktik des Spiels doch umfangreiche Planungs- und Reflexionsaufgaben angegeben werden können, die für ein gelingenderes Spielleben von Kindern und Jugendlichen unabdingbar notwendig geworden sind. Gleichzeitig macht die didaktische Reflexion auch die Nichtplanbarkeit gerade des konkreten Spielprozesses unmittelbar deutlich. Diese Nichtplanbarkeit kann nur ad hoc überwunden werden, wenn Spielpädagoginnen und Spielpädagogen bei konkreten Problemstellungen ihre reflektierten Praxiserfahrungen zur Unterstützung einer konkreten Spielsituation einbringen. In diesen Momenten erfolgt ebenfalls eine didaktisch begründete Entscheidung bezüglich des weiteren Spielverlaufs. Sie ist jedoch in ihrer unmittelbaren Einbindung in die Spielsituation (z.B. Spielpädagogin als Mitspielerin) kaum noch als didaktisches Handeln zu erkennen, da sie sozusagen aufgelöst in den spielpädagogischen Prozess erscheint.

**Literaturempfehlungen:**

*Fritz, Jürgen*: Theorie und Pädagogik des Spiels. Eine praxisorientierte Einführung. Weinheim u. München: Juventa, 1991 (Kap. 8: Wie kann man Spielaktivitäten planen?)
*Gassner, Martin/ Maier, Karin*: Vom situativen Planen (I), (II). In: Engelhard, Dorothee. u.a. (Hrsg.): Hb. d. Elementarerziehung. Seelze: Kallmeyer, 1992, Kap. 3.10, 3.11)
*Kube, Klaus*: Spieldidaktik. Düsseldorf: Schwann, 1977
*Kube, Klaus*: Zur Didaktik, Typologie und Zielsetzung des Spiels. In: *Kreuzer, Karl-Josef* (Hrsg.): Hb. d. Spielpädagogik. Bd. 2. Düsseldorf: Schwann, 1983S. 167-184
*Wegener-Spöhring, Gisela*: Spiel und didaktisches Handeln. In: *Wegener-Spöhring, Gisela/ Zacharias, Wolfgang* (Hrsg.): Pädagogik des Spiels – eine Zukunft der Pädagogik? München: Pädagogische Aktion/ Spielkultur, 1990, S. 130-137

# 7.0 Spiel und Beobachtung – Wege zur Spielforschung

> "...: man sieht nur mit dem Herzen gut.
> Das Wesentliche ist für die Augen unsichtbar."
> Antoine de Saint-Exupéry 1981, S. 52

In allen Bereichen spielpädagogischen Handelns klingt die Notwendigkeit zur Beobachtung von Kindern und Jugendlichen im Spiel an. Erwachsene beobachten spielende Kinder, um Informationen für den spielpädagogischen Umgang zu erlangen. Es gilt z.B. die aktuellen Spielthemen von Kindern kennen zu lernen und als Grundlage für die Planung von kreativen Angeboten zur Ergänzung von Spielprozessen heranzuziehen. Es muss entschieden werden, ob Kinder von bestimmten Spielmitteln, die ihnen schon längere Zeit bekannt sind, noch Anregungen erhalten. Häufig stellt sich die Frage nach der Hilfestellung des Erwachsenen in sozialen Konfliktsituationen: Gelingt den Kindern die Konfliktbewältigung im Spiel selbstständig oder bedürfen sie des Schiedsrichters? Letztlich erfordert die gesamte spielpädagogische Haltung zum kindlichen Spiel sehr ausgeprägte Fähigkeiten zum Verständnis von Spielsituationen. Die Spielbeobachtung kann von daher bereits als grundlegende spielpädagogische Kompetenz angesehen werden.

Nun ist bekanntlich jeder soziale Umgang miteinander zu einem erheblichen Anteil von Beobachtungen und sozialen Wahrnehmungen geprägt (vgl. *Preiser* 1979). Insofern müssen wir davon ausgehen, dass das Beobachten zunächst einmal als Alltagstätigkeit anzusehen ist, die vor jedem reflektierten Umgang mit Beobachtungsproblemen im Rahmen spielpädagogischen Handelns bereits in den sozialen Beziehungen von Erwachsenen und Kindern als Bestandteil erscheint.

"Beobachten bedeutet eine aktive und intensive Auseinandersetzung des Beobachtenden mit der Beobachtungssituation und den Interaktionspartnern." (*Martin/ Wawrinowski* 1991, S. 9)

Auch die Beobachtung von Spielsituationen ist in diesem Sinne zunächst einmal Alltagstätigkeit und interpersonales Geschehen und selbst wieder in eine soziale Situation eingebettet. Erst in einem Prozess der bewussten Auseinandersetzung mit dem Vorgang der Beobachtung des kindlichen Spiels kann das Niveau methodisch kontrollierter Spielbeobachtung erreicht werden. Diese Form von Spielbeobachtung wird besonders dann von Spielpädagoginnen und -pädagogen gewählt, wenn ihre alltägliche Beobachtungskompetenz nicht mehr ausreicht, um Spielsituationen zu durchschauen, wenn besondere Probleme auftauchen oder z.B. einzelne Kinder auf Grund von spezifischen Lern- und Entwicklungsschwierigkeiten nicht mehr an Spielsituationen partizipieren können.

Wenn Beobachtung interpersonales Geschehen ist und bereits im Alltag vollzogen wird, dann stellt sich die Frage, wie methodisch kontrollierte Spielbeobachtung im Rahmen spielpädagogischen Handelns ausgestaltet werden sollte. Im Unterschied zum klassischen Modell der empirischen Sozialforschung, nach dem Beobachtung als Verhaltensbeobachtung in möglichst kontrollierten Situationen erfolgen soll (vgl. *Atteslander* [6]1995), wird im Rahmen der Spielbeobachtung die Einbeziehung der subjektiven Anteile des Beobachtenden geradezu unabdingbar. Beschränken wir uns in der Beobachtung kindlicher Spieltätigkeiten auf die Ebene des sichtbaren, sinnlich wahrnehmbaren Geschehens, wie es die klassische empirische Methode verlangt, so werden wir kaum in der Lage sein, kindliche Spielsituationen zu verstehen. Das sichtbare Geschehen (besonders auffällig bei aggressiven Spieltätigkeiten und gewaltbezogenem Spiel) sagt noch wenig darüber aus, was Kinder in dieser Spielsituation – also hinter der sichtbaren Ebene – miteinander vereinbart haben. Auf dieser Ebene kann die scheinbar "gewalttätige Auseinandersetzung" im Spiel gleichsam als fiktive Handlung, als nicht wirklich und nicht ernst gemeint (oder wie die Kinder sagen: "Nicht in echt!") ablaufen (vgl. *Wegener-Spöhring* 1989b). Von daher kann eine möglichst objektive und distanzierte Verhaltensbeobachtung allein kaum Aufschluss über kindliche Spielsituationen liefern. Spielpädagoginnen und Spielpädagogen benötigen Einfühlungsvermögen und Nähe zum Geschehen, müssen sogar teilweise in der Spielsituation beteiligt sein, um das Wahrgenommene in seinem Spielcharakter interpretieren zu können. Jede Spielbeobachtung enthält von daher große Anteile an subjektiven Einschätzungen und Bewertungen, die von vornherein die ausschließliche Verwendung von standardisierten Beobachtungsbögen mit klar definierten Zeitintervallen und operationalisierten Beobachtungskategorien einschränkt. Insofern muss die Spielbeobachtung weitgehend in das Feld der qualitativen Sozialforschung eingeordnet werden (vgl. *Lamnek* [3]1995).

In der Praxis des spielpädagogischen Handelns zeigt sich jedoch ebenso, dass eine rein subjektive Beschreibung von Spielsituationen in hohem Maße die Gefahr von Fehleinschätzung, Vorurteilsbildungen und vorschnellen Abwertungen enthält. Die scheinbar einfache Aussage einer Erzieherin im Kindergarten: *"Peter ist heute wieder sehr aggressiv!"* erweist sich bei näherer Betrachtung als äußerst komplex. Im Rahmen eines Modells der interpersonellen Wahrnehmung wäre hier zuallererst nach der sozialen Beziehung zwischen der Erzieherin und Peter zu fragen. Sicher werden die Spieltätigkeiten von Peter durch die Erzieherin auf Grund subjektiver Vorerfahrungen bewertet. Auch die übrigen Bestandteile der Aussage bezüglich der Dauer des Verhaltens und der Zuordnung zum Phänomen der Aggression werfen die Frage auf, welches Verhalten Peter hier über welche genaue Zeitdauer gezeigt hat. Die Erzieherin schildert die Spielsituation aus ihrer persönlichen Sicht und will damit auch die persönliche Belastung durch das Verhalten von Peter zum Ausdruck bringen. Dies erscheint zwar subjektiv nachvollziehbar, betrachtet jedoch die Spielsituation noch nicht aus der Sicht von Peter. Hier böte sich an, das Verhalten von Peter mit einem Beobachtungsinstrument zu überprüfen, das aus der Literatur zum aggressiven Verhalten abgeleitete Beobachtungskriterien enthält und auch die Zeitintervalle der Beobachtung festlegt. Zusätzlich ist zu empfehlen, Peter selbst ebenfalls zu seinem Verhalten zu befragen. Möglicherweise ergeben sich so auch Ansätze zum Verständnis von Peters Beweggründen. Insofern wird aus den praktischen Erfordernissen des spielpädagogischen Handelns heraus meist ein kombiniertes Spielbeobachtungsinstrumentarium erforderlich, das sowohl Möglichkeiten zur Gesamteinschätzung von Spielsituationen bietet, wie auch detaillierten Aufschluss über einzelne Elemente in bestimmten Zeitabschnitten liefert. Standardisierte und nichtstandardisierte Beobachtungsinstrumente werden in einem situationsbezogenen Konzept von Spielbeobachtung aus diesem Grunde auch nebeneinander zum Einsatz kommen müssen (7.1). In gegenständlicher Hinsicht sind neben einer Beobachtung der Spieltätigkeit ebenso die übrigen Elemente der Spielsituation (Spielmittel, Spielraum, Spielzeit, Spielpartner) in das Aufgabenfeld der Spielbeobachtung hineinzustellen und auf entsprechende Beobachtungsinstrumente zu beziehen (7.2).[1]

## 7.1 Grundlagen der Spielbeobachtung

Es ist also zunächst einmal die *systematische und methodische kontrollierte* von der *unsystematischen und alltäglichen* Spielbeobachtung zu trennen. Jeder Spielpädagoge stellt fortlaufend begleitend zur Spieltätigkeit von Kindern mehr oder weniger bewusst Beobachtungen an. Auf dieser Ebene von Spielbeobachtung als Alltagstätigkeit kommen keine Beobachtungsmethoden im engeren Sinne zum Einsatz. Die Beobachtungstätigkeit verläuft nicht einmal stets bewusst. Erst wenn Spielpädagoginnen und Spielpädagogen sich selbst als Beobachtende wahrnehmen, bestimmte Beobachtungsmethoden benutzen und die Beobachtungstätigkeit bewusst und gezielt (unter bestimmten Fragestellungen) einsetzen, können wir von systematischer Spielbeobachtung sprechen.

---

[1] Vgl. auch *Heimlich, Ulrich*: Kinderspiel und Spielbeobachtung. Spielerfahrungen als Mittler zwiscen Bildungssystem und Lebenswelt. In: *Heinzel, Friederike* (Hrsg.): Methoden der Kindheitsforschung. Ein Überblick über Forschungszugänge zur kindlichen Perspektive. Weinheim u. München: Juventa, 2000, S. 171-184

### 7.1.1 Spielbeobachtung im erziehungswissenschaftlichen Sinne

Im erziehungswissenschaftlichen Zusammenhang ist die Spielbeobachtung wie jede Beobachtung an bestimmte Standards gebunden (vgl. *Tenorth/ Lüders* 1994; *Kuckartz* 1994). Obwohl die Beobachtung gegenüber Befragungs- und Interviewtechniken nur einen untergeordneten Stellenwert in der erziehungswissenschaftlichen Forschung einnimmt, ist sie für die Erfassung komplexer Interaktionssituationen, wie sie in Spielsituationen die Regel sind, unerlässlich. Im Anschluss an *Atteslander* (vgl. [6]1995, S. 90ff.) werden Beobachtungen sowohl im Rahmen quantitativer als auch im Rahmen qualitativer Forschungsansätze angewendet und unterscheiden sich somit zunächst je nach wissenschaftstheoretischem Standort des Forschenden.

Vom *Standpunkt der Beobachtenden* ausgehend lassen sich zwischen den Polen "passiv-teilnehmend" und "aktiv-teilnehmend" unterschiedliche Grade der *Partizipation* im Beobachtungsfeld ausmachen. Vom *Standpunkt der Beobachteten* werden verschiedene Grade der *Transparenz* zwischen den Polen "offen" und "verdeckt" differenziert. In jedem Fall bezieht sich wissenschaftliche Beobachtung auf "sinnlich wahrnehmbares soziales Verhalten" (vgl. *Atteslander* [6]1995, S. 94). Diese begriffliche Kennzeichnung konfrontiert uns in der Spielbeobachtung bereits mit dem ersten grundlegenden forschungsmethodischen Problem. Die sinnlich wahrnehmbare Tätigkeit von Kindern und Jugendlichen in Spielsituationen liefert unter Umständen nur implizite Hinweise auf das eigentliche Spielgeschehen. Von daher wird Spielbeobachtung auf Grund des speziellen Gegenstandes nicht bei der sinnlich-wahrnehmbaren Ebene stehen bleiben können, sondern stets um Interpretation, Rekonstruktion von Sinndeutungen und hermeneutische Auslegung bemüht bleiben. Der Gegenstand der Spielbeobachtung dürfte bereits eine Tendenz zum qualitativen (bzw. interpretativen) Forschungsparadigma nahe legen. Bezogen auf die *Methoden der Beobachtung* selbst stehen schließlich verschiedene Stufen der *Strukturiertheit* zur Verfügung. Während strukturierte Beobachtungen in jedem Fall ein Beobachtungsschema enthalten, wird innerhalb unstrukturierter Beobachtungen auf ein solches Schema bewusst verzichtet, um die Offenheit für die sozialen Prozesse im Untersuchungsfeld zu wahren. Die Wahl des jeweiligen Beobachtungsverfahrens hängt demnach von der Fragestellung und vom wissenschaftstheoretischen Kontext der Untersuchung ab.

*Wissenschaftliche Spielbeobachtung beinhaltet* im Unterschied zu alltäglicher Spielbeobachtung *das Bemühen, die Wirklichkeit des Spiels möglichst systematisch zu rekonstruieren.* Dabei ist die Spielbeobachtung im erziehungswissenschaftlichen Sinne auf Reflexionen über den Grad der Partizipation des Beobachtenden, den Grad der Transparenz bezogen auf die Spielenden sowie das Ausmaß der Strukturiertheit des Beobachtungsverfahrens angewiesen. In jedem Fall (also unabhängig von der eher quantitativen oder eher qualitativen Forschungsintention) sollte dieser Prozess der intersubjektiven Überprüfung ausgesetzt bleiben, d.h. offen zugänglich sein. *Siegfried Lamnek* (vgl. ³1995, S. 242ff.) weist bezogen auf die teilnehmende Beobachtung darüber hinaus darauf hin, dass Beobachtung und Sinnverstehen im Forschungsfeld stets miteinander verknüpft sind. Gleichwohl unterliegen beide Prozesse dem Anspruch, methodisch kontrolliert zu erfolgen. Intersubjektive Überprüfbarkeit und methodische Kontrolliertheit stellen deshalb zwei grundlegende Standards für erziehungswissenschaftliche Spielbeobachtung dar. Erfahrungsgemäß ist es deshalb sinnvoll, die Auswertung der Beobachtungsergebnisse im Forschungsteam oder im Team der pädagogisch Tätigen in einen Prozess der kommunikativen Validierung (vgl. dazu *Knauer* 1995, S. 300ff.) einzubeziehen, um das Interpretationsproblem bei der Erfassung der Spielsituation auffangen zu können. Dabei wird eine gemeinsame Interpretation der Beobachtungsergebnisse (also z.B. der Daten oder der Protokolltexte) vorgenommen, die zur weiteren Absicherung ebenfalls noch einem nicht unmittelbar Beteiligten zur Interpretation vorgelegt werden können. Nur die übereinstimmenden Interpretationen gehen dann in die gemeinsame Analyse mit ein. Im Schulalter kommt häufig das Interesse der Lernenden an den Ergebnissen hinzu, sodass die Möglichkeit der Diskussion der Beobachtungsergebnisse mit Kindern und Jugendlichen auf jeden Fall einbezogen werden sollte.

Aber selbst wenn diese Methodenprobleme systematischer Spielbeobachtung einigermaßen gelöst werden können, bleibt immer noch die Unsicherheit des Wahrnehmungsvorganges selbst. Kippbilder, optische Täuschungen und extrem unterschiedliche emotionale Reaktionen auf sinnlich Wahrgenommenes liefern ein beredtes Zeugnis von möglichen interindividuellen Unterschieden bei Beobachtungen. Aus diesen Gründen unterliegt die Spielbeobachtung besonders in der Person des Beobachtenden – wie jede wissenschaftliche Beobachtung – zahlreichen *Fehlerquellen*. Die folgende Übersicht zeigt dazu eine kleine Auswahl (vgl. die ausführliche Darstellung bei *Martin/ Wawrinowski* 1991, S. 95ff.).

---

Die folgenden *Beobachtungsfehler* haben in der Spielbeobachtung eine besondere Bedeutung:
- *Emotionen und Bedürfnisse* (z.B. Vertrautheit mit der Spielsituation, Angst bei gefährlichen Spielen von Kindern und Jugendlichen oder unbefriedigte Primärbedürfnisse wie Hunger, Müdigkeit),
- *Halo-Effekt* (z.B. unzulässige Generalisierung von Einzelaspekten einer Spieltätigkeit auf die ganze Persönlichkeit des Spielenden insbesondere bei Sympathie- und Antipathie-Tendenzen),
- *Abwehrmechanismen* (z.B. spielende Kinder als Projektionsfläche eigener, unerfüllt gebliebener Spielwünsche oder Verleugnung bestimmter Spielthemen

wie Sexualspiele),
- *erster Eindruck* (z.B. Übersehen des intensiven Beobachtungsspiels auf Grund einer "Alibitätigkeit" eines Kindes wie etwa Malen),
- *soziale Erwünschtheit* (z.b. Überbewertung des Phantasiespiels mit einfachen Spielmaterialien wie Pappe und Karton, da es als spielpädagogisch wünschenswert gilt),
- *Mittelwertfehler* (z.b. Vermeidung extremer Kennzeichnung von sozialen Spieltätigkeiten wie Alleinspiel und Kooperationsspiel und Bevorzugung einer mittleren Zuordnung wie Parallelspiel),
- *Kontrast- bzw. Ähnlichkeitsfehler* (z.b. Vermeidung konkurrenzorientierter Spieltätigkeiten, die man bei sich selbst beobachtet hat bzw. Identifikation mit kooperativen Spieltätigkeiten, die man selbst bevorzugt).

Jede Spielbeobachtung ist deshalb vorab durch ein intensives *Beobachtertraining* einzuleiten. Dabei geht es in einem ersten Schritt darum, die hier genannten Fehlerquellen bei der Beobachtung bewusst zu machen, bevor das eingesetzte Beobachtungsinstrument im einzelnen erprobt und die Beobachterübereinstimmung geprüft wird (vgl. dazu *Bortz/ Döring* 1995, S. 250ff.).

### 7.1.2 Methodische Probleme der Spielbeobachtung

In der spielpädagogischen Praxis wird eine bestimmte Problemstellung im Spiel der Kinder meist Anlass für den Einsatz methodisch kontrollierter Verfahren der Spielbeobachtung sein.

*So kann z.b. das von Spielpädagoginnen und -pädagogen subjektiv als belastend empfundene Maß der Aggression in einem Spiel dazu führen, dass genauere Informationen über die Spielsituation, in denen sich das aggressive Verhalten zeigt, benötigt werden.*

Erst wenn die Beobachtung als Alltagstätigkeit keinen Aufschluss mehr über eine Spielsituation bietet, sind intensivere Beobachtungstechniken notwendig.

Denkbar wäre aufbauend auf der Spielbeobachtung als Alltagstätigkeit, dass Spielpädagoginnen und -pädagogen eine bestimmte als problemhaft empfundene Spielsituation mit Hilfe eines *Gedächtnisprotokolls* in einem pädagogischen Tagebuch festhalten.

*Um bei der Thematik Aggression und Gewalt zu bleiben: Die Protokollierung des Kindergartenvormittags, an dem Peter wieder "sehr" aggressiv war, bietet womöglich schon einen weiteren Aufschluss über den Umfang und konkrete Ausprägungen dieses Verhaltens.*

Unter Umständen wollen Spielpädagoginnen und Spielpädagogen jedoch auch die wörtlichen Äußerungen der Spielenden mit aufzeichnen, zumal dann, wenn sie von entscheidender Bedeutung für den Ablauf von Spielsituationen sind. In diesem Fall empfiehlt sich ein *Verlaufsprotokoll* von der Spielsituation, das zusätzlich noch genaue Zeitangaben, persönliche Hinweise zu den beobachteten Kindern und einen Kommentar enthalten kann.

> *Ein solches Verlaufsprotokoll könnte bereits genauere Hinweise liefern über den zeitlichen Umfang und die konkrete Ausprägungen des aggressiven Spielverhaltens bei Peter. Außerdem zeigen seine sprachlichen Äußerungen möglicherweise schon Hinweise darauf, wie ernst es ihm mit seinen Aggressionen tatsächlich ist.*

Besonders in sprachlicher Hinsicht sollte bei der Aufzeichnung im Rahmen dieser Protokolle ein sachlicher Stil bevorzugt werden, der nur Tätigkeiten beschreibt, ohne sie schon persönlichen Eigenschaften der Spielenden zuzuordnen oder Bewertungen durch die Beobachtenden zu unterziehen. Adjektive sollten z.B. weitgehend vermieden werden. Die protokollierende Aufzeichnung von Spielsituationen erfordert einen weigehenden Verzicht auf subjektive Stellungnahmen, obwohl objektive Aussagen mit Hilfe dieses Instrumentes (wie übrigens in der gesamten Spielbeobachtung) letztlich nicht mit voller Sicherheit zu erreichen sind. Spielpädagoginnen und Spielpädagogen sind trotzdem bei der Protokollierung von Spielsituationen gehalten, sich einer subjektiven Bewertung möglichst weitgehend zu enthalten. Die *Protokolle von Spielsituationen* können in einem weiteren Schritt in themenzentrierte Fallbesprechungen eingehen und die Grundlage für eine erneute Verständigung über die angemessenen Handlungsformen im Team bieten. In diesen Fallbesprechungen ist es von besonderer Bedeutung, dass gemeinsam versucht wird, die für die Spielenden bedeutsamen Aspekte der Situation herauszuarbeiten. Erst in dieser gemeinsamen Beurteilung der protokollierten Spielsituation besteht eine Aussicht, dass Spielpädagoginnen und Spielpädagogen die Spielsituation auch aus der Perspektive der Kinder zu betrachten lernen.

> *Peters Aggressionen geraten möglicherweise im Verlaufe einer solchen Fallbesprechung zu vollkommen sinnvollen und nachvollziehbaren Reaktionen auf die ständigen Provokationen und Sticheleien von Sabine, die sich jedoch immer zur rechten Zeit geschickt aus dem Geschehen zurückzieht und so bisher nicht als eigentliche Verursacherin wahrgenommen werden konnte.*

Dieser nicht-standardisierte Bereich von Spielbeobachtung, der besonders als Protokollierung von Spielsituationen konkret umgesetzt wird, enthält noch eine große Praxisnähe in Bezug auf viele spielpädagogische Handlungsfelder. Gedächtnis- und Verlaufsprotokolle als Grundlage für Teambesprechungen sollten von allen Spielpädagoginnen und Spielpädagogen angefertigt und ausgewertet werden können. Größere Realisierungsprobleme ergeben sich meist im Bereich der standardisierten Spielbeobachtung. Als Hauptformen sind hier *Kategoriensysteme* zu nennen. Kategorien-Systeme bieten in der Regel verschiedene Spielformen oder Aspekte des Spiels als operationalisierte Kriterien an.

> *Bezogen auf Aggressivität im Spiel können z.B. angeführt werden: verbale Aggressionen, körperliche Aggressionen, gegenstandsbezogene Aggressionen und Aggressionen gegenüber der eigenen Person und entsprechende Operationalisierungen (vgl. Wegener-Spöhring 1989a, S. 34).*

Kategorien-Systeme sollen dazu beitragen, dass eine konkret beobachtbare Spieltätigkeit verschiedenen Kategorien zugeordnet und auf diese Weise einer eingehenderen Analyse unterzogen wird. Meist erfolgen diese Zuordnungen in einem vorher festgelegten Beobachtungszeitraum zu genau bestimmten Beobachtungs-zeitpunkten.

> *So könnte beispielsweise das Erzieherinnenteam beschließen, die Beobachtung von Peter an mehreren Kindergartenvormittagen zwischen 9.00 und 12.00 Uhr während der Freispielphase stattfinden zu lassen und täglich in einem Beobachtungszeitraum von 30 Minuten alle 60 Sekunden eine Zuordnung zu den genannten Kategorien vorzunehmen.*

Dieses sog. "time-sampling" (wörtlich: Zeitsammel)-Verfahren liefert zusätzlich Informationen über die Häufigkeit und die zeitliche Verteilung der einzelnen Kategorien in einem bestimmten zeitlichen Rahmen.

> *Auf diese Weise kann sich z.b. herausstellen, dass Peter verbale Aggressionen bevorzugt und diese nur einen geringen Anteil an der gesamten beobachteten Spielzeit ausmachen. Ebenfalls kann deutlich werden, dass Peter besonders am Montag zu aggressivem Verhalten neigt und die Ursachen für sein Verhalten auch in der Familie und dem sozialräumlichen Kontext zu suchen sind.*

Doch die Zuordnung zu einer Beobachtungskategorie sagt meist noch wenig darüber aus, wie intensiv dieses Merkmal der Spieltätigkeit tatsächlich ausgeprägt ist. Es bestehen große Unterschiede in der Komplexität und dem Niveau einzelner Spielformen, und es kann durchaus notwendig sein, innerhalb einer Kategorie nochmals qualitative Abstufungen vorzunehmen, um die Bandbreite der Tätigkeiten, die in eine bestimmte Kategorie fallen, genauer abzuschätzen.

> *Körperliche Aggressionen im Spiel enthalten z.B. so unterschiedliche Ausprägungen wie (1) Vogel zeigen, Fäuste ballen, (2) stoßen, (3) kneifen, (4) schlagen und (5) treten im Sinne eines ansteigenden Maßes der Aggression. (vgl. Wegener-Spöhring 1989a, S. 34).*

Für diese Aufgabenstellung der Spielbeobachtung bieten sich *Rating-Skalen* an. Auch mit diesen Beobachtungsformen lassen sich wieder Kategorien und darauf bezogene Operationalisierungen unterscheiden. Allerdings werden verschiedene Ausprägungsgrade der einzelnen Kategorie ausformuliert und z.b. in einer Gesamteinschätzung von Spielsituationen bewertet. Am ehesten ist dieses Verfahren noch mit der Vergabe von Noten zu vergleichen. Die Zuordnung einer Spieltätigkeit zum Ausprägungsgrad einer bestimmten Kategorie im Rahmen von mehreren Abstufungen insgesamt *(also z.b. (2) stoßen)* darf keinesfalls mit einer Häufigkeit verwechselt werden. Mit dieser Zuordnung wird lediglich ein Rangplatz in einer Folge von möglichen Ausprägungsgraden vergeben.

Standardisierte Beobachtungsformen erfordern in der Regel umfangreiche Vorbereitungen. Zuallererst ist eine intensive *Schulung der Beobachtenden* sicherzustellen, in deren Verlauf auch die Übereinstimmung der Beobachtungsergebnisse überprüft werden muss. Erst bei Übereinstimmungen zwischen verschiedenen Beobachtenden zwischen 75 und 100% kann nach vorliegenden Erfahrungen davon ausgegangen werden, dass eine ausreichende Vorbereitung auf den Umgang mit standardisierten Beobachtungsformen erfolgt ist. In der *Beobachtungssituation* selbst sollten sich die Beobachtenden möglichst vollständig aus dem Spielgeschehen zurückziehen können, um sich auf die Aufzeichnung konzentrieren zu können. Eine Aufzeichnung der Spielsituation mit Hilfe der Video-Kamera erleichtert die standardisierte Spielbeobachtung nach vorliegenden Erfahrungen erheblich. Vorteilhafter sind sogar zwei Kameras aus verschiedene Blickwinkeln und nach Möglichkeit ferngesteuert. Die Spielbeobachtung in der standardisierten Form macht schließlich auch Wiederholungen an verschiedenen Tagen und zu verschiedenen Zeitpunkten notwendig, um Tageseinflüsse möglichst weitgehend mit aufzunehmen und vergleichen zu können. Eine Auswertung der Beobachtung erfolgt schließlich am sinnvollsten in einem Team. Video-Aufzeichnungen machen sich hier als besonders leicht handhabbare Datenbasis bemerkbar, die auch Wiederholungen in der Betrachtung von Spielsituationen oder Änderungen in der Zeitspanne der Spielbeobachtung oder Aufzeichnungssituation erlauben. Fallbesprechungen auf der Basis von Video-Sequenzen haben sich nach unseren Erfahrungen als besonders wirksame Form der Auswertung von standardisierten Spielbeobachtungen erwiesen (vgl. *Heimlich/ Höltershinken* 1994).

## 7.2 Instrumente der Spielbeobachtung

Im Mittelpunkt der Spielbeobachtung steht zunächst einmal die *Spieltätigkeit* selbst. Wie bereits mehrfach hervorgehoben, müssen wir uns auf dem Hintergrund psychologischer und soziologischer Spieltheorien um eine multidimensionale Betrachtungsweise der Spieltätigkeit bemühen. Die Beobachtung der Spieltätigkeit kann danach jeweils verschiedene Aspekte besonders in den Vordergrund stellen, um das Beobachtungsinteresse jeweils sowohl auf kognitive, soziale, emotionale und sensomotorische Dimensionen auszurichten. Am ehesten ist dieser Anspruch jedoch umzusetzen, wenn die Interaktionen mit Spielmitteln, Spielpartnern und dem Spielraum als Elemente der *Spielsituation* in den Mittelpunkt der Beobachtung gestellt werden.

Fragen wir nach konkreten Hilfestellungen für die Gestaltung von Spielbeobachtungen, so bietet es sich überdies an, die vorhandenen Instrumente und Praxiserfahrungen nach dem Grad der Strukturiertheit nebeneinander zu stellen.

Systematische Spielbeobachtung beginnt dabei stets mit der Aufzeichnung der Beobachtung [vgl. die Übersichten bei *Victoria Hurst* (1993) und *Janet R. Moyles* (1992)]. Ausgangspunkt könnten beispielsweise alltägliche Geschichten wie die "Schulgeschichten" von *Wiltrud Döpp* (1988) sein, in denen Unterrichtsbeobachtungen narrativ erfasst sind und dabei einzelne Kinder auf dem Weg zu sich selbst gezeigt werden. Unter Umständen ist daraus ein Geschichtenbuch für Kinder herzustellen. *Helene Buschbeck* (1995, S. 284ff.) bietet darüber hinaus Strukturierungs-

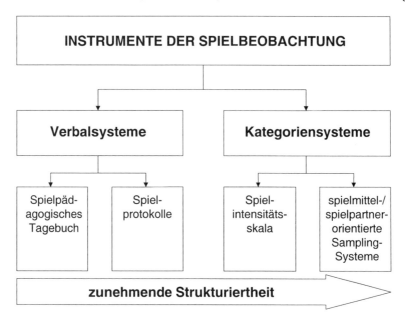

Abb. 11: Instrumente der Spielbeobachtung

hilfen für Tagebuchaufzeichnungen an, die sowohl in einer genauen Zeitplanung für die Beobachtung wie auch in gezielten Leitfragen und Dokumentationshilfen bestehen und sicher unschwer auf die Spielbeobachtung übertragen werden können.

Einen Schritt weiter gehen sog. "Protokollbögen". Mit Erzieherinnen haben wir beispielsweise ein einfaches "Spielprotokoll" entwickelt und erprobt (vgl. *Heimlich/ Höltershinken* 1994). Dieses Spielprotokoll ist ebenfalls als Grundlage für die Fallberatung im Team geeignet. Bezogen auf spezielle Fragestellungen können solche Protokollbögen unschwer selbst entwickelt werden. Tagebuchaufzeichnungen und Beobachtungsprotokolle (sog. "Verbalsysteme", vgl. *Faßnacht*[2]1995, S. 173ff.) zeichnen sich durch eine weitgehende Offenheit für die Spielsituation selbst aus. Schwerpunktsetzungen und Kategorienbildungen werden in der Regel erst im Nachhinein sichtbar, sind gleichsam das Ziel des Einsatzes dieser Beobachtungsinstrumente, zu dessen Erreichen ebenfalls die intersubjektive Interpretation der jeweiligen "Erzählung" notwendig ist. Sowohl Tagebuchaufzeichnungen als auch Beoachtungsprotokolle dürften sich für den Einsatz im alltagspädagogischen Zusammenhang eignen.

Demgegenüber haben eher strukturierte Spielbeobachtungsinstrumente operationalisierte Kategorien und eine genaue Definition der Beobachtungseinheit (ggfls. mit Zeitangaben) zum Ausgangspunkt. Solche "Kategoriensysteme" (vgl. *Faßnacht* [2]1995, S. 181ff.) liegen inzwischen insbesondere aus der entwicklungspsychologisch motivierten Spielforschung vor (vgl. die Übersicht bei *Einsiedler* [3]1999). Meist handelt es sich um "sampling-Systeme". Beim *time-sampling* besteht die Möglichkeit, bestimmte operationalisierte Beobachtungskategorien einem bestimmten Zeitpunkt zuzuordnen (z.B. innerhalb von 10 Minuten alle 5 Sekunden eine Zuordnung zu einer Kategorie im Sinne der Alternative: trifft zu oder trifft nicht zu).

Ein auf die *Spielmittel* bezogenes Instrument wird von *Rimmert Van der Kooij* vorgestellt. Auf der Basis umfangreicher Literaturstudien und mit Hilfe eines Vergleichs der einschlägigen Kategoriensysteme zu den spielzeugbezogenen Spielformen kommt *Van der Kooij* zu der Ableitung von vier Hauptkategorien der spielzeugbezogenen Spieltätigkeit: *Wiederholungsspiel, Imitationsspiel, Konstruktionsspiel, Gruppierungsspiel* (vgl. *Van der Kooij* 1983b). In einer groß angelegten Untersuchung aus dem Jahre 1974 (beobachtete Kinder: n=259) erweist sich das Niveau des spielzeugbezogenen Spiels als im Großen und Ganzen förderresistent. Spielpädagogische Interventionen verändern das Niveau der Spieltätigkeit im Hinblick auf den Umgang mit Spielmitteln nicht entscheidend. Die *Observationskategorien* des spielzeugbezogenen Spiels ermöglichen deshalb eher eine Einschätzung des Entwicklungniveaus einer Spieltätigkeit.

Auf das Jahr 1932 geht ein weiteres Spielbeobachtungsinstrument zurück, das von *Mildred B. Parten* zur Erfassung der sozialen Beziehungen von *Spielpartnern* entwickelt worden ist. Trotz der großen Zeitspanne bestimmt es nach wie vor die Gegenwartsdiskussion zur sozialen Spieltätigkeit mit, wie auch *Ulrich Schmidt-Denter* (1988) erneut bestätigt. Im Rahmen eines hierarchisch angeordneten Modells der Entwicklung sozialer Spieltätigkeiten unterscheidet *Parten* zwischen den Kategorien *Selbstbeschäftigung, Beobachtungsspiel, Alleinspiel, Parallelspiel, Assoziationsspiel* und *Kooperationsspiel*. Damit wird eine Entwicklungslogik unterstellt, die ausgehend von individuell bestimmten sozialen Spieltätigkeiten über das Nebeneinander-Spielen bis hin zum Gruppenspiel eine aufsteigende Komplexität beinhaltet. Besonders *Fthenakis/ Sperling* (1982) zeigen in kritischer Absicht zu diesem Entwicklungsmodell die Bedeutung des Alleinspiels für Kinder auf. Auch im Alleinspiel realisieren Kinder danach durchaus anspruchsvolle Spieltätigkeiten. Wenn wir allerdings die *Kategorien der sozialen Spieltätigkeit* bei *Parten* nicht als aufsteigende Entwicklungsreihe auffassen, sondern vielmehr als zunehmende Bandbreite an Kompetenzen, dann vermögen uns diese Kategorien auch gegenwärtig noch zahlreiche Aufschlüsse über die sozialen Beziehungen von Kindern in Spielsituationen zu liefern. Die soziale Spieltätigkeit würde sich in diesem Modell der zunehmenden Entwicklungsbandbreite ausgehend von individuellen Spieltätigkeiten zum Gruppenspiel hin erweitern, ohne dass die Kompetenz zum Alleinspiel verloren gehen müsste. Somit wäre der Bedeutung des Alleinspiels auch in diesem Ansatz Rechnung getragen.

Darüber hinaus hat *Van der Kooij* (1983b) auf der Basis der Spielmerkmale von *Joseph Levy* (1978) eine "Spielintensitätsskala" entwickelt, die es erlaubt die Qualität der kindlichen Spieltätigkeit im Rahmen einer Rating-Skala einzuschätzen. Zu den Merkmalen "Intrinsische Motivation", "Phantasie" und "Selbstkontrolle" werden jeweils 5 Subkategorien gebildet und über 4 Ausprägungsgrade hinweg operationalisiert (vgl. *Heimlich* 1989). In der praktischen Erprobung zeigt sich, dass bereits nach kurzer Schulung ein hohes Maß an Übereinstimmung unter den Spielbeobachtenden hergestellt werden kann. Gerade unter spielpädagogischem Aspekt ist dieses Instrument von besonderer Bedeutung, da es die Abbildung von Fördereffekten erlaubt. Die Spielintensität erscheint hier als interventionsabhängige Größe.

Während die *Spielzeit* als Nebenprodukt bei Beobachtungsinstrumenten mit Zeitzuordnungen abgeleitet werden kann und Verlaufsprotokolle zusätzliche Informationen zum Umgang mit Zeitstrukturen in der Spielsituation liefern, sind wir in Bezug auf die Beobachtung des *Spielraums* noch nicht in der Lage fundierte und praktikable Spielbeobachtungsinstrumente zu präsentieren. Sicher sind auch hier Verlaufsprotokolle in der Lage, spielraumbezogene Beobachtungen zu liefern. Darüber hinaus scheinen reine Kategorien-Systeme oder Rating-Skalen kaum geeignet zu sein, den vielschichtigen Raumbezügen in Spielsituationen gerecht zu werden. Vermutlich muss in dieser Hinsicht über alternative Beobachtungsinstrumente nachgedacht werden. Die von Kindern selbst benutzte Video-Kamera, mit der sie ihre Spielräume filmen, ist bereits genannt worden. Ein ähnlicher Versuch wird mit dem folgenden Untersuchungsinstrument unternommen.

> • *Spielsituation 14:*
>
> *Studierende der Universität Dortmund entwickeln in einer Arbeitsgruppe ein Traumraumspiel. Es besteht aus einem 70x70 cm großen Holzbrett, auf das schachbrettartig kleine Quadrate aufgemalt sind. Für diesen Spielplan stehen mehrere Holzkisten bereit, die Raumgestaltungsmaterialien in verschiedenen Bereichen enthalten: Möbel, Sandkästen, Raumteiler, Großbausteine, Spielhäuser, frei gestaltbare Materialien usf. Kinder sollen mit Hilfe dieser Materialien auf dem Brett einen Spielraum nach ihren Wünschen und Vorstellungen errichten. In ersten Erprobungen zeigt sich, dass Kinder besonders gern ganze Bewegungslandschaften unter Ausnutzung der gesamten Fläche gestalten, die sie dann wiederum aktiv in einem Phantasiespiel mit Playmobil-Figuren nutzen.*

Folgerungen aus solchen raumbezogenen Spielbeobachtungen, in denen auch die Perspektive der Kinder berücksichtigt wird, umfassen naturgemäß umfangreiche Änderungen in Spielräumen, die nicht immer kurzfristig realisiert werden können. Sie stellen jedoch eine gute Planungsgrundlage für die Umgestaltung von Spielräumen mit Kindern dar. Denkbar sind ebenso Beobachtungsinstrumente zur Erfassung von Spielräumen, in denen auf der Basis von Grundrissen die Bewegungen der Kinder im Raum in einer Wegestudie analysiert werden. Unterstützend könnte dabei wirken, dass der Spielraum anhand des Grundrisses mit einem Raster – ähnlich einem Schachbrettmuster – überzogen wird und so verschiedene quadratische Zonen entstehen. Auf diese Weise wären z.B. besondere Konfliktzonen herauszuarbeiten und im Rahmen spielpädagogischer Maßnahmen wieder zu entzerren. Erfahrungsgemäß sind bereits kleinste Veränderungen (wie z.B. das Entfernen ungenutzter Gruppentische aus einem Kindergartenraum, um mehr Bewegungsmöglichkeiten zu schaffen oder das Herstellen von ausreichenden Abständen zwischen Stühlen und Regalen, damit alle Kinder ungehindert und ohne andere zu stören, Zugang zu Regalen haben usf.) geeignet, diese Konfliktzonen rasch zu beheben.

Es muss jedoch nochmals hervorgehoben werden, dass wir mit der Beobachtung von Spielräumen noch weitgehend Neuland betreten. Überdies sollte deutlich sein, dass Spielbeobachtungen sich auf einen vielschichtigen und komplexen Gegenstand beziehen. Weder Spieltätigkeiten noch die einzelnen Elemente von Spielsituationen können isoliert voneinander betrachtet werden. Von entscheidender Bedeutung bleibt deshalb die Erkenntnis, dass wir bei der Spielbeobachtung immer die gesamte Spielsituation im Blick haben müssen.

## 7.3 Spielen und Verstehen (Zusammenfassung)

Spielbeobachtung kann nicht bei der wahrnehmbaren Ebene von Spieltätigkeiten und Spielsituationen stehen bleiben. Erst durch interpretative Erschließung der Vereinbarungen von Spielenden und durch den Versuch, die verborgenen Sinndeutungen innerhalb eines Spielthemas aufzudecken, können Tätigkeiten und Situationen als Spiel verstanden werden. Spielbeobachtung erfordert deshalb eine Kombination verschiedener Beobachtungsmethoden, die vom pädagogischen Tagebuch über das Spielprotokoll (Verbalsysteme) bis hin zu Rating-Skalen und Sampling-Systemen (Kategorien-Systeme) reichen. In der spielpädagogischen Praxis sollte eine gemeinsame Auswertung von Beobachtungsergebnissen im Team bevorzugt werden.

Literaturempfehlungen:

*Krenz, Armin*: Kompendium zur Beobachtung und Beurteilung. Heidelberg: Edition Schindele, $^6$1994
*Köck, Peter*: Praxis der Beobachtung. Donauwörth: Auer, $^2$1990
*Martin, Ernst/ Wawrinowski, Uwe*: Beobachtungslehre. Theorie und Praxis reflektierter Beobachtun und Beurteilung. Weinheim u. München: Juventa, $^2$1993
*Strätz, Rainer*: Beobachten. Anregungen für Erzieher im Kindergarten. Köln: Kohlhammer, $^3$1994

## 8.0 Spielförderung und Spieltherapie – heil- und sonderpädagogische Aspekte

*"Wo das Kind im erfüllten Sinne spielen kann,*
*da bedarf es keiner Therapie."*
Paul Moor 1962, S. 79

Lange Zeit galt das Spiel von Kindern und Jugendlichen mit Behinderungen als etwas Besonderes. Im Zuge neuerer Entwicklung auf dem Gebiet der Heil- und Sonderpädagogik (vgl. *Bundschuh/ Heimlich/ Krawitz* 1999) setzt sich jedoch mehr und mehr die Einsicht durch, dass Spieltätigkeiten gerade für Kinder und Jugendliche mit Behinderungen gute Entwicklungschancen bieten. Zahlreiche Integrationsprojekte in Kindergärten und Schulen konnten überdies zeigen, dass auch behinderte Kinder am gemeinsamen Spiel mit nichtbehinderten Kindern teilnehmen und beide Seiten in ihrer Entwicklung voneinander profitieren. In der Heil- und Sonderpädagogik wird dieses Entwicklungspotenzial des Spiels in zunehmendem Maße wahrgenommen und im Rahmen von Förder- und Therapiemaßnahmen genutzt. Dabei geht es allerdings nicht mehr darum, Förderung und Therapie bloß spielerisch einzukleiden (im Sinne von spielerischer Wahrnehmungsförderung oder motorischen Übungsspielen usw.), das Spiel also lediglich als Mittel der sonderpädagogischen Förderung bzw. Therapie zu benutzen. Vielmehr werden gezielte Diagnose-Förder-Angebote in Spielsituationen eingebettet, sodass aus der Perspektive der beteiligten Kinder die Spieltätigkeit als eine ganzheitliche Aktivität erhalten bleibt. Da es sich bei der Förderung des Spiels bereits um einen sehr weit reichenden Eingriff in die Spieltätigkeiten und Spielsituationen von Kindern und Jugendlichen handelt, gilt es in einem ersten Schritt deutlich zu machen, wie eine Förderung des Spiels im Gegensatz zu einer Förderung mit Hilfe des Spiels in heil- und sonderpädagogischen Arbeitsfeldern ausgestaltet werden kann (8.1). Sodann soll dem weit verbreiteten Missverständnis entgegengetreten werden, dass sich die Heil- und Sonderpädagogik lediglich therapeutisch mit dem Spiel auseinander setzt (8.2). Auch Spieltherapie enthält stets die Möglichkeit einer Therapie mit Hilfe des Spiels und einer Therapie zum Spiel hin. Vorrang hat allerdings im heil- und sonderpädagogischen Zusammenhang – ganz im Sinne von *Paul Moor* (vgl. 1962, S. 70 u. S. 79) – stets die Erziehung.

## 8.1 Spiel und Förderung

Solange Kinder und Jugendliche ihr Spiel spontan entfalten und sich mit der jeweiligen sozialen und materiellen Umwelt kreativ auseinander setzen, wird das Angebot an spielpädagogischer Begleitung eher zurückhaltend ausfallen. Die Bereitstellung einer bestimmten Spielumwelt reicht allein jedoch in vielen Fällen nicht aus, um Kindern und Jugendlichen das Spiel zu ermöglichen. Gerade bei Kindern und Jugendlichen mit besonderen Erziehungsbedürfnissen (bzw. mit Behinderungen) ist häufig sogar ein spezielles Angebot an Spielmaterialien, Spielkontakten und speziell gestalteten Raumzonen erforderlich, damit sie ihre Spielfähigkeit wieder entdecken. *Von Spielförderung sollte dann gesprochen werden, wenn Umweltbedingungen zielgerichtet so organisiert werden, dass auch Kinder und Jugendliche mit besonderen Erziehungsbedürfnissen (seien sie vorübergehender oder längerfristiger Natur) das Entwicklungspotenzial von selbstbestimmten, selbst kontrollierten und phantasievollen Tätigkeiten erschließen können.* Zahlreiche Diagnose-Förderangebote werden in der Heil- und Sonderpädagogik mit dem Spiel in Verbindung gebracht. Entwicklungsverzögerungen z.B. bei sozial benachteiligten Kindern (vgl. *Heimlich* 1989) können im Rahmen der Spielförderung diagnostisch erkannt und über ein gezieltes Förderangebot thematisiert werden. Darüber hinaus bietet das Spiel auf Grund seiner Multidimensionalität Kindern und Jugendlichen mit Behinderungen die Chance, sich mit ihren jeweiligen Fähigkeiten in eine Spielsituation einzubringen. Da an jeder Spieltätigkeit mehrere Entwicklungsaspekte beteiligt sind, können auch entsprechend vielfältige Fähigkeiten im Spiel von Bedeutung sein.

Je nach Kontakt des Erwachsenen zu den Kindern wird zwischen *direkter und indirekter Spielförderung* unterschieden. Erhalten die Kinder lediglich ein Angebot an Spielmaterialien und räumlichen Spielmöglichkeiten, das nach bestimmten Kriterien ausgewählt ist, so sprechen wir von *indirekter Spielförderung*. Die Erwachsenen nehmen zwar mittelbar Einfluss auf das Spiel, bleiben aber eher am Rande der Spielsituation anwesend (*Rolle der Spielbegleitung*). Nehmen Erwachsene hingegen am Spiel der Kinder teil, so handelt es sich um eine *direkte Spielförderung*. Die Erwachsenen beeinflussen dabei das Spiel unmittelbar, in dem sie selbst Teil der Spielsituation werden und sich in das Spiel hineinbegeben (*Rolle der Mitspielenden*).[1] Im heil- und sonderpädagogischen Arbeitsfeld enthält die Spielförderung darüber hinaus bestimmte Strukturelemente (vgl. auch *Klein/ Meinertz/ Kausen* [10]1999, S. 134ff. u. S. 256ff.).

---

[1] vgl. auch *Heimlich, Ulrich*: Spielförderung – wozu eigentlich? In: *Colberg-Schrader, Hedi* u.a. (Hrsg.): Kinder in Tageseinrichtungen. Ein Handbuch für Erzieherinnen. Seelze: Kallmeyersche Verlagsbuchhandlung, 2000, S. 461-466

Aus der sonderpädagogischen Tradition heraus (vgl. *Bach* [15]1995; *Bundschuh* [2]1994; *Meister* 1978) wird von dem engen Zusammenhang zwischen *Diagnose*, *Intervention* und *Evaluation* ausgegangen. Bei konsequenter Umsetzung in die Förderpraxis entsteht erfahrungsgemäß ein Handlungsmodell, das am ehesten mit Lern- und Entwicklungsbegleitung bezeichnet werden kann, da der Unterstützungsprozess häufig langfristig angelegt sein muss (vgl. *Begemann* 1997). Dieses förderdiagnostische Modell ist mittlerweile sogar in die "Empfehlungen der Kultusministerkonferenz zur Sonderpädagogischen Förderung in den Ländern in der BRD" (KMK) von 1994 und 1999 eingegangen (vgl. *Dravel Rumpler/ Wachtel* 2000).

---

*Sonderpädagogische Förderung* bezieht sich in jedem Falle
- auf die detaillierte Erfassung des Lern- und Entwicklungsniveaus von Kindern und Jugendlichen mit speziellen Erziehungsbedürfnissen (*Diagnose*),
- die Ableitung von Förderschwerpunkten und darauf bezogenen Fördermaßnahmen (*Intervention*) sowie
- die fortlaufende Kontrolle der erzielten Fördereffekte bezogen auf die Förderziele (*Evaluation*).

---

Übertragen auf die Spielförderung bedeutet dies, dass die Inhalte der Diagnose, der Intervention und der Evaluation bezogen auf das Spiel näher beschrieben werden müssen. Für die *Diagnose der Spielfähigkeit* als Ausgangspunkt für die Spielförderung stehen neben den verbalen Spielbeobachtungsmethoden (Tagebuch, Spielprotokoll) mehrere Kategorien-Systeme zur Verfügung. Sowohl Spieltätigkeiten, die sich überwiegend auf Spielmittel beziehen als auch Spieltätigkeiten, die sich eher an Spielpartner richten, können in ihrem jeweiligen Entwicklungsniveau mit dem vorhandenen Instrumentarium recht gut erfasst werden (*Spielniveau*). Ähnliches gilt bezogen auf die jeweilige Qualität der Spieltätigkeit (*Spielintensität*). Für die Spielförderpraxis stellt sich lediglich die Frage, inwiefern der damit verbundene methodische Aufwand realisiert werden kann. Insofern dürfte die teilnehmende Beobachtung mit anschließender Protokollierung im Alltag überwiegen (zu den Beobachtungsinstrumenten, s. Kap. 7.2). Allerdings sollte gerade bezogen auf die Planung von Spielfördermaßnahmen nicht auf den Einsatz von Video-Aufzeichnungstechnik verzichtet werden, da sich in diesem Zusammenhang eine gute Grundlage für die Fallbesprechung im Team ergibt.

Voraussetzungen von Spielfähigkeit sind jedoch nicht nur in der Spieltätigkeit selbst zu suchen, sondern ebenso in der Spielumwelt. Diese wird konkret ausgeprägt durch die personal-sozialen, räumlich-materiellen sowie temporalen Bedingungen. In Abhängigkeit von der Wahl eines bestimmten Förderortes für die Spielförderung (z.B. Familie, Kindergarten, Schule) ergeben sich spezifische Ausstattungsmerkmale bzw. Ressourcen der Spielsituation hinsichtlich der Verfügbarkeit von Spielmitteln, Spielpartnern, Spielräumen und Spielzeiten (*Spielsituation*). Die diagnostische Erfassung dieser Umweltbedingungen, wie sie im Rahmen der Kind-Umfeld-Analyse (vgl. *Sander* 1998) vorgesehen ist, kann beispielsweise über das Gespräch mit den Eltern oder pädagogisch Tätigen auch bezogen auf die Spielförderung erfolgen. Eine neue Variante der Spieldiagnostik entwickelt sich in der heil- und sonderpädagogischen Förderpraxis gegenwärtig durch die Einbeziehung von Spielsituationen als Beobachtungsgegenstand. Bestimmte Entwicklungsaspekte wie Motorik oder Wahrnehmung werden dabei nicht mehr in der isolierten "Testsituation" sondern möglichst unter Alltagsbedingungen beobachtet. Dazu eignet sich die Beobachtung des Spiels in besonderer Weise (vgl. beispielsweise *Eggert*[2]1996).

Die spielpädagogischen Prinzipien "Multidimensionalität", "Akzeptanz" und "Situationsgestaltung" liegen innerhalb der heil- und sonderpädagogischen Spielförderung ebenfalls der Ableitung der konkreten Fördermaßnahmen zu Grunde. Von daher ist bei allen "monodimensionalen" Fördermaßnahmen insofern Skepsis angezeigt, als hier möglicherweise nicht vorrangig das Spiel sondern vielmehr die Motorik, die Wahrnehmung, die Sprache usf. gefördert werden soll. Spielförderung bezieht demgegenüber möglichst viele Entwicklungsaspekte in die Maßnahme ein und berücksichtigt die Notwendigkeit zu multisensorischen Angeboten. Vorüberlegungen müssen ebenfalls über das geforderte spielpädagogische Handlungsmuster angestellt werden. Dabei stehen Entscheidungen über das Ausmaß des Kontaktes zwischen Erwachsenen und Kindern in der Spielfördersituation an (direkte und indirekte Förderung). Eine Spielfördermaßnahme wird je nach heil- und sonderpädagogischem Rahmenkonzept mit unterschiedlicher Akzentuierung inhaltlich als Gestaltung der Spielsituation ausgestaltet und beinhaltet Entscheidungen bezüglich der Spielmittel, der Spielpartner, des Spielraums und der Spielzeit. Die Konzipierung dieser Spielfördermaßnahme erfolgt möglichst im Team der pädagogisch Tätigen, da hier erfahrungsgemäß die vielfältigsten Fördervorschläge zusammengetragen werden können.

Zur Auswertung von Spielfördermaßnahmen hat sich ebenfalls das Teamgespräch bewährt. Um diese Gespräche möglichst gut vorzubereiten, empfiehlt es sich allerdings, die Spielbeobachtungen nach einer gewissen Förderdauer wieder einzusetzen. Im Gegensatz zur einmaligen Auswertung einer Spielförderung am Ende des geplanten Förderzeitraums (*summative Evaluation*) ist allerdings das Verfahren der begleitenden Auswertung (*formative Evaluation*) zu bevorzugen. Meist ergeben sich dabei schon im Prozess der Spielförderung erneut Hinweise auf eine Weiterentwicklung des Förderangebotes bzw. einen erneuten Gesprächsbedarf für das jeweilige Team. Unter den standardisierten Beobachtungsinstrumenten hat sich insbeson-

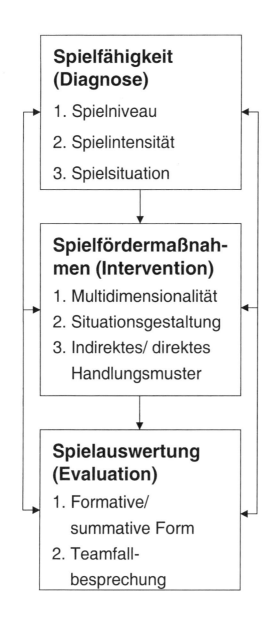

Abb. 12: Prozessmodell heil- und sonderpädagogischer Spielförderung

dere die Spielintensitätsskala (s. Kap. 7.2) als gute Möglichkeit zur Abbildung von Fördereffekten im Sinne der Evaluation einer Spielfördermaßnahme erwiesen.

Spielförderung als gezielte Organisation der Umweltbedingungen des Spiels ist demzufolge angewiesen auf Reflexionen in Bezug auf die Strukturelemente Diagnose, Intervention, Evaluation im Rahmen sonderpädagogischer Förderung.

> *Heil- und sonderpädagogische Spielförderung* beinhaltet
> - die Erfassung der *Voraussetzungen von Spielfördermaßnahmen* in den Bereichen *Spieltätigkeit* (Spielniveau, Spielintensität) und *Spielsituation* (Spielmittel, Spielpartner, Spielraum, Spielzeit) im Sinne einer Kind-Umfeld-Analyse (*Diagnose*),
> - die *Planung und Durchführung der Situationsgestaltung* unter Berücksichtigung des spielpädagogischen Prinzips der *"Multidimensionalität"* einschließlich der Entscheidung über das *spielpädagogische Handlungsmuster* (*Intervention*) und
> - die *Auswertung der Effekte der Spielförderung* als begleitende Kontrolle verbunden mit der gemeinsamen Beratung im Team (*Evaluation*).

Bezogen auf einige der sonderpädagogischen Förderschwerpunkte (bzw. Behinderungsarten) liegen ebenfalls konzeptionelle Beiträge zur Spielförderung vor:
- "Lernen" (vgl. *Klosterkötter-Prisor* 1980),
- "emotionale und soziale Entwicklung" (vgl. *Jochimsen* 1984),
- "Sprache" (vgl. *Gollwitz* 1989),
- "geistige Entwicklung" (vgl. *Krenz* [2]*1991*),
- "körperliche und motorische Entwicklung" (vgl. *Zimmer* 1989),
- "Hören" (vgl. *Löwe* [6]1997),
- "Sehen" (vgl. *Tröster/ Brambring* 1992).

Schwerpunkte der praktischen Anwendung von Spielförderkonzepten im heil- und sonderpädagogischen Arbeitsfeld lassen sich besonders im präventiven und integrativen Bereich feststellen (vgl. *Heimlich* 1995, S. 178ff.). Von diesen pädagogischen Konzeptionen einer Förderung des Spiels sind für die Heil- und Sonderpädagogik therapeutische Konzeptionen abzugrenzen.

## 8.2 Spiel und Therapie

Die Nutzung kindlicher Spieltätigkeiten für diagnostische und therapeutische Zwecke bei der Behandlung von emotional schwer gestörten Kindern geht zurück auf die psychoanalytische Schule. *Melanie Klein* (1932/[2]1971) und *Anna Freud* (1949/ 1973) sind hier als Wegbereiterinnen auszuweisen. Kindliche Spieltätigkeit ermöglicht ihnen eine psychoanalytische Behandlung von Kindern und damit die Ausweitung psychotherapeutischer Bemühungen über die Gruppen der Erwachsenen hinaus. *Hans Zulliger* (1952) stellt besonders die kathartische Wirkung des Spiels heraus und legt den therapeutischen Schwerpunkt auf die spontane ungelenkte Spieltätigkeit.

Durch die Übertragung des Menschenbildes der humanistischen Psychologie (vgl. *Rogers* 1978) auf die Spieltherapie sorgt *Virginia M. Axline* (1972) für einen konzeptionellen Neuansatz, der zunächst als nicht-direktive Spieltherapie bezeichnet wird. In der Nachfolge entwickelt *Herbert Goetze* (vgl. *Goetze/Jaede* 1974; *Goetze* 1984) neben *Stefan Schmidtchen* (vgl. 1988) den nicht-direktiven Ansatz weiter. 1984 gibt *Goetze* einen Überblick zur bisherigen Entwicklung der Spieltherapie auf der Basis des Ansatzes von *Rogers* und unterscheidet vier Phasen als Abfolge konkreter spieltherapeutischer Maßnahmen. Damit sind zugleich vier Entwicklungsschritte des Konzeptes von der nicht-direktiven zur personen-zentrierten Spieltherapie beschrieben. Das Anfangsstadium spieltherapeutischer Maßnahmen kennzeichnet *Goetze* als "non-personales" (vgl. *Goetze* 1984, S. 118). Hier erfolgt die Herstellung des persönlichen Kontaktes zwischen Kind und Therapeut als Basis aller weiteren Interventionen. Diesem Abschnitt schließt sich das non-direktive Stadium nach der Konzeption von *Axline* an:

"Im Mittelpunkt steht eindeutig die Erlebnis- und Erfahrungswelt des Kindes, nicht dagegen diagnostische oder technische Detailplanungen." (*Goetze* 1984, S. 118).

Die Überlegungen von *Schmidtchen* führen schließlich zur Intensivierung nondirektiver Spieltherapie durch gezielte Hilfen, die sich auf bestimmte Bereiche des Verhaltens beziehen sollen. *Schmidtchen* schlägt vor, drei Zielebenen zu unterscheiden: die kognitive, die emotionale und die aktionale bzw. phänomenologische Ebene. *Goetze* bezeichnet dies in Übereinstimmung mit *Schmidtchen* als klientenzentriertes Stadium. Spieltherapeutische Maßnahmen münden schließlich in ein personenzentriertes Stadium, das sich durch Partnerschaftlichkeit zwischen Kind und Therapeut auszeichnet und in zunehmendem Maße zur Problemlösung in Bezug auf die zu behandelnden Verhaltensprobleme beiträgt.

Die wesentliche Kennzeichnung der personenzentrierten Spieltherapie ergibt sich aus der Beschreibung der Anforderungen an das Therapeutenverhalten. *Goetze* fasst diese zu "drei Grundhaltungen" zusammen:

"1. Echtheit, Unverfälschtheit, Transparenz ... 2. Akzeptieren, Anteilnahme, Wertschätzung des Kindes... 3. Empathisches, einfühlendes Verstehen des Kindes ... (a.a.O., S. 117).

Das zentrale Mittel der personenzentrierten Spieltherapie ist danach die Person des Therapeuten. Durch die Umsetzung der beschriebenen Grundhaltungen in konkretes, v.a. verbales Verhalten wird versucht, die therapeutische Zielsetzung einer erhöhten "Selbstanpassung" (vgl. a.a.O., S. 116) zu erreichen. Wie eine Forschungsübersicht von *Goetze* ausweist, kann dieser therapeutische Effekt als nachgewiesen gelten (vgl. *Goetze/ Jaede* 1974, S. 100ff.). Hier wird deutlich, dass die personenzentrierte Spieltherapie wie ihre historischen Vorläufermodelle aus der psychoanalytischen Schule bei Kindern mit emotionalen Problemen besondere Erfolgsaussichten hat. Als Hauptaufgabe der personenzentrierten Spieltherapie sieht *Goetze* die Schaffung von Voraussetzungen für Lernprozesse und für weiter gehende pädagogische Bemühungen (vgl. *Goetze* 1984, S. 115). Personenzentrierte Spieltherapie hat demnach eine vorbereitende Funktion für heil- und sonderpädagogische Maßnahmen, die inbesondere bei Kindern mit emotionalen Problemen angezeigt ist.

- *Spielsituation 15:*

*Regina (7 Jahre) erfreut sich im Spieltherapieraum der örtlichen Kinder- und Jugendberatungsstelle der vielen Bewegungsmöglichkeiten und tobt ausgelassen herum. Die Therapeutin ordnet sich den Spielbedürfnissen von Regina komplett unter. Regina ist dabei, ihr Körpergefühl wieder zu entdecken, nachdem sie als Kind offenbar vom Stiefvater missbraucht wurde. Die völlig verdrängten traumatischen Erfahrungen verhindern lange Zeit einen ungestörten Lern- und Entwicklungsprozess und verzögern die Einschulung in die Grundschule.*

Betrachten wir die spieltherapeutische Situation näher, so lassen sich mit *Schmidtchen* verschiedene Einflussvariablen unterscheiden, die für den Therapieerfolg verantwortlich sind (s. Abb. 12). Neben den Interaktionsprozessen zwischen Klient und Therapeut bezieht *Schmidtchen* auch die Gestaltung der Spielumwelt in sein Modell des Spieltherapie-Setting mit ein. Er berücksichtigt ebenfalls sozialräumliche Einflussfaktoren außerhalb der Therapie-Situation, die für den Erfolg der Therapie jedoch zuweilen ausschlaggebend sein können. Von daher sind möglicherweise auch Grenzen der Spieltherapie mit zu bedenken, die die Kooperation mit anderen Therapieformen wie z.B. der Familientherapie notwendig machen können (vgl. *Schmidtchen* [4]1996).

Spieltherapie unterscheidet sich von der Spielförderung meist dadurch, dass sie das Spiel als Mittel der Therapie einer Verhaltensstörung nutzt, nicht jedoch das Spiel selbst zum Ziel der Therapie erhebt, wie es noch *Paul Moor* eingefordert hat:

"Spieltherapie gibt es nur als Therapie zum Spiel, aber nicht als Therapie durch das Spiel." (*Moor* 1962, S. 79).

Dies kann jedoch in der therapeutischen Praxis durchaus erforderlich werden, wenn nämlich die Spielfähigkeit von Kindern so weit beeinträchtigt ist, dass sie das Ange-

Spieltherapie-Setting

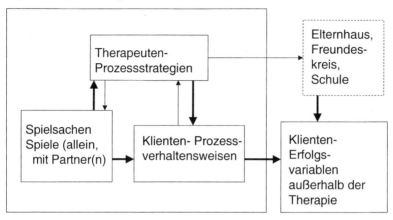

Abb. 13: Die spieltherapeutische Situation (n. Schmidtchen 1988)

bot der Spieltherapie nicht annehmen können. In diesem Fall gerät wiederum eine Pädagogik des Spiels zur Voraussetzung für die Spieltherapie, muss das Spielen selbst erst wieder gelernt werden, bevor es zum Mittel für die Therapie werden kann. Die Spieltherapie ist also keineswegs die einzige Möglichkeit des heil- und sonderpädagogischen Umgangs mit kindlichen Spieltätigkeit. Der Primat des Pädagogischen bleibt auch in diesem Zusammenhang bestehen (vgl. *Krawitz* [3]1997). Allerdings hat sich das Verhältnis von Spielförderung und Spieltherapie zugunsten eines pragmatischen Nebeneinanders weiterentwickelt (vgl. *Katz-Bernstein* 2000).

## 8.3 Spielen und Teilhaben (Zusammenfassung)

Der heil- und sonderpädagogische Umgang mit der Spieltätigkeit von Kindern und Jugendlichen steht prinzipiell in der Gefahr, das Spiel lediglich als Mittel zur Erreichung von Förder- und Therapiezielen heranzuziehen und dabei das Spiel als Ziel von Förderung und Therapie im Sinne einer Wiederherstellung oder Erweiterung der Spielfähigkeit selbst aus dem Blick zu verlieren. Für eine Rekonstruktion der Spielfähigkeit bei Kindern und Jugendlichen mit besonderen Förderbedürfnissen ist eine gezielte Förderung des Spiels unerlässlich, um ihnen die Teilhabe an wichtigen Entwicklungsmöglichkeiten zu erschließen. Demgegenüber zielt die Spieltherapie meist auf die Behandlung einer Verhaltensstörung ab bzw. die Anbahnung von Voraussetzungen für selbstbestimmtere Lern- und Entwicklungsprozesse. Dabei wird das Spiel in der Regel als Mittel zur Erreichung des Therapieziels genutzt.

## Literaturempfehlungen

*Axline, Virginia M.*: Kinderspieltherapie im nicht-direktiven Verfahren. München u. Basel: E. Reinhardt, $^9$1997
*Götte, Rose*: Sprache und Spiel im Kindergarten. Hb. zur Sprach- und Spielförderung im Kindergarten. Weinheim u. Basel: Beltz, 1977 (Neuauflage: 1994)
*Heimlich, Ulrich*: Behinderte und nichtbehinderte Kinder spielen gemeinsam. Konzept und Praxis integrativer Spielförderung. Bad Heilbrunn: Klinkhardt, 1995

### Für die Praxis:

*Baumgartner, Michael*: SpikS. Spielekartei für Sonder- und Heilpädagogik. 180 Spiele. Dortmund: Verlag modernes Lernen, 1999
*Brand, Ingelid*: Kreatives Spielen. Entwicklungsförderung mit der Pertra-Spielsatz. Dortmund: Modernes Lernen, 1988
*Cárdenas, Barbara*: Diagnostik mit Pfiffigunde. Ein kindgemäßes Verfahren zur Beobachtung von Wahrnehmung und Motorik bei Kindern von 5-8 Jahren. Dortmund: Borgmann, $^6$1998
*Heimlich, Ulrich/ Höltershinken, Dieter* (Hrsg.): Gemeinsam spielen. Integrative Spielprozesse im Regelkindergarten. Seelze: Kallmeyersche Verlagsbuchhandlung ,1994
*Steiner, Franz und Renate*: Die Sinne. Spielen – Gestalten – Freude entfalten. Linz: Veritas, 1993

## 9.0 Spielpädagogik und Qualifikation – vom Spielen-Lernen zum Spielen-Lehren

> *"Was hilfts nach dem Applaus der Welt*
> *mit vorgebundner Maske schielen?*
> *Da der allein nie aus der Rolle fällt,*
> *der immer wagt, sich selbst zu spielen."*
> Paul Heyse

Es hat sich gezeigt, dass Spielpädagogik in zahlreichen pädagogischen Handlungsfeldern (Familie, Kindergarten, Schule, Jugendarbeit) und unterschiedlichen Niveaustufen praktiziert wird. Sowohl Eltern als auch professionelle Pädagoginnen und Pädagogen gehen auf eine spielerische Weise mit Kindern um, versuchen ihnen Spielräume zu sichern oder nehmen sogar selbst am Spiel teil. Spielpädagogische Handlungsformen gehören offensichtlich bei vielen professionellen Pädagoginnen und Pädagogen zum festen Bestandteil des Erziehungsalltags. Es stellt sich allerdings abschließend die Frage, auf welchen Wegen sie spielpädagogische Kompetenzen erwerben und wie sie für ihr spielpädagogisches Handeln ausgebildet werden (vgl. *Kreuzer* 1983). Angesichts der Bandbreite der beteiligten Handlungsfelder nimmt es nicht Wunder, dass auch die unterschiedlichsten Ausbildungsgänge an der Vermittlung spielpädagogischer Kompetenzen beteiligt sind (vgl. *Rauschenbach* 1994).

> In der BRD müssen *drei Ebenen einer Ausbildung für Spielpädagogik* unterschieden werden:
> 1. der *"Diplom- bzw. Magister-Studiengang Erziehungswissenschaft"* und der Studiengang *"Berufliche Fachrichtung Sozialpädagogik"* sowie die Lehramtsstudiengänge *"Primarstufe"* und *"Sonderpädagogik"* an Universitäten,
> 2. die Studiengänge *"Sozialpädagogik"* und *"Heilpädagogik"* an Fachhochschulen einschließlich ergänzender Aufbaustudien,
> 3. die Ausbildung der Erzieherinnen an *"Fachschulen für Sozialpädagogik"* und *"Fachschulen für Heilpädagogik"*.

Ergänzt werden diese staatlichen Bildungsangebote durch Weiterbildungseinrichtungen freier Träger, die in Seminaren zu begrenzten Themenstellungen oder auch längerfristigen Zertifikatsmaßnahmen spielpädagogische Qualifikationen vermitteln (vgl. *Knecht* 1999). Wie also wird man in diesen verschiedenen Aus- und

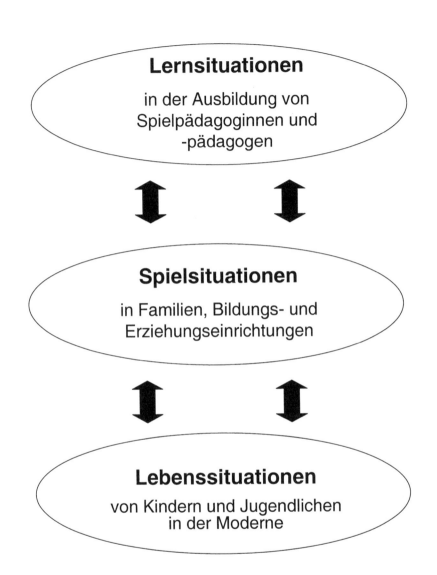

Abb. 14: Die Komplexität der Vermittlung spielpädagogischer Kompetenzen

Weiterbildungseinrichtungen zum Spielpädagogen? Auf dem Hintergrund des hier zu Grunde liegenden situativen Ansatzes der Spielpädagogik lassen sich systematisch mindestens drei Ebenen unterscheiden, die die Ausbildung von Spielpädagoginnen und Spielpädagogen tangieren: Lebenssituationen von Kindern und Jugendlichen, Spielsituationen in verschiedenen pädagogischen Handlungsfeldern und Lernsituationen in der Ausbildung von Spielpädagoginnen und -pädagogen. Spielsituationen können offenbar nicht isoliert vom kindlichen Alltag verstanden werden. Die gewandelten Bedingungen des Aufwachsens von Kindern stellen diese sozialräumlichen Einflüsse auf das kindliche Spiel eindrucksvoll unter Beweis. Auch spielpädagogische Kompetenzen beziehen sich letztlich im Versuch, Spielsituationen zu verstehen, auf die Lebenssituation von Kindern und Jugendlichen. Ausbildung für Spielpädagogik steht somit im Spannungsfeld von gewandelten Lebensbedingungen bei Kindern und Jugendlichen, einem mehr oder weniger gelingenden Spielleben in verschiedenen pädagogischen Handlungsfeldern und den jeweiligen institutionellen Voraussetzungen des Lernens der angehenden Spielpädagoginnen und Spielpädagogen. Die konkreten Anforderungsstrukturen an spielpädagogische Ausbildung variieren abgesehen von diesem grundlegenden Spannungsverhältnis in Abhängigkeit vom jeweiligen Ausbildungsgang.

## 9.1 Spiel im erziehungswissenschaftlichen Studium

Abgesehen von spielpädagogischen Grundqualifikationen in methodischer und didaktischer Hinsicht ergeben sich Differenzierungen in der spielpädagogischen Ausbildung von Studierenden insbesondere durch die unterschiedlichen zukünftigen Handlungsfelder, die mit dem jeweiligen Studiengang in der Regel verbunden sind. Das Spielen mit Kindern und Jugendlichen wird in unterschiedlichem Umfang zur beruflichen Praxis gehören.

*Fachhochschul-Studierende aus den Studiengängen "Sozial- und Heilpädagogik"* werden in der Regel für den unmittelbaren spielpädagogischen Umgang mit Kindern und Jugendlichen (und evtl. sogar anderen Altersgruppen wie z.B. Erwachsenen und Alten) ausgebildet. Sie müssen sich von daher auch ein möglichst breit angelegtes Repertoire an praktischen Spielanregungen aus den Bereichen Rollen- und Gruppenspiele, Spielmittelauswahl und -einsatz, Spielraumgestaltung sowie für größere Spielaktionen und Spielprojekte erarbeiten. Hilfreich sind in diesem Vorbereitungsprozess neben Praxishandbüchern v.a. Spielkarteien (z.B. die Mainzer Spielkartei oder die Remscheider Spielkartei), die bereits ein solches Repertoire anbieten und auch offen sind, für Ergänzungen im Rahmen einer selbsterstellen Spielkartei. Darüber hinaus sind sicher umfangreiche Praxiserfahrungen im Rahmen von Praktika, spielpädagogischen Praxisprojekten und längerfristigen Arbeitsschwerpunkten vonnöten. Aber auch die Seminararbeit selbst ist durch Spielerfahrungen geprägt (vgl. *Büttner* 1979).

Demgegenüber bereiten sich *Diplom- bzw. Magister-Studierende der Erziehungswissenschaft* nicht nur auf die spielpädagogische Praxis vor. Sie werden zukünftig z.b. auch als Fachberaterinnen und Fachberater für Kindertageseinrichtungen tätig sein, in einer Weiterbildungsstätte spielpädagogische Kurse anbieten oder ein kommunales Projekt zur Erforschung der Spielmöglichkeiten von Kindern in städtischen bzw. ländlichen Regionen an verantwortlicher Stelle leiten. Ihre spielpädagogische Qualifikation weitet sich gegenüber direkten spielpädagogischen Handlungsformen auf der kurzfristigen Ebene einer Didaktik des Spiels (s. Kap. 6.0) aus und übernimmt auch Aufgaben im Rahmen langfristiger Reflexionen (z.b. pädagogische Konzeptionen von Spielorten und Tageseinrichtungen für Kinder). Sie entwickeln neue spielpädagogische Arbeitsschwerpunkte und Handlungsfelder und sind folglich auf umfassende Grundlagenkenntnisse im spieltheoretischen und forschungsmethodischen Bereich angewiesen. Ihre Ausbildung umfasst deshalb neben den methodischen und didaktischen Aspekten der Spielpädagogik auch die erziehungswissenschaftlichen Grundlagen des Spiels (Entwicklungspsychologie, Soziologie, Philosophie und Pädagogik) . Außerdem sollten fundierte Kenntnisse in der empirischen Spielforschung (z.b. Spielbeobachtung, Spielmittelbeurteilung) als anwendungsorientierte Erweiterungen der Methoden empirischer Sozialforschung erarbeitet werden. Gerade mit dem Wandel in den kindlichen Lebensbedingungen geht ein erhöhter Bedarf an kleinräumiger Spielforschung im kindlichen Alltag einher, um innovative spielpädagogische Konzepte ableiten zu können. Dabei sollte allerdings der handelnde Zugang zu den Inhalten des Faches "Spielpädagogik" im Diplom- bzw. Magister-Studiengang Erziehungswissenschaft nicht zu kurz kommen. In der "Praxis" der universitären Seminararbeit bieten sich häufig nur geringe konkrete Spielmöglichkeiten angesichts der hohen Teilnehmerzahlen. Erfahrungen mit alternativen hochschuldidaktischen Konzepten zeigen allerdings, dass auch unter dem Eindruck weiter steigender Studierendenzahlen noch Seminare mit einer hohen aktiven (und spielerischen) Beteiligung der Studierenden möglich sind. So erweist sich z.B. die Betreuung von Gruppenspielen durch Spieltutorinnen und -tutoren als gute Möglichkeit, um Dozentenmonologe spielend zu unterbrechen. Die gemeinsame Vorbereitung von Veranstaltungen in einem Team mit Studierenden kann der Seminarleitung u.a. mehr Sicherheit vermitteln bei der Erprobung von Großgruppenspielen im Seminarraum. Längere Abschnitte der Gruppenarbeit in Verbindung mit einer Mediensammlung oder Spielwerkstatt an der Universität erlauben durchaus kreative Erfahrungen im Umgang mit Spielmitteln. Kleine kontinuierliche Arbeitsgruppen, die über einen längeren Zeitraum hinweg an einem selbst gewählten spielpädagogischen Thema arbeiten, sind geeignet, Gegenstrukturen zu überfüllten Seminaren zu schaffen. Auch wenn von solchen hochschuldidaktischen Maßnahmen nicht mehr alle Studierende gleichermaßen profitieren können, erscheint es doch notwendig, einmal aufzuzeigen, welche Arbeitsformen unter anderen Bedingungen realisiert werden könnten. In solchen überschaubaren Arbeitsgruppen können zusätzlich Erfahrungen mit spielmethodischen Detailproblemen wie der Vorbereitung und Durchführung von thematischen Spielketten oder der Einführung in ein kooperatives Brettspiel gesammelt werden. Außerdem sind in diesen Zusammenhängen auch praktische Erprobungen auf dem Gebiet der empirischen Spielforschung realisierbar. Wünschenswert wäre gerade mit Blick auf mögliche berufliche Handlungsfelder von Diplom-Pädagoginnen und -Pädagogen bzw. Absolventinnen und Absolventen eines erziehungswissenschaftlichen Magister-Studienganges die feste Installierung spielpädagogischer Inhalte im Rahmen von Studien- und Prüfungsordnungen. Ähnliches gilt für die Lehramtsstudiengänge, in denen allerdings ein besonderer Akzent auf die Möglichkeiten des Spielens im Unterricht gelegt werden sollte (s. Kap. 4.5).

## 9.2 Projekt "Spiel" in der Erzieherinnenausbildung

Die Erzieherinnenausbildung enthält schon aus der Tradition der deutschen Kindergartenpädagogik heraus die Spielpädagogik als verbindliches Element. In der Regel wird im Rahmen der Stundentafel ein Unterrichtsfach "Spiel" im Umfang von etwa zwei Schulstunden wöchentlich ausgewiesen. Es muss zwar als fragwürdig gelten, ob es möglich ist, angehende Erzieherinnen innerhalb dieses geringen zeitlichen Umfangs angemessen spielpädagogisch auszubilden (vgl. *Bort* 1989). Trotzdem sind nach gegenwärtigem Stand die Schülerinnen und Schüler der Fachschule für Sozialpädagogik in diesem Spielunterricht auf spielpädagogisches Handeln in Tageseinrichtungen für Kinder und Tagesheimen möglichst optimal vorzubereiten. Wir stehen also vor der Aufgabe, unter den gegebenen Bedingungen einer Erzieherinnenausbildung in großen Berufsschulverbundsystemen, eigenständigen Fachschulen für Sozialpädagogik und Kollegschulen noch Realisierungschancen für die Vermittlung spielpädagogischer Kompetenzen aufzuzeigen. Herkömmliche Formen schulpädagogischer Didaktik sind kaum zur Bewältigung dieser Problematik geeignet. Doch auch unter den gegebenen Bedingungen lassen sich Alternativen praktizieren, wie das nachfolgende Beispiel einer Zusammenarbeit von Universität und Fachschule für Sozialpädagogik zeigt.

- *Spielsituation 16:*

*Unter dem Rahmenthema "Spielräume – Spielträume" präsentieren Schülerinnen aus mehreren Fachschulen für Sozialpädagogik und einer Kollegschule eine Woche lang ihre Spielraumentwürfe im Rahmen der europäischen Bildungsmesse INTERSCHUL. In einem 7 x 7 Meter großen Klassenraum im Aus-*

*stellungsbereich "Schule in Funktion" werden verschiedene Zugänge zur Spielraumgestaltung erprobt. Sowohl materialorientierte Konzeptionen (z.b. Raumgestaltung mit Stoffen, Tüchern und Seilen oder ein "Rendezvous der Sinne" mit Trockenduschen und Fußtastfeldern) entstehen als auch themenbezogene Gestaltungsansätze (z.B. "Im Dschungel"). Eine Gruppe von Kindern, die an einem Tag eingeladen ist, demonstriert schließlich kindliche Umgangsweisen mit einem flexiblen Raumgestaltungsangebot.*

In der Vorbereitung auf diese Spielaktion steht bereits die Projektmethode (vgl. *Frey* [8]1998) im Mittelpunkt des Spielunterrichts, da derart umfassende Aufgabenstellungen sicher nicht mehr im Rahmen eines Unterrichtsfaches bewältigt werden können. An dieser Stelle wird in exemplarischer Weise deutlich, wie eine stärker spielpädagogisch ausgerichtete Erzieherinnenausbildung strukturiert sein müsste. Im Unterschied zur herkömmlichen Stundentafel ist davon auszugehen, dass angesichts der Anforderungen in den beruflichen Handlungsfeldern der Erzieherinnen (Kinderkrippe, Kindergarten, Kindertagesstätte, Hort, Heim) der Unterricht im Fach "Spiel" eine Mittelpunktstellung in der Erzieherinnenausbildung (und übrigens auch in der Kinderpflegerinnenausbildung) einnehmen sollte. Im Zentrum eines solchen spielorientierten Ausbildungskonzeptes wären kontinuierliche spielpädagogische Praxisprojekte anzusiedeln, die die Verbindung zwischen fachtheoretischer und fachpraktischer Ausbildung sicherzustellen hätten. Sowohl isolierte Praktikumszeiten wie auch eine Aufsplitterung des Unterrichts in Fachunterricht wären abzulösen durch einen fächerübergreifenden und projektorientierten Unterricht, der unmittelbar auf die Praxisprojekte bezogen ist. Entwicklungspsychologische, didaktisch-methodische und arbeitsfeldbezogene Ausbildungsinhalte könnten auf dieses Zentrum hin orientiert werden. Auch die allgemein bildenden Fächer nähmen in diesem Modell nur eine ergänzende Funktion ein und würden im Wesentlichen aus den Praxisprojekten heraus inhaltlich ausgestaltet (z.B. Verlaufsprotokolle von Spielaktionen im Deutschunterricht oder einrichtungsspezifische Finanzierungsmodelle in der Mathematik). Eine spielorientierte Erzieherinnenausbildung wäre so zugleich ein entscheidender Schritt hin auf die Überwindung der strukturellen Grenzen zwischen Ausbildungsgängen und beruflichen Handlungsfeldern, die den Einstieg in den Erzieherinnenalltag wirksam erleichtern könnte. Die Realisierung einer angemessenen spielpädagogischen Qualifizierung von Erzieherinnen gerät so zum Prüfstein einer notwendigen Reform der Erzieherinnenausbildung. *Freya Pausewang* hat zu einem solchen umfassenden spielpädagogischen Ausbildungskonzept eine umfangreiche Materialsammlung mit vielen praxisbezogenen Anregungen zusammengestellt (vgl. *Pausewang* 1997). Für die Praxis der Ausbildung von Spielleiterinnen und Spielleitern bietet *Thomas Trautmann* (1996) einen Schnellkurs an.

## 9.3 Kompetenzen für Spielpädagogik (Zusammenfassung)

Zusammenfassend sollen noch einmal die spielpädagogischen Basiskompetenzen aufgeführt werden, die im Verlaufe der bisherigen Überlegungen bereits an mehreren Stellen anklangen und quer zu den hier genannten Aus- und Weiterbildungsangeboten gültig sind:
1. *Wer Spielpädagoge werden will, muss selbst spielen können.*
Ausbildung für Spielpädagogik beinhaltet aus diesem Grunde auf allen Ebenen auch das gemeinsame Spiel nach dem Prinzip des selbsttätigen Lernens. Spielpädagogische Kompetenz ist im wesentlichen Handlungskompetenz und muss auch handelnd gelernt werden.
2. *Spielpädagogisches Handeln hängt aufs Engste mit der eigenen Spielbiographie zusammen.*
Spielpädagoginnen und Spielpädagogen sollten sich auf verschiedenen Wegen kreativ mit ihrer eigenen Spielbiographie auseinander setzen, nach den Spielen, Spielmitteln und Spielorten ihrer eigenen Kindheit suchen und diese in Schrift, Bild oder anderen Formen phantasievoll aufbereiten.
3. *Spielpädagoginnen und Spielpädagogen verfügen über ein hohes Maß an Beobachtungsfähigkeit.*
Spielpädagogisches Handeln besteht zu einem wesentlichen Teil aus passiv-beobachtenden Elementen. Spielpädagoginnen und Spielpädagogen müssen sich in die Perspektiven der Spielenden hineinversetzen und deren Bedürfnisse und Wünsche erfahren können. Neben alltäglichen Beobachtungen sind auch systematische Formen der Spielbeobachtung zu erarbeiten.
4. *Spielpädagoginnen und Spielpädagogen verfügen über ein hohes Maß an Sensibilität und Flexibilität im sozialen Umgang.*
Voraussetzung für ein gelingendes Spielleben ist insbesondere bei Kindern eine tragfähige und belastbare Beziehung zu Erwachsenen. Da spielpädagogisches Handeln in jedem Fall aus dem sozialen Umgang miteinander entspringt, müssen Spielpädagoginnen und Spielpädagogen in der Lage sein, in einer offenen Weise Nähe und Distanz zur Spielsituation auszubalancieren.
5. *Spielpädagoginnen und Spielpädagogen können kreativ und phantasievoll mit Räumen und Materialien umgehen.*
Die wechselhaften Spielinhalte lassen sich schwerlich nur mit einem standardmäßigen Angebot an Spielmitteln und Spielräumen dauerhaft anregen. Erforderlich sind vielmehr Spielumwelten, die den Spielenden die Möglichkeit bieten, etwas selbst zu gestalten.

# Literaturempfehlungen:

*Koester, Ulrike*: Spielen lehren und lernen an der Universität - Wie geht das? In: *Büttner, Christian* (Hrsg.): Spielerfahrungen mit Kindern. Frankfurt a.M.: Fischer, 1988, S. 194-216

*Pausewang, Freya*: Dem Spielen Raum geben. Grundlagen und Orientierungshilfen zur Spiel- und Freizeitgestaltung in sozialpädagogischen Einrichtungen. Düsseldorf: Cornelsen, 1997

*Trautmann, Thomas*: Miteinander spielen. Der 12-Stunden-Crashkursus für Spielleiterinnen und Spielleiter. Lichtenau: AOL, 1997

# Literaturverzeichnis

*Alt, Robert*: Vorlesungen über die Erziehung auf frühen Stufen der Menschheitsentwicklung. Berlin: Volk u. Wissen, 1956
*Arbeitsausschuss Kinderspiel + Spielzeug e.V.* (Hrsg.): Das Spielzeugbuch. 22. Verzeichnis des spiel gut ausgezeichneten Spielzeugs. Ulm: Arbeitsausschuss ..., [22]1998
*Ariès, Philippe*: Geschichte der Kindheit. München: dtv, [12]1998
*Atteslander, Peter*: Methoden der empirischen Sozialforschung. Berlin, New York: DeGruyter, [6]1995
*Axline, Virginia M.*: Kinderspieltherapie im nicht-direktiven Verfahren. München u. Basel: E. Reinhardt, 1972 (Neuauflage: 1997)
*Ayres, Jean A.*: Bausteine der kindlichen Entwicklung. Die Bedeutung der Integration der Sinne für die Entwicklung des Kindes. Berlin u.a.: Springer, [2]1992

*Baacke, Dieter*: Die 13- bis 18jährigen. Einführung in Probleme des Jugendalters. Weinheim u. Basel: Beltz, [5]1991
*Baacke, Dieter*: Medienpädagogik. Tübingen: Niemeyer, 1997
*Bach, Heinz*: Sonderpädagogik im Grundriß. Berlin: Edition Marhold, [15]1995
*Barthelmes, Jürgen/ Feil, Christine/ Furtner-Kallmünzer, Maria*: Medienerfahrungen von Kindern im Kindergarten. Spiele – Gespräche – Soziale Beziehungen. München: DJI-Verlag, 1991
*Barz, Heiner*: Der Waldorfkindergarten. Geistesgeschichtliche Ursprünge und entwicklungspsychologische Begründung seiner Praxis. Weinheim u. Basel: Beltz, 1984
*Bateson, Gregory*: Ökologie des Geistes. Anthropologische, psychologische, biologische und epistemologische Perspektiven. Frankfurt a.M.: Suhrkamp, [7]1999
*Beck, Ulrich*: Risikogesellschaft. Auf dem Weg in eine andere Moderen. Frankfurt a.M.: Suhrkamp, 1986
*Beck, Ulrich* (Hrsg.): Kinder der Freiheit. Edition Zweite Moderne. Frankfurt a.M.: Suhrkamp, [3]1997
*Becker, Hellmut*: Widersprüche aushalten. Aufgaben der Bildung in unserer Zeit. Hrsg. v. Frithjof Hager. München: Piper, 1992
*Begemann, Ernst*: Lebens- und Lernbegleitung konkret. Bad Heilbrunn: Klinkhardt, 1997
*Behnken, Imbke/ Zinnecker, Jürgen*: Vom Straßenkind zum verhäuslichten Kind. Zur Modernisierung städtischer Kindheit 1900 – 1800 In: Sozialwissenschaftliche Informationen 16 (1987) 2, S. 87-96
*Benkmann, Rainer*: Entwicklungspädagogik und Kooperation. Sozial-konstruktivistische Perspektiven der Förderung von Kindern mit gravierenden Lernschwierigkeiten in der allgemeinen Schule. Weinheim: Deutscher Studien Verlag, 1998
*Berlyne, Daniel E.*: Konflikt, Erregung, Neugier. Zur Psychologie der kognitiven Motivation. Stuttgart: Klett, 1974 (Originalausgabe: 1960)
*Bernfeld, Siegfried*: Sisyphos oder die Grenzen der Erziehung. Frankfurt a.M.: Suhrkamp, [7]1994
*Bertram, Hans*: Neue Eltern - neue Kinder? In: *Ebert, Sigrid* (Hrsg.): Zukunft für Kinder. Grundlagen einer übergreifenden Politik. München, Wien: Profil, 1991, S. 107-136
*Bettelheim, Bruno*: Kinder brauchen Märchen. München: dtv, [19]1996
*Blankertz, Herwig*: Theorien und Modelle der Didaktik. München: Juventa, 1970
*Böhm, Winfried*: Die Freude, ein Gleicher unter Gleichen zu sein. Autorität, Disziplin – und die Befreiung des Kindes. In: Sozialmagazin 4 (1979) 1, S. 23-27
*Böhm, Winfried*: Erziehung und Pädagogik in der griechischen Antike. In: *Pleticha, Heinrich* (Hrsg.): Im Schatten des Olymp. Gütersloh: Bertelsmann, 1988, S. 229-240

*Böhm, Winfried*: Maria Montessori. Hintergrund und Prinzipien ihres pädagogischen Denkens. Bad Heilbrunn: Klinkhardt, ²1991
*Böhm, Winfried*: Wörterbuch der Pädagogik. Stuttgart: Kröner, ¹⁴1994
*Böhm, Winfried*: Maria Montessori Bibliographie 1896-1996. Internationale Bibliographie der Schriften und der Forschungsliteratur. Bad Heilbrunn: Klinkhardt, 1999
*Bohnsack, Fritz*: John Dewey (1859-1952). In: *Scheuerl, H.* (Hrsg.): Klassiker der Pädagogik. Bd. 2: Von Karl Marx bis Jean Piaget. München: Beck, 1979, S. 85-102
*Bollnow, Otto Friedrich*: Existenzphilosophie und Pädagogik. Versuch über unstetige Formen der Erziehung. Stuttgart: Kohlhammer, ²1962
*Borrmann, Erich*: Kindheit im Ruhrgebiet. Gudensberg-Gleichen: Wartberg, 1996
*Bort, Wolfgang*: Spiel an einer Fachschule für Erzieher. In: Gruppe & Spiel. (1989) 2, S. 9-13
*Bortz, Jürgen/ Döring, Nicola*: Forschungsmethoden und Evaluation für Sozialwissenschaftler. Berlin u.a.: Springer, 1995
*Bronfenbrenner, Urie*: Die Ökologie der menschlichen Entwicklung. Natürliche und geplante Experimente. Hrsg. v. Kurt Lüscher. Frankfurt a.M.: Fischer, 1989 (Originalausgabe: 1979, Erstausgabe: 1981)
*Brüggemeier, Franz-Josef/ Borsdorf, Ulrich/ Steiner, Jürg* (Hrsg.): Der Ball ist rund. Katalog zur Fußballausstellung ... Essen: Klartext, 2000
*Brumlik, Micha*: Der symbolische Interaktionismus und seine pädagogische Bedeutung. Versuch einer systematischen Rekonstruktion. Frankfurt a.M.: Athenäum Fischer, 1973
*Bühler, Charlotte*: Kindheit und Jugend. Genese des Bewußtseins. Göttingen: Hogrefe, ⁴1967
*Bühler, Karl*: Die geistige Entwicklung des Kindes. Jena: G. Fischer, 1922
*Büttner, Christian*: Spielpädagogik in der Fachhochschule – Reflexionen über spielpädagogische Lehrveranstaltungen im Kontext der Friedensforschung. In: Neue Praxis (1979) 4, S. 384-398
*Bundesministerium für Jugend, Frauen, Familie und Gesundheit* (Hrsg.): Achter Jugendbericht. Bonn: BMJFFG, 1990
*Bundesministerium für Familie, Senioren, Frauen und Jugend (BMFSFJ)/ Arbeitsgemeinschaft Kinder- und Jugendschutz (AJS)* (Hrsg.): Computerspiele- Spielespaß ohne Risiko. Hinweise und Empfehlungen. Berlin: BMFSFJ, ⁵2000
*Bundschuh, Konrad*: Heilpädagogische Psychologie. München, Basel: E. Reinhardt, ²1995
*Bundschuh, Konrad*: Praxiskonzepte der Förderdiagnostik. Möglichkeiten der Anwendung in der sonder- und heilpädagogischen Praxis. Bad Heilbrunn: Klinkhardt, ²1994
*Bundschuh, Konrad/ Heimlich, Ulrich/ Krawitz, Rudi* (Hrsg.): Wörterbuch Heilpädagogik. Ein Nachschlagewerk für Studium und pädagogische Praxis. Bad Heilbrunn: Klinkhardt, 1999
*Buschbeck, Helene*: Das Pädagogische Tagebuch – eine notwendiges Handwerkszeug im Schulalltag. In: *Eberwein, Hans/ Mand, Johannes* (Hrsg.): Forschung für die Schulpraxis. Weinheim: Deutscher Studien Verlag, 1995, S. 271-288
*Buytendijk, Frederik J.J.*: Wesen und Sinn des Spiels. Das Spielen des Menschen und der Tiere als Erscheinungsform der Lebenstriebe. Berlin: Wolff, 1933

*Calliess, Elke*: Spielen in der Schule – Motivationale Aspekte. In: *Daublebsky, Benita*: a.a.O., 1973, S. 227-251
*Calliess, Elke*: Spielendes Lernen. In: *Deutscher Bildungsrat* (Hrsg.): Die Eingangsstufe des Primarbereichs. Band 2/1: Spielen und Gestalten. Stuttgart: Klett, 1975, S. 15-43
*Capra, Fritjof*: Lebensnetz. Ein neues Verständnis der lebendigen Welt. München: Scherz, 1996

*Christensen, Netti/ Launer, Irmgard*: Über das Spiel der Vorschulkinder. Ein Beitrag zur Führung der Kinder beim Spiel. Berlin: Volk und Wissen, ⁶1989 (Erstausgabe: 1979)
*Christie, James F.*: Frühe Literalität und Spiel. Förderung der Schreib-/Lesekompetenz durch Fiktions- und Rollenspiele. In: *Retter, Hein* (Hrsg.): a.a.O., 1991, S. 107-122
*Claparède, Eduard*: Kinderpsychologie und experimentelle Pädagogik. Leipzig: Johann Ambrosius Barth, 1911
*Colberg-Schrader, Hedi/ Krug, Marianne/ Pelzer, Susanne*: Soziales Lernen im Kindergarten. München: Kösel, 1991

*Daublebsky, Benita*: Spielen in der Schule. Vorschläge und Begründungen für ein Spielcurriculum. Stuttgart: Klett, 1973
*Dauzenroth, Erich*: Ein Leben für Kinder. Janusz Korczak. Leben und Werk. Gütersloh: Gütersloher Verlagshaus Mohn, ³1992
*Decker, Markus*: Kinder vor dem Computer. Die Herausforderung von Pädagogen und Eltern durch Bildschirmspiele und Lernsoftware. München: KoPäd Verlag, 1998
*DeMause, Lloyd* (Hrsg.): Hört ihr die Kinder weinen. Eine psychogenetische Geschichte der Kindheit. Frankfurt a.M.: Suhrkamp, ¹⁰2000
*Deutsches Jugendinstitut* (Hrsg.): Was für Kinder. Aufwachsen in Deutschland. Ein Handbuch. München: Kösel, 1993
*Dewey, John*: Mental Development (1900). In: *John Dewey*. The Middle Works, 1899-1924. Vol. 1: 1899-1901. Edited by Jo Ann Boydston. Carbondale and Edwardsville: Southern Illinois University Press, 1976, S. 192-237
*Dewey, John*: Schools of Tomorrow. In: *John Dewey*. The Middle Works, 1899-1924. Vol. 5: 1915. Edited by Jo Ann Boydston. Carbondale and Edwardsville: Southern Illinois University Press, 1979, S. 205-404
*Dewey, John*: Demokratie und Erziehung. Eine Einleitung in die philosophische Pädagogik. Hrsg. v. Jürgen Oelkers. Weinheim u. Basel: Beltz, 1993 (Amerik. Originalausgabe: 1916)
*Dirx, Ruth*: Das Buch vom Spiel. Das Spiel einst und jetzt. Gelnhausen: Burckhardthaus-Laetare Verlag, 1981 (Erstausgabe: 1968)
*Dittler, Ullrich*: Computerspiele und Jugendschutz. Neue Anforderungen durch Computerspiele und Internet. Baden-Baden: Nomos, 1997
*Döpp, Wiltrud*: Die Ameise im Feuer. Schulgeschichten ... mit einer Einführung von Hartmut von Hentig. Essen: Neue Deutsche Schule, 1988
*Drave, Wolfgang/ Rumpler, Franz/ Wachtel, Peter* (Hrsg.): Empfehlungen zu sonderpädagogischen Förderung. Allgemeine Grundlagen und Förderschwerpunkte (KMK) mit Kommentaren. Würzburg: Edition Bentheim, 2000
*Dudek, Peter*: Die Pädagogik im Nationalsozialismus. In: *Harney, Klaus/ Krüger, Heinz-Hermann* (Hrsg.): Einführung in die Geschichte von Erziehungswissenschaft und Erziehungswirklichkeit. Opladen: Leske+Budrich, 1997, S. 93-109

*Eggert, Dietrich*: Diagnostisches Inventar motorischer Basiskompetenzen (DMB). Dortmund: Borgmann, ²1996
*Einsiedler, Wolfgang*: Das Spiel der Kinder. Zur Pädagogik und Psychologie des Kinderspiels. Bad Heilbrunn: Klinkhardt, ³1999
*Einsiedler, Wolfgang/ Bosch, Elke*: Bedingungen und Auswirkungen des Phantasiespiels im Kindesalter. In: Psychologie in Erziehung u. Unterricht 33 (1986), S. 86-98

*Einsiedler, Wolfgang/ Bosch, Elke/ Treinies, Gerhard*: Phantasiespiel 3- bis 6jähriger Kinder in Abhängigkeit von der Spielzeugstruktur. In: Z. f. Entwicklungspsychologie u. Päd. Psychologie 17 (1985). S. 242-257
*Eisen, Georg*: Spielen im Schatten des Todes. Kinder und Holocaust. München, Zürich: Piper, 1993
*Elkonin, Daniil*: Psychologie des Spiels. Berlin: Volk und Wissen, 1980 (russ. Originalausgabe: 1978)
*Erikson, Erik H.*: Kindheit und Gesellschaft. Stuttgart: Klett-Cotta, $^{12}$1995 (engl. Originalausgabe: 1950)
*Erlinghagen, Karl*: Maria Montessori (1870-1952). In: *Scheuerl, Hans* (Hrsg.): Klassiker der Pädagogik. Bd. 2: Von Karl Marx bis Jean Piaget. München: C.H. Beck, 1979, S. 140-151
*Erning, Günter*: Bilder aus dem Kindergarten. Bilddokumente zur geschichtlichen Entwicklung der öffentlichen Kleinkindererziehung in Deutschland. Freiburg: Lambertus, 1987

*Faßbender, Kurt*: Spiele erfinden. Unterrichtshilfen und Planungsvorgaben zum kreativen Gestalten in der Primarstufe. Frankfurt a.M.: ALS, 1987
*Faßnacht, Gerhard*: Systematische Verhaltensbeobachtung. Eine Einführung in die Methodologie und Praxis. München u. Basel: E. Reinhardt, $^{2}$1995
*Faust-Siehl, Gabriele/ Portmann, Rosemarie* (Hrsg.): Die ersten Wochen in der Schule. Frankfurt a.M.: Ak Grundschule, 1992
*Feuser, Georg*: Behinderte Kinder und Jugendliche. Zwischen Integration und Aussonderung. Darmstadt: Wissenschaftliche Buchgesellschaft, 1995
*Fittà, Marco*: Spiele und Spielzeug in der Antike. Unterhaltung und Vergnügen im Altertum. Stuttgart: Theiss, 1998
*Flitner, Andreas*: Spielen, Lernen. Praxis und Deutung des Kinderspiels. München: Piper, $^{8}$1986 (Erstausgabe: 1972)
*Flitner, Andreas* (Hrsg.): Das Kinderspiel. Texte. München: Piper, $^{4}$1978 (Erstausgabe: 1973)
*Forsch, Bernd-Dieter*: Spielplätze – Spielangebot ohne Nachfrage? In: *Kluge, Norbert* (Hrsg.): Spielpädagogik. Bad Heilbrunn: Klinkhardt, 1980, S. 120-134
*Freud, Anna*: Einführung in die Technik der Kinderanalyse. München: Kindler, 1973 (Erstausgabe:1949)
→ *Freud, Sigmund*: Jenseits des Lustprinzips. In: *Freud, S.*: Psychologie des Unbewußten. Studienausgabe, Bd. III. Frankfurt a.M.: 1975, S. 129-154
*Freudenreich, Dorothea u.a.*: Rollenspiel: Rollenspiellernen für Kinder und Erzieher in Kindergarten, Vorklassen und ersten Schuljahren. Hannover: Schroedel, $^{3}$1976
*Frey, Karl*: Die Projektmethode. Der Weg zum bildenden Tun. Weinheim u. Basel: Beltz, $^{8}$1998
*Fritz, Jürgen*: Theorie und Pädagogik des Spiels. Eine praxisorientierte Einführung. Weinheim u. München: Juventa, 1991
*Fritz, Jürgen* (Hrsg.): Warum Computerspiele faszinieren. Empirische Annäherungen an Nutzung und Wirkung von Bildschirmspielen. Weinheim, München: Juventa, 1995
*Fritzsch, Karl Ewald/ Bachmann, Manfred*: Deutsches Spielzeug. Leipzig: Edition Leipzig, $^{2}$1977
*Fröbel, Friedrich*: Theorie des Spiels I. Der Ball als erstes Spielzeug des Kindes. Berlin, Langensalza, Leipzig: Beltz, 1931
*Fröbel, Friedrich*: Theorie des Spiels II. Die Kugel und der Würfel als zweites Spielzeug des Kindes. Weinheim: Beltz, $^{2}$1962a
*Fröbel, Friedrich*: Theorie des Spiels III. Aufsätze zur dritten Gabe, dem einmal in jeder Richtung geteilten Würfel. Weinheim: Beltz, $^{3}$1962b
*Fröbel, Friedrich*: An unser deutsches Volk (1820). In: *Fröbel, Friedrich*: Kleine pädagogische Schriften. Hrsg. v. Albert Reble. Bad Heilbrunn: Klinkhardt, 1965, S. 5-25

*Fröbel, Friedrich*: Die Menschenerziehung. Die Erziehungs-, Unterrichts- und Lehrkunst (1826). Hrsg. v. Hermann Holstein. Bochum: Kamp, 1973
*Fröbel, Friedrich*: Ausgewählte Schriften. Bd. 3: Texte zur Vorschulerziehung und Spieltheorie. Hrsg. v. Helmut Heiland. Stuttgart: Klett-Cotta, ²1982a
*Fröbel, Friedrich*: Ausgewählte Schriften. Bd. 4: Die Spielgaben. Hrsg. v. Erika Hoffmann. Stuttgart: Klett-Cotta, 1982b
*Fröbel, Friedrich*: Mutter-, Spiel- und Koselieder. Entworfenes und Gedrucktes zu und aus Friedrich Fröbels Familienbuch. Ausgewählt u. eingeleitet v. Helmut König. Berlin: Volk und Wissen, 1984
*Fröhlich, Pea*: Rollenspiel und Sozialverhalten. Zur Wirkung angeleiteter Rollenspiele auf die sozialen Handlungsfähigkeiten benachteiligter Kinder. Frankfurt a.M.: Haag+Herchen, 1981
*Fromme, Johannes*: Abenteuer im Super-Mario-Land. Die Spiel- und Unterhaltungswelt der »Game-Boy-Generation«. In: *Deutsches Jugendinstitut* (Hrsg.): a.a.O., S. 413-419
*Fthenakis, Wassilios E./ Sperling, Hildegard*: Wenn das Kind allein spielt. Der Stellenwert des kindlichen Alleinspiels. In: Spielmittel (1982) 3, S. 39-42
*Fuchs, Wolfgang J.*: Merchandising: Das Nebengeschäft der Medienindustrie mit den Kindern. In: medien+erziehung 35 (1991) 3, S. 207-214

*Gadamer, Hans-Georg*: Wahrheit und Methode. Grundzüge einer philosophischen Hermeneutik. Tübingen: J.C.B. Mohr (Paul Siebeck), ²1965
*Garvey, Catherine*: Play. London: Harper Collins, ²1991 (Erstausgabe: 1977)
*Giel, Klaus*: Friedrich Fröbel (1782-1852). In: *Scheuerl, Hans* (Hrsg.): Klassiker der Pädagogik. München: C.H. Beck, 1979, S. 249-269
*Georgens, Jan D.*: Das Spiel und die Spiele der Jugend. Leipzig: Spamer, 1883
*Glonegger, Erwin*: Das Spiele-Buch. Brett- und Legespiele aus aller Welt. Herkunft, Regeln und Geschichte. Uehlfeld: Drei Magier Verlag, ²1999
*Göing, Anja-Silvia*: Die Lebensbilder zu Vittorino da Feltre. Studien zur Rezeption einer Erzieherpersönlichkeit im Italien des 15. Jahrhunderts. Würzburg: Ergon, 1999
*Goetze, Herbert*: Personenzentrierte Spieltherapie. In: *Kreuzer, Karl-Josef* (Hrsg.): Hb. d. Spielpädagogik. Bd 4. Düsseldorf: Schwann, 1984, S. 115-130
*Goetze, Herbert/ Jaede, Wolfgang*: Die nicht-direktive Spieltherapie. Eine wirksame Methode zur Behandlung kindlicher Verhaltensstörungen. München: Kindler, 1974
*Goffman, Erving*: Interaktion, Spaß am Spiel und Rollendistanz. München: Piper, 1973 (Erstausgabe: 1961)
*Goffman, Erving*: Rahmen-Analyse. Ein Versuch über die Organisation von Alltagserfahrungen. Frankfurt a.M.: Suhrkamp, 1977 (Erstausgabe: 1974)
*Gollwitz, Giselher*: Mit Krimskrams spielend sprechen lernen. Regensburg: S. Persen, 1989
*Grassos, Mario*: Wörterschatz. Spiele und Bilder mit Wörtern von A-Z. Weinheim u. Basel: Beltz, 1989
*Graumann, Carl F./ Kruse, Lenelis*: Umwelt von Kindern: Der phänomenologische Ansatz. In: Material zur Tagung "Stadt als Rahmen kindlicher Entwicklung v. 5.-9.7.1992. Veranstalter: Stadt Herten/ TU Berlin. unveröffentlichtes Vorausexemplar. Herten 1992
*Grefe, Christiane*: Ende der Spielzeit. Wie wir unsere Kinder verplanen. Reinbek b. Hamburg: Rowohlt, 1997
*Gröschke, Dieter*: Praxiskonzepte der Heilpädagogik. Anthropologische, ethische und pragmatische Dimensionen. München u. Basel: E. Reinhardt, ²1997
*Groos, Karl*: Das Spiel. Zwei Vorträge: I. Der Lebenswert des Spiels. II. Das Spiel als Katharsis. Jena: Gustav Fischer, 1922

*Hartmann, Klaus*: Über psychoanalytische »Funktionstheorien« des Spiels. In: *Flitner, Andreas* (Hrsg.): Das Kinderspiel. Texte. München: Piper, 1973, S. 76-88 (Original: 1961/62)
*Hartmann, Waltraut*: Geschlechterunterschiede beim kindlichen Spiel. In: *Hoppe-Graff, Siegfried/ Oerter, Rolf* (Hrsg.): a.a.O., 2000, S. 79-104
*Hartmann, Waltraut/ Neugebauer, Reinhilde/ Rieß, Andrea*: Spiel und elementares Lernen. Didaktik und Methodik des Spiels in der Grundschule. Wien: Österreichischer Bundesverlag, 1988
*Hebenstreit, Sigurd*: Spieltheorie und Spielförderung im Kindergarten. Stuttgart: Klett, 1979
*Heckhausen, Heinz*: Entwurf einer Psychologie des Spielens. In: *Flitner, Andreas* (Hrsg.): Das Kinderspiel. Texte. München: Piper, [4]1978, S. 138-155 (Original: 1964)
*Heiland, Helmut*: Friedrich Fröbel in Selbstzeugnissen und Bilddokumenten. Reinbek b. Hamburg: Rowohlt, 1982
*Heiland, Helmut*: Maria Montessori in Selbstzeugnissen und Bilddokumenten. Reinbek b. Hamburg: Rowohl, [3]1993
*Heiland, Helmut*: Die Spielpädagogik Friedrich Fröbels. Hildesheim u.a.: Olms, 1998a
*Heiland, Helmut*: Die Spielpädagogik Fröbels in seinen Briefen. In: *Heiland, Helmut/ Neumann, Karl* (Hrsg.): a.a.O., 1998b, S. 50-62
*Heiland, Helmut/ Neumann, Karl* (Hrsg.): Friedrich Fröbel in internationaler Perspektive. Fröbelforschung in Japan und Deutschland. Weinheim: Deutscher Studienverlag, 1998
*Heimann, Paul/ Otto, Gunter/ Schulz, Wolfgang*: Unterricht – Analyse und Planung. Hannover: Schroedel, [6]1972
*Heimlich, Ulrich*: Wir spielen Stadtrundfahrt. In: Vierteljahresschrift Sonderpädagogik 16 (1986) 1, S. 41-44
*Heimlich, Ulrich*: Sonderpädagogische Förderung im Elementar- und Primarstufenbereich durch Spielmittel. In: Mitteilungen d. vds NW (1988) 4, S. 141-149
*Heimlich, Ulrich*: Soziale Benachteiligung und Spiel. Ansätze einer sozialökologischen Spieltheorie und ihre Bedeutung für die Spielforschung und Spielpädagogik bei sozial benachteiligten Kindern. Trier: WVT, 1989
*Heimlich, Ulrich*: Spielpädagogik als Kleinkindpädagogik – eine ökologische Orientierung. In: *Höltershinken, Dieter/ Ullrich, Dagmar*: Institutionelle Tagesbetreuung von Kindern unter drei Jahren. Bochum: Brockmeyer, 1991, S. 149-161
*Heimlich, Ulrich*: Träume, Geister, große Tiere. Spielmittelkarteien im Alltag von Tageseinrichtungen. In: *Engelhard, Dorothee* u.a. (Hrsg.): Hb. d. Elementarerziehung. Seelze-Velber: Kallmeyersche Verlagsbuchhandlung, 1994, Lieferung Nr. 3.24
*Heimlich, Ulrich*: Behinderte und nichtbehinderte Kinder spielen gemeinsam. Konzept und Praxis integrativer Spielförderung. Bad Heilbrunn: Klinkhardt, 1995
*Heimlich, Ulrich*: Spiel. In: *Bundschuh, Konrad/ Heimlich, Ulrich/ Krawitz, Rudi* (Hrsg.): a.a.O., 1999a, S. 275-278
*Heimlich, Ulrich*: Gemeinsam lernen in Projekten. Bausteine für eine integrationsfähige Schule. Bad Heilbrunn: Klinkhardt, 1999b
*Heimlich, Ulrich/ Höltershinken, Dieter* (Hrsg.): Gemeinsam spielen. Integrative Spielprozesse im Regelkindergarten. Seelze: Kallmeyersche Verlagsbuchhandlung, 1994
*Heinsohn, Gunnar/ Knieper, Barbara M.C.*: Theorie des Kindergartens und der Spielpädagogik. Frankfurt a.M.: Suhrkamp, 1975
*Heinzel, Friederike*: Methoden und Zugänge der Kindheitsforschung. Weinheim u. München: Juventa, 2000
*Hellendoorn, Joop/ Van der Kooij, Rimmert/ Sutton-Smith, Brian* (Eds.): Play and Intervention. Albany: State University of New York Press, 1994

*Helming, Helene*: Montessori-Pädagogik. Ein moderner Bildungsgang in konkreter Darstellung. Freiburg i. Br.: Herder, ¹³1977
*Hemleben, Johannes*: Rudolf Steiner mit Selbstzeugnissen und Bilddokumenten. Reinbek b. Hamburg: Rowohlt, 1963
*Hentig, Hartmut von*: Das allmähliche Verschwinden der Wirklichkeit. Ein Pädagoge ermutigt zum Nachdenken über die Neuen Medien. München: Hanser, ³1987
*Hentig, Hartmut von*: Die Schule neu denken. Eine Übung in praktischer Vernunft. München, Wien: Hanser, ²1993
*Hetzer, Hildegard*: Kindheit und Schaffen. Experimente über konstruktive Betätigungen im Kleinkindalter. Jena: Gustav Fischer, 1931
*Hetzer, Hildegard*: Spiel und Spielzeug für jedes Alter. München: Don Bosco, ⁹1967
*Hetzer, Hildegard*: Anfänge der empirischen Spielforschung. In: Spielmittel (1986) 1, S. 4-22
*Heyder, Ulrich*: Spielerziehung und Spielmittel in der Waldorfpädagogik. In: *Kreuzer, Karl J.* (Hrsg.): Hb. d. Spielpädagogik. Bd. 4. Düsseldorf: Schwann, 1984, S. 424-435
*Hildebrandt, Anke/ Huchler, Mane/ Schrottka, Kristina*: 3DIMENcity. Die Mitmachstadt für Kinder im Internet. In: *Zacharias, Wolfgang* (Hrsg.): a.a.O., 2000, S. 184-190
*Hills, Jeanette*: Das Kinderspielbild von Pieter Brueghel d.Ä. (1560). Eine volkstümliche Untersuchung. Wien: Selbstverlag des Österreichischen Museums für Volkskunde, 1957
*Höffe, Otfried*: Moral als Preis der Moderne. Ein Versuch über Wissenschaft, Technik und Umwelt. Frankfurt a.M.: Suhrkamp, ³1995
*Höltershinken, Dieter*: Das Spiel und seine Voraussetzungen. In: *Höltershinken, Dieter* (Hrsg.): Frühkindliche Erziehung und Kindergartenpädagogik. Freiburg i.Br.: Herder, 1977, S. 147-166
*Höltershinken, Dieter*: Zur Kindergartenerziehung im Nationalsozialismus am Beispiel der Betriebskindergärten im Ruhrgebiet. In: *Flessau, Kurt-Ingo/ Nyssen, Elke/ Pätzold, Günter* (Hrsg.): Erziehung im Nationalsozialismus. "... und sie werden nicht mehr frei ihr ganzes Leben. Köln, Wien: Böhlau, 1987, S. 45-64
*Höltershinken, Dieter*: Didaktik des Spiels – ein Widerspruch in sich ?. In: *Heitzer, Manfred/ Spies, Werner E.* (Hrsg.): LehrerInnen im Europa der 90er Jahre. Bochum: Brockmeyer, 1993, S. 167-175
*Hoffmann, Erika*: Fröbels Beitrag zur Vorschulerziehung. In: Blätter des Pestalozzi-Fröbel-Verbandes 19 (1968) 5, S. 132-150
*Hoof, Dieter*. Hb. d. Spieltheorie Fröbels. Untersuchungen und Materialien zum vorschulischen Lernen. Braunschweig: Westermann, 1977
*Hopf, Arnulf*: Phantasy- und Science-Fiction-Spielzeug im Kinderzimmer. Die Moden der Spielwelt und ihre Folgen für die Schule. In: *Faust-Siehl, Gabriele/ Schmitt, Rudolf/ Valtin, Renate* (Hrsg.): Kinder heute – Herausforderung für die Schule. Frankfurt a.M.: Ak Grundschule, 1990, S. 128-133
*Hopf, Arnulf*: Phantasy- und Science-Fiction-Spielzeug im Kinderzimmer. Die Moden der Spielwelt und ihre Folgen für die Schule. In: *Retter, Hein* (Hrsg.): a.a.O., 1991, S. 153-162
*Hoppe-Graff, Siegfried*: Spielen und Fernsehen: Phantasietätigkeiten des Kindes. In: *Hoppe-Graff, Siegfried/ Oerter, Rolf* (Hrsg.), a.a.O., 2000, S. 179-189
*Hoppe-Graff, Siegfried/ Oerter, Rolf* (Hrsg.): Spielen und Fernsehen. Über die Zusammenhänge von Spiel und Medien in der Welt des Kindes. München, Weinheim: Juventa, 2000
*Huizinga, Johan*: Homo Ludens. Vom Ursprung der Kultur im Spiel. Reinbek bei Hamburg: Rowohlt, 1991 (niederländ. Originalausgabe: 1938)
*Hurst, Victoria*: Observing play in early childhood. In: *Moyles, Janet R.* (Ed.): The Excellence of Play. Ballmoor: Open University Press, 1995, S. 173-188
*Hutt, Corinne*: Exploration and Play. In: *Sutton-Smith, Brian* (Ed.): Play and learning. New York: Gardner, 1989, S. 175-194

*Jadeschko, V. I./ Sochin, F. A.* (Hrsg.): Vorschulpädagogik. Berlin: Volk u. Wissen, 1981
*Jaffke, Freya*: Spiel und Spielzeug im Vorschulalter. In: Erziehungskunst 35 (1971) 7/8, S. 281-291
*Jank, Werner/ Meyer, Hilbert*: Didaktische Modelle. Frankfurt a.M.: Cornelsen scriptor, ³1994
*Jochimsen, R. Peter*: Spiel und Verhaltensgestörtenpädagogik. Theorie, Didaktik und Unterrichtspraxis in Schule und Heim. Berlin: Marhold, 1984
*Johnson, James E./ Christie, James F./ Yawkee, Thomas D.*: Play and Early Childhood Development. Glenview, Ill.: Scott, Foresman&Co., 1987
*Jürgens, Eiko*: Lernen im Spiel und durch Spielen. Aspekte einer Spieldidaktik im Zusammenhang mit Gewalt in Unterricht und Schule. In: Grundschule (1994) 10, S. 16-20

*Katz-Bernstein, Nitza*: Paul Moors Gedanken zur Bedeutung des Spiels in der Erziehung – Anfrage an die Aktualität. In: *Haeberlin, Urs* (Hrsg.): Paul Moor als Herausforderung. Anfragen an die Aktualität seiner Schriften zur Heilpädagogik und Erinnerungen von Zeitzeugen an seine Person. Bern u.a.: Haupt, 2000, S. 69-80
*Klafki, Wolfgang*: Neue Studien zur Bildungstheorie und Didaktik. Zeitgemäße Allgemeinbildung und kritisch-konstruktive Didaktik. Weinheim u. Basel: Beltz, 1985 (Neuauflage: ⁵1996
*Kleber, Eduard W.* (1990): Ökologisch-phänomenologisches Paradigma. Lernbehindertenpädagogik und Bildungspolitik. In: *Ellger-Rüttgardt, Sieglind* (Hrsg.): Bildungs- und Sozialpolitik für Behinderte. München u. Basel: E. Reinhardt, 1990, S. 172-178
*Kleber, Eduard W.*: Diagnostik in pädagogischen Handlungsfeldern. Einführung in Bewertung, Beurteilung, Diagnose und Evaluation. Weinheim u. München: Juventa, 1992
*Klein, Melanie*: Die Psychoanalyse des Kindes. München u. Basel: E. Reinhardt, ²1971 (Erstausgabe: 1932)
*Klein, Ferdinand/ Meinertz, Friedrich/ Kausen, Rudolf*: Heilpädagogik. Ein pädagogisches Lehr- und Studienbuch. Bad Heilbrunn: Klinkhardt, ¹⁰1999
*Klingler, Walter/ Groebel, Jo*: Kinder und Medien 1990. Eine Studie der ARD/ZDF-Medienkommission. Baden-Baden: Nomos, 1994
*Klippstein, Eberhard/ Klippstein, Hildegard*: Soziale Erziehung mit kooperativen Spielen. Bad Heilbrunn: Klinkhardt, 1978
*Klosterkötter-Prisor, Birgit S.*: Spielendes Lernen und Rollenspiel zwischen Sinnlichkeit und Vernunft. Ein Beitrag zur Entwicklung einer Interaktionspädagogik der "Lernbehinderten". Rheinstetten: Schindele, 1980
*Kluge, Karl Josef/ Schmitz, Leo*: Die Lösung von Konfliktsituationen durch Rollenspiel. Hannover: Schroedel, 1982
*Knauer, Sabine*: Teilnehmende Beobachtung im Zwei-Lehrer-System am Beispiel integrativen Unterrichts. In: *Eberwein, Hans/ Mand, Johannes* (Hrsg.): Forschen für die Schulpraxis. Weinheim: Deutscher Studien Verlag, 1995, S. 289-306
*Knecht, Gerhard*: Spielpädagogik lernen. Gedanken zur spielpädagogischen Aus- und Fortbildung. In: Gruppe&Spiel 25 (1999) 1, S. 30-34
*Knechtel, Erika*: Die Mutter- und Koselieder Friedrich Fröbels – eine Erziehungskonzeption für das Kleinkind. In: *Heiland, Helmut/ Neumann, Karl/ Gebel, Michael* (Hrsg.): Friedrich Fröbel – Aspekte international verbleichender Historiographie. Weinheim: Deutscher Studien Verlag, 1999, S. 102-111
*König, Helmut* (Hrsg.): Mein lieber Herr Fröbel! Briefe von Frauen und Jungfrauen an den Kinder- und Menschenfreund. Berlin: Volk und Wissen, 1990

*Kolb, Michael*: Spiel als Phänomen – Das Phänomen Spiel. Studien zu phänomenologisch-anthropologischen Spieltheorien. Sankt Augustin: Academia-Verlag Richarz, 1990
*Korczak, Janusz*: Tagebuch aus dem Warschauer Ghetto 1942. Göttingen: Vandenhoek u. Ruprecht, 1992
*Kosubek, Siegfried*: Offenes Lernen in der Jugendarbeit als "Didaktik des helfenden Prozesses". In: Neue Praxis (1987) 2, S. 176-180
*Krappmann, Lothar*: Soziale Kommunikation und Kooperation im Spiel und ihre Auswirkungen auf das Lernen. In: *Daublebsky, Benita*: a.a.O., 1973, S. 190-226
*Krappmann, Lothar*: Soziologische Dimensionen der Identität. Stuttgart: Klett, 1975a
*Krappmann, Lothar*: Kommunikation und Interaktion im Spiel. In: *Deutscher Bildungsrat* (Hrsg.): Die Eingangsstufe des Primarbereichs. Bd. 2/1: Spielen und Gestalten. Stuttgart: Klett, 1975b, S. 45-75
*Krappmann, Lothar*: Soziales Lernen im Spiel. In: *Frommberger, Herbert/ Freyhoff, Ulrich/ Spies, Werner*: Lernendes Spielen – Spielendes Lernen. Hannover: Schroedel, 1976. S. 42-47
*Krappmann, Lothar*: Über die Zukunft der Kindheit: Herausforderungen und Perspektiven in einem vereinten Deutschland. In: *Ebert, Sigrid* (Hrsg.): Zukunft für Kinder. Grundlagen einer übergreifenden Politik. München: Profil, 1991, S. 253-266
*Krappmann, Lothar*: »Nun spielt doch endlich etwas Schönes!« Aushandeln, Streit und Freundschaft in der Kinderwelt. In: *Deutsches Jugendinstitut* (Hrsg.): a.a.O., 1993, S. 135-141
*Krappmann, Lothar*: Rauhe Spiele, Grobheit, Prügelei. Beobachtungen unter Viertkläßlern. In: *Valtin, Renate/ Portmann, Rosemarie* (Hrsg.): Gewalt und Aggression: Herausforderungen für die Grundschule. Frankfurt a.M.: Ak Grundschule, 1995, S. 46-53
*Krappmann, Lothar/ Oswald, Hans*: Freunde, Gleichaltrigengruppen, Geflechte. Die soziale Welt der Kinder im Grundschulalter. In: *Fölling-Albers, Maria* (Hrsg.): Veränderte Kindheit – Veränderte Grundschule. Frankfurt a.M.: Ak Grundschule, 1989, S. 94-102
*Krappmann, Lothar/ Oswald, Hans*: Alltag der Schulkinder. Beobachtungen und Analysen von Interaktionen und Sozialbeziehungen. Weinheim u. München: Juventa, 1995
*Krause, Fred*: Öffnungszeiten/Öffnungsdauer. In: *Gernert, Wolfgang* (Hrsg.): Gesetz über Tageseinrichtungen für Kinder (GTK). Stuttgart u.a.: Boorberg, 1992, S. 68-77 u. S. 110-112
*Krawitz, Rudi*: Pädagogik statt Therapie. Vom Sinn individualpädagogischen Sehens, Denkens und Handelns. Bad Heilbrunn: Klinkhardt, ³1997
*Krenz, Armin*: Der situationsorientierte Ansatz im Kindergarten. Grundlagen und Praxis. Freiburg i. Br.: Herder, ²1992
*Krenz, Armin*: Spiele(n) mit geistig behinderten Kindern und Jugendlichen. Spielimpulse zum Erleben von Spaß und Kommunikation und notwendige Hinweise für eine Spieldidaktik unter sonderpädagogischer Sicht. Wehrheim: Verlag f. gruppenpädagogische Literatur, ²1991 (Loseblattsammlung)
*Kreuzer, Karl J.*: Das Spiel in der Aus- und Weiterbildung von Lehrern und Erziehern. In: *Kreuzer, Karl J.* (Hrsg.): Hb. d. Spielpädagogik. Bd. 2. Düsseldorf: Schwann, 1983, S. 471-488
*Krüger, Heinz-Hermann/ Lersch, Rainer*: Lernen durch Erfahrung. Perspektiven einer Theorie schulischen Handelns. Opladen: Leske+Budrich, ²1993
*Kuckartz, Udo*: Methoden erziehungswissenschaftlicher Forschung. Bd. 2: Empirische Methoden. In: *Lenzen, Dieter* (Hrsg.): Erziehungswissenschaft. Ein Grundkurs. Reinbek b. Hamburg: Rowohlt, 1994, S. 543-567

*Lamnek, Siegfried*: Qualitative Sozialforschung. Bd. 2: Methoden und Techniken. Weinheim u. München: Psychologie Verlags Union, ³1995

*Langeveld, Martinus J.*: Studien zur Anthropologie des Kindes. Tübingen: Niemeyer, ³1968a
*Langeveld, Martinus J.*: Kind und Jugendlicher in anthropologischer Sicht. Heidelberg: Quelle&Meyer, ³1968b
*Langeveld, Martinus J.*: Die Schule als Weg des Kindes. Versuch einer Anthropologie der Schule. Braunschweig: Westermann, 1968c
*Leontjev, Aleksej N.*: Probleme der Entwicklung des Psychischen. Kronberg/Ts.: Scriptor, ²1977
*Levy, Joseph*: Play behavior. New York: Wiley&Sons, 1978 (Reprint: 1983)
*Lindenberg, Christoph*: Rudolf Steiner (1861-1925). In: *Scheuerl, Hans* (Hrsg.): Klassiker der Pädagogik Bd. II: Von Karl Marx bis Jean Piaget. München: C.H. Beck, 1979, S. 170-182
*Litt, Theodor*: Führen oder Wachsenlassen? Eine Erörterung des pädagogischen Problems (1927). In: *Litt, Theodor*: Pädagogische Schriften. Eine Auswahl ab 1927 – Studienausgabe – Besorgt von Albert Reble. Bad Heilbrunn: Klinkhardt, 1995, S. 9-73
*Löwe, Armin*: Hörenlernen im Spiel. Praktische Anleitung für Hörübungen mit hörgeschädigten und wahrnehmungsgestörten Kindern im Vorschulalter. Berlin: Edition Marhold, ⁶1997
*Luhmann, Niklas*: Soziale Systeme. Grundriß einer allgemeinen Theorie. Frankfurt a.M.: Suhrkamp, ⁴1991
*Lukesch, Helmut*: Veränderungen von Erfahrungen und Handlungsräumen durch Fernsehen. In: *Hoppe-Graff, Siegfried/ Oerter, Rolf* (Hrsg.), a.a.O., 2000, S. 107-121
*Lyman, Richard B. Jr.*: Barbarei und Religion: Kindheit in spätrömischer und frühmittelalterlicher Zeit. In: *Mause, Lloyd de* (Hrsg.): a.a.O., ¹⁰2000, S. 112-146

*Mahlke, Wolfgang/ Schwarte, Norbert*: Raum für Kinder. Ein Arbeitsbuch zur Raumgestaltung in Kindergärten. Weinheim u. Basel: Beltz, ⁴1997
*Martin, Ernst*: Sozialpädagogische Didaktik. Der Versuch eines Überblicks. In: Sozialmagazin. 14 (1989a) 3, S. 38-45
*Martin, Ernst*: Didaktik der sozialpädagogischen Arbeit. Eine Einführung in die Probleme und Möglichkeiten. Weinheim u. München: Juventa, 1989b
*Martin, Ernst/ Wawrinowski, Uwe*: Beobachtungslehre. Theorie und Praxis reflektierter Beobachtung und Beurteilung. Weinheim u. München: Juventa, 1991
*Maturana, Humberto/ Varela, Francisco*: Der Baum der Erkenntnis. Die biologischen Wurzeln des menschlichen Erkennens. München: Scherz, ²1987
*Maurer, Friedemann*: Leiberleben und Spiel als Selbst- und Weltbemächtigung. In: *Altenberger, Helmut/ Maurer, Friedemann* (Hrsg.): Kindliche Welterfahrung in Spiel und Bewegung. Bad Heilbrunn: Klinkhardt, 1992, S. 165- 178
*Mead, Georg H.*: Geist, Identität und Gesellschaft aus der Sicht des Sozialbehaviorismus. Frankfurt a.M.: Suhrkamp, ⁷1988 (amerikan. Originalausgabe: 1934)
*Merker, Helga/ Rüsing, Brigitte/ Blanke, Sylvia*: Spielprozesse im Kindergarten. München: Kösel, 1980
*Meyer, Hilbert*: UnterrichtsMethoden. Bd. I: Theorieband. Frankfurt a.M.: Cornelsen scriptor, ⁶1994
*Meyer, Hilbert*: UnterrichtsMethoden. Bd. II: Praxisband. Frankfurt a.M.: Cornelsen scriptor, ⁵1993
*Miedzinski, Klaus*: Bewegungsbaustelle. Dortmund: Modernes Lernen, ⁹2000
*Möckel, Andreas*: Geschichte der Heilpädagogik. Stuttgart: Klett-Cotta, 1988
*Mogel, Hans*: Psychologie des Kinderspiels. Die Bedeutung des Spiels als Lebensform des Kindes, seine Funktion und Wirksamkeit für die kindliche Entwicklung. Berlin u.a.: Springer, ²1994
*Mollenhauer, Klaus*: Theorien zum Erziehungsprozeß. Zur Einführung in erziehungswissenschaftliche Fragestellungen. München: Juventa, ²1974
*Montessori, Maria*: Mein Handbuch. Grundsätze und Anwendung meiner neuen Methode der Selbsterziehung der Kinder. Stuttgart: Hoffmann, ²1928

*Montessori, Maria*: Die Entdeckung des Kindes. Hrsg. v. Paul Oswald und Günter Schulz-Benesch. Freiburg i.Br.: Herder, ⁵1977
*Montessori, Maria*: Maria Montessori: Texte u. Gegenwartsdiskussion. Hrsg. v. Winfried Böhm. Bad Heilbrunn: Klinkhardt, ⁴1989
*Moor, Paul*: Die Bedeutung des Spiels in der Erziehung. Betrachtungen zur Grundlegung –einer Spielpädagogik. Bern, Stuttgart: Hans Huber, 1962
*Moyles, Janet R.*: Just Playing? The role and status of play in early childhood education. Ballmoor: Open University Press, 1992
*Müller, Gregor*: Mensch und Bildung im italienischen Renaissance-Humanismus. Vittorino da Feltre und die humanistischen Erziehungsdenker. Baden-Baden: Verlag Valentin Koerner, 1984

*Nave-Herz, Rosemarie/ Markefka, Manfred* (Hrsg.): Hb. d. Familien- und Jugendforschung. Bd. I: Familienforschung. Neuwied/ Frankfurt a.M.: Luchterhand, 1989
*Neue Gesellschaft für Bildende Kunst* (Hrsg.): Die gesellschaftliche Wirklichkeit der Kinder in der bildenden Kunst. Berlin: Elefanten Press, ²1986
*Nissen, Ursula*: Modernisierungstendenzen im Kinderalltag. Sind Mädchen die »moderneren« Kinder. In: *Deutsches Jugendinstitut* (Hrsg.): a.a.O., 1993, S. 241-246

*Oelkers, Jürgen*: Dewey in Deutschland – ein Mißverständnis. Nachwort zur Neuausgabe. In: *Dewey, John*: Demokratie und Erziehung. Weinheim u. Basel: Beltz, 1993, S. 497-517
*Oelkers, Jürgen*: Reformpädagogik. Eine kritische Dogmengeschichte. Weinheim u. München: Juventa, ³1996
*Oerter, Rolf*: Psychologie des Spiels. Ein handlungstheoretischer Ansatz. München: Quintessenz, 1993
*Oerter, Rolf/ Montada, Leo* (Hrsg.): Entwicklungspsychologie. Ein Lehrbuch. München-Weinheim: Psychologie Verlags Union, ²1987

*Parten, Mildred B.*: Social participation among pre-school children. In: Journal of Abnormal and Social Psychology 27 (1932), S. 243-269
*Paul, Jean*: Levana oder Erziehlehre. Zweite Auflage von 1814. Paderborn: Schönigh, 1963
*Pausewang, Freya*: Dem Spielen Raum geben. Grundlagen und Orientierungshilfen zur Spiel- und Freizeitgestaltung in sozialpädagogischen Einrichtungen. Düsseldorf: Cornelsen, 1997
*Peller, Lili E.*: Modelle des Kinderspiels. In: *Flitner, Andreas* (Hrsg.): Das Kinderspiel. Texte. München: Piper, ⁴1978, S. 93-107 (Original: 1952)
*Petillon, Hanss/ Valtin, Renate* (Hrsg.): Spielen in der Grundschule. Grundlagen – Anregungen – Beispiele. Frankfurt a.M.: Ak Grundschule, 1999
*Piaget, Jean*: Das moralische Urteil beim Kinde. Zürich: 1973 (Erstausgabe: 1954)
*Piaget, Jean:* Psychologie der Intelligenz. Olten u. Freiburg i. Br.: Walter, ⁶1974
*Piaget, Jean*: Nachahmung, Spiel und Traum. In: Gesammelte Werke. Bd. 5. Studienausgabe. Stuttgart: Klett, 1975 (Erstausgabe: 1959)
*Pirjow, Gentscho D.*: Probleme des Spiels im Kindergarten. Reihe: Psychologische Beiträge, Bd. 19. Berlin: Volk und Wissen, 1974
*Platon*: Der Staat. In: *Platon*: Sämtliche Werke. Zweiter Band. Köln u. Olten: Verlag Jakob Hegner, ⁵1967a
*Platon*: Die Gesetze. In: *Platon*: Sämtliche Werke. Dritter Band. Köln u. Olten: Verlag Jakob Hegner, ⁵1967b
*Polzin, Manfred* (Hrsg.): Bewegung, Spiel und Sport in der Grundschule. Fachliche und fächerübergreifende Orientierung. Frankfurt a.M.: Ak Grundschule, 1992

*Postman, Neil*: Das Verschwinden der Kindheit. Frankfurt a.m.: Fischer, 1993 (amerikanische Originalausgabe: 1982)
*Portmann, Adolf*: Das Spiel als gestaltete Zeit. In: *Bayrische Akademie der schönen Künste* (Hrsg.): Der Mensch und das Spiel in der verplanten Welt. München: dtv, 1976, S. 58-71
*Prange, Klaus*: Erziehung zur Anthroposophie. Darstellung und Kritik der Waldorfpädagogik. Bad Heilbrunn: Klinkhardt, ²1987
*Preiser, Siegfried*: Personwahrnehmung und Beurteilung. Darmstadt: Wiss. Buchges., 1979

*Rabenstein, Rainer*: Sicherung des Lernerfolgs durch Übung. Nürnberg: Universität Erlangen-Nürnberg: Institut für Grundschulforschung, 1977
*Rauschenbach, Thomas*: Der Sozialpädagoge. In: *Lenzen, Dieter* (Hrsg.): Erziehungswissenschaft. Ein Grundkurs. Reinbek b. Hamburg: Rowohlt, 1994, S. 253-281
*Rauschenbach, Thomas/ Ortmann, Friedrich/ Karsten, Maria-E.* (Hrsg.): Der sozialpädagogische Blick. Lebensweltorientierte Methoden in der Sozialen Arbeit. München u. Weinheim: Juventa, 1993
*Renner, Michael*: Spieltheorie und Spielpraxis. Eine Einführung für pädagogische Berufe. Freiburg i.Br.: Lambertus, 1995
*Retter, Hein*: Spielzeug. Hb. z. Geschichte u. Pädagogik d. Spielmittel. Weinheim u. Basel: Beltz, 1979
*Retter, Hein*: Kooperative Spiele und prosoziales Verhalten. In: *Erler, Luis/ Lachmann, Reiner/ Selg, Herbert* (Hrsg.): Spiel. Spiel und Spielmittel im Blickpunkt verschiedener Wissenschaften und Fächer. Bamberg: Nostheide, ²1988, S. 44-63
*Retter, Hein* (Hrsg.): Kinderspiel und Kindheit in Ost und West. Spielförderung, Spielforschung und Spielorganisation in einzelnen Praxisfeldern - unter besonderer Berücksichtigung des Kindergartens. Bad Heilbrunn: Klinkhardt, 1991
*Rieche, Anita/ Rheinisches Landesmuseum Bonn*: So spielten die alten Römer. Römische Spiele im Archäologischen Park Xanten. Köln: Rheinland Verlag, ²1984
*Rittelmeyer, Christian*: Spiel. In: *Lenzen, Dieter* (Hrsg.): Enzyklopädie Erziehungswissenschaft. Bd. 1: Theorien und Grundbegriffe der Erziehung und Bildung. Stuttgart: Klett-Cotta, 1983, S. 541-546
*Robertson, Priscilla*: Das Heim als Nest: Mittelschichten-Kindheit in Europa im neunzehnten Jahrhundert. In: *DeMause, Lloyd* (Hrsg.), a.a.O., ¹⁰2000, S. 565-600
*Rockstein, Margitta*: Anfänge des Kindergartens. Bad Blankenburg: Friedrich-Fröbel-Museum, 1999
*Röhrs, Hermann*: Das Spiel – ein Urphänomen des Lebens. Wiesbaden: Akademische Verlagsgesellschaft, 1981
*Rogers, Carl*: Die Kraft des Guten. Ein Appell zur Selbstverwirklichung. München: Kindler, 1978
*Rogge, Jan-Uwe*: Vom Umgang mit Aggressionen: He-Man, Skeletor und die Barbiepuppe. Geschlechtsspezifische Aspekte im medienbezogenen Handeln von Kindern. In: medien+erziehung 35 (1991) 3, S. 191-201
*Rogge, Jan-Uwe*: Kinder können Fernsehen. Vom Umgang mit der Flimmerkiste. Reinbek b. Hamburg: Rowohlt, 1999
*Rolff, Hans-Günter/ Zimmermann, Peter*: Kindheit im Wandel: eine Einführung in die Sozialisation im Kindesalter. Weinheim u. Basel: Beltz, 1985 (Neuauflage: ⁵1997)
*Ross, James B.*: Das Bürgerkind in den italienischen Stadtkulturen zwischen dem vierzehnten und dem frühen sechzehnten Jahrhundert. In: *DeMause, Lloyd* (Hrsg.): a.a.O., ¹⁰2000, S. 263-325

*Sander, Alfred*: Kind-Umfeld-Analyse: Diagnostik bei Schülern und Schülerinnen mit besonderem Förderbedarf. In: *Mutzeck, Wolfgang* (Hrsg.): Förderdiagnostik bei Lern- und Verhaltensstörungen. Konzepte und Methoden. Weinheim: Deutscher Studien Verlag, 1998, S. 6-24

*Schäfer, Gerd E.*: Spielphantasie und Spielumwelt. Spielen, Bilden und Gestalten als Prozesse zwischen Innen und Außen. Weinheim u. München: Juventa, 1989
*Schaible, Herbert* (1984): Der große Preis. In: Vierteljahresschrift Sonderpädagogik. 14 (1984) 2, S. 87-89
*Scheuerl, Hans*: Zwanglose Selbstbildung im Spiel. Entwicklungsförderung durch Spiel? In: Spielmittel (1988) 2, S. 8-12
*Scheuerl, Hans*: Das Spiel. Bd. 1: Untersuchungen über sein Wesen, seine pädagogischen Möglichkeiten und Grenzen. Weinheim u. Basel: Beltz, <sup>11</sup>1990 (Neuausgabe)
*Scheuerl, Hans*: Das Spiel. Bd. 2: Theorien des Spiels. Weinheim u. Basel: Beltz, <sup>11</sup>1991 (Neuausgabe)
*Schleiermacher, Friedrich D. E.*: Pädagogische Schriften. Unter Mitwirkung von Theodor Schulte hrsg. v. Erich Weniger. Erster Band: Die Vorlesungen aus dem Jahre 1826. Zweiter Band: Pädagogische Abhandlungen und Zeugnisse. Düsseldorf, München: Küpper, 1957
*Schmid, Pia*: Pädagogik im Zeitalter der Aufklärung. In: *Harney, Klaus/ Krüger, Heinz-Hermann* (Hrsg.): Einführung in die Geschichte von Erziehungswissenschaft und Erziehungswirklichkeit. Opladen: Leske+Budrich, 1997, S. 17-37
*Schmidtchen, Stefan*: Spieltherapie mit Kindern – Ziele, Erfolge, Wirkweise. In: *Erler, Luis/ Lachmann, Rainer/ Selg, Herbert*: Spiel. Spiel und Spielmittel im Blickpunkt verschiedener Wissenschaften und Fächer. Bamberg: Nostheide, <sup>2</sup>1988, S. 64-87
*Schmidtchen, Stefan*: Klientenzentrierte Spiel- und Familientherapie. München: Psychologie Verlags Union, <sup>4</sup>1996
*Schmidt-Denter, Ulrich*: Soziale Entwicklung. Ein Lehrbuch über soziale Beziehungen im Laufe des menschlichen Lebens. Weinheim u. München: PVU, 1988
*Schmutzler, K.H.J.*: Montessoris Verrat am Kinde – statt Spiel nur Arbeit? In: Montessori-Werkbrief (1976) 43/44, S. 3-14
*Schmutzler, K.H.J.*: "Spiel ist der Geist im Kinde!" Fröbels spielpädagogischer Beitrag zur frühen Bildungserziehung. In: Spielmittel (1982) 2, S. 24-30
*Scholle, Manfred*: Spiellandschaft Stadt. In: *Bundesminister für Jugend, Familie, Frauen und Gesundheit*: 40 Jahre Bundesrepublik Deutschland. Zur Zukunft von Familie und Kindheit. Beiträge zum Mainzer Kongreß. Bonn: o.V., 1989, S. 89-95
*Schorb, Bernd*: Multimediale Zukunft. Einige Aufgaben der Medienpädagogik. In: *Zacharias, Wolfgang* (Hrsg.), a.a.O., 2000, S. 14-20
*Schulze, Gerhard*: Die Erlebnisgesellschaft. Kultursoziologie der Gegenwart. Frankfurt a.M./ New York: Campus, <sup>6</sup>1996
*Schulze, Theodor*: Ökologie. In: *Lenzen, Dieter* (Hrsg.): Enzyklopädie Erziehungswissenschaft. Bd. 1: Theorien und Grundbegriffe der Erziehung und Bildung. Stuttgart: Klett-Cotta, 1983, S. 262-279
*Sichtermann, Barbara*: Zeit-Kämpfe mit Kindern. In: Ästhetik und Kommunikation. 12 (1981) 45/46, S. 5-19
*Smilansky, Sara*: The Effects of Sociodramatic Play on Disadvantaged Preschool Children. New York, London: Wiley, 1968
*Spanhel, Dieter*: Jugendliche vor dem Bildschirm. Neueste Forschungsergebnisse über die Nutzung der Videofilme, Telespiele und Homecomputer durch Jugendliche. Weinheim: Deutscher Studien Verlag, <sup>2</sup>1990
*Spies, Werner*: Perversion des Spiels. In: *Frommberger, Herbert/ Freyhoff, Ulrich/ Spies, Werner* (Hrsg.): Lernendes Spielen – Spielendes Lernen. Hannover: Schroedel, 1976, S. 35-38
*Spitta, Gudrun*: "Müssen die Jungen denn immer sowas Gemeines schreiben?" Vom Sinn der Gelassenheit gegenüber Gewaltdarstellungen in Kindertexten. In: Die Grundschulzeitschrift 10 (1996) 93, S. 20-26

*Spranger, Eduard*: Der geborene Erzieher. Heidelberg: Quelle&Meyer, ²1960
*Steiner, Rudolf*: Spiel und Arbeit. In: Erziehungskunst 43 (1979) 7/8, S. 374-376
*Steiner, Rudolf*: Die Erziehung des Kindes vom Standpunkt der Geisteswissenschaft (Vortrag vom 1.12.1906). In: *Steiner, Rudolf*: Themen aus dem Gesamtwerk, Bd. 12: Elemente der Erziehungskunst. Hrsg. v. Karl Rittersbach. Stuttgart: Verlag Freies Geistesleben, 1985, S. 16-29
*Steiner, Rudolf*: Anlage, Begabung und Erziehung des Menschen (Vortrag vom 12.1.1911). In: *Steiner, Rudolf*: Themen aus dem Gesamtwerk, Bd. 12: Elemente der Erziehungskunst. Hrsg. v. Karl Rittersbach. Stuttgart: Verlag Freies Geistesleben, 1985, S. 80-106
*Störig, Hans Joachim*: Kleine Weltgeschichte der Philosophie. Stuttgart u.a.: Kohlhammer, 1950/1961
*Sünkel, Wolfgang*: Vittorino da Feltre und das Hofmeistermodell in der neuzeitlichen Pädagogik. In: *Sünkel, Wolfgang*: Im Blick auf Erziehung. Reden und Aufsätze. Bad Heilbrunn: Klinkhardt, 1994, S. 11-21
*Sünkel, Wolfgang*: Phänomenologie des Unterrichts. Grundriß der theoretischen Didaktik. Weinheim u. München: Juventa, 1996
*Sutton-Smith, Brian*: Die Dialektik des Spiels. Eine Theorie des Spielens, der Spiele und des Sports. Schorndorf: Hofmann, 1978
*Sutton-Smith, Brian* und *Shirley*: Hoppe, hoppe Reiter ... Die Bedeutung von Kinder-Eltern-Spielen. München: Piper, 1986 (Engl. Originalausgabe: 1974)

*Tenorth, Heinz-Elmar*: Geschichte der Erziehung. Einführung in die Grundzüge ihrer neuzeitlichen Entwicklung. Weinheim u. München: Juventa, ²1992
*Tenorth, Heinz-Elmar/ Lüders, Christian*: Methoden erziehungswissenschaftlicher Forschung. Bd. 1: Hermeneutische Methoden. In: *Lenzen, Dieter* (Hrsg.): Erziehungswissenschaft. Ein Grundkurs. Reinbek b. Hamburg: Rowohlt, 1994, S. 519-542
*Thiersch, Hans*: Die Erfahrung der Wirklichkeit. Perspektiven einer alltagsorientierten Sozialpädagogik. München u. Weinheim: Juventa, 1986
*Thiersch, Hans*: Strukturierte Offenheit. Zur Methodenfrage einer lebensweltorientierten Sozialen Arbeit. In: *Rauschenbach, Thomas/ Ortmann, Friedrich/ Karsten, Maria-E.*, a.a.O., 1993, S. 11-28
*Trautmann, Thomas*: Miteinander spielen. Der 12-Stunden-Crashkursus für Spielleiterinnen und Spielleiter. Lichtenau: AOL, 1997
*Trautmann, Thomas*: Spiel im Kindergarten. Bausteine zu einer Erziehungsgeschichte der DDR. Weinheim: Deutscher Studien Verlag, 1997
*Tröster, Heinrich/ Brambring, Michael*: Spiele und Spielmaterialien blinder und sehender Kinder im Kleinkind- und Vorschulalter. In: Heilpädagogische Forschung 12 (1992) 1, S. 22-34

*Van der Kooij, Rimmert*: Spelen met spel. Groningen: Rijksuniversiteit, 1974
*Van der Kooij, Rimmert*: Die psychologischen Theorien des Spiels. In: *Kreuzer, Karl J.* (Hg.): Hb. d. Spielpädagogik. Bd. 1. Düsseldorf: Schwann, 1983a, S. 297-335
*Van der Kooij, Rimmert*: Empirische Spielforschung. Überblick über neuere Ergebnisse. In: *Kreuzer, Karl J.* (Hrsg.): Hb. d. Spielpädagogik. Bd. 1. Düsseldorf: Schwann, 1983b, S. 89-158
*Van der Kooij, Rimmert*: Research on Children's Play. In: Play&Culture 2 (1989a) 1, S. 20-34
*Van der Kooij, Rimmert*: Spiel und Verhaltensstörungen. Hb. d. Sonderpädagogik. Bd. 6. Berlin: Marhold, 1989b, S. 354-372
*Van der Kooij, Rimmert*: Pädagogik und Spiel. In: *Roth, Leo* (Hrsg.): Hb. Pädagogik. Donauwörth: Ehrenwirth, 1991, S. 241-253

*Van der Kooij, Rimmert*: Spielpädagogik oder Spiel in der (Sonder)Pädagogik? Elterliche Erziehungsstile und kindliches Spiel im europäischen Vergleich. In: *Heitzer, Manfred/ Spies, Werner* (Hrsg.): LehrerInnen im Europa der 90er Jahre. Bochum: Brockmeyer, 1993, S. 147-166
*Van der Kooij, Rimmert/ Neukäter, Heinz*: Elterliches Erzieherverhalten und Spiel im internationalen Vergleich. In: Pädagogische Psychologie (1989) 4, S. 259-263
*Vermeer, Edith A.A.*: Spel en spelpädagogische problemen. Utrecht: Byleveld, 1955
*Vester, Frederic*: Denken, Lernen, Vergessen. Was geht in unserem Kopf vor, wie lernt das Gehirn, und wann läßt es uns im Stich? München: dtv, <sup>23</sup>1996
*Volavková, Hana* (Hrsg.): Einen Schmetterling habe ich hier nicht gesehen. Kinderzeichnungen und Gedichte aus Terezín. Prag: Das Jüdische Museum Prag, 1993
*Vygotskij, Lev S.*: Denken und Sprechen. Frankfurt a.M.: Fischer, <sup>5</sup>1977 (russ. Originalausgabe: 1931)
*Vygotskij, Lev S.*: Das Spiel und seine Rolle für die psychische Entwicklung des Kindes. In: Ästhetik und Kommunikation 4 (1973) 11, S. 16-37 (Erstveröffentlichung: 1966, ebenfalls erschienen in: Elkonin, D., a.a.O., 1980)
*Vygotskij, Lev S.*: Geschichte der höheren psychischen Funktionen. Hrsg. v. Alexandre Métraux. Münster, Hamburg: Lit, 1992

*Waelder, Robert*: Die psychoanalytische Theorie des Spieles. In: *Flitner, Andreas* (Hrsg.): Das Kinderspiel. Texte. München: Piper, <sup>4</sup>1978, S. 81-93 (Original: 1932)
*Waldenfels, Bernhard*: In den Netzen der Lebenswelt. Frankfurt a.M.: Suhrkamp, 1985
*Walter, Günter*: Spiel und Spielpraxis in der Grundschule. Donauwörth: Auer, 1993
*Weber-Kellermann, Ingeborg*: Die Kinderstube. Frankfurt a.M./Leipzig: Insel, 1991
*Weber-Kellermann, Ingeborg*: Die deutsche Familie. Versuch einer Sozialgeschichte. Frankfurt a.M.: Suhrkamp, <sup>2</sup>1975
*Weber-Kellermann, Ingeborg*: Die Kindheit. Eine Kulturgeschichte. Frankfurt a.M.: Insel, 1989 (Erstausgabe: 1979)
*Weber-Kellermann, Ingeborg/ Falkenberg, Regine*: Was wir gespielt haben. Erinnerungen an die Kindheit. Frankfurt a.M.: Insel, 1981
*Wegener-Spöhring, Gisela*: Aggressive Spiele bei Kindern – Beobachtung und Interpretation von Spielszenen. In: Bildung und Erziehung 42 (1989a) 1, 103-120
*Wegener-Spöhring, Gisela*: "Die balancierte Aggressivität". Aggressivität im Spiel. Beobachtung und Interpretation von Freispielszenen in Kindergärten. In: Spielmittel. (1989b) 2, S. 32-39
*Wegener-Spöhring, Gisela*: Mädchenspiel – Jungenspiel. In: *Liebich, Haimo/ Zacharias, Wolfgang i.V.m. "Recht auf Spiel/ IPA e.V."*: Welt des Spiels – Spiele der Welt. München: Pädagogische Aktion/ SPIELkultur e.V., 1991, S. 29-34
*Wegener-Spöhring, Gisela*: Aggressivität im kindlichen Spiel: Grundlegung in den Theorien des Spiels und Erforschung ihrer Erscheinungsformen. Weinheim: Deutscher Studien Verlag, 1995
*Wegener-Spöhring, Gisela*: Gespielte Aggressivität. In: *Hoppe-Graff, Siegfried/ Oerter, Rolf* (Hrsg.): a.a.O., 2000, S. 59-77
*Wegener-Spöhring, Gisela / Zacharias, Wolfgang* (Hrsg.): Pädagogik des Spiels – eine Zukunft der Pädagogik. München: Päd. Aktion, 1990
*Weinschenk, Reinhold*: Didaktik und Methodik für Sozialpädagogen. Bad Heilbrunn: Klinkhardt, <sup>2</sup>1981
*Wendt, Wolf R.*: Raum zum Handeln schaffen und Platz für Erfahrung! Die Lebenswelt, die wir uns einräumen, aus ökosozialer Sicht. In: *Zacharias, Wolfgang* (Hrsg.): Gelebter Raum. München: Päd. Aktion, 1989, S. 11-16
*Winnicott, Donald W.*: Vom Spiel zur Kreativität. Stuttgart: Klett, 1973 (Originalausgabe: 1971)

*Wiseman, Ramond*: Hilfe, mein Kind surft! Mit Kindern das Internet entdecken. Stuttgart: DVA, 1999
*Youniss, James*: Soziale Konstruktion und psychische Entwicklung. Frankfurt a.M.: Suhrkamp, 1994

*Zacharias, Wolfgang* (Hrsg.): Interaktiv. Medienökologie zwischen Sinnenreich und Cyberspace. Neue multimediale Spiel- und Lernumwelten für Kinder und Jugendliche. München: KoPäd, 2000
*Zeiher, Helga*: Die vielen Räume der Kinder. Zum Wandel räumlicher Lebensbedingungen seit 1945. In: *Preuss-Lausitz, Ulf* u.a. (Hrsg.): Kriegskinder, Konsumkinder, Krisenkinder. Zur Sozialisationsgeschichte seit dem zweiten Weltkrieg. Weinheim u. Basel: Beltz, 1983, S. 176-194
*Zeiher, Helga*: Über den Umgang mit der Zeit bei Kindern. In: *Fölling-Albers, Maria* (Hg.): Veränderte Kindheit – Veränderte Grundschule. Frankfurt a.M.: Ak Grundschule, 1989, S. 103-113
*Zeiher, Helga*: Organisationsmuster für das Miteinander-Spielen. In: *Wegener-Spöhring, Gisela / Zacharias, Wolfgang* (Hrsg.): Pädagogik des Spiels – eine Zukunft der Pädagogik. München: Päd. Aktion, 1990a, S. 28-33
*Zeiher, Helga*: Organisation des Lebensraums bei Großstadtkindern – Einheitlichkeit oder Verinselung? In: *Bertels, Lothar/ Herlyn, Ulfert* (Hrsg.): Lebenslauf und Raumerfahrung. Opladen: Leske u. Budrich, 1990b, S. 35-57
*Zeiher, Harmut J./ Zeiher, Helga*: Orte und Zeiten der Kinder. Soziales Leben im Alltag von Schulkindern. Weinheim u. München: Juventa, 1994
*Zimmer, Jürgen*: Die vermauerte Kindheit. Bemerkungen zum Verhältnis von Verschulung und Entschulung. Weinheim u. Basel: Beltz, 1986
*Zimmer, Renate*: Kreative Bewegungsspiele. Psychomotorische Förderung im Kindergarten. Freiburg i.Br.: Herder, 1989
*Zulliger, Hans*: Heilende Kräfte im kindlichen Spiel. Stuttgart: Klett, 1952

# Kontaktadressen

Die folgenden überregionalen Organisationen, Verlage und Institutionen bieten Informationen (z.b. Fachzeitschriften), Beratungen oder Fortbildungsmaßnahmen zur Unterstützung spielpädagogischer Praxisprojekte an oder können weitere Kontakte vermitteln.

Akademie Remscheid
Küppelstein 34
42857 Remscheid
Tel.: 02191/ 794-0
FAX: 02191/ 794-205
www.akademie-remscheid.de
*(Weiterbildung Spielpädagogik, jährlicher Spielemarkt)*

Arbeitsstelle für Spielforschung der Fachhochschule Dortmund
- Sozialpädagogik -
Otto-Hahn-Str. 23
44227 Dortmund 50
Tel.: 0231/ 755-5196 u. 5197
*(Spielmittelbeurteilung)*

Bund der Jugendfarmen und Abenteuerspielplätze e.V.
Haldenwies 14
70567 Stuttgart
Tel.: 0711/ 68 72 302
FAX: 0711/ 67 88 569
http://www.bdja.org/
*(Spielplatzberatung, Zeitschrift "Offene Spielräume")*

Bundesarbeitsgemeinschaft Spielmobile e.V. u. europäisches Netzwerk der Spielmobilarbeit
Juri-Gagarin-Ring 111
99084 Erfurt
Tel.: 0361/ 67 95 440
FAX: 0361/ 56 23 345
www.spielmobile.de
*(Forbildung und Kontakte zur Spielmobilarbeit)*

Deutscher Kinderschutzbund e.V. (DKSB)
Bundesgeschäftsstelle
Schiffgraben 29
30159 Hannover
Tel.: 0511/ 30 48 5-0
FAX: 0511/ 30 48 5-49
www.kinderschutzbund.de
*(Spielen in der Stadt, Spielplatzberatung)*

Deutsches Spielearchiv/
Spiel des Jahres
Ketzerbach 21½
35037 Marburg/ Lahn
Tel.: 06421/ 62728
FAX: 06421/ 856 312
(www.uni-marburg.de/spielearchiv und www.spiel-des-jahres.de
*(Spieldokumentation, Spielmittelbeurteilung, Jury "Spiel des Jahres")*

"Deutscher Spielepreis"
c/o Friedhelm Merz Verlag
Alberichstr. 15-17
53179 Bonn
Tel.: 0228/ 34 22 73
FAX: 0228/ 856 312
www.merz-verlag.com
*(jährliche Spielemesse in Essen, Adressen, Zeitschrift "Die Pöppel-Revue – Das Fachblatt für Spieler")*

FIPP – Fortbildungsinstitut für die pädagogische Praxis
Seegasse 21
63505 Langenselbold
Tel.: 06184/ 72 72
FAX: 06184/ 72 72-1684
*(Weiterbildung zur Spielpädagogik)*

Fördern durch Spielmittel e.V.
Spielzeug für behinderte Kinder e.V.
Immanuelkirchstr. 24
10405 Berlin
Tel.: 030/ 442 92 93
FAX: 030/ 443 59 214
www.spielmittel.de
(*Therapeutische Spielmittel, regelmäßige Spielzeugwerkstätten*)

Kallmeyer bei Friedrich in Velber
Im Brande 19
30926 Seelze-Velber
Tel.: 0511/ 4 00 04-175
FAX: 0511/ 4 00 04-176
www.kallmeyer.de
(*Zeitschrift "Gruppe und Spiel. Zeitschrift für kreative Gruppenarbeit"*)

W. Nostheide Verlag GmbH
Bahnhofstr. 22
96117 Memmelsdorf
Tel.: 0951/ 40 666-0
FAX: 0951/ 70 85 07
www.toy-net.de/nostheide
(*Zeitschrift "Spielbox. Das Magazin zum Spielen": www.spielbox.de*)

Ökotopia
Spielevertrieb und Verlag
Hafenweg 26
48155 Münster
Tel.: 0251/ 66 10 35
FAX: 0251/ 63852
www.oekotopia-verlag.de
(*Spielmittelentwicklung, Spielraumgestaltung, Praxisliteratur, Versand*)

Recht auf Spiel /Internationale
Pädagogische Aktion (IPA) e.V.
Augustenstr. 12
80333 München
Tel.: 089/ 260 35 46
(*Spielen in der Stadt, Spielpolitik*)

Rhinozeros
Versand+Spielwerkstatt
Duisburger Str. 333
46049 Oberhausen
Tel.: 0208/ 85 57 44
FAX: 0208/ 85 57 10
www.rhinozeros-versand.de
(*Spielmittelentwicklung, Weiterbildung*)

Sammlung für Arbeitsmittel und
Spielmaterial der Universität Dortmund
Postfach 500 500
44227 Dortmund
Tel.: 0231/ 755-4118
(*Spielmittelbeurteilung u. -beratung*)

"Spiel gut"
Arbeitsausschuss Kinderspiel +
Spielzeug e.V.
Neue Straße 77
89073 Ulm
Tel.: 0731/65653
FAX: 0731/ 6 56 28
(*Spielmittelbeurteilung, Gütesiegel "spiel gut", Verzeichnis empfehlenswerter Spielmittel*)

Spielenet.de GmbH
Lessingstr. 12
80336 München
Tel.: 089/ 780 182 18
FAX: 089/ 780 182 20
www.spielenet.de
(*Spielmittelempfehlungen, Internetshop, Internetadressen*)

Verlag an der Ruhr
Postfach 10 22 51
45422 Mülheim a.d.R.
Tel.: 0208/ 439 54 0
FAX: 0208/ 439 54 39
www.verlagruhr.de
(*Materialien zum Spielen in der Schule*)